Alex Gough · Alison Thomas

Rassedisposition bei Hund und Katze

Alex Gough, Alison Thomas

Rassedisposition bei Hund und Katze

Alex Gough
MA VetMB CertSAM MRCVS

Alison Thomas
BVSc CertSAM MRCVS

Übersetzung und fachliche Redaktion: Dr. med. vet. Stefanie Peters, Birresborn

Mit über 100 Abbildungen

URBAN & FISCHER

München • Jena

Zuschriften und Kritik an:

Elsevier GmbH, Urban & Fischer Verlag, Lektorat Veterinärmedizin, Karlstraße 45, 80333 München

Die Verantwortung für die Richtigkeit der Übersetzung liegt ausschließlich bei Elsevier GmbH, Urban & Fischer, München nicht bei Blackwell Publishing Ltd
Titel der Originalausgabe: Alex Gough, Alison Thomas: Breed Predispositions to Disease in Dogs an Cats, 1st edition
First Edition 2004
Erschienen bei **Blackwell Publishing Ltd,** Oxford
© 2004, Blackwell Publishing Ltd
The right of the Author to be identified as the Author of this Work has been asserted in accordance with the UK Copyright, Designs and Patents Act 1988

Wichtiger Hinweis für den Benutzer
Die Erkenntnisse in der Tiermedizin unterliegen laufendem Wandel durch Forschung und klinische Erfahrungen. Herausgeber und Autoren dieses Werkes haben große Sorgfalt darauf verwendet, dass die in diesem Werk gemachten therapeutischen Angaben (insbesondere hinsichtlich Indikation, Kontraindikation, Dosierung, Applikation und unerwünschter Wirkungen) dem derzeitigen Wissensstand entsprechen. Das entbindet den Nutzer dieses Werkes aber nicht von der Verpflichtung, anhand der Beipackzettel der Präparate und Fachinformationen der Hersteller zu überprüfen, ob die dort gemachten Angaben von denen in diesem Buch abweichen, und seine Verordnung in eigener Verantwortung zu treffen. Auch hat der Nutzer zu überprüfen, ob die in diesem Werk empfohlenen Medikamente im deutschsprachigen Raum für die zu behandelnde Tierart zugelassen sind. In Zweifelsfällen ist ein Spezialist zu konsultieren. Für die Vollständigkeit und Auswahl der aufgeführten Medikamente übernimmt der Verlag keine Gewähr. Vor der Anwendung bei lebensmittelliefernden Tieren sind die verschiedenen Anwendungsbeschränkungen und Zulassungen der einzelnen deutschsprachigen Länder zu beachten.

Bibliografische Information der Deutschen Nationalbibliothek
Die Deutsche Nationalbibliothek verzeichnet diese Publikation in der Deutschen Nationalbibliografie; detaillierte bibliografische Daten sind im Internet über http://dnb.d-nb.de abrufbar.

Um den Textfluss nicht zu stören, wurde bei Berufsbezeichnungen die grammatikalisch maskuline Form gewählt. Selbstverständlich sind in diesen Fällen immer Frauen und Männer gemeint.

Planung und Lektorat: Dr. med. vet. Konstanze Knies, Neuching, Dipl.-Biol. Veronika Sonnleitner, München
Übersetzung und fachliche Redaktion: Dr. med. vet. Stefanie Peters, Birresborn
Redaktion: Silvia Landvogt, München
Herstellung: Sibylle Hartl, Valley
Satz: Kösel, Krugzell
Druck und Bindung: Printer Trento, Trento, Italien
Umschlaggestaltung: Spiesz-Design, Neu-Ulm
Titelfotografie: © STUDIOGH – Fotolia.com

ISBN 978-3-437-58390-2

Acknowledgements

The authors wish to thank the following people for their helpful comments in the writing of this book: Mark Bossley BVM&S CertVOphthal MRCVS, Malcom Cobb MA VetMB PhD DVC MRCVS, Clive Elwood MA VetMB MSc DipACVIM DipECVIM PhD CertSAC MRCVS, Heidi Featherstone BVetMed, DVOphthal MRCVS, Nick Jeffery BVSc PhD CertSAO DSAS DECVS DECVN FRCVS and Retha Queenan BVSc CertVOpthal MRCVS. Any errors remain the responsibility of the authors themselves.

Einführung

Bei den meisten Hunde- und Katzenrassen lassen sich besondere Anfälligkeiten für bestimmte Erkrankungen und Veränderungen feststellen. In der veterinärmedizinischen Literatur werden diese Rasseprädispositionen oft bei den einzelnen Krankheitsbildern besprochen. Eine Sortierung nach Rassen war bisher schwer zu finden.

Das vorliegende Buch schließt diese Lücke. Es soll Tierbesitzern und Züchtern nutzen, die sich über spezielle Erkrankungen informieren möchten, für die Tiere ihrer Lieblingsrasse prädisponiert sind. Vor allem aber wendet sich das Buch an Tierärzte. Ein erheblicher Teil des Werks ist daher naturgemäß fachspezifisch. Tiermedizinische Laien können sich schwierige Inhalte von ihrem Haustierarzt erklären lassen. Züchter, die Zuchtprogramme zum Ausmerzen bestimmter hereditärer Erkrankungen in die Wege leiten möchten, sollten sich ebenfalls an ihren Tierarzt oder einen anderen qualifizierten Sachverständigen wenden.

Für Tierärzte ist dieses Buch in vielerlei Hinsicht von Nutzen: Beim Erstellen und Gewichten einer Differentialdiagnosenliste, bei der Auswahl der am besten geeigneten diagnostischen Verfahren sowie bei der Beratung vor der Anschaffung eines neuen Haustiers bzw. über präventive Maßnahmen bei prädisponierten Tieren. Wird der Besitzer über mögliche Rasseprädispositionen aufgeklärt, kann er sein Tier besser daraufhin beobachten, was wiederum ein schnelles therapeutisches Eingreifen ermöglicht.

Im Folgenden wird unter Rasseprädisposition ein „erhöhtes Risiko einer Erkrankung bei dieser Rasse" verstanden. Das bedeutet nicht automatisch, dass Rasseprädispositionen nur hereditäre Erkrankungen umfassen, obwohl dies in vielen Fällen zutrifft. Auch der Verwendungszweck einer Rasse kann für bestimmte Erkrankungen prädisponieren: Ein Foxhound ist beispielsweise für Fuchsbisse prädisponiert, was aber sicherlich nicht bedeutet, dass diese erblich sind!

Die Abschnitte zu den einzelnen Rassen sind nach Organsystemen gegliedert. Manche Erkrankungen betreffen jedoch nicht nur ein Organ und fallen damit in mehrere Kategorien. Die Rubrik „Physiologische Besonderheiten" wurde gewählt, um die für eine Rasse spezifischen abnormen, aber nicht pathologischen Befunde zu beschreiben oder solche Besonderheiten, die Teil des Rassestandards sind.

Erkrankungen, für die keine Rasseprädispositionen bekannt sind, werden im Text auch nicht erwähnt. Dennoch dürfen sie in der Liste möglicher Differentialdiagnosen nicht fehlen. Zudem sei darauf hingewiesen, dass einige der erwähnten Prädispositionen relativ gering sind. Das Risiko dieser Rasse, eine bestimmte Erkrankung zu bekommen, ist also nur geringfügig erhöht. Informationen über das relative Erkrankungsrisiko wurden – sofern verfügbar – aufgenommen. Dieser Parameter bezeichnet das Verhältnis zwischen dem Risiko der Erkrankung bei einer bestimmten Rasse gegenüber dem Vorkommen der Rasse in der gesamten Population.

Natürlich darf das Vorliegen einer Rasseprädisposition nicht dazu verleiten, andere mögliche Erkrankungen außer Betracht zu lassen. Umgekehrt darf das Fehlen einer Rasseprädisposition bei einer bestimmten Erkrankung nicht dazu verführen, diese automatisch bei der vorliegenden Rasse auszuschließen.

Rassen, für die keine Daten über Krankheitsprädispositionen vorliegen, werden nicht erwähnt.

Einige seltene Erkrankungen, die nur bei einem oder bei wenigen Tieren nachgewiesen wurden, werden dennoch beschrieben. Diese Fälle repräsentieren zwar keine echte RassepRädisposition, aber die Informationen könnten trotzdem für diese Rassen wichtig sein. Solche Angaben sind im Text kenntlich gemacht.

Die in diesem Werk verwendeten Daten sind der publizierten Literatur und einschlägigen veterinärmedizinischen Lehrbüchern entnommen. Anekdotische Berichte über Rasseprädispositionen, über die jedoch keine Publikationen gefunden werden konnten, wurden nicht berücksichtigt.

Schließlich muss auch auf mögliche geographische Unterschiede hingewiesen werden. Populationen in bestimmten Gebieten können Prädispositionen gegenüber Erkrankungen entwickeln, die anderen Tieren derselben Rasse fehlen. Wann immer möglich, wurde dies auch im Text erwähnt.

Vorwort zur deutschen Übersetzung

Der „Gough" erscheint in deutscher Sprache, ein Buch, das vielen KollegInnen in der englischen Originalversion schon seit Jahren ein Begriff ist. Die deutsche Fassung ist nicht nur eine reine Übersetzung des Originals, sie wurde auch durch zahlreiche neue Bilder und durch eine Zusammenstellung der derzeit in Deutschland routinemäßig durchgeführten Gentests aktualisiert und erweitert.

Im Zeitalter rasant zunehmender Spezialisierung in der Tiermedizin erscheint dieses Werk auf den ersten Blick eher ungewöhnlich: Der „Gough" ist kein Lehrbuch und kein Fachbuch für Spezialisten, er befasst sich mit sämtlichen Organsystemen und zahlreichen Hunde- und Katzenrassen, und er hilft „nur" bei der Diagnostik – Therapieempfehlungen wird man in ihm vergeblich suchen.

Warum wurde dieses Buch geschrieben? Der „Gough" wurde von den Autoren bewusst für die unzähligen TierärztInnen konzipiert, die in ihrer Praxis täglich mit Erkrankungen aller Organsysteme bei den unterschiedlichsten Hunde- und Katzenrassen konfrontiert werden – und die mitunter ein gut gegliedertes und logisch aufgebautes Nachschlagewerk benötigen, das ihnen schnell und prägnant bei der Erstellung ihrer Liste möglicher Differenzialdiagnosen und der Wahl der weiterführenden Untersuchungen zur Seite stehen kann. In diesem Buch findet sich das Gesuchte schnell, denn die bei den einzelnen Rassen häufiger auftretenden oder sogar rassetypischen Erkrankungen werden nach Organsystemen geordnet zusammengefasst und kurz charakterisiert.

Natürlich „beschränkt" sich nicht jeder Patient auf die für ihn bei den Rasseprädispositionen aufgeführten Erkrankungen, doch liefert das übersichtliche Werk gerade bei etwas selteneren Rassen wertvolle Hinweise, denen man in der einschlägigen Fachliteratur dann weiter folgen sollte.

Nach dem Wunsch der Autoren soll das Buch noch einen weiteren Zweck erfüllen: es soll TierärztInnen helfen, ihre Klienten möglichst schon vor dem Kauf eines Rassehundes oder einer Rassekatze kompetent über Erkrankungen beraten zu können, für die ihre Wunschrasse prädisponiert ist, und so hoffentlich dazu beitragen, die eine oder andere Fehlentscheidung zu verhindern.

Vieles in diesem Buch ist allgemein bekannt, manches hat man schon einmal gehört und wieder vergessen, und etliches ist zweifellos auch für erfahrene PraktikerInnen neu.

Ich bin sicher, dass es bei der Lektüre nicht nur bei mir den einen oder anderen „Aha-Moment" geben wird!

Birkenfeld, im August 2008   *Dr. Stefanie Peters*

Inhaltsverzeichnis

KAPITEL

1 Genetische Grundlagen

Das Leben von Säugetieren basiert auf dem genetischen Code, der sich innerhalb des Zellkerns befindet. Dieser genetische Code ist in der *Desoxyribonukleinsäure* (DNA), einem langen Molekül, gespeichert. Die DNA setzt sich aus vier Einheiten, den Basen *Guanin, Cytosin, Adenin* und *Thymin* zusammen, die sich gegenseitig anziehen. *Guanin* und *Cytosin* sowie *Adenin* und *Thymin* bilden jeweils Basenpaare. Durch ihre Zusammenlagerung entsteht die *Doppelhelix*. Die Reihenfolge der Basenpaare entlang des Moleküls bestimmt den Code für die Proteinsynthese. Proteine sind für die meisten Körperfunktionen essentiell, angefangen bei den Gewebestrukturen bis hin zu den biologischen Katalysatoren, den Enzymen, sowie den Hormonen, die die Stoffwechselvorgänge im Körper regeln.

Die Länge der DNA, die den Code für ein spezielles Protein enthält, wird *Gen* genannt. Lange Stränge von Genen, unterbrochen durch Bereiche der DNA, die keine Proteine codieren, bilden die *Chromosomen*. Jeder Zellkern einer Säugetierzelle enthält ein doppeltes Chromosomenset mit einer festgesetzten Anzahl an Chromosomen, das bei Hunden aus 78 und bei Katzen aus 38 Chromosomen besteht. Eine Ausnahme bilden die Geschlechtszellen (*Gameten*), die Spermien und Eizellen.

Teilt sich eine Körperzelle, verkürzen und verdicken sich die Chromosomen innerhalb des Zellkerns, sodass sie unter dem Mikroskop sichtbar werden. Dann replizieren sie sich, und eine Kopie jedes Chromosoms gelangt durch Teilung in den neuen Zellkern, bevor die Zellen sich trennen. Dieser Vorgang heißt *Mitose*. Bei der *Meiose*, der Produktion von Gameten, reihen sich die Chromosomen in der Mitte der Zelle paarweise auf. Chromosomen, die sich zusammenlagern, werden als *homologe Paare* bezeichnet. Diese homologen Paare trennen sich, sodass die Gameten nur halb so viele Chromosomen wie die übrigen Körperzellen enthalten. Dementsprechend besitzt, wenn ein Spermium und eine Eizelle bei der Befruchtung zusammenkommen, die neu gebildete Zelle (*Zygote*) die korrekte Chromosomenzahl.

Homologe Paare codieren verwandte, aber keine identischen Gene. Diese beiden Gene, eines auf jedem Chromosom, interagieren auf unterschiedliche Weise. Manchmal ist ein Gen *dominant* über das andere (das nicht dominante wird dann *rezessiv* genannt), und die Expression der Gene, beispielsweise das produzierte Protein, wird durch die dominanten Gene festgelegt. In anderen Fällen spielen beide Gene bei der Produktion von Proteinen eine Rolle, eine Situation, die als *Kodominanz* bezeichnet wird.

Eine Ausnahme von den homologen Paaren stellen die zwei Geschlechtschromosomen dar (alle übrigen Chromosomen werden als *Autosomen* bezeichnet). Diese Chromosomen bestimmen das Geschlecht des Tiers. Die Zellen eines weiblichen Tiers sind aus zwei X-Chromosomen zusammengesetzt, die eines männlichen Tiers aus einem X- und einem Y-Chromosom. Bei der Meiose steuern die Eizellen ein einzelnes X-Chromosom von der Mutter bei, während von den Spermien entweder ein X- oder ein Y-Chromosom vom Vater stammt. Dies ist für die Erblichkeit von Erkrankungen, die X-Chromosom-gebunden weitergegeben werden, wichtig und bedeutet auch, dass manche der erblichen Erkrankungen bei einem Geschlecht häufiger vorkommen als beim anderen.

Obwohl ein einzelnes Tier nur maximal zwei Versionen eines Gens tragen kann, existieren möglicherweise innerhalb der Population aufgrund von Mutation und natürlicher Selektion sehr viel mehr Genvarianten. Diese unterschiedlichen „Genversionen" werden als *Allele* bezeichnet.

Bei Erkrankungen und Charakteristika, die einem einfachen Erbgang unterliegen, also beispielsweise dominant oder rezessiv sind, wurde vom Augustinermönch Gregor Mendel ein System zur Berechnung der Vererbung aufgestellt (die „Mendel-Gesetze"). Es kann herangezogen werden, um die Wahrscheinlichkeit zu berechnen, dass ein Nachkomme ein bestimmtes Merkmal erbt, wenn das genetische Make-up beider Elternteile bekannt ist. Beispielsweise ist das Gen, das für die Fellfarbe beim Labrador verantwortlich ist, für schwarz dominant und für braun rezessiv. Hat nun ein Labrador zwei Allele für schwarz (hier genannt Allel B), wird er als BB beschrieben und sein Fell ist schwarz. Hat er aber nur ein Allel für schwarz und eins für braun (hier genannt Allel b), wird er als Bb bezeichnet, aber er hat ebenfalls eine schwarze Fellfarbe, weil schwarz dominant über braun ist. Hat ein Hund allerdings zwei Allele für braun (bb), ist seine Fellfarbe braun. Das genetische Make-up wird als *Genotyp*, die sichtbare Expression der Gene als *Phänotyp* bezeichnet.

Bei Zuchten wird die Situation komplexer, und eine Matrix kann verwendet werden, um bei der Vorhersage der einzelnen Typen von Nachkommen zu helfen. Nehmen wir als Beispiel einen schwarzen BB-Rüden, der mit einer braunen bb-Hündin verpaart wird. Der BB-Rüde produziert Spermien, die alle ein einzelnes B-Gen tragen, und die Hündin Eizellen, die alle ein einzelnes b-Gen haben. Diese werden nach dem Zufallsprinzip kombiniert und bilden so Nachkommen. Die entsprechende Matrix sieht in dem genannten Beispiel also folgendermaßen aus (➤ Abb. 1.1):

Keimzellen der Eltern-Generation	B	B
b	Bb	Bb
b	Bb	Bb

Abb. 1.1 Vererbungsschema, autosomale Vererbung: Rüde BB (homozygot für das dominante Allel), Hündin bb (homozygot für das rezessive Allel).

Daraus lässt sich folgern, dass sämtliche Nachkommen die Genkombination Bb besitzen. Sie tragen zwar alle das b-Gen für braune Fellfarbe, doch da dieses Gen rezessiv ist, sind sie alle schwarz. Ein Tier mit zwei gleichen Allelen (beispielsweise BB) ist *homozygot*, eines mit zwei unterschiedlichen Allelen (beispielsweise Bb) ist *heterozygot*. Wird eine schwarze Bb-Hündin nun mit einem schwarzen Bb-Rüden verpaart, ändert sich das genetische Bild (➤ Abb. 1.2):

Keimzellen der Eltern-Generation	B	b
B	BB	Bb
b	Bb	bb

Abb. 1.2 Vererbungsschema, autosomale Vererbung: Rüde Bb (heterozygot), Hündin Bb (heterozygot).

Im Schnitt sind drei der Nachkommen schwarz – einer von ihnen ein homozygoter Träger des Gens BB, zwei sind heterozygote Träger des Gens Bb. Der vierte Nachkomme ist homozygot braun (bb), und da dieses Gen nicht durch ein dominantes Allel unterdrückt wird, tritt phänotypisch bei ihm eine braune Fellfarbe auf.

Da der Fertilisationsprozess nach dem Zufallsprinzip abläuft, ist in einem Wurf von vier Welpen das exakte Zahlenverhältnis von 1:2:1 meistens nicht gegeben. Statistisch gesehen nähern sich mit einer steigenden Anzahl von Würfen die Zahlenverhältnisse der entsprechenden Fellfarben der Welpen doch sehr stark an dieses Schema an.

Generell trennen sich die Allele nach dem Zufallsprinzip voneinander. Dies bedeutet, dass eine Erkrankung, die bei einem Nachkommen auftritt, nicht zwangsläufig auch beim Elterntier beobachtet werden kann. Jedoch tendieren manche Allele, die in enger Nachbarschaft auf einem Chromosom liegen, dazu, gemeinsam weitergegeben zu werden. Daher können zwei Merkmale, die von unterschiedlichen Genen kontrolliert werden, auch häufig beim selben Tier gefunden werden, und das Vorliegen von einem der Gene kann als Marker für das andere dienen. Dieser Prozess heißt auch Linkage.

Ist ein Allel nicht über das andere dominant, kommt es zur Kodominanz. Beispielsweise haben bestimmte Blumen das Allel für die Farbe Rot (R) und die Farbe Weiß (W) und zeigen eine rote Farbe, wenn sie homozygot rot sind (RR), weiß, wenn sie homozygot weiß sind (WW), aber rosa, wenn sie heterozygot sind (RW).

Manche dominanten Gene haben nicht immer einen sichtbaren Effekt beim Träger. So wird beispielsweise die „polyzystische Nierenerkrankung" bei der Katze autosomal-dominant vererbt, doch nicht alle Katzen mit den entsprechenden Genen haben auch Zysten in den Nieren. Dieser Zustand wird auch als *inkomplette Penetranz* bezeichnet.

Die Penetranz ist der Anteil der Individuen mit einem bestimmten Genotyp, die auch die Merkmale zeigen, die normalerweise mit diesem Genotyp verbunden sind.

Manche Charakteristika sind an das X-Chromosom gebunden, wodurch es zu einer geschlechtsgebundenen Vererbung kommen kann. Beispielsweise sind Golden Retriever für die X-Chromosom-gebundene Muskeldystrophie prädisponiert. Das Allel für die Muskeldystrophie (hier mit M bezeichnet) liegt auf dem X-Chromosom, ebenso das Allel bei einem gesunden Hund, der nicht an der Erkrankung leidet (hier N genannt). M ist gegenüber N rezessiv. Daher wird eine Hündin, die nur ein einziges betroffenes X-Chromosom hat (Genotyp $X^M X^N$), keine klinischen Symptome der Erkrankung zeigen. Wird diese Hündin allerdings mit einem gesunden Rüden (genetisches Make-up $X^N Y$) verpaart, dann sieht die Matrix ihrer Nachkommen folgendermaßen aus (➤ Abb. 1.3):

Keimzellen der Eltern-Generation	X^N	Y
X^M	$X^M X^N$	$X^M Y$
X^N	$X^N X^N$	$X^N Y$

Abb. 1.3 Matrix, X-chromosomale Vererbung: Rüde $X^N Y$, Hündin $X^M X^N$.

Alle weiblichen Tiere, die aus dieser Verpaarung hervorgehen, sind klinisch unauffällig, doch 50% von ihnen sind Merkmalsträger (Carrier) der Erkrankung. Sie sind klinisch unauffällig, da sie ein normales Gen auf dem anderen, gesunden X-Chromosom haben, das das abnorme rezessive Gen unterdrückt. Da die Rüden aber nur ein einziges X-Chromosom besitzen, erkranken Rüden, die mit der Konstellation $X^M Y$ geboren werden, da ihnen ein zweites X-Chromosom mit dem unveränderten Gen fehlt. Die übrigen 50% der Rüden, die als $X^N Y$ zur Welt kommen, zeigen die Erkrankung nicht und sind auch keine Merkmalsträger.

Aufgrund dieser Mechanismen sind bei geschlechtsgebundenen Erbgängen in aller Regel ausschließlich männliche Tiere betroffen. Umgekehrt können aber männliche Nachkommen auch keine asymptomatischen Merkmalsträger sein. Weibliche Tiere hingegen sind häufig Merkmalsträger, doch kann bei ihnen die Erkrankung nur zum Ausbruch kommen, wenn die Mutter ein Carrier und der Vater erkrankt war. Diese Situation ist in der Natur selten, speziell bei ungewöhnlichen Genen, kann aber infolge von Inzucht bei domestizierten Tieren durchaus vorkommen.

Die Vererbung mancher Erkrankungen ist aber häufig noch komplexer, weil die Expression der Erkrankung von mehr als einem Gen bestimmt wird oder weil die Interaktion von Genen und Umweltfaktoren bei einem Individuum über den Ausbruch der Erkrankung entscheidet. Ein Beispiel hierfür ist die Hüftgelenkdysplasie beim Hund. Dabei spielen mehrere Gene eine Rolle, doch auch die Ernährung des Hundes, Belastung und weitere Faktoren können den Schweregrad der Erkrankung beeinflussen.

Weiterhin gibt es auch Erkrankungen, die nicht über die DNA der Zellkerne weitergegeben werden, sondern über die in den *Mitochondrien* befindliche DNA (intrazelluläre Organellen, die für die Energieproduktion verantwortlich sind). Mitochondrien werden komplett von der Mutter vererbt, sodass Merkmale und Erkrankungen, die über die mitochondriale DNA weitergegeben werden, nur von der Mutter stammen können. Obwohl Erkrankungen, die auf diese Weise vererbt werden, selten sind, zählen manche Myopathien beim Hund zu dieser Art von Erbkrankheiten.

Zusammenfassend kann gesagt werden, dass ein autosomal-dominantes Merkmal von einer Generation zur nächsten weitergegeben wird, ohne Generationen zu überspringen. Jeder betroffene Nachkomme hat zumindest ein betroffenes Elternteil, es sei denn, die Erkrankung ist durch eine Mutation entstanden. Letale Erkrankungen treten nur sehr selten auf. Eine autosomal-rezessive Erkrankung hingegen kann Generationen überspringen. Sind beide Elterntiere betroffen, wird die Erkrankung an alle Nachkommen vererbt. Bei einer X-Chromosom-gebundenen dominanten Erkrankung geben betroffene Väter, die mit gesunden Müttern verpaart werden, das Gen an ihre Töchter weiter. Diese sind immer betroffen, die Söhne niemals. Betroffene Mütter geben die Erkrankung an etwa die Hälfte ihrer männlichen und weiblichen Nachkommen weiter. In der Gesamtpopulation ist dann die Inzidenz bei weiblichen Tieren etwa doppelt so hoch wie bei männlichen. Eine

1

X-Chromosom-gebundene rezessiv vererbte Erkrankung kann gleichfalls Generationen überspringen. Hier ist die Inzidenz bei männlichen Tieren höher. Betroffene männliche Tiere geben die Erkrankung nicht weiter, wenn sie mit gesunden weiblichen Tieren verpaart werden, doch sind alle weiblichen Nachkommen Carrier. Weibliche Tiere, bei denen die Erkrankung manifest ist und die mit gesunden männlichen Tieren verpaart werden, geben die Erkrankung an sämtliche männlichen Nachkommen weiter, während alle weiblichen Nachkommen Carrier sind.

Klinische Genetik

Genetische Erkrankungen werden möglicherweise häufiger bei domestizierten Tieren gesehen als in den meisten wilden Populationen. Durch die Domestikation findet eine Selektion von Tieren mit aus menschlicher Sicht erstrebenswerten Merkmalen statt. Anfangs folgte diese Selektion praktischen Gesichtspunkten, beispielsweise der Schnelligkeit beim Pferd, der Fruchtbarkeit und Milchleistung bei der Kuh, dem Hüteinstinkt bei Schäferhunden etc. Im Laufe der Zeit wurden Tiere aber auch zur Gesellschaft und aus ästhetischen Gründen gehalten, was dazu führte, dass unter dem Selektionsdruck auch Rassen entstanden, die nur noch schlecht an das Überleben in freier Wildbahn angepasst waren, aber hervorragend in die menschliche Umgebung passten – ein Beispiel hierfür ist die Achondroplasie bei zahlreichen Hunderassen. Mit der Verfeinerung der züchterischen Maßnahmen und der Entdeckung der Genetik als Wissenschaft wurde die Inzucht genutzt, um Rassen entstehen zu lassen, die ganz gezielt auf bestimmte erwünschte Charakteristika gezüchtet wurden.

Unglücklicherweise reduziert aber Inzucht die genetische Variation innerhalb einer Rasse und tendiert dazu, die vorhandenen rezessiven Gene, die oft zerstörerisch sind, stärker hervortreten zu lassen. Ein regelrechter Engpass in der Population entsteht, wenn ein spezielles Tier im Übermaß eingesetzt wird, beispielsweise ein Ausstellungschampion – dies gilt vor allem für männliche Tiere, da sie viel mehr Nachkommen hervorbringen können als weibliche Tiere. Die meisten beim Hund nachgewiesenen genetisch bedingten Erkrankungen werden autosomal-rezessiv vererbt. Dies kann durch Inzucht bedingt sein oder dadurch, dass rezessive Merkmale in Zuchtprogrammen manchmal schwer zu identifizieren und zu eliminieren sind. Die oft geäußerte Meinung, Mischlinge seien gesünder als reinrassige Hunde, entbehrt nicht einer gewissen Logik, denn ein „outbreeding" kann natürlich die Effekte zahlreicher rezessiver Gene maskieren. Jedoch können natürlich auch Mischlinge für die Erkrankungen der Rassen ihrer Elterntiere prädisponiert sein.

Es soll noch einmal betont werden, dass Inzucht allein noch keine genetischen Erkrankungen hervorruft und dass ein gewisses Maß an Inzucht erforderlich ist, um die erwünschten Gene zu konzentrieren. Tatsache ist, dass manche ingezüchteten Stämme von Mäusen und Ratten komplett homozygot und trotzdem gesund sind. Inzucht fördert homozygote Genotypen, und dadurch kommen zerstörerisch wirkende rezessive Gene zum Ausdruck. Andererseits ist es erst dann möglich, diese Gene durch weitere gezielte selektive Zucht zu eliminieren, wenn bereits eine Expression stattgefunden hat und die defekten Gene deshalb bekannt sind.

Es gibt derzeit nur wenige Daten über die Prävalenz von Erkrankungen durch neue Mutationen, doch Untersuchungen zufolge sind sie sehr selten. Bisher wurde nur eine begrenzte Anzahl von Tieren untersucht, aber bei diesen Tieren schienen Mutationen innerhalb einer Rasse einheitlich aufzutreten. Dadurch bedingt kann vermutet werden, dass es einen sogenannten „Founder effect" gibt. Das heißt, dass sich z. B. eine einzige Ausgangsmutation bei allen Nachkommen dieser Rasse durchsetzt. Manchmal haben auch eng miteinander verwandte Rassen dieselbe Mutation, die dieselbe Erkrankung nach sich zieht. Ein Beispiel hierfür ist die Phosphofruktokinase-Defizienz beim English Springer Spaniel und beim American Cocker Spaniel. Hier ist zu vermuten, dass ein gemeinsamer Vorfahre für die ursprüngliche Mutation verantwortlich war. Bei manchen Erkrankungen treten jedoch mehr als eine Mutation desselben Gens auf (*„Allel-Heterogenität"*).

Um herauszufinden, ob eine Erkrankung hereditär bedingt ist oder nicht, können bestimmte typische Charakteristika herangezogen werden, die den Verdacht auf eine genetische Prädisposition stärken. Wenn eine Erkrankung häufiger in einer Gruppe verwandter Tiere auftritt als in der Gesamtpopulation, liegt möglicherweise eine hereditäre Erkrankung vor. Diese Beobachtung kann auch dabei helfen, eine hereditäre Erkrankung von einer Rasseprädisposition zu unterscheiden. Beispielsweise sind Bernhardiner prädisponiert für Osteosarkome, doch wäre es möglich, dass dies eher eine Auswirkung ihrer Körpergröße reflektiert: Die höhere Wachstumsrate führt bei der DNA-Replikation zu mehr Fehlern und letztlich zum Krebs. Jedoch zeigt die Auswertung von Ahnentafeln, dass die Erkrankung in bestimmten Familien gehäuft auftritt, was wiederum eher vermuten lässt, dass ein oder mehrere spezifische Gene verantwortlich sind. Zum anderen betrifft ein hereditärer Defekt häufig die gleiche anatomische Lokalisation bei einer Gruppe verwandter Tiere. Beispiele hierfür sind kongenitale Herzerkrankungen beim Hund. Außerdem werden Erkrankungen in vielen Fällen häufiger mit zunehmender Inzucht diagnostiziert. Hereditäre Erkrankungen treten des Weiteren oft bereits in einem frühen Alter oder in einem bestimmten, für diese Erkrankung typischen Alter in Erscheinung.

Genetische Erkrankungen betreffen in der Regel nur wenige Welpen innerhalb eines Wurfs im Gegensatz zu Intoxikationen und Infektionen, von denen gewöhnlich alle betroffen sind. Manche genetische Erkrankungen führen auch zu Abort und Resorption und werden nie diagnostiziert. Ähnlich steht es mit gewissen genetischen Erkrankungen, die sich nicht eindeutig manifestieren, wie das „Fading-kitten-Syndrom" oder das „Fading-puppy-Syndrom". Auch hier kann es extrem schwierig sein, die Ursache zu finden.

Das Spektrum der hereditären Erkrankungen reicht von relativ harmlos bis zu absolut tödlich. Die Diagnose einer hereditären Erkrankung stützt sich gewöhnlich auf die Anamnese beim Patienten, das klinische Bild, die Anamnese der Erkrankung bei verwandten Tieren, Test-Verpaarungen und spezifische Untersuchungsmethoden für die jeweilige Erkrankung.

Test-Verpaarungen werden häufig empfohlen, um autosomal-rezessive Erbgänge zu identifizieren, doch sie bergen gewisse Probleme in sich. Defekte, die sich erst spät manifestieren, können mit diesem Testverfahren erst spät nachgewiesen werden, sodass die Testresultate nicht mehr für die Selektion der zur Zucht zuzulassenden Tiere genutzt werden können. Der Test ist eher für Erkrankungen, die sich bereits früh manifestieren, von Bedeutung. Von der ethischen Seite ist es aber höchst problematisch, ein bekanntermaßen betroffenes Tier lediglich zu Testzwecken zu verpaaren – hinzu kommt die Frage, was mit den betroffenen Nachkommen aus dieser Verpaarung geschehen soll. Zudem sind die Ergebnisse solcher Test-Verpaarungen nicht selten unzuverlässig: Wird z. B. ein Hund, von dem vermutet wird, dass er Carrier ist (N?), mit einem bekannten Carrier (Nn) verpaart und es gehen aus dieser Verbindung sechs gesunde Welpen hervor, bedeutet dies lediglich eine Sicherheit von 82,2 %, dass N? kein Carrier ist (also NN). Nur ein einziger betroffener Welpe könnte dagegen bei einer solchen Konstellation bereits den Carrierstatus bestätigen.

Die Ergebnisse von randomisierten Verpaarungen können nützliche Informationen liefern, ohne dass die Notwendigkeit besteht, einen Carrier oder ein betroffenes Tier weiter zu verwenden. Eine Voraussetzung dabei ist, dass diese Verpaarungen oft genug durchgeführt werden und es sich um ein genügend prävalentes Gen handelt. Hierdurch sinkt auch die Wahrscheinlichkeit, unerwünschte betroffene Nachkommen zu erhalten. Eine zentrale Datenbank mit Informationen und eine größere Offenheit bei den Züchtern und Zuchtverbänden wären allerdings die Voraussetzungen dafür, dass diese Methode funktioniert.

Spezifische Untersuchungsverfahren für Erkrankungen sind beispielsweise die Ultrasonographie und Histopathologie bei polyzystischen Nierenerkrankungen oder die Untersuchung auf den von-Willebrand-Faktor bei der Willebrand-Krankheit. Manche Laboratorien untersuchen Probenmaterial mittels Enzymen und immunologischen Assays zur Erkennung von Krankheiten. Dabei kann auch nachgewiesen werden, ob ein Tier homozygot oder heterozygot ist. Dies gilt beispielsweise für die Hämophilie B. Ein Defekt in der Größe, Funktion oder Menge eines bestimmten Proteins gestattet in manchen Fällen die Erkennung von Carriern, obwohl eine Überlappung mit normalen Werten vorliegt. Der kompensatorische Anstieg von anderen Proteinen, beispielsweise eines verwandten Isoenzyms der Pyruvatkinase bei einer Pyruvatkinase-Defizienz, kann die Genauigkeit dieser Art von Tests herabsetzen.

Bei manchen der erblichen Erkrankungen sind die molekularen Defekte, die sie hervorrufen, bereits identifiziert. Zu den Erkrankungen, deren defekte Gene auf dem X-Chromosom lokalisiert sind, zählen die Hämophilie B, die schwere kombinierte X-Chromosom-gebundene Immundefizienz und die hereditäre Nephropathie. Autosomal-rezessive Erbgänge, für die die zugrunde liegende Genmutation identifiziert wurde, sind beispielsweise die Kupferspeicherkrankheit des Bedlington Terriers, die progressive Retinaatrophie des Irish Setters, die Willebrand-Krankheit beim Scotch Terrier und die Pyruvatkinase-Defizienz beim Basenji.

Spezifische DNA-Tests sind derzeit erhältlich, um genetische Erkrankungen zu identifizieren einschließlich sogenannter „Linkage-based tests", die Marker-Gene nachweisen, die auf der DNA in enger Nachbarschaft zu dem gesuchten Gen lokalisiert sind. Ein Beispiel für ein derzeit erhältliches Testverfahren, das dieses Prinzip nutzt, ist der Test auf die Kupferspeicherkrankheit beim Bedlington Terrier. Auf Mutationen basierende Testverfahren suchen nach einer spezifischen Mutation, die eine bestimmte Erkrankung hervorruft. Diese Testverfahren müssen mit Vorsicht interpretiert werden, da eine Erkrankung durch mehr als eine Mutation hervorgerufen werden kann, speziell wenn es sich um verschiedene Rassen handelt.

DNA-Tests sind bei der Identifikation und Elimination von genetischen Erkrankungen bei Hunden und Katzen sehr vielversprechend. Hereditäre Erkrankungen können erkannt werden, bevor mit dem Tier gezüchtet wird, und betroffene Tiere können entweder aus der Zucht genommen werden oder, bei rezessiven Erbgängen, nur noch mit gesunden Tieren verpaart und so erwünschte Charakteristika gefördert werden. Damit bleibt die genetische Vielfalt von Rassen erhalten, und gleichzeitig werden erbliche Erkrankungen eliminiert.

Da DNA-Tests gewisse Grenzen aufweisen, z. B. ihre limitierte Verfügbarkeit, und die Tatsache, dass sie größtenteils nur bei Einzelgenerkrankungen genutzt werden können, spielen Screening-Programme zur Elimination erblicher Erkrankungen immer noch eine tragende Rolle. Screening-Programme, die derzeit in Großbritannien laufen, sind beispielsweise Untersuchungen der British Veterinary Association und des Kennel Clubs zum Thema Hüftgelenkdysplasie und Ellbogendysplasie sowie Augenerkrankungen und das Schema des Feline Advisory Bureau für polyzystische Nierenerkrankungen bei der Katze (siehe Erklärung des BVA/KC/ISDS Eye Scheme unter „Augenerkrankungen").

KAPITEL

2 Hunde

Affenpinscher

Augenerkrankungen

Katarakt

Vermutlich erblich.

Afghanischer Windhund

Herz-Kreislauf-Erkrankungen

Dilatative Kardiomyopathie (DCM)

- Die Prävalenz beträgt 1,7% bei dieser Rasse gegenüber 0,16% bei Mischlingen und 0,65% bei reinrassigen Hunden.

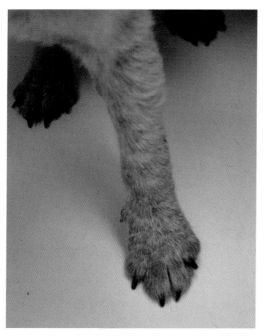

Abb. 2.1 Generalisierte Demodikose bei einem Mops. (Mit freundlicher Genehmigung von S. Peters, Tierärztliche Klinik Birkenfeld.)

- Die Prävalenz steigt mit zunehmendem Alter.
- Kommt etwa doppelt so häufig bei Rüden wie bei Hündinnen vor.
- Ist vermutlich familiär oder genetisch bedingt.

Hauterkrankungen

Generalisierte Demodikose (➤ Abb. 2.1 und ➤ Abb. 2.2)

Afghanische Windhunde gehören zu den zehn Rassen mit dem höchsten statistischen Risiko für diese Erkrankung in der Patientenpopulation der Cornell-Universität, USA.

Testosteron-reaktive Dermatose beim Rüden

- Selten.
- Ihre Ursache ist unbekannt.
- Tritt bei kastrierten Rüden auf.

Nasale Depigmentierung

- Wird auch als „Dudley nose" bezeichnet.
- Die Ursache ist unbekannt.

Abb. 2.2 Generalisierte hereditäre Demodikose bei einem Border Collie. (Mit freundlicher Genehmigung von S. Peters, Tierärztliche Klinik Birkenfeld.)

Hauttumoren

Siehe „Neoplasien".

Endokrinopathien

Zentraler Diabetes insipidus (CDI)

Es gibt einen Bericht über CDI bei zwei Afghanen-Wurfgeschwistern, die jünger als 4 Monate waren, was eine hereditäre Basis vermuten lässt.

Hypothyreose

* Manchen Autoren zufolge besteht ein erhöhtes Risiko bei dieser Rasse.
* Tritt oft bei Tieren mittleren Alters (2 – 6 Jahre) auf.

Neoplasien

Tricholemmom

* Selten.
* Betrifft mittelalte bis alte Hunde.

Neurologische Erkrankungen

Myelopathie des Afghanen

* Führt zu Ataxie der Hintergliedmaßen.
* Ein autosomal-rezessiver Erbgang wird vermutet.
* Alter bei Beginn der Erkrankung: 6 – 9 Monate.
* Kommt gelegentlich vor.

Augenerkrankungen

„Medial canthal pocket syndrome"

Die Rasseprädisposition besteht aufgrund der Kopfform.

Korneadystrophie

* Eine Rasseprädisposition besteht.
* Es kommt zur Dystrophie der Stromalipide.

Katarakt

* Vermutlich besteht ein einfacher autosomal-rezessiver Erbgang.
* Lokalisation: anfangs äquatorial, später dann anterior und posterior kortikal.
* Alter bei Beginn der Erkrankung: 4 – 24 Monate.

Ein schnelles Fortschreiten ist möglich, was dann zu Sehstörungen führt.

Generalisierte progressive Retinaatrophie (GPRA)

* Der Erbgang ist bislang nicht geklärt, doch vermutlich rezessiv.
* Wird mit etwa 3 Jahren klinisch sichtbar.

Atemwegserkrankungen

Larynxparalyse

Idiopathisch.

Chylothorax

Meist idiopathisch.

Torsion eines Lungenlappens

* Selten.
* Kann bei dieser Rasse mit einem Chylothorax zusammen vorkommen.

Airedale Terrier

Herz-Kreislauf-Erkrankungen

Dilatative Kardiomyopathie

* Die Prävalenz steigt mit zunehmendem Alter.
* Kommt etwa doppelt so oft bei Rüden wie bei Hündinnen vor.
* Ist vermutlich familiär oder genetisch bedingt.

Hauterkrankungen

Generalisierte Demodikose

Airedale Terrier gehören zu den zehn Rassen mit dem höchsten statistischen Risiko für diese Erkrankung in der Patientenpopulation der Cornell-Universität, USA.

Follikeldysplasie

* Eine deutliche Rasseprädisposition deutet auf eine genetische Basis für diese Gruppe von Erkrankungen hin.
* Der Haarverlust beginnt im Alter von 2 – 4 Jahren und betrifft vorwiegend die Flankenregion.

Saisonale Flankenalopezie

Kommt vor allem im Frühjahr und im Herbst vor.

Skrotaler vaskulärer Nävus

Betrifft vorwiegend ältere Hunde.

Wandernde Grannen

Kommen in den Sommermonaten häufig vor.

Hauttumoren

Siehe „Neoplasien".

Hypothyreose

- Manchen Autoren zufolge besteht ein erhöhtes Risiko bei dieser Rasse.
- Häufig bei Tieren mittleren Alters (2 – 6 Jahre).

Gastrointestinale Erkrankungen

Pankreaskarzinom

- Eine Rasseprädisposition ist möglich.
- Vorwiegend bei älteren Tieren (Durchschnittsalter 10 Jahre).
- Hündinnen sind möglicherweise prädisponiert.

Hämatologische Erkrankungen

Willebrand-Krankheit

- Diese Rasse neigt zu einer Erkrankung vom Typ I.
- Ein autosomal-rezessiver Erbgang ist möglich.
- Anscheinend treten keine klinischen Symptome auf, selbst wenn der Spiegel des Willebrand-Faktors niedrig ist.

Muskuloskelettale Erkrankungen

Spondylosis deformans

Normalerweise klinisch nicht signifikant.

Hernia umbilicalis

Es besteht eine Rasseprädisposition.

Neoplasien

Kutanes Melanom

- Eine Rasseprädisposition besteht.
- Das Durchschnittsalter beträgt 8 – 9 Jahre.

Kutanes Hämangiom

- Eine Rasseprädisposition ist möglich.
- Eine Publikation gibt als Durchschnittsalter 8,7 Jahre an.

Tumoren der Nasenhöhle

- Airedale Terrier haben angeblich ein erhöhtes Risiko für nasale Karzinome.
- Vorwiegend ältere Hunde sind betroffen.
- Hunde, die in der Stadt leben, zeigen möglicherweise ein erhöhtes Risiko.

Lymphosarkom (malignes Lymphom)

- Eine höhere Inzidenz bei dieser Rasse ist bekannt.
- Die meisten Fälle treten bei Tieren mittleren Alters auf (Durchschnittsalter 6 – 7 Jahre).

Pankreaskarzinom

Siehe „Gastrointestinale Erkrankungen".

Neurologische Erkrankungen

Zerebelläre Malformation

- Kongenital.
- Selten.
- Alter bei Beginn klinischer Symptome: < 3 Monate.

Zerebelläre Degeneration

- Wurde bei dieser Rasse beschrieben.
- Alter bei Beginn klinischer Symptome: < 3 Jahre.

Augenerkrankungen

Entropium (Unterlid)

- Eine Rasseprädisposition besteht; vermutet wird eine polygene Vererbung.
- Tritt normalerweise im 1. Lebensjahr auf.

Distichiasis

Eine Rasseprädisposition besteht.

Chronische superfizielle Keratitis (Pannus)

- Eine Rasseprädisposition besteht.
- Alter bei Beginn: 1 – 2 Jahre.

Korneadystrophie

- Vermutet wird ein geschlechtsgebundener Erbgang.
- Es besteht eine Lipiddystrophie, die das Stroma der Kornea betrifft.
- Alter bei Beginn: 4 – 12 Monate; progressiver Verlauf.

Generalisierte progressive Retinaatrophie (GPRA)

- Der Erbgang ist unbekannt, doch vermutlich rezessiv.
- Alter bei Beginn: 3 Jahre.

Erkrankungen der Reproduktionsorgane

Triple-X-Syndrom

Eine kongenitale Veränderung der Geschlechtschromosomen, die bei dieser Rasse beschrieben wurde.

Vaginale Hyperplasie

Eine Rasseprädisposition ist möglich.

Akita-Inu

Herz-Kreislauf-Erkrankungen

Ventrikel-Septum-Defekt

- Das relative Risiko liegt bei 3 – 4,9.
- Keine Geschlechtsprädisposition.
- Es ist nicht geklärt, ob der Defekt bei dieser Rasse erblich ist.

Perikarderguss

- Das relative Risiko beträgt 6,5.
- Betroffen sind gewöhnlich Hunde mittleren Alters.

Hauterkrankungen

Pemphigus foliaceus

- Eine verhältnismäßig seltene Erkrankung.
- Keine Geschlechtsprädisposition.
- Häufigstes Alter bei Beginn: 4 Jahre.

Uveodermatologisches Syndrom

- Auch als „Vogt-Koyanagi-Harada-ähnliches Syndrom" bekannt.
- Siehe unter „Augenerkrankungen".

Granulomatöse Sebadenitis (➤ Abb. 2.3 und ➤ Abb. 2.4)

- Junge Hunde bis Tiere mittleren Alters sind betroffen.
- Keine Geschlechtsprädisposition.

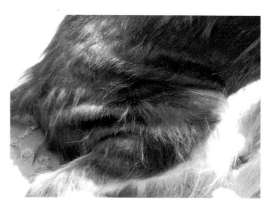

Abb. 2.3 Granulomatöse Sebadenitis bei einem Hovawart (Nahaufnahme). (Mit freundlicher Genehmigung von S. Peters, Tierärztliche Klinik Birkenfeld.)

Abb. 2.4 Granulomatöse Sebadenitis bei einem Hovawart. (Mit freundlicher Genehmigung von S. Peters, Tierärztliche Klinik Birkenfeld.)

- Neigt bei Akitas zu generalisierten, öligen Veränderungen.
- Manche Tiere zeigen auch systemische Symptome.

Gastrointestinale Erkrankungen

Magendilatation/-volvulus

Eine Rasseprädisposition ist möglich.

Muskuloskelettale Erkrankungen

Meningitis/Polyarthritis

- Idiopathisch.
- Diese Rasse ist prädisponiert für eine schwerere Verlaufsform der Erkrankung.

Ruptur des Ligamentum cruciatum craniale

- Kastrierte Tiere sind möglicherweise prädisponiert.
- Bei dieser Rasse sind auch jüngere Tiere bereits prädisponiert.

Neurologische Erkrankungen

Kongenitales Vestibularsyndrom

- Symptome treten meistens bereits bei Tieren < 3 Monaten auf.
- Kann zusammen mit kongenitaler Taubheit auftreten.

Meningitis und Polyarteriitis

- Wurde bei dieser Rasse beschrieben.
- Alter bei Beginn: < 1 Jahr.

Glykogenose (Glykogenspeicherkrankheit)

- Selten.
- Alter bei Beginn klinischer Symptome: < 3 Monate.

Augenerkrankungen

Entropium (gewöhnlich der Unterlider)

Eine Rasseprädisposition besteht; wahrscheinlich ist ein polygener Erbgang.

Uveodermatologisches Syndrom

- Auch als „Vogt-Koyanagi-Harada-ähnliches Syndrom" bekannt.
- Eine Rasseprädisposition besteht.
- Betroffen sind jungadulte Tiere (1,5 – 4 Jahre).

Glaukom

- Eine Rasseprädisposition besteht.
- Kann mit einem engen iridokornealen Filtrationswinkel kombiniert sein.
- Alter bei Beginn: 2 – 4 Jahre.

Multifokale Retinadysplasie

Kongenitale Erkrankung; ein autosomal-rezessiver Erbgang wird vermutet.

Generalisierte progressive Retinaatrophie (GPRA)

- Ein autosomal-rezessiver Erbgang wird vermutet.
- Eine Nachtblindheit zeigt sich mit 1 – 3 Jahren, eine vollständige Erblindung dann mit 3 – 5 Jahren.
- Eine Vererbung bei dieser Rasse wird derzeit noch durch die British Veterinary Association in Zusammenarbeit mit dem Kennel Club und der International Sheep Dog Society geprüft (Schema 3 des BVA/KC/ISDS Eye Scheme).

Multiple Augendefekte

- Kongenitale Defekte, für die ein autosomal-rezessiver Erbgang vermutet wird.
- Können in Mikrophthalmus, Katarakt und Retinadysplasie bestehen.

Physiologische Besonderheiten

Mikrozytose der Erythrozyten

- Die Erythrozyten können bei dieser Rasse kleiner sein.
- Der MCV kann nur bei 55 – 64 fl liegen (Normalwert: 85 – 95 fl).

- Die Erythrozyten enthalten bei dieser Rasse mehr Kalium als bei anderen, daher kann eine Hämolyse zu einer scheinbaren Hyperkaliämie führen.

Alaskan Malamute

Hauterkrankungen

Generalisierte Demodikose

Alaskan Malamutes gehören zu den zehn Rassen mit dem höchsten statistischen Risiko für diese Erkrankung in der Patientenpopulation der Cornell-Universität, USA.

Follikeldysplasie

- Kann mehrere Welpen in einem Wurf betreffen.
- In geschorenen Hautbereichen wächst das Fell oft nicht mehr nach.

Abb. 2.5 Zink-reaktive Dermatose bei einem Husky. (Mit freundlicher Genehmigung von S. Peters, Tierärztliche Klinik Birkenfeld.)

Zink-reaktive Dermatose (➤ Abb. 2.5–2.7)

- Alaskan Malamutes zeigen das Syndrom I der Erkrankung.
- Die Hautveränderungen entstehen trotz eines genügend hohen Zinkgehalts im Futter.
- Die Rasse hat einen genetischen Defekt, der eine Malabsorption von Zink bewirkt.

Hauttumoren

Siehe „Neoplasien".

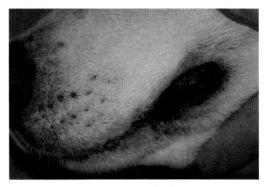

Abb. 2.6 Zink-reaktive Dermatose bei einem Husky (Nahaufnahme). (Mit freundlicher Genehmigung von S. Peters, Tierärztliche Klinik Birkenfeld.)

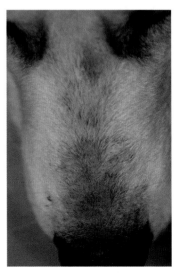

Abb. 2.7 Zink-reaktive Dermatose bei einem Husky (Nahaufnahme). (Mit freundlicher Genehmigung von S. Peters, Tierärztliche Klinik Birkenfeld.)

Endokrinopathien

Hypothyreose

* Manchen Autoren zufolge besteht ein erhöhtes Risiko bei dieser Rasse.
* Wird oft bei Tieren mittleren Alters (2 – 6 Jahre) gesehen.

Diabetes mellitus

* Eine Rasseprädisposition ist möglich.
* Die Tiere sind in der Regel im Alter von 4 – 14 Jahren betroffen, ein gehäuftes Auftreten besteht zwischen 7 und 9 Jahren.
* Alte unkastrierte Hündinnen sind prädisponiert.

Hämatologische Erkrankungen

Hereditäre Stomatozytose

Führt zu minimaler Anämie.

Hämophilie B

* Faktor-IX-Mangel.
* Auch unter „Christmas disease" bekannt.
* Geschlechtsgebundener Erbgang.
* Seltener als Hämophilie A.

Muskuloskelettale Erkrankungen

Chondrodysplasie des Alaskan Malamute

* Führt zu unproportionalem Zwergwuchs.
* Fast immer besteht auch eine hämolytische Anämie.
* Kann auf Zinkgaben ansprechen.
* Der Erbgang ist autosomal-rezessiv mit kompletter Penetranz und variabler Expression.

Knorpelige Exostosen

Es besteht eine Rasseprädisposition.

Neoplasien

Tumoren der Talgdrüsen

* Möglicherweise besteht eine Rasseprädisposition für Epitheliome der Talgdrüsen.
* Treten vorwiegend bei älteren Hunden auf (Durchschnittsalter 10 Jahre).

Adenokarzinom der Analbeutel

* Nach einer Untersuchung an 232 Hunden wird eine Rasseprädisposition vermutet.
* Das Durchschnittsalter betrug 10,5 Jahre.
* Manchen Untersuchungen zufolge sind Hündinnen prädisponiert.

Neurologische Erkrankungen

Narkolepsie-Kataplexie

* Wurde bei dieser Rasse beschrieben.
* Alter bei Beginn: < 1 Jahr.

Augenerkrankungen

Refraktäres Ulcus corneae

* Eine Rasseprädisposition besteht.
* Alter bei Beginn: 7 – 9 Jahre.

Korneadystrophie

* Eine Rasseprädisposition besteht.
* Eine Lipiddystrophie liegt vor.
* Alter bei Beginn: 2 Jahre.

Glaukom

* Eine Rasseprädisposition besteht.
* Alter bei Beginn: 6 Jahre.

Katarakt

* Vermutlich erblich.
* Lokalisation: posterior subkapsulär.
* Alter bei Beginn: 1 Jahr; der Verlauf ist langsam progressiv, eine vollständige Erblindung ist selten.
* Eine Vererbung bei dieser Rasse wird derzeit noch durch die British Veterinary Association in Zusammenarbeit mit dem Kennel Club und der International Sheep Dog Society geprüft (Schema 3 des BVA/KC/ISDS Eye Scheme).

Hemeralopie (Tagblindheit)

* Ein autosomal-rezessiver Erbgang besteht.
* Alter bei Beginn: 8 Wochen.

Generalisierte progressive Retina-atrophie (GPRA)

- Der Erbgang ist unbekannt, doch vermutlich rezessiv.
- Wird mit etwa 4 Jahren klinisch manifest.

Erkrankungen der Harnwege

Familiäre Nierenerkrankung (renale Dysplasie)

- Beschrieben bei drei Wurfgeschwistern.
- Sie wurden mit Nierenversagen in einem Alter zwischen 4 und 11 Monaten vorgestellt.

American Husky

Siehe unter „Eskimohund".

American Staffordshire Terrier

Hauterkrankungen

Solardermatitis am Rumpf

- Eine Kombination verschiedener Faktoren ist erforderlich, um diese Erkrankung auszulösen.
- Flanken und Abdomen sind am stärksten betroffen.

Hauttumoren

Siehe „Neoplasien".

Muskuloskelettale Erkrankungen

Ruptur des Ligamentum cruciatum craniale

- Eine häufige Ursache für Lahmheit im Bereich der Hintergliedmaßen.
- Kastrierte Tiere sind möglicherweise prädisponiert.
- Junge Tiere sind bei dieser Rasse ebenfalls prädisponiert.

Neoplasien

Aktinische Keratose (Solarkeratose)

- Bei dieser Rasse soll ein erhöhtes Risiko bestehen.
- Kommt vor allem bei Tieren mit heller Haut vor, die längere Zeit intensiver Sonnenstrahlung ausgesetzt sind.

Kutanes Hämangiom

- Möglicherweise besteht eine Rasseprädisposition.
- Das Durchschnittsalter in einer Untersuchung betrug 8,7 Jahre.

Kutanes Histiozytom

- Möglicherweise besteht eine Rasseprädisposition.
- Tritt vor allem bei jungen Hunden (1 – 2 Jahre) auf.

Mastzelltumor

Kommt im Durchschnittsalter von 8 Jahren vor, bei Welpen selten.

Augenerkrankungen

Katarakt

Ist vermutlich erblich.

Generalisierte progressive Retinaatrophie (GPRA)

- Der Erbgang ist unbekannt, doch vermutlich rezessiv.
- Wird klinisch manifest mit etwa 1,5 Jahren.

Persistierendes hyperplastisches primäres Vitreum (PHPV)

Ein kongenitaler Defekt, der vermutlich erblich ist.

American Water Spaniel

Hauterkrankungen

„Pattern baldness" (Schablonenkahlheit)

- Der Haarverlust beginnt mit etwa 6 Monaten.
- Betroffen sind der ventrale Halsbereich, die Kaudalfläche der Hintergliedmaßen und die Rute.

Wachstumshormonmangel des erwachsenen Hundes (Alopecia X)

Siehe unter „Endokrinopathien".

Endokrinopathien

Wachstumshormonmangel des erwachsenen Hundes (Alopecia X)

- Eine Rasseprädisposition besteht.
- Rüden sind möglicherweise prädisponiert.
- Klinische Symptome treten mit 1 – 5 Jahren auf.

Augenerkrankungen

Katarakt

- Ist vermutlich erblich.
- Lokalisation: Linsennähte anterior.
- Alter bei Beginn: < 1 Jahr.

Fokale Retinadysplasie („Retinal folds")

In den USA als geringfügige, nichtprogressive Erkrankung beschrieben.

Australian Cattle Dog

Augenerkrankungen

Katarakt

Ist vermutlich erblich.

Linsenluxation

Wurde bei Tieren mittleren Alters in Australien beschrieben.

Generalisierte progressive Retinaatrophie (GPRA)

- Ein autosomal-rezessiver Erbgang wird vermutet.
- Wird klinisch manifest mit etwa 2 – 4 Jahren, bei einer zweiten Gruppe mit etwa 6 Jahren.
- In den USA und in Australien besteht eine hohe Inzidenz.
- Eine Vererbung bei dieser Rasse wurde durch die British Veterinary Association in Zusammenarbeit mit dem Kennel Club und der International Sheep Dog Society nachgewiesen (Schema 1 des BVA/KC/ISDS Eye Scheme).

Neurologische Erkrankungen

Kongenitale Taubheit

Symptome bestehen ab der Geburt.

Harnwegserkrankungen

Zystinsteine

- Eine Zystinurie resultiert aus einem erblichen Defekt beim Transport von Zystin in den renalen Tubuli und prädisponiert zur Bildung von Zystinsteinen.
- Eine höhere Inzidenz bei dieser Rasse wurde in einigen amerikanischen Untersuchungen beschrieben.
- Durchschnittsalter bei Diagnosestellung: 1 – 8 Jahre.
- Rüden scheinen prädisponiert zu sein.

Australian Kelpie

Augenerkrankungen

Generalisierte progressive Retinaatrophie (GPRA)

- Der Erbgang ist unbekannt, doch vermutlich rezessiv.
- Ophthalmoskopische Symptome sind mit 1,5 Jahren sichtbar, sie verläuft progressiv bis zur Erblindung mit etwa 4 Jahren.

Neurologische Erkrankungen

Zerebelläre Degeneration

- Ein autosomal-rezessiver Erbgang wird vermutet.
- Verhältnismäßig selten.
- Erste Symptome sind mit 6 – 12 Wochen sichtbar.

Australian Shepherd

Herz-Kreislauf-Erkrankungen

Persistierender Ductus arteriosus

- Häufiger kongenitaler Defekt.
- Das relative Risiko beträgt 2,0.

- Hündinnen sind prädisponiert.
- Polygener Erbgang.

Hauterkrankungen

Mukokutane Hypopigmentierung

- Die nasale Form stellt ein häufiges Problem bei dieser Rasse dar.
- Eine konkomitierende saisonale nasale Hypopigmentierung ist möglich.

Nasale Solardermatitis

Sie entwickelt sich bei amelanotischen Hunden.

Arzneimittelunverträglichkeiten

Ivermectin und Milbemycin

Hohe Dosen können zu Tremor, Ataxie, Koma und Tod führen (Ivermectin kann bereits in geringen Dosen schädlich wirken). Ivermectin ist für Kleintiere nicht zugelassen.

Infektionskrankheiten

Kokzidioidomykose

- Eine erhöhte Inzidenz bei dieser Rasse besteht, die möglicherweise aber auch durch eine höhere Expositionswahrscheinlichkeit zu erklären ist.
- Vor allem junge Rüden sind betroffen.
- Geographische Verteilung: Kalifornien, Arizona, Texas, New Mexico, Nevada, Utah, Mexiko und Teile von Zentral- und Südamerika. In Deutschland nicht bekannt.

Muskuloskelettale Erkrankungen

Polydaktylie/Syndaktylie

Ist erblich, möglicherweise X-Chromosom-gebunden.

Neurologische Erkrankungen

Kongenitale Taubheit

Symptome bestehen ab der Geburt.

Augenerkrankungen

Katarakt

- Vermutlich erblich.
- Eine Vererbung bei dieser Rasse wird derzeit noch durch die British Veterinary Association in Zusammenarbeit mit dem Kennel Club und der International Sheep Dog Society geprüft (Schema 3 des BVA/KC/ISDS Eye Scheme).

„Collie eye anomaly" (choroidale Hypoplasie, mitunter mit gleichzeitig auftretenden Kolobomen des N. opticus)

- Kongenitale Erkrankung, vermutlich erblich.
- Nur geringe Inzidenz bei dieser Rasse.

Kolobom

- Kolobome sind kongenitale Defekte, deren Erbgang unbekannt ist; derzeit ist noch nicht bekannt ob sie mit denselben Defekten wie beispielsweise beim Mikrophthalmus assoziiert sind.
- Sie können Iris, Choroidea oder Discus opticus betreffen.
- Eine Vererbung bei dieser Rasse wird derzeit noch durch die British Veterinary Association in Zusammenarbeit mit dem Kennel Club und der International Sheep Dog Society geprüft (Schema 3 des BVA/KC/ISDS Eye Scheme).

Multiple okuläre Defekte

- Ein autosomal-rezessiver Erbgang mit inkompletter Penetranz wurde vermutet.
- Sie werden bei homozygoten Merle-Tieren (als Resultat der Zucht auf Merle hin) mit vorwiegend weißem Fell gesehen.
- Mögliche Defekte sind Mikrophthalmus, Mikrokornea, Katarakt, persistierende Pupillarmembran, äquatoriale Staphylome, Kolobome und Retinadysplasie.

Harnwegserkrankungen

Zystinsteine

- Eine Zystinurie resultiert aus einem erblichen Defekt beim Transport von Zystin in den renalen Tubuli und prädisponiert zur Bildung von Zystinsteinen.

- Eine höhere Inzidenz bei dieser Rasse wurde in einigen amerikanischen Untersuchungen beschrieben.
- Durchschnittsalter bei Diagnosestellung: 1 – 8 Jahre.
- Rüden scheinen prädisponiert zu sein.

Australian Silky Terrier

Hauterkrankungen

Malassezien-Dermatitis

- Betrifft adulte Tiere beiderlei Geschlechts und aller Altersstufen.
- Tritt häufig saisonal auf.

Tollwutvakzine-assoziierte Vaskulitis und Alopezie

- Die Veränderungen entwickeln sich 3 – 6 Monate nach der Injektion an der Injektionsstelle.
- Die Prävalenz ist in Deutschland bedingt durch die dort zugelassenen Vakzine wesentlich geringer als in den USA.

„Short-hair syndrome" der Seidenrassen

- Tritt gewöhnlich im Alter von 1 – 5 Jahren auf.
- Die Ursache ist ungeklärt.

Farbmutantenalopezie

Die für die Fellfarbe verantwortlichen Gene spielen eine wichtige Rolle in der Pathogenese.

Melanotrichie

Bildet sich häufig nach dem Abheilen tiefer entzündlicher Veränderungen.

Arzneimittelunverträglichkeiten

Glukokortikoide

Subkutane Injektionen können bei dieser Rasse zur lokalen Alopezie führen.

Neurologische Erkrankungen

Lysosomale Speicherkrankheit – Glucocerebrosidose (Morbus Gaucher)

- Vermutlich erblich.
- Selten.
- Symptome treten im Alter von 6 – 8 Monaten auf.

Spongiforme Degeneration

- Wurde bei dieser Rasse beschrieben.
- Alter bei Beginn der Symptome: 3 Monate.

Augenerkrankungen

Refraktäres Ulcus corneae

- Eine Rasseprädisposition besteht.
- Betroffen sind gewöhnlich Hunde mittleren Alters.

Katarakt

- Vermutlich erblich.
- Bei 4 – 5 Jahre alten Tieren kommt es zur hinteren polaren subkapsulären Katarakt, die langsam progressiv verläuft, bis es etwa im Alter von 7 – 11 Jahren zu Sehstörungen kommt (tritt möglicherweise etwas schneller progressiv in Australien auf).
- Bei 4 – 5 Jahre alten Tieren kommen auch periphere kortikale Katarakte vor, die langsam progressiv verlaufen.

Generalisierte progressive Retinaatrophie (GPRA)

- Vermutlich besteht ein einfacher autosomal-rezessiver Erbgang.
- Wird klinisch manifest mit 5 – 11 Jahren.
- Ist oft mit exzessiver Kataraktformation verbunden.

Harnwegserkrankungen

Zystinsteine

- Eine Zystinurie resultiert aus einem erblichen Defekt beim renalen tubulären Transport von Zystin und prädisponiert zur Zystinsteinbildung.
- Bei dieser Rasse wurde in einigen amerikanischen Studien von einer erhöhten Inzidenz berichtet.

2

* Das Durchschnittsalter bei der Diagnosestellung beträgt 1–8 Jahre.
* Rüden scheinen prädisponiert zu sein.

Barsoi

Hauterkrankungen

Primäres Lymphödem

* Keine offensichtliche Geschlechtsprädisposition.
* Wird normalerweise binnen der ersten 12 Lebenswochen gesehen.

Endokrinopathien

Lymphozytäre Thyreoiditis (führt zur Hypothyreose)

Wurde bei einer Familie von Barsois als erblich beschrieben.

Gastrointestinale Erkrankungen

Magendilatation/-volvulus

Eine Rasseprädisposition ist möglich.

Neurologische Erkrankungen

Malformation von Halswirbeln (Wobbler-Syndrom)

* Tritt gelegentlich bei dieser Rasse auf.
* Alter bei klinischer Manifestation: 5–8 Jahre.

Augenerkrankungen

Plasmazellinfiltration der Nickhaut (Plasmom)

Eine Rasseprädisposition besteht.

Katarakt

* Vermutlich erblich.
* Lokalisation: posterior kortikal.
* Alter bei Beginn: 1–4 Jahre, verläuft langsam progressiv.
* Nukleäre Katarakte sind bei älteren Barsois möglich.

Barsoi-Retinopathie

* Vermutlich erblich.
* Manifestiert sich als uni- oder bilaterale progressive Degeneration der Retina, die Sehstörungen hervorruft, aber selten zur Erblindung führt.
* Vorwiegend bei jungen Hunden zu sehen (1–2 Jahre alt).
* Rüden sind angeblich etwa doppelt so häufig betroffen wie Hündinnen.

Multiple Augendefekte

* Kongenital, vermutlich erblich.
* Mögliche Defekte sind Mikrophthalmus, Katarakt, multifokale Retinadysplasie und persistierende Pupillarmembran.

Atemwegserkrankungen

Aspergillose

Eine seltene Pilzinfektion.

Basenji

Gastrointestinale Erkrankungen

Hypertrophe Gastritis

* Möglicherweise besteht eine Rasseprädisposition.
* Betrifft im Allgemeinen ältere Tiere.
* Rüden scheinen prädisponiert zu sein.

Lymphangiektasie (Enteropathie mit Proteinverlust)

Eine Rasseprädisposition besteht.

Immunproliferative Enteropathie (der Basenjis)

* Eine spezifische Erkrankung dieser Rasse.
* Manifestiert sich im Regelfall vor dem 3. Lebensjahr.

Hämatologische Erkrankungen

Pyruvatkinase-Defizienz

* Betroffene Tiere haben abnorme Erythrozyten mit einer durchschnittlichen Lebenszeit von etwa 20 Tagen.
* Ein DNA-Test ist bei dieser Rasse möglich.

Muskuloskelettale Erkrankungen

Pyruvatkinase-Defizienz

* Erblich.
* Führt zu intramedullärer Osteosklerose.

Hernia inguinalis

Es besteht eine Rasseprädisposition.

Hernia umbilicalis

Es besteht eine Rasseprädisposition.

Augenerkrankungen

Membrana pupillaris persistens

* Erbliche Erkrankung, deren Erbgang nicht geklärt ist.
* Ein weit verbreiteter Defekt bei dieser Rasse (in den USA wird von einer Prävalenz von 40 – 90% berichtet, ähnliche Daten existieren in Großbritannien und Australien).
* Schweregrad und Auswirkung auf den Visus variieren.
* Eine Vererbung bei dieser Rasse wurde durch die British Veterinary Association in Zusammenarbeit mit dem Kennel Club und der International Sheep Dog Society nachgewiesen (Schema 1 des BVA/KC/ISDS Eye Scheme).

Katarakt

Vermutlich erblich bedingt.

Kolobom des N. opticus

Kongenitaler Defekt, der möglicherweise bei dieser Rasse erblich ist.

Physiologische Besonderheiten

Pelger-Huët-Anomalie

* Eine verminderte Segmentierung des Zellkerns der Granulozyten tritt auf.
* Scheint ohne klinische Signifikanz zu bleiben.

Harnwegserkrankungen

Fanconi-Syndrom

* Tritt familiär gehäuft auf; in den USA sind 30 – 50% der Basenjis betroffen.
* Wird meist bei Hunden mit Polydipsie/Polyurie im Alter zwischen 1 – 5 Jahren gesehen, kann bis zum akuten Nierenversagen oder zur Pyelonephritis fortschreiten.

Zystinsteine

* Eine Zystinurie resultiert aus einem erblichen Defekt im Transport von Zystin in den renalen Tubuli und prädisponiert zur Bildung von Zystinsteinen.
* Eine höhere Inzidenz bei dieser Rasse wurde in einigen amerikanischen Untersuchungen beschrieben.
* Durchschnittsalter bei Diagnosestellung: 1 – 8 Jahre.
* Rüden scheinen prädisponiert zu sein.

Erkrankungen der Reproduktionsorgane

Variationen im Interöstrus-Intervall

Diese Rasse hat normalerweise nur einen Zyklus pro Jahr.

Basset Hound

Herz-Kreislauf-Erkrankungen

Ventrikel-Septum-Defekt

* Ein deutliches Risiko besteht bei dieser Rasse (relatives Risiko > 5).
* Eine Geschlechtsprädisposition besteht nicht.
* Es ist nicht bekannt, ob der Defekt bei dieser Rasse erblich ist.

Pulmonalstenose

- Die dritthäufigste Ursache für kongenitale Herzerkrankungen beim Hund.
- Wird möglicherweise polygen vererbt.

Hauterkrankungen

Pododermatitis

- Kann Tiere aller Altersgruppen und jeden Geschlechts betreffen.
- Rüden sind prädisponiert.
- Die Vorderpfoten sind häufiger betroffen.

Malassezien-Dermatitis

- Betrifft adulte Tiere jeden Alters und Geschlechts.
- Kann saisonal auftreten.

Primäre Seborrhoe

- Wird möglicherweise autosomal-rezessiv vererbt.
- Die Symptome treten bereits in frühem Alter auf und verstärken sich dann.

Kongenitale Hypotrichose

- Symmetrischer Haarverlust tritt auf.
- Normalerweise zeigt sich der Haarverlust bereits bei der Geburt und wird in den folgenden Wochen schlimmer.

Follikeldysplasie der schwarzen Haare

- Relativ selten.
- Beginnt bereits in frühem Alter.
- Tritt familiär gehäuft auf.

Intertrigo

- Gelegentlich tritt beim Basset eine Intertrigo der Körperfalten auf.
- Übergewichtige Tiere sind prädisponiert.

Hauttumoren

Siehe unter „Neoplasien".

Gastrointestinale Erkrankungen

Tuberkulose

Möglicherweise besteht eine Rasseprädisposition für die gastrointestinale Infektion mit der aviären Form der Tuberkulose.

Hämatologische/immunologische Erkrankungen

Schwere kombinierte Immundefizienz

- X-Chromosom-gebundener rezessiver Erbgang.
- Es kommt zur Thymus-Hypoplasie und Lymphopenie.

Thrombopathie des Bassets

- Ein autosomal-rezessiver Erbgang besteht.
- Die Ätiologie ist nicht bekannt.
- Stellt möglicherweise eine Variante der Glanzmann-Thrombasthenie dar.

Tuberkulose

Siehe „Neoplasien" und „Gastrointestinale Erkrankungen".

Infektionskrankheiten

Infektion mit *Mycobacterium avium*

- Eine seltene Erkrankung.
- Möglicherweise besteht eine Rasseprädisposition.

Infektiöse Hauterkrankungen

Siehe „Hauterkrankungen".

Muskuloskelettale Erkrankungen

Temporomandibuläre Dysplasie/Luxation

Eine kongenitale Dysplasie, die möglicherweise für eine Luxation prädisponiert.

Isolierter Processus anconaeus

Bei dieser Rasse kommt es zu einer echten Fraktur des Processus anconaeus.

Hernia inguinalis

Es besteht eine Rasseprädisposition.

Neoplasien

Mastzelltumor

- Möglicherweise besteht eine Rasseprädisposition.
- Kann in jeder Altersgruppe auftreten (ab dem Alter von 4 Monaten), wird aber meist bei älteren Tieren gesehen.

Trichoepitheliom

- Möglicherweise besteht eine Rasseprädisposition.
- Das Durchschnittsalter beträgt 9 Jahre.
- Diese Rasse ist vermutlich für multiple Trichoepitheliome prädisponiert.

Pilomatrixom

- Möglicherweise besteht eine Rasseprädisposition.
- Das Durchschnittsalter beträgt 6 Jahre.

Aktinische Keratose (Solarkeratose)

- Untersuchungen zufolge besteht bei dieser Rasse ein erhöhtes Risiko.
- Tritt gehäuft bei Tieren mit heller Haut auf, die längere Zeit intensiverer Sonnenstrahlung ausgesetzt sind.

Kutanes Hämangiom

- Möglicherweise besteht eine Rasseprädisposition.
- Das Durchschnittsalter lag in einer Untersuchung bei 8,7 Jahren.

Nichtepitheliotropes Lymphosarkom

Betrifft vorwiegend ältere Hunde.

Tumoren der Nasenhöhle

- Für nasale Karzinome soll diese Rasse prädisponiert sein.
- Betreffen vorwiegend ältere Hunde.
- Bei Tieren in urbanen Gebieten besteht möglicherweise ein höheres Risiko.

Lymphosarkom (malignes Lymphom, ➤ Abb. 2.8)

- Bei dieser Rasse ist ein gehäuftes Auftreten bekannt.
- Meist sind Tiere mittleren Alters betroffen (Durchschnittsalter 6 – 7 Jahre).

Neurologische Erkrankungen

Diskopathien

- Eine Rasseprädisposition besteht.
- Treten häufig auf.
- Adulte Tiere sind betroffen.

Diskospondylitis

- Eine Rasseprädisposition durch konkomitierende Immundefizienz ist möglich.
- Vorwiegend sind junge bis mittelalte Tiere betroffen.
- Rüden sind möglicherweise prädisponiert.

Lysosomale Speicherkrankheit – neuronale Glykoproteinose (Lafora-Krankheit)

- Vermutlich erblich.
- Selten.
- Symptome treten im Alter zwischen 5 Monaten und 9 Jahren auf.

Malformation der Halswirbel (Wobbler-Syndrom)

- Eine Rasseprädisposition besteht.
- Kommt bei dieser Rasse gelegentlich vor.

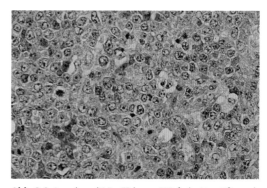

Abb. 2.8 Lymphom (H.E.- Färbung, 132-fache Vergrößerung).

Augenerkrankungen

Entropium (möglicherweise assoziiert mit „Diamond eye")

- Eine Rasseprädisposition besteht.
- Vermutet wird eine polygene Vererbung.

Ektropium (möglicherweise assoziiert mit „Diamond eye")

- Eine Rasseprädisposition besteht.
- Vermutet wird eine polygene Vererbung.

Kombiniertes Entropium-Ektropium („Diamond eye")

- Eine Rasseprädisposition besteht.
- Die genetische Basis ist nicht vollständig geklärt.

Eversion des Nickhautknorpels

- Eine Rasseprädisposition besteht.
- Tritt vorwiegend bei jungen Hunden auf.

Primäres Glaukom/Goniodysgenese

- Vermutlich erblich.
- Alter bei Beginn der Symptome: 5 – 7 Jahre.
- Eine Vererbung bei dieser Rasse wurde durch die British Veterinary Association in Zusammenarbeit mit dem Kennel Club und der International Sheep Dog Society nachgewiesen (Schema 1 des BVA/KC/ISDS Eye Scheme).

Katarakt

Vermutlich erblich.

Generalisierte progressive Retinaatrophie (GPRA)

- Der Erbgang ist nicht bekannt, doch vermutlich rezessiv.
- Alter zu Beginn der Symptome: 3 Jahre, ein zweiter Typ manifestiert sich mit 6 – 8 Jahren.

Physiologische Besonderheiten

Chondrodystrophie/Hypochondroplasie

- Wird im Rassestandard akzeptiert.
- Kurze, gebogene Gliedmaßen treten bei normalem Schädel auf.

Harnwegserkrankungen

Zystinsteine

- Eine Zystinurie resultiert aus einem erblichen Defekt im Transport von Zystin in den renalen Tubuli und prädisponiert zur Bildung von Zystinsteinen.
- Eine höhere Inzidenz bei dieser Rasse wurde in einigen amerikanischen Untersuchungen beschrieben.
- Durchschnittsalter bei Diagnosestellung: 1 – 8 Jahre.
- Rüden scheinen prädisponiert zu sein.

Beagle

Herz-Kreislauf-Erkrankungen

Pulmonalstenose

- Die dritthäufigste Ursache für kongenitale Herzerkrankungen beim Hund.
- Bei dieser Rasse wurde eine polygene Vererbung nachgewiesen.

Vaskulitis der Koronararterien

- Asymptomatisch.
- Die Ätiologie ist nicht bekannt.
- Wurde bei 34% der untersuchten jungen Beagles nachgewiesen.

Juveniles Polyarteriitis-Syndrom

- Verursacht ein Schmerzsyndrom.
- In den USA, Großbritannien und Frankreich beschrieben.

Hauterkrankungen

Follikeldysplasie der schwarzen Haare (> Abb. 2.9–2.11)

* Selten.
* Beginnt in frühem Alter.
* Familiäre Häufung.

Ehlers-Danlos-Syndrom

* Auch „kutane Asthenie" genannt.
* Erblich.
* Die Erbgänge sind unterschiedlich.

Familiäre Vaskulopathie

* Eine nekrotisierende Vaskulitis der kleinen und mittelgroßen Arterien.
* Die Symptome beginnen früh.

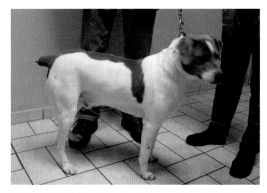

Abb. 2.9 Follikeldysplasie der schwarzen Haare. (Mit freundlicher Genehmigung von S. Peters, Tierärztliche Klinik Birkenfeld.)

Abb. 2.10 Follikeldysplasie der schwarzen Haare (Nahaufnahme). (Mit freundlicher Genehmigung von S. Peters, Tierärztliche Klinik Birkenfeld.)

Abb. 2.11 Follikeldysplasie der schwarzen Haare (Nahaufnahme). (Mit freundlicher Genehmigung von S. Peters, Tierärztliche Klinik Birkenfeld.)

Solardermatitis des Rumpfs

* Eine Photosensibilisierung ist beteiligt.
* Tritt verstärkt in sonnigen Klimazonen auf.

Zink-reaktive Dermatose

Tritt bei Beagle-Welpen auf, denen Futter mit zu geringem Zinkgehalt verabreicht wird.

Hauttumoren

Siehe unter „Neoplasien".

Endokrinopathien

Lymphozytäre Thyreoiditis (führt zur Hypothyreose)

Bei Laborbeagles wurde ein polygener Erbgang nachgewiesen.

Neoplasie der Thyreoidea (kann mit Hypo- oder Hyperthyreose assoziiert sein, aber meist sind die Tiere euthyreot) (> Abb. 2.12, > Abb 2.13)

* Möglicherweise besteht eine Rasseprädisposition.
* Durchschnittsalter: 10 Jahre.

Hypophysärer Hyperadrenokortizismus (PDH)

* Möglicherweise besteht eine Rasseprädisposition.
* Vorwiegend sind mittelalte/alte Tiere betroffen, das Durchschnittsalter beträgt 10 Jahre.
* 55 – 60 % sind Hündinnen.

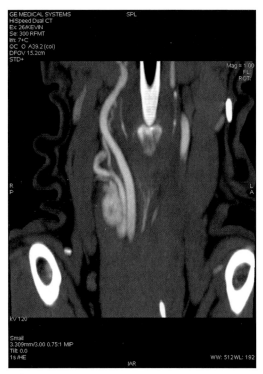

Abb. 2.12 Kontrastdarstellung der Thyreoidea (Karzinom). (Mit freundlicher Genehmigung der Tierärztlichen Klinik Birkenfeld.)

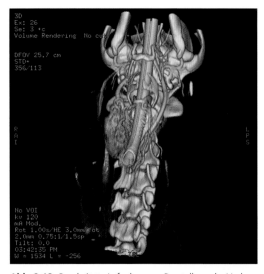

Abb. 2.13 Bearbeitete Aufnahme zur Darstellung der Vaskularisation der Schilddrüse des Hundes aus Abb. 2.12 (präoperativ). (Mit freundlicher Genehmigung der Tierärztlichen Klinik Birkenfeld.)

Diabetes mellitus

- Einigen Untersuchungen zufolge besteht bei der Rasse ein erhöhtes Risiko.
- Betroffene Altersgruppe: meistens 4 – 14 Jahre mit gehäuftem Auftreten zwischen 7 und 9 Jahren.
- Alte unkastrierte Hündinnen sind prädisponiert.

Gastrointestinale Erkrankungen

Chronische Hepatitis

Ein gehäuftes Auftreten wurde bei dieser Rasse beschrieben.

Hämatologische/immunologische Erkrankungen

Schwere kombinierte Immundefizienz

- X-Chromosom-gebundener rezessiver Erbgang.
- Thymushypoplasie und Lymphopenie treten auf.

Selektiver IgA-Mangel

- Führt zu chronischen respiratorischen Erkrankungen und Dermatitis.
- Ist möglicherweise mit Autoimmunität verbunden.

Pyruvatkinase-Defizienz

Betroffene Tiere haben abnorme Erythrozyten mit einer Lebensspanne von 20 Tagen.

Nichtsphärozytäre hämolytische Anämie

Ist bei dieser Rasse durch einen Defekt im ATPase-Kalziumpumpensystem bedingt.

Faktor-VII-Mangel

- Wird in Familien von Labortieren beobachtet.
- Der Erbgang ist autosomal-dominant.
- Heterozygote Tiere sind asymptomatisch.

Primäre idiopathische Hyperlipidämie

Familiäres Auftreten.

Kokzidioidomykose

- Eine erhöhte Inzidenz besteht bei dieser Rasse, die aber möglicherweise auch durch eine höhere Wahrscheinlichkeit der Exposition zu erklären ist.
- Vor allem junge Rüden sind betroffen.
- Geographische Verteilung: Kalifornien, Arizona, Texas, New Mexico, Nevada, Utah, Mexiko und Teile Zentral- und Südamerikas. In Deutschland nicht bekannt.

Muskuloskelettale Erkrankungen

Polyarthritis/Meningitis

- Idiopathisch.
- Betrifft Hunde im Alter von 6 – 9 Monaten.

Multiple Epiphysendysplasie

Der Erbgang ist autosomal-rezessiv.

Brachyurie (Kurzschwänzigkeit)

Der Erbgang ist autosomal-dominant.

Neoplasien

Mastzelltumor

- Möglicherweise besteht eine Rasseprädisposition.
- Mastzelltumoren können in jeder Altersgruppe auftreten (ab dem Alter von 4 Monaten), werden aber meist bei älteren Tieren gesehen.

Aktinische Keratose (Solarkeratose)

- Untersuchungen zufolge besteht bei dieser Rasse ein erhöhtes Risiko.
- Tritt gehäuft bei Tieren mit heller Haut auf, die längere Zeit intensiverer Sonnenstrahlung ausgesetzt sind.

Tumoren der Talgdrüsen

- Möglicherweise besteht eine Rasseprädisposition für eine noduläre Talgdrüsenhyperplasie.
- Tritt vor allem bei älteren Hunden auf (Durchschnittsalter 10 Jahre).

Hämangioperizytom

Das Durchschnittsalter beträgt 7 – 10 Jahre.

Adenom der Perianaldrüsen (hepatoide Drüsen)

- Nach einer Untersuchung an 2700 Hunden wird eine Rasseprädisposition vermutet.
- Das Durchschnittsalter in dieser Untersuchung betrug 10,5 Jahre.
- Unkastrierte Rüden waren prädisponiert.

Kutanes Hämangiom

- Möglicherweise besteht eine Rasseprädisposition.
- Das Durchschnittsalter lag in einer Untersuchung bei 8,7 Jahren.

Neoplasien der Thyreoidea

Siehe unter „Endokrinopathien".

Hypophysentumor mit daraus resultierendem Hyperadrenokortizismus

Siehe unter „Endokrinopathien".

Lymphosarkom (malignes Lymphom)

- Bei dieser Rasse ist ein gehäuftes Auftreten bekannt.
- Meist sind Tiere mittleren Alters betroffen (Durchschnittsalter 6 – 7 Jahre).

Neurologische Erkrankungen

Kongenitales Vestibularsyndrom

- Symptome treten bei Tieren < 3 Monaten auf.
- Kann gleichzeitig mit kongenitaler Taubheit auftreten.

Kongenitale Taubheit

Symptome treten ab der Geburt auf.

Diskopathien

- Eine Rasseprädisposition ist bekannt.
- Verhältnismäßig häufige Erkrankung.
- Betrifft adulte Tiere.

Lysosomale Speicherkrankheit – GM$_1$-Gangliosidose

- Der Erbgang ist autosomal-rezessiv.
- Selten.

- Erste Symptome treten in der Regel mit 3 – 6 Monaten auf.

Lysosomale Speicherkrankheit – neuronale Glykoproteinose (Lafora-Krankheit)

- Vermutlich erblich.
- Selten.
- Erste Symptome treten im Alter von 5 – 12 Monaten auf.

Zerebelläre Degeneration

- Wurde in Japan beschrieben.
- Symptome treten im Alter von 3 Wochen auf.

Primäre Epilepsie

- Erblich.
- Alter bei Beginn der Symptome: 6 Monate bis 3 Jahre.
- Betrifft manchen Untersuchungen zufolge häufiger Rüden als Hündinnen.

Narkolepsie-Kataplexie

- Bei dieser Rasse beschrieben.
- Alter bei Beginn der Symptome: < 1 Jahr.

Lissenzephalie

- Seltene Erkrankung, die bei dieser Rasse beschrieben wurde.
- Alter bei Beginn der Symptome: < 1 Jahr.

Jagdhund-Ataxie

- In Großbritannien beschrieben.
- Alter bei den ersten Symptomen: 2 – 7 Jahre.

Meningitis und Polyarteriitis

- Bei dieser Rasse beschrieben.
- Alter bei Beginn der Symptome < 1 Jahr.

Spina bifida

Kongenital.

Augenerkrankungen

Prolaps der Nickhautdrüse („Cherry eye")

- Eine Rasseprädisposition besteht, ist möglicherweise erblich.
- Zeigt sich in der Regel im 1. Lebensjahr.

Korneadystrophie

- Vermutlich erblich.
- Es kommt zu einer Dystrophie der Stromalipide.
- Untersuchungen zufolge sind etwa 17% der Beagles zwischen 8 und 15 Jahren betroffen.
- Ist nur selten mit Sehstörungen verbunden.

Glaukom

- Vermutlich besteht ein autosomal-rezessiver Erbgang.
- Bei dieser Rasse tritt scheinbar vorwiegend ein Weitwinkelglaukom auf.
- Ist klinisch manifest mit 2 – 5 Jahren.

Linsenluxation

- Eine Rasseprädisposition besteht.
- Wird oft in späteren Stadien eines Glaukoms sichtbar, kann aber verschiedenen Autoren zufolge auch als primäre Erkrankung vorkommen.

Katarakt

- Vermutlich erblich.
- Die kongenitale anterior kapsuläre Katarakt ist meist unilateral, das Sehvermögen ist selten beeinträchtigt.
- Eine posterior kortikale Katarakt betrifft ausgewachsene Hunde, ist gewöhnlich bilateral, kann intraokuläre Entzündungen auslösen und zu Sehstörungen führen.

Multifokale Retinadysplasie

- Kongenitale Erkrankung mit vermutlich autosomal-rezessivem Erbgang.
- Eine Vererbung bei dieser Rasse wird derzeit noch durch die British Veterinary Association in Zusammenarbeit mit dem Kennel Club und der International Sheep Dog Society geprüft (Schema 3 des BVA/KC/ISDS Eye Scheme).

Tapetum-Degeneration

- Vermutlich besteht ein autosomal-rezessiver Erbgang.
- Assoziiert mit schwach pigmentiertem Irisgewebe.
- Verhältnismäßig unbedeutende Erkrankung ohne Einfluss auf das Sehvermögen.

Generalisierte progressive Retinaatrophie (GPRA)

- Der Erbgang ist unbekannt, jedoch vermutlich rezessiv.
- Alter zu Beginn klinischer Symptome: 3 – 5 Jahre.

Mikropapille

- Kongenitale Erkrankung, die möglicherweise erblich ist.
- Tritt gelegentlich bei dieser Rasse auf.

Hypoplasie des N. opticus

- Kongenitale Erkrankung, die möglicherweise erblich ist.
- Tritt gelegentlich bei dieser Rasse auf.

Kongenitale Katarakt mit Mikrophthalmus

Wird vermutlich dominant vererbt.

Mikrophthalmus-Mikrophakie-persistierende Pupillarmembran(PPM)-Syndrom

- Wird vermutlich dominant vererbt.
- Heterozygote Tiere zeigen PPM und eine kongenitale Katarakt mit Mikrophthalmus.
- Homozygote Tiere zeigen Mikrophthalmus, multiple okuläre Defekte und Blindheit.

Multiple okuläre Defekte des posterioren Segments

- Der Erbgang ist unbekannt, jedoch vermutlich autosomal-rezessiv.
- Die Defekte umfassen Retention des hyaloiden Systems, exzessive Myelinisierung des Discus opticus und Neovaskularisation der Retina mit Tendenz zu intraokulären Blutungen.

Physiologische Besonderheiten

Hypochondroplasie

- Wird im Rassestandard akzeptiert.
- Kurze, gebogene Gliedmaßen werden bei normalem Schädel gesehen.

Harnwegserkrankungen

Renale (glomeruläre) Amyloidose

- Wurde in Familien älterer Beagles beschrieben.
- Betroffene Tiere werden mit Proteinurie und Nierenversagen vorgestellt.

Unilaterale renale Agenesie

- Eine seltene Erkrankung bei dieser Rasse.
- Nur in einigen Familien wird eine hohe Prävalenz beobachtet.

Erkrankungen der Reproduktionsorgane

XX-sex-reversal-Syndrom

Eine kongenitale Veränderung, die bei dieser Rasse beschrieben wurde.

Bearded Collie

Hauterkrankungen

Pemphigus foliaceus

- Vermutlich die häufigste Autoimmunerkrankung der Haut bei Katzen und Hunden, dennoch relativ selten.
- Die Inzidenz beträgt 0,04% bei stationären Patienten.
- Keine Alters- und Rasseprädispositionen bekannt.

Follikeldysplasie der schwarzen Haare (> Abb. 2.14)

- Selten.
- Erste Symptome treten relativ früh auf.
- Familiäre Häufung.

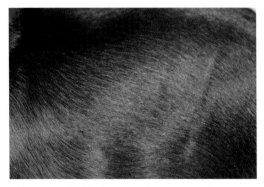

Abb. 2.14 Follikeldysplasie der schwarzen Haare bei einem Dachshund. (Mit freundlicher Genehmigung von S. Peters, Tierärztliche Klinik Birkenfeld.)

Muskuloskelettale Erkrankungen

Kongenitale Ellbogenluxation

- Tritt als Typ-II-Luxation bei dieser Rasse auf (der proximale Radius ist kaudolateral disloziert).
- Betroffene Tiere sind bei Erstvorstellung meist 4–5 Monate alt.

Augenerkrankungen

Korneadystrophie

- Eine Rasseprädisposition besteht.
- Eine Lipiddystrophie tritt auf.
- Alter bei Beginn: > 1 Jahr

Katarakt

- Vermutlich erblich.
- Lokalisation: anterior subkapsulär.
- Alter bei Beginn: 2–5 Jahre.

Generalisierte progressive Retinaatrophie (GPRA)

- Der Erbgang ist unbekannt, jedoch vermutlich rezessiv.
- Alter bei Beginn klinischer Symptome: 1 Jahr.

Bedlington Terrier

Hauterkrankungen

Melanotrichie

Sie wird häufig gesehen, wenn tiefe Entzündungen abheilen.

Gastrointestinale Erkrankungen

Kupferspeicherkrankheit

- Eine chronische Hepatitis resultiert aus einem primären Defekt in der Kupfersekretion und einer abnormen Kupferretention innerhalb der Hepatozyten. Dieser Defekt wird autosomal-rezessiv vererbt.
- Klinische Symptome werden bei jungen bis mittelalten Tieren gesehen.
- Eine hohe Prävalenz besteht weltweit.

Muskuloskelettale Erkrankungen

Osteogenesis imperfecta

Eine selten vorkommende Gruppe von erblichen Erkrankungen.

Augenerkrankungen

Entropium (gewöhnlich des lateralen Unterlids)

- Eine Rasseprädisposition besteht.
- Wird vermutlich polygen vererbt.

Distichiasis

Möglicherweise besteht eine Rasseprädisposition.

Aplasie des Tränenpunkts

Kongenitale Erkrankung.

Katarakt

- Vermutlich erblich.
- Lokalisation: posterior subkapsulär.
- Alter bei Beginn: 3–24 Monate.

Komplette Retinadysplasie mit Retinaablösung und Fehlen des sekundären Vitreums

- Ein autosomal-rezessiver Erbgang besteht.
- Eine Vererbung bei dieser Rasse wurde durch die British Veterinary Association in Zusammenarbeit mit dem Kennel Club und der International Sheep Dog Society nachgewiesen (Schema 1 des BVA/KC/ISDS Eye Scheme).

Generalisierte progressive Retinaatrophie (GPRA)

- Der Erbgang ist unbekannt, jedoch vermutlich rezessiv.
- Wird klinisch manifest mit 1 – 2 Jahren.

Belgischer Schäferhund

Hauterkrankungen

Kongenitale Hypotrichose

- Sie ist entweder bereits bei der Geburt sichtbar oder entwickelt sich in den ersten Lebensmonaten.
- Die Prädisposition für Rüden legt den Verdacht auf eine geschlechtsgebundene Vererbung nahe.

Gastrointestinale Erkrankungen

Magenkarzinom

Siehe unter „Neoplasien".

Muskuloskelettale Erkrankungen

Myopathie des M. gracilis und des M. semitendinosus

Tritt gelegentlich bei dieser Rasse auf.

Neoplasien

Magenkarzinom

- Eine Rasseprädisposition ist bekannt.
- Rüden sind häufiger betroffen.
- Durchschnittsalter bei Manifestation: 8 – 10 Jahre.

Augenerkrankungen

Plasmazellinfiltration der Nickhaut (Plasmom)

- Möglicherweise besteht eine Rasseprädisposition.
- Kann mit Pannusbildung assoziiert sein.

Chronische superfizielle Keratitis (Pannus)

- Eine Rasseprädisposition besteht.
- Alter zu Beginn der Symptome: 2 – 5 Jahre.

Katarakt

- Vermutlich erblich.
- Lokalisation: posterior polar.
- Eine Vererbung bei dieser Rasse wurde durch die British Veterinary Association in Zusammenarbeit mit dem Kennel Club und der International Sheep Dog Society nachgewiesen (Schema 1 des BVA/KC/ISDS Eye Scheme).

Generalisierte progressive Retinaatrophie (GPRA)

Der Erbgang ist unbekannt, jedoch vermutlich rezessiv.

Retinopathie

- Ein autosomal-rezessiver Erbgang wird vermutet.
- Es handelt sich um eine Dysplasie der Photorezeptoren.
- Eine vollständige Blindheit kann bereits ab der 8. Lebenswoche bestehen.

Mikropapille

Kongenitale Erkrankung.

Belgischer Tervueren

Hauterkrankungen

Atopische Dermatitis

- Das Alter bei Beginn der Symptome liegt zwischen 6 Monaten und 7 Jahren, doch etwa 70 % der Tiere zeigen erste Symptome im Alter von 1 – 3 Jahren.
- Hündinnen sind möglicherweise prädisponiert.

Granulomatöse Sebadenitis

Betrifft vorwiegend junge Hunde und Tiere mittleren Alters.

Erkrankungen mit Hypopigmentierung

- Verschiedene Ursachen sind bekannt.
- Sie scheinen bei dieser Rasse erblich zu sein.

Primäres Lymphödem

- Eine Geschlechtsprädisposition ist nicht bekannt.
- Die Symptome beginnen innerhalb der ersten 12 Lebenswochen.

Vitiligo

- Ist vermutlich erblich bedingt.
- Bei allen untersuchten 17 Belgischen Tervueren wurden Anti-Melanozyten-Antikörper nachgewiesen, bei den gesunden elf Tieren der Kontrollgruppe dagegen nicht.

Neurologische Erkrankungen

Primäre Epilepsie

- Erblich bedingt.
- Alter bei Beginn: 6 Monate bis 3 Jahre.

Augenerkrankungen

Chronische superfizielle Keratitis (Pannus)

- Möglicherweise besteht eine Rasseprädisposition.
- Alter bei Beginn: 2 – 5 Jahre.

Katarakt

- Vermutlich erblich.
- Möglicherweise tritt mit 2 Jahren eine posteriore subkapsuläre Katarakt auf, die dann langsam entlang der Linsennähte fortschreitet.
- Anterior subkapsuläre Katarakte wurden bei 3-jährigen Tieren beschrieben.

Generalisierte progressive Retinaatrophie (GPRA)

Der Erbgang ist unbekannt, doch vermutlich rezessiv.

Mikropapille

Kongenitale Erkrankung.

Physiologische Besonderheiten

Leukopenie

Sechs von neun gesunden Belgischen Tervueren zeigten in ihren Blutproben $2,4 - 5,4 \times 10^9$ Leukozyten/l.

Berger de Beauce

Hauterkrankungen

Atopische Dermatitis

- Das Alter bei Beginn kann zwischen 6 Monaten und 7 Jahren liegen, doch etwa 70% der Tiere zeigen erste Symptome im Alter von 1 – 3 Jahren.
- Hündinnen sind möglicherweise prädisponiert.

Epidermolysis bullosa junctionalis

- Die Veränderungen werden im Genitalbereich und den mukokutanen Übergängen mit etwa 6 Wochen gesehen.
- Vermutlich besteht ein autosomal-rezessiver Erbgang.

Epidermolysis bullosa dystrophica

Die Veränderungen treten an den mukokutanen Übergängen, über Druckpunkten und an den Krallen auf.

Berner Sennenhund

Hauterkrankungen

Farbmutantenalopezie

Sie tritt bei dieser Rasse möglicherweise seltener auf als beim Dobermann.

Saisonale nasale Hypopigmentierung

- Auch bekannt als „Snow nose".
- Tritt gewöhnlich im Winter auf.

Hauttumoren

Siehe unter „Neoplasien".

Muskuloskelettale Erkrankungen

Ellbogendysplasie (➤ Abb. 2.15)

* Auch bekannt als Osteochondrose.
* Bei dieser Rasse genetisch bedingt.
* Häufig wird bei dieser Rasse ein isolierter Processus coronoideus medialis diagnostiziert.

Polyarthritis/Meningitis

* Idiopathisch.
* Diese Rasse ist prädisponiert für eine schwerere Form der Erkrankung.

Osteochondrose der Schulter

* Das Verhältnis Rüden : Hündinnnen ist 2,24:1.
* Tritt in 50% der Fälle bilateral auf.
* Alter bei Beginn: meist 4–7 Monate, die Tiere können aber auch älter sein.

Laterale Torsion und Tarsus-valgus-Deformation

* Die Ätiologie ist nicht bekannt.
* Lediglich ein kosmetischer Defekt.

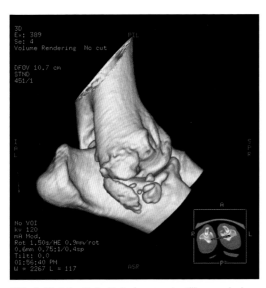

Abb. 2.15 Arthrotische Veränderungen im Ellbogengelenk eines alten Hundes. (Mit freundlicher Genehmigung der Tierärztlichen Klinik Birkenfeld.)

Hüftgelenkdysplasie

Eine ausgedehnte Studie von 1989 ergab beim Berner Sennenhund eine Prävalenz von 25,3%.

Neoplasien

Kutanes Hämangiosarkom

* Möglicherweise besteht eine Rasseprädisposition.
* Das Durchschnittsalter beträgt 9–10 Jahre.

Maligne Histiozytose

* Seltene Erkrankung.
* Eine Rasseprädisposition besteht, möglicherweise wird die Erkrankung polygen vererbt.
* Vorwiegend sind ältere Hunde betroffen (7–8 Jahre).
* Betrifft häufiger Rüden als Hündinnen.

Systemische Histiozytose

* Seltene Erkrankung.
* Bislang fast ausschließlich bei dieser Rasse beschrieben, wird möglicherweise polygen vererbt.
* Betrifft vor allem jüngere Hunde (3–4 Jahre).

Neurologische Erkrankungen

Hypomyelinisierung des Zentralnervensystems

* Vermutlich erblich.
* Symptome treten mit 2–8 Wochen auf.

Meningitis und Polyarteriitis

* Bei dieser Rasse beschrieben.
* Alter zu Beginn der Symptome: < 1 Jahr.

Augenerkrankungen

Entropium

Eine Rasseprädisposition besteht, ein polygener Erbgang wird vermutet.

Systemische Histiozytose (okuläre Symptome können eine Uveitis, Chemosis und Skleritis sein)

Siehe unter „Neoplasien".

Katarakt

- Vermutlich erblich.
- Lokalisation: posterior subkapsulär kortikal.
- Alter bei Beginn der Symptome: 1 Jahr, sie kann fortschreiten und das Sehvermögen beeinträchtigen.

Generalisierte progressive Retina-atrophie (GPRA)

- Der Erbgang ist unbekannt, doch vermutlich rezessiv.
- Alter bei klinischer Manifestation: 1 Jahr.

Harnwegserkrankungen

Familiäre Nierenerkrankung (membranoproliferative Glomerulonephritis)

- Ein autosomal-rezessiver Erbgang ist wahrscheinlich.
- Die Erkrankung wurde bei 20 Berner Sennenhunden beschrieben, die mit 2 – 5 Jahren mit Nierenversagen und ausgeprägter Proteinurie vorgestellt wurden.
- Die meisten dieser Tiere hatten einen hohen Antikörpertiter gegen *Borrelia burgdorferi*, was vermuten ließ, dass dieser Erreger an der Entstehung beteiligt sein könnte.

Atemwegserkrankungen

Maligne Histiozytose

Siehe unter „Neoplasien".

Bernhardiner

Herz-Kreislauf-Erkrankungen

Dilatative Kardiomyopathie

- Bei dieser Rasse beträgt die Prävalenz 2,6% gegenüber 0,16% bei Mischlingen und 0,65% bei reinrassigen Hunden.
- Die Prävalenz steigt mit zunehmendem Alter.
- Etwa doppelt so viele Rüden wie Hündinnen sind betroffen.
- Vermutet wird ein familiärer oder genetischer Hintergrund.

Hauterkrankungen

Pyotraumatische Follikulitis

- Auch als „Hot spot" oder nässendes Ekzem bekannt.
- Junge Hunde sind prädisponiert.

Ehlers-Danlos-Syndrom

- Auch als „kutane Asthenie" bekannt.
- Es umfasst eine erbliche Gruppe von Erkrankungen.
- Wird vermutlich autosomal-dominant vererbt.
- Möglicherweise letal bei homozygoten Tieren.

Kallusdermatitis/-pyodermie

Tritt am häufigsten über den Sprunggelenken und Ellbogengelenken bei dieser Rasse auf.

Intertrigo

Bernhardiner sind für eine Lefzenfaltenpyodermie prädisponiert.

Gastrointestinale Erkrankungen

Magendilatation/-volvulus

Eine Rasseprädisposition besteht.

Hämatologische Erkrankungen

Hämophilie B

- Faktor-IX-Mangel.
- Auch als „Christmas disease" bekannt.
- Wird Geschlechtschromosom-gebunden vererbt.
- Ist seltener als Hämophilie A.

Muskuloskelettale Erkrankungen

Gesteigerte Anteversion von Femurkopf und -hals

- Stellt eine Konformationsanomalie dar.
- Ist Bestandteil der Hüftgelenkdysplasie.

Ellbogendysplasie

- Auch als „Osteochondrose" bekannt.
- Bei dieser Rasse genetisch bedingt.
- Ein isolierter Processus coronoideus medialis ist bei Bernhardinern häufig.

Hüftgelenkdysplasie (> Abb. 2.16)

- In der Statistik der BVA (British Veterinary Association) in Zusammenarbeit mit dem KC (Kennel Club) steht der Bernhardiner auf Platz 7 der am häufigsten von Hüftgelenkdysplasie betroffenen Rassen.
- Die durchschnittliche Punktezahl liegt für den Bernhardiner gemäß dieser Statistik bei 23 von 53 Punkten.

Ruptur des Ligamentum cruciatum craniale

- Sie stellt einen häufigen Grund für eine Hinterhandlahmheit dar.
- Kastrierte Tiere sind möglicherweise prädisponiert.
- Bei dieser Rasse sind auch schon junge Tiere betroffen.

Osteosarkom

- Wird bei dieser Rasse als familiär beschrieben.
- Siehe auch unter „Neoplasien".

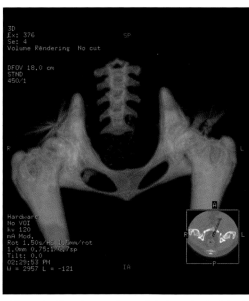

Abb. 2.16 Bilaterale Coxarthrosen bei einem Hund mit hochgradiger Hüftgelenkdysplasie. (Mit freundlicher Genehmigung der Tierärztlichen Klinik Birkenfeld.)

Patellaluxation nach lateral

- Auch als „Genu valgum" bekannt.
- Ist möglicherweise erblich.

Neoplasien

Nichtepitheliotropes Lymphosarkom

Betrifft ältere Hunde.

Lymphosarkom (malignes Lymphom)

- Bei Bernhardinern ist eine erhöhte Inzidenz beschrieben.
- Meist sind Hunde mittleren Alters betroffen (im Durchschnitt 6 – 7 Jahre).

Primäre Knochentumoren (am häufigsten: Osteosarkom)

- Eine Rasseprädisposition besteht.
- Rüden sind möglicherweise prädisponiert.

Neurologische Erkrankungen

Kongenitale Taubheit

Die Symptome bestehen ab der Geburt.

Primäre Epilepsie

- Vermutlich erblich.
- Alter bei Beginn: 6 Monate bis 3 Jahre.

Narkolepsie-Kataplexie

- Wurde bei dieser Rasse beschrieben.
- Alter bei Beginn klinischer Symptome: < 1 Jahr.

Distale Polyneuropathie

- Wurde bei dieser Rasse beschrieben.
- Alter bei Beginn klinischer Symptome: > 1 Jahr.

Augenerkrankungen

Dermoid

Eine Rasseprädisposition besteht.

Entropium (gewöhnlich der Unterlider, kann auch mit einer makropalpebralen Fissur verbunden sein)

Eine Rasseprädisposition besteht; wahrscheinlich ist ein polygener Erbgang.

Ektropium (kann auch mit einer makropalpebralen Fissur verbunden sein)

Eine Rasseprädisposition besteht; wahrscheinlich ist ein polygener Erbgang.

Makropalpebrale Fissur, die zu einem kombinierten Entropium-Ektropium führt („Diamond eye")

Eine Rasseprädisposition besteht; die genetische Basis ist nicht vollständig geklärt.

Eversion des Nickhautknorpels

- Eine Rasseprädisposition besteht; möglich ist ein rezessiver Erbgang.
- Tritt gewöhnlich bei jungen Hunden auf.

Prolaps der Nickhautdrüse

Eine Rasseprädisposition besteht; ist vermutlich erblich.

Katarakt

- Vermutlich erblich.
- Mit 6 – 18 Monaten treten posterior subkapsuläre Katarakte auf, die langsam fortschreiten.
- Mit 7 – 8 Jahren werden posterior kortikale Katarakte gesehen, die gleichfalls langsam progressiv sind.

Hypoplasie des N. opticus

Kongenitaler Defekt, dessen Erblichkeit nicht geklärt ist.

Multiple Augendefekte

- Kongenitale Defekte, deren Erblichkeit nicht geklärt ist.
- Die Defekte bestehen aus Mikrophthalmus, kollabierender vorderer Augenkammer und abgelöster dysplastischer Retina.

Physiologische Besonderheiten

Zusätzlicher Fortsatz am medialen Teil des Os tarsale centrale

Es besteht eine Rasseprädisposition.

Laterale Torsion des Tarsus und tarsale Valgusbildung

- Die Ätiologie nicht geklärt.
- Rein kosmetischer Defekt.

Erkrankungen der Reproduktionsorgane

Vaginale Hyperplasie

Eine Rasseprädisposition ist möglich.

Bichon Frisé

Herz-Kreislauf-Erkrankungen

Persistierender Ductus arteriosus

- Häufiger kongenitaler Defekt.
- Das relative Risiko beträgt 5,5.
- Hündinnen sind prädisponiert.
- Ein polygener Erbgang besteht.

Hauterkrankungen

Kongenitale Hypotrichose

- Sie besteht bereits bei der Geburt oder entwickelt sich in den ersten Lebensmonaten.
- Die Prädisposition für Rüden lässt einen geschlechtsgebundenen Erbgang vermuten.

Hauttumoren

Siehe unter „Neoplasien".

Hämatologische/immunologische Erkrankungen

Hämophilie B

- Faktor-IX-Mangel.
- Auch als „Christmas disease" bekannt.
- Geschlechtsgebundener Erbgang.
- Seltener als Hämophilie A.

Neoplasien

Basalzelltumor

Möglicherweise besteht eine Rasseprädisposition.

Neurologische Erkrankungen

„Shaker dog disease"

- Wurde bei dieser Rasse beschrieben.
- Alter bei Beginn der Symptome: 9 Monate bis 2 Jahre.

Atlantoaxiale Subluxation (➤ Abb. 2.17)

- Kongenitale Erkrankung.
- Alter bei klinischer Manifestation: < 1 Jahr.

Augenerkrankungen

Entropium (gewöhnlich des medialen Unterlids)

Eine Rasseprädisposition besteht, ein polygener Erbgang ist wahrscheinlich.

Kongenitale, subepitheliale, geographische Korneadystrophie

- Eine kongenitale Erkrankung, die Rasse ist prädisponiert.
- Tritt bei jungen Welpen auf (< 10 Wochen).
- Besteht nur transient.

Korneadystrophie

- Ist vermutlich erblich.
- Es kommt zur parazentralen Lipiddystrophie.
- Alter bei Beginn der Symptome: 2 Jahre.

Katarakt (➤ Abb. 2.18)

- Vermutlich erblich.
- Lokalisation: posterior subkapsulär.
- Alter bei Beginn der Symptome: 6 Monate bis 3 Jahre.
- Das Fortschreiten der Erkrankung ist sehr unterschiedlich.
- Eine Vererbung bei dieser Rasse wird derzeit noch durch die British Veterinary Association in Zusammenarbeit mit dem Kennel Club und der International Sheep Dog Society geprüft (Schema 3 des BVA/KC/ISDS Eye Scheme).

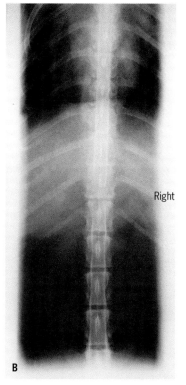

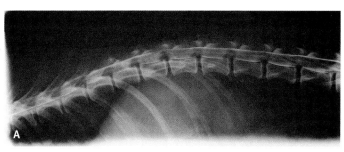

Abb. 2.17 **(A)** Obwohl der Bichon Frisé nicht zu den prädisponierten Rassen gezählt wird, leidet er doch häufiger unter Diskopathien. Diese Myelographie eines 11-jährigen kastrierten Bichon-Frisé-Rüden zeigt eine Unterbrechung der dorsalen Kontrastmittelsäule im Bereich von Th12 : 13 , was für eine Diskushernie an dieser Lokalisation spricht (laterale Aufnahme). **(B)** Bei der dorsoventralen Aufnahme zeigt sich eine extradurale Kompression auf der rechten Seite in Höhe Th12 und Th13.

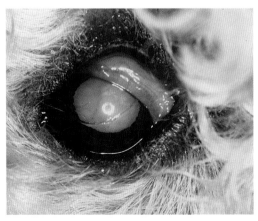

Abb. 2.18 Mature Katarakt bei einem 9-jährigen kastrierten Bichon-Frisé-Rüden. (Mit freundlicher Genehmigung von Mark Bossley.)

Harnwegserkrankungen

Zystinsteine

- Eine Zystinurie resultiert aus einem erblichen Defekt im Transport von Zystin in den renalen Tubuli und prädisponiert zur Bildung von Zystinsteinen.
- Eine höhere Inzidenz bei dieser Rasse wurde in einigen amerikanischen Untersuchungen beschrieben.
- Das Durchschnittsalter bei Diagnosestellung liegt bei 1 – 8 Jahren.
- Rüden scheinen prädisponiert zu sein.

Kalziumoxalatsteine

- Manchen Untersuchungen zufolge besteht bei dieser Rasse eine erhöhte Inzidenz.
- Das Durchschnittsalter bei Diagnosestellung liegt bei 5 – 12 Jahren.
- Rüden scheinen prädisponiert zu sein.

Struvitsteine (Magnesium-Ammonium-Phosphat)

- Manchen Untersuchungen zufolge besteht bei dieser Rasse eine erhöhte Inzidenz.
- Das Durchschnittsalter bei Diagnosestellung beträgt 2 – 8 Jahre.
- Hündinnen scheinen prädisponiert zu sein.

Kalziumphosphatsteine (Hydroxyapatit und Karbonapatit)

- Manchen Untersuchungen zufolge besteht bei dieser Rasse eine erhöhte Inzidenz.
- Das Durchschnittsalter bei Diagnosestellung beträgt 7 – 11 Jahre.

Kalziumphosphatsteine (Brushit)

- Manchen Untersuchungen zufolge besteht bei dieser Rasse eine erhöhte Inzidenz.
- Das Durchschnittsalter bei Diagnosestellung beträgt 7 – 11 Jahre.
- Rüden scheinen prädisponiert zu sein.

Atemwegserkrankungen

Primäre Dyskinesie der Zilien

- Erblicher Defekt.
- In der Regel werden Symptome bereits binnen der ersten Lebenswochen gesehen.

Bloodhound

Herz-Kreislauf-Erkrankungen

Aortenstenose

- Häufige kongenitale Erkrankung.
- Das relative Risiko beträgt > 5,0.
- Keine Geschlechtsprädisposition.
- Möglicherweise besteht ein autosomal-dominanter Erbgang mit modifizierenden Genen, eventuell auch eine polygene Vererbung.

Gastrointestinale Erkrankungen

Magendilatation/-volvulus

Möglicherweise besteht eine Rasseprädisposition.

Neoplasien

Kutanes Hämangiom

- Möglicherweise besteht eine Rasseprädisposition.
- In einer Untersuchung betrug das Durchschnittsalter 8,7 Jahre.

Augenerkrankungen

Entropium (gewöhnlich des Oberlids, eventuell verbunden mit einer makropalpebralen Fissur)

Eine Rasseprädisposition besteht, ein polygener Erbgang wird vermutet.

Ektropium (eventuell verbunden mit einer makropalpebralen Fissur)

Eine Rasseprädisposition besteht, ein polygener Erbgang wird vermutet.

Makropalpebrale Fissur, die zu einem kombinierten Entropium-Ektropium führt („Diamond eye")

Eine Rasseprädisposition besteht, die genetische Basis ist derzeit nur unvollständig bekannt.

Keratoconjunctivitis sicca

Eine Rasseprädisposition besteht.

Eversion des Nickhautknorpels

Eine Rasseprädisposition besteht, ist vermutlich erblich.

Prolaps der Nickhautdrüse („Cherry eye")

- Eine Rasseprädisposition besteht.
- Tritt meist vor dem 2. Lebensjahr auf.

Multiple Augendefekte

- Kongenital.
- Eine Vererbung bei dieser Rasse wird derzeit noch durch die British Veterinary Association in Zusammenarbeit mit dem Kennel Club und der International Sheep Dog Society geprüft (Schema 3 des BVA/KC/ISDS Eye Scheme).

Bobtail

Herz-Kreislauf-Erkrankungen

Dilatative Kardiomyopathie

- Die Prävalenz bei dieser Rasse beträgt 0,9% gegenüber 0,16% bei Mischlingen und 0,65% bei reinrassigen Hunden.
- Die Prävalenz steigt mit zunehmendem Alter.
- Rüden sind etwa doppelt so häufig betroffen wie Hündinnen.
- Vermutlich familiär oder genetisch bedingt.

Persistierender Vorhofstillstand

Seltene Erkrankung.

Trikuspidal-Dysplasie

- Kongenital.
- Rüden sind prädisponiert.

Hauterkrankungen

Pododemodikose

- Bei Bobtails können die Veränderungen auf die Pfoten beschränkt bleiben.
- Das relative Risiko beträgt 28,9.

Primäres Lymphödem

- Keine offensichtliche Geschlechtsprädisposition bekannt.
- Tritt gewöhnlich während der ersten 12 Lebenswochen auf.

Melanotrichie

Wird oft nach Abheilung einer tiefen Entzündung beobachtet.

Vitiligo

Vermutlich erblich.

Hauttumoren

Siehe unter „Neoplasien".

Arzneimittelreaktionen

Ivermectin und Milbemycin

Hohe Dosen dieser Substanzen können Tremor, Ataxie, Koma und Tod herbeiführen (Ivermectin kann bereits in geringen Dosen schädlich wirken). Ivermectin ist für Kleintiere nicht zugelassen.

Endokrinopathien

Hypothyreose

* Gemäß manchen Literaturangaben gehören Bobtails zu den Rassen mit erhöhtem Risiko.
* Oft sind Hunde mittleren Alters (2 – 6 Jahre) betroffen.

Hämatologische/immunologische Erkrankungen

Immunvermittelte hämolytische Anämie

* Häufige Erkrankung.
* Betrifft gewöhnlich jungadulte Tiere und Hunde mittleren Alters.
* Ist möglicherweise häufiger bei Hündinnen.
* Möglicherweise bestehen saisonale Schwankungen in der Inzidenz.

Immunvermittelte Thrombozytopenie

* Häufig.
* Wahrscheinlich erblich.
* Hündinnen sind häufiger betroffen als Rüden.

Hämophilie B

* Faktor-IX-Mangel.
* Auch als „Christmas disease" bekannt.
* Geschlechtsgebundener Erbgang.
* Seltener als Hämophilie A.

Muskuloskelettale Erkrankungen

Kongenitale Ellbogenluxation

* Bei dieser Rasse kommt eine Typ-II-Luxation vor (der proximale Radius ist nach kaudolateral disloziert).

* Gewöhnlich werden die Tiere mit 4 – 5 Monaten vorgestellt.

Sakrokaudale Dysgenese

* Kongenital.
* Siehe unter „Neurologische Erkrankungen".

Hüftgelenkdysplasie

* In der Statistik der BVA (British Veterinary Association) in Zusammenarbeit mit dem KC (Kennel Club) steht der Bobtail auf Platz 9 der am häufigsten von HD betroffenen Rassen.
* Die durchschnittliche Punktezahl liegt bei Bobtails gemäß dieser Statistik bei 20 von 53 Punkten.
* Die Prävalenz nimmt derzeit aber kontinuierlich ab.

Neoplasien

Schweißdrüsentumor

* Bobtails sollen zu den Rassen mit einem erhöhten Risiko gehören.
* Das durchschnittliche Alter wird mit 9,5 Jahren angegeben.

Pilomatrixom

* Eine Rasseprädisposition ist möglich.
* Das durchschnittliche Alter wird mit 6,6 Jahren angegeben.

Keratoakanthom

* Betroffen sind normalerweise Tiere < 5 Jahren.
* Rüden sind prädisponiert.
* Diese Rasse ist für die generalisierte Form der Veränderungen prädisponiert.

Tumoren der Nasenhöhle

* Bobtails gehören Literaturangaben zufolge zu den Rassen mit einem erhöhten Risiko.
* Gewöhnlich sind ältere Tiere betroffen.
* Möglicherweise besteht für Hunde, die in städtischen Gebieten gehalten werden, ein erhöhtes Risiko.

Primäre Gehirntumoren

Siehe unter „Neurologische Erkrankungen".

Neurologische Erkrankungen

Kongenitale Taubheit

Symptome bestehen ab der Geburt.

Primäre Gehirntumoren

- Verschiedene Autoren sprechen von einem erhöhten Risiko bei dieser Rasse.
- Betroffen sind ältere Tiere (9 – 10 Jahre).

Sakrokaudale Dysgenese

- Kongenital.
- Wird gelegentlich beschrieben.

Augenerkrankungen

Mikrokornea

- Kongenital.
- Wird gewöhnlich mit multiplen Augendefekten kombiniert gefunden (siehe dort).

Katarakt

- Der Erbgang ist ungeklärt.
- Lokalisation: nuklear oder kortikal.
- Alter bei Beginn: 9 Monate bis 6 Jahre; verläuft prinzipiell progressiv; manche Katarakte entwickeln sich zur kompletten Form.
- Kann zusammen mit einer Netzhautablösung auftreten.
- Eine Vererbung bei dieser Rasse wurde durch die British Veterinary Association in Zusammenarbeit mit dem Kennel Club und der International Sheep Dog Society nachgewiesen (Schema 1 des BVA/KC/ISDS Eye Scheme).

Kongenitale hereditäre Katarakt

- Vermutlich erblich.
- Lokalisation: nuklear oder kortikal.
- Eine Vererbung bei dieser Rasse wird derzeit noch durch die British Veterinary Association in Zusammenarbeit mit dem Kennel Club und der International Sheep Dog Society geprüft (Schema 3 des BVA/KC/ISDS Eye Scheme).

Generalisierte progressive Retina-atrophie (GPRA)

- Vermutlich besteht ein autosomal-rezessiver Erbgang.
- Klinischer Beginn ist mit 4 Jahren.

Mikropapille

- Kongenitale Veränderung.
- Tritt gelegentlich bei dieser Rasse auf.

Hypoplasie des N. opticus

- Kongenitale Veränderung, deren Erblichkeit ungeklärt ist.
- Tritt gelegentlich bei dieser Rasse auf.

Multiple Augendefekte

- Kongenitale Defekte, deren Erblichkeit nicht geklärt ist.
- Die Defekte können in kongenitaler Katarakt, persistierenden Pupillarmembranen, Retinadefekten und Mikrophthalmus bestehen.
- Eine Vererbung bei dieser Rasse wird derzeit noch durch die British Veterinary Association in Zusammenarbeit mit dem Kennel Club und der International Sheep Dog Society geprüft (Schema 3 des BVA/KC/ISDS Eye Scheme).

Harnwegserkrankungen

Inkompetenz des Urethrasphinkters (führt zu Incontinentia urinae)

Möglicherweise besteht eine Rasseprädisposition für weibliche Tiere.

Silikatsteine

- Manchen Untersuchungen zufolge besteht bei dieser Rasse eine erhöhte Inzidenz.
- Rüden scheinen prädisponiert zu sein.

Erkrankungen der Reproduktions-organe

Kryptorchismus

- Ein Entwicklungsdefekt, der vermutlich geschlechtsgebunden und autosomal-rezessiv vererbt wird.

- Bobtails sollen zu den Rassen mit einem erhöhten Risiko gehören.

Atemwegserkrankungen

Primäre Dyskinesie der Zilien

Symptome werden gewöhnlich schon in frühem Alter gesehen.

Bordeaux-Dogge

Hauterkrankungen

Hyperkeratose der Ballen (> Abb. 2.19)

- Eine familiäre Erkrankung dieser Rasse.
- Erste Veränderungen werden mit etwa 6 Monaten sichtbar.

Border Collie

Hämatologische/immunologische Erkrankungen

Zyklische Neutropenie

- Der Erbgang ist autosomal-rezessiv.
- Tritt bei grauen Collies auf.

Muskuloskelettale Erkrankungen

Osteochondrose der Schulter

- Das Verhältnis Rüden : Hündinnen beträgt 2,24 : 1.
- Bei 50 % der Tiere tritt sie bilateral auf.

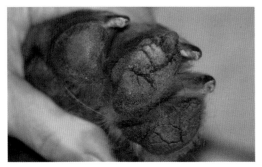

Abb. 2.19 Idiopathische Hyperkeratose der Ballen bei einer Bordeaux-Dogge. (Mit freundlicher Genehmigung von S. Peters, Tierärztliche Klinik Birkenfeld.)

- Alter beim Auftreten: meist 4 – 7 Monate, doch auch später möglich.

Weichteilverletzungen im Karpalbereich

Werden insbesondere bei Arbeitshunden gesehen.

Neurologische Erkrankungen

Kongenitale Taubheit

Symptome treten ab der Geburt auf.

Zerebelläre Degeneration

- Familiäres Auftreten.
- Selten.
- Symptome treten ab der 6. – 8. Lebenswoche auf.

Lysosomale Speicherkrankheit (Ceroid-Lipofuszinose)

- Ein autosomal-rezessiver Erbgang besteht.
- Selten.
- Symptome treten gewöhnlich mit 1 – 2 Jahren auf.

Augenerkrankungen

Noduläre Episklerokeratitis

- Eine Rasseprädisposition besteht.
- Wird gewöhnlich mit 2 – 5 Jahren sichtbar.

Chronische superfizielle Keratitis (Pannus)

Eine Rasseprädisposition besteht.

Primäre Linsenluxation

- Vermutlich besteht ein einfacher autosomal-rezessiver Erbgang.
- Alter bei Beginn der Erkrankung: 3 – 5 Jahre.
- Führt oft zum Glaukom.
- Eine Vererbung bei dieser Rasse wurde durch die British Veterinary Association in Zusammenarbeit mit dem Kennel Club und der International Sheep Dog Society nachgewiesen (Schema 1 des BVA/KC/ISDS Eye Scheme).

Katarakt

- Vermutlich erblich.
- Lokalisation: anterior subkapsulär.
- Alter bei Beginn: 4 – 6 Jahre.
- Eine Vererbung bei dieser Rasse wird derzeit noch durch die British Veterinary Association in Zusammenarbeit mit dem Kennel Club und der International Sheep Dog Society geprüft (Schema 3 des BVA/KC/ISDS Eye Scheme).

„Collie eye anomaly"

- Kongenitale Erkrankung, vermutlich erblich.
- Bei dieser Rasse nur geringe Inzidenz.
- Eine Vererbung bei dieser Rasse wurde durch die British Veterinary Association in Zusammenarbeit mit dem Kennel Club und der International Sheep Dog Society nachgewiesen (Schema 1 des BVA/KC/ISDS Eye Scheme).

Generalisierte progressive Retina-atrophie (GPRA)

- Der Erbgang ist unbekannt, doch vermutlich rezessiv.
- Wird klinisch manifest mit 2 Jahren.

Zentrale progressive Retinaatrophie (CPRA) oder Pigmentepitheldystrophie (PED)

- Der Erbgang ist unbekannt.
- Das Alter bei klinischer Manifestation beträgt 1 – 2 Jahre.
- Die Prävalenz ist in Großbritannien höher als in den USA, die Häufigkeit nimmt allerdings seit der Einführung von Kontrolluntersuchungen ab.
- Eine Vererbung bei dieser Rasse wurde durch die British Veterinary Association in Zusammenarbeit mit dem Kennel Club und der International Sheep Dog Society nachgewiesen (Schema 1 des BVA/KC/ISDS Eye Scheme).

Multiple Augendefekte

- Kongenitale Erkrankung, sie tritt bei homozygoten Merle-Tieren (bei Merle-Zucht) mit vorwiegend weißem Fell auf.
- Defekte äußern sich als Mikrophthalmus, Mikrokornea, Katarakt, äquatoriales Staphylom und Kolobom.

Neuronale Lipidfuszidose

Vermutlich besteht ein autosomal-rezessiver Erbgang.

Border Terrier

Augenerkrankungen

Katarakt

- Vermutlich erblich.
- Lokalisation: posterior subkapsulär.
- Alter bei Beginn: 3 – 5 Jahre, langsam progressiv.
- Eine Vererbung bei dieser Rasse wird derzeit noch durch die British Veterinary Association in Zusammenarbeit mit dem Kennel Club und der International Sheep Dog Society geprüft (Schema 3 des BVA/KC/ISDS Eye Scheme).

Boston Terrier

Hauterkrankungen

Generalisierte Demodikose

Boston Terrier gehören zu den zehn Rassen mit dem höchsten statistischen Risiko für diese Erkrankung in der Patientenpopulation der Cornell-Universität, USA.

Atopische Dermatitis

- Hündinnen sind möglicherweise prädisponiert.
- Alter bei Beginn der Symptome: 6 Monate bis 7 Jahre, doch etwa 70% der Tiere zeigen erste Symptome im Alter von 1 – 3 Jahren.
- Kann saisonal oder nichtsaisonal sein.

Alopezie der Pinna

Sie beginnt in der Regel im Alter > 1 Jahr.

Schablonenkahlheit („Pattern baldness")

- Vor allem Hündinnen sind bei dieser Rasse betroffen.
- Ab 6 Monaten kommt es zu schrittweisem Haarverlust.
- Vor allem an Bauch und ventromedialen Hintergliedmaßen lokalisiert.

Farbmutantenalopezie

- Die Gene für die Farbverdünnung spielen eine wichtige Rolle in der Pathogenese.
- Die Inzidenz bei dieser Rasse ist deutlich geringer als beim Dobermann.

Intertrigo

Eine Intertrigo der Rutenfalte wird durch die Korkenzieher-Rute hervorgerufen.

Calcinosis circumscripta

- Tritt verhältnismäßig selten auf.
- Eine Geschlechtsprädisposition besteht nicht.
- Bei dieser Rasse treten Läsionen vorwiegend an der Wange auf.

Retrognathie

- Möglicherweise besteht ein autosomal-rezessiver Erbgang.

Hauttumoren

Siehe unter „Neoplasien".

Endokrinopathien

Hypophysärer Hyperadrenokortizismus

- Möglicherweise besteht eine Rasseprädisposition.
- Vor allem mittelalte/ältere Tiere sind betroffen.
- 55 – 60% der betroffenen Tiere sind Hündinnen.

Gastrointestinale Erkrankungen

Anomalie des vaskulären Rings

- Eine Rasseprädisposition ist bekannt; ist vermutlich erblich.
- Klinische Symptome zeigen sich zum Zeitpunkt des Absetzens.

Pylorusstenose („Antral pyloric hypertrophy syndrome")

- Bedeutet eine kongenitale Hypertrophie des Pylorusmuskels, die zu einer Obstruktion des Magenausgangs und zu Vomitus führt.
- Klinische Symptome sind entweder kurz nach dem Absetzen oder mit 6 – 12 Monaten sichtbar.

Muskuloskelettale Erkrankungen

Kraniomandibuläre Osteopathie

- Die Ätiologie ist bei dieser Rasse unbekannt.
- Sie betrifft in der Regel Tiere zwischen 3 und 8 Monaten.

Kongenitale Ellbogenluxation

- Verhältnismäßig seltene Erkrankung, die für etwa 15% der nichttraumatischen Lahmheiten des Ellbogens verantwortlich ist.
- Führt bei dieser Rasse zu starken Beeinträchtigungen (Typ I).
- Manifestiert sich zum Geburtszeitpunkt oder binnen der ersten 3 Lebensmonate.

Hernia perinealis

Unkastrierte Rüden sind prädisponiert.

Hemivertebrae

Der Erbgang ist noch unbekannt.

Sakrokaudale Dysgenesie

- Kongenitale Erkrankung.
- Siehe „Neurologische Erkrankungen".

Neoplasien

Mastzelltumor

- Möglicherweise besteht eine Rasseprädisposition.
- Können in jedem Alter auftreten (ab 4 Monaten), sind aber gehäuft bei älteren Tieren zu sehen.

Melanom

- Eine Rasseprädisposition besteht.
- Das Durchschnittsalter beträgt 8 – 9 Jahre.

Kutane Histiozytose

- Eine Rasseprädisposition ist möglich.
- Tritt vorwiegend bei jungen Hunden zwischen 1 und 2 Jahren auf.

Fibrom

- Hündinnen sind prädisponiert.
- Vor allem ältere Tiere sind betroffen.

Chemodektom

- Eine höhere Inzidenz ist bei dieser Rasse beschrieben.
- Vorwiegend ältere Tiere sind betroffen (10–15 Jahre).
- Rüden sind möglicherweise für Tumoren an der Aortenbasis prädisponiert.

Primäre Gehirntumoren

Siehe unter „Neurologische Erkrankungen".

Hypophysentumor, der zu Hyperadrenokortizismus führt

Siehe „Endokrine Erkrankungen".

Neurologische Erkrankungen

Kongenitale Taubheit

Symptome bestehen ab der Geburt.

Hydrozephalus

- Kongenital.
- Verhältnismäßig häufig.
- Beginn der Symptome bereits bei Tieren < 3 Monaten.

Zerebelläre Malformation

- Kongenital.
- Verhältnismäßig selten.
- Beginn der klinischen Symptome mit 3–4 Wochen.

Hemivertebrae

- Kongenital.
- Werden gelegentlich gesehen.

Primäre Gehirntumoren

- Eine höhere Inzidenz ist bei dieser Rasse bekannt.
- Alte Tiere sind betroffen (Durchschnittsalter 9–10 Jahre).

Sakrokaudale Dysgenesie

- Kongenital.
- Tritt gelegentlich auf.

Arachnoidzysten

- Seltene, bei dieser Rasse beschriebene Erkrankung.
- Alter bei Beginn der Symptome: < 1 Jahr.

Augenerkrankungen

Karunkel-Trichiasis

Eine Rasseprädisposition besteht.

Keratoconjunctivitis sicca

Eine Rasseprädisposition besteht.

Prolaps der Nickhautdrüse

- Eine Rasseprädisposition ist bekannt; möglicherweise erblich.
- Klinische Manifestation in der Regel vor dem 2. Lebensjahr.

Keratitis pigmentosa

Eine Rasseprädisposition besteht.

Refraktäres Ulcus corneae

- Eine Rasseprädisposition besteht.
- Alter bei Beginn der Symptome: 6–8 Jahre.

Korneadystrophie

- Eine Rasseprädisposition besteht.
- Es entsteht eine Dystrophie des Endothels mit progressivem Korneaödem.
- Alter bei Beginn der Symptome: 5–9 Jahre.

Iriszysten (➤ Abb. 2.20)

- Eine Rasseprädisposition besteht, ist vermutlich erblich.
- Alter zu Beginn der Symptome: etwa 9 Jahre.

Katarakt

- Der Erbgang ist einfach autosomal-rezessiv.
- Lokalisation: posteriore Linsennähte und Nukleus.
- Alter zu Beginn der Symptome: 8–10 Wochen, bei weiterer Progression kommt es zur Einschränkung des Sehvermögens.

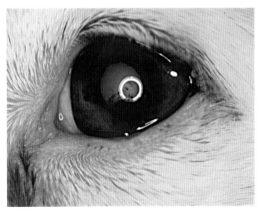

Abb. 2.20 Iriszyste. (Mit freundlicher Genehmigung von Mark Bossley.)

- Eine spät einsetzende Katarakt kann sich auch im Bereich der anterioren und posterioren Kortizes manifestieren, doch ist deren Erbgang nicht bekannt.
- Eine Vererbung bei dieser Rasse wurde durch die British Veterinary Association in Zusammenarbeit mit dem Kennel Club und der International Sheep Dog Society nachgewiesen (Schema 1 des BVA/KC/ISDS Eye Scheme).

Syneresis des Vitreums (Glaskörperverflüssigung)

- Eine Rasseprädisposition besteht.
- Tritt bei älteren Hunden auf.
- Die Degeneration des Glaskörpers führt zur Bildung von Glaskörpersträngen, die bis in die vordere Augenkammer reichen und für Glaukom und Katarakt prädisponieren können.

Physiologische Besonderheiten

Achondroplasie

- Genetischer Zwergwuchs.
- Schädel und Gliedmaßen sind betroffen.
- Wird im Rassestandard akzeptiert.

Harnwegserkrankungen

Urethra-Prolaps

- Möglicherweise besteht eine Rasseprädisposition.
- Tritt generell bei Rüden im Alter zwischen 4 Monaten und 5 Jahren auf.

Hypospadie

Kongenitale und bei dieser Rasse mit hoher Inzidenz auftretende Missbildung, die den Verdacht auf eine genetische Grundlage nahelegt.

Erkrankungen der Reproduktionsorgane

Dystokie

Eine Rasseprädisposition besteht aufgrund der Kombination von engem Becken, großem Kopf und breiten Schultern.

Hypospadie

Siehe unter „Harnwegserkrankungen".

Urethra-Prolaps

Siehe unter „Harnwegserkrankungen".

Atemwegserkrankungen

Brachyzephalensyndrom

- Ein Komplex aus verschiedenen anatomischen Fehlbildungen.
- Tritt häufig bei dieser Rasse auf.
- Vermutlich eine Folge selektiver Zuchtmaßnahmen auf bestimmte charakteristische Merkmale des Gesichts.

Hypoplasie der Trachea

15% der bekannten Fälle treten allein bei dieser Rasse auf.

Bouvier des Flandres

Hauterkrankungen

Saisonale Flankenalopezie (➤ Abb. 2.21 und ➤ Abb. 2.22)

Kann entweder im Herbst oder im Frühjahr auftreten.

Hauttumoren

Siehe unter „Neoplasien".

Gastrointestinale Erkrankungen

Degeneration der Ösophagus-/Pharynxmuskulatur und Dysphagie

Eine Rasseprädisposition besteht.

Abb. 2.21 Saisonale Flankenalopezie bei einem Airedale Terrier. (Mit freundlicher Genehmigung von S. Peters, Tierärztliche Klinik Birkenfeld.)

Abb. 2.22 Saisonale Flankenalopezie bei einem Airedale Terrier (Nahaufnahme). (Mit freundlicher Genehmigung von S. Peters, Tierärztliche Klinik Birkenfeld.)

Muskuloskelettale Erkrankungen

Muskeldystrophie

* Primäre Myopathie, die die Schluckmuskulatur betrifft.
* Die Muskeln der Gliedmaßen sind nicht betroffen.

Degenerative Polymyopathie

* Wurde bei vier verwandten Bouviers beschrieben.
* Führt zu generalisierter Schwäche und zum Megaösophagus.

Hüftgelenkdysplasie

* In der Statistik der BVA (British Veterinary Association) in Zusammenarbeit mit dem KC (Kennel Club) steht der Bouvier des Flandres auf Platz 14 der am häufigsten von Hüftgelenkdysplasie betroffenen Rassen.
* Die durchschnittliche Punktezahl für den Bouvier des Flandres liegt gemäß dieser Statistik bei 18 von 53 Punkten.

Neoplasien

Plattenepithelkarzinom der Zehe

Tritt im Durchschnittsalter von 9 Jahren auf.

Augenerkrankungen

Entropium (normalerweise des lateralen Kanthus von Ober- und Unterlid)

* Eine Rasseprädisposition ist bekannt, möglicherweise besteht ein polygener Erbgang.
* Manifestiert sich normalerweise im 1. Lebensjahr.

Primäres Glaukom (➤ Abb. 2.23)

* Eine Rasseprädisposition ist bekannt, speziell in den Niederlanden.
* Eine Verbindung mit Goniodysgenese wurde bei dieser Rasse vermutet.

Katarakt

Vermutlich erblich.

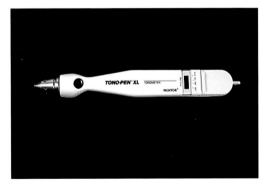

Abb. 2.23 Der Tonopen zur einfachen und schnellen Messung des intraokulären Drucks ist mittlerweile in zahlreichen Tierarztpraxen zu finden.
(Aus: Pane, Simcock: Praktische Augenheilkunde, 1. Aufl. 2007.)

Atemwegserkrankungen

Larynxparalyse

Neurogen und bei dieser Rasse erblich.

Boxer

Herz-Kreislauf-Erkrankungen

Atrium-Septum-Defekt

- Eher seltene Erkrankung.
- Kongenital.
- Die Erblichkeit wurde noch nicht bewiesen.
- Das relative Risiko beträgt 25,0.

Aortenstenose

- Ein häufiger kongenitaler Defekt.
- Das relative Risiko beträgt 9,3.
- Bei dieser Rasse sind Rüden stark prädisponiert.
- Eine hohe Prävalenz der Erkrankung wird in Schottland gesehen.
- Möglicherweise ist der Erbgang autosomal-dominant mit modifizierenden Genen, vielleicht auch polygen.

Dilatative Kardiomyopathie (➤ Abb. 2.24)

- Die Prävalenz beim Boxer beträgt 3,4%; im Vergleich: bei Mischlingen 0,16% und bei reinrassigen Tiere 0,65%.

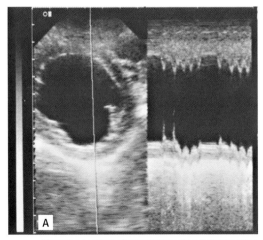

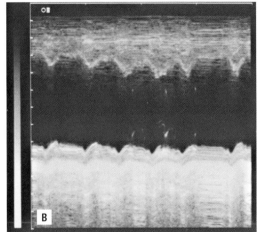

Abb. 2.24 (A) Ein B- und M-Mode-Echokardiogramm (linke ventrikuläre kurze Achse) eines 12-jährigen Boxers mit dilatativer Kardiomyopathie (5.0 MHz). **(B)** M-Mode-Echokardiogramm (linke ventrikuläre kurze Achse) eines 12-jährigen Boxers mit dilatativer Kardiomyopathie (5,0 MHz).

- Die Prävalenz nimmt mit steigendem Alter zu.
- Ist etwa doppelt so häufig bei Rüden wie bei Hündinnen.
- Ist vermutlich familiär oder genetisch bedingt.

„Sick sinus syndrome"

- Betrifft mittelalte oder ältere Hunde.
- Das relative Risiko liegt bei 2,6.
- Es gibt keine Geschlechtsprädisposition bei dieser Rasse.

Perikarderguss

- Das relative Risiko ist mit 1,5 gering.
- Betrifft normalerweise Tiere mittleren Alters.

Boxer-Kardiomyopathie

Es besteht eine Rasseprädisposition.

Hauterkrankungen

Follikulitis und Furunkulose von Lefzen und Kinn

- Auch als „kanine Akne" bekannt.
- Lokales Trauma, Hormone und genetische Faktoren spielen vermutlich eine Rolle in der Pathogenese.

Pododermatitis

- Rüden sind prädisponiert.
- Die Vorderpfoten sind häufiger betroffen.

Kokzidioidomykose (disseminierte Form)

Siehe unter „Infektionskrankheiten".

Atopische Dermatitis

- Hündinnen sind möglicherweise prädisponiert.
- Das Alter bei Beginn der Symptome kann 6 Monate bis 7 Jahre betragen, doch etwa 70% der Tiere zeigen erste Symptome im Alter von 1 – 3 Jahren.
- Kann saisonal oder nichtsaisonal auftreten.
- Das relative Risiko beträgt 5,8.

Futtermittelallergie

- Keine Geschlechtsprädisposition bekannt.
- Tritt häufig bei jungen Tieren auf.
- In verschiedenen Studien konnte keine Rasseprädisposition ermittelt werden.
- Nach einer Untersuchung beträgt das relative Risiko 4,3.

Östrogen-reaktive Dermatose

Tritt normalerweise bei jungadulten Tieren auf.

Follikeldysplasie

- Vermutlich besteht eine genetische Grundlage.
- Die Alopezie beginnt mit 2 – 4 Jahren und bleibt bei dieser Rasse auf die Flanken beschränkt.

Demodikose

Eine Rasseprädisposition ist möglich.

Saisonale Flankenalopezie

Kann im Herbst oder im Frühjahr auftreten.

Ehlers-Danlos-Syndrom

- Auch als „kutane Asthenie" bekannt.
- Repräsentiert eine Gruppe erblicher Erkrankungen mit unterschiedlichen Erbgängen.

Solardermatitis des Rumpfs

- Betrifft weiße Boxer.
- Die Inzidenz dieser Erkrankung nimmt in sonnigen Klimazonen zu.

Kallusdermatitis/-pyodermie

Speziell sternaler Kallus infiziert sich häufig sekundär.

Idiopathische sterile Granulome und Pyogranulome

- Relativ seltene Erkrankungen.
- Keine Alters- oder Geschlechtsprädisposition bekannt.

Follikelzyste

Keine Alters- oder Geschlechtsprädisposition bekannt.

Dermoidzyste

- Seltene Erkrankung.
- Kommt solitär oder multipel vor.
- Lokalisation: dorsale Mittellinie.

Calcinosis circumscripta

- Kommt vorwiegend bei Jungtieren vor.
- Die Veränderungen sind bei dieser Rasse vorwiegend an der Ohrbasis lokalisiert.

2

Hauttumoren

Siehe unter „Neoplasien".

Arzneimittelreaktionen

Acepromazin und andere Phenothiazine

Diese Rasse reagiert selbst auf kleinste Dosen Acepromazin ausgesprochen empfindlich.

Endokrinopathien

Hypothyreose

- Die Rasse gilt verschiedenen Publikationen zufolge als besonders gefährdet.
- Vorwiegend Tiere mittleren Alters sind betroffen (2 – 6 Jahre).
- Ein Bericht über eine kongenitale sekundäre Hypothyreose durch TSH-Mangel existiert.

Neoplasie der Thyreoidea (kann mit Hypo- oder Hyperthyreose verbunden sein, doch die meisten Tiere sind euthyreot)

- Eine Rasseprädisposition ist möglich.
- Das Durchschnittsalter beträgt 10 Jahre.

(Hypophysärer) Hyperadrenokortizismus

- Eine Rasseprädisposition ist möglich.
- Vorwiegend mittelalte und ältere Tiere sind betroffen.
- 55 – 60 % sind Hündinnen.

Insulinom

- Eine erhöhte Inzidenz bei dieser Rasse ist bekannt.
- Mittelalte/ältere Tiere sind betroffen.

Phäochromozytom

- Eine verhältnismäßig seltene Erkrankung.
- Zwei Untersuchungen zufolge besteht bei dieser Rasse eine erhöhte Inzidenz.
- Ältere Hunde sind betroffen.

Gastrointestinale Erkrankungen

Neoplasien von Gingiva und Oropharynx

Eine Rasseprädisposition ist möglich.

Pylorusstenose („Antral pyloric hypertrophy syndrome")

- Kongenitale Hypertrophie des Pylorusmuskels, die zu einer Obstruktion des Magenausgangs und zu Vomitus führt.
- Klinische Symptome sind entweder kurz nach dem Absetzen oder mit 6 – 12 Monaten sichtbar.

Histiozytäre Kolitis

- Eine Rasseprädisposition ist bekannt.
- Tritt vor allem bei jungen Hunden auf.

Chronische idiopathische (lymphozytär-plasmazelluläre) Kolitis

- Eine Rasseprädisposition ist bekannt.
- Tritt am häufigsten bei jungen bis mittelalten Tieren auf.

Infektionskrankheiten

Kokzidioidomykose

- Eine erhöhte Inzidenz besteht bei dieser Rasse, die möglicherweise aber auch durch eine höhere Wahrscheinlichkeit der Exposition zu erklären ist.
- Vor allem junge Rüden sind betroffen.
- Geographische Verteilung: Kalifornien, Arizona, Texas, New Mexico, Nevada, Utah, Mexiko und Teile von Zentral- und Südamerika. In Deutschland nicht bekannt.

Infektiöse Hauterkrankungen

Siehe unter „Hauterkrankungen".

Muskuloskelettale Erkrankungen

Temporomandibulare Dysplasie/Luxation

Eine kongenitale Dysplasie kann für eine Luxation prädisponieren.

Meningitis/Polyarthritis

- Idiopathisch.
- Betroffen sind Hunde ab 6 Monaten.

Kongenitale Ellbogenluxation

- Bei dieser Rasse kommt eine Typ-II-Luxation vor (der proximale Radius ist nach kaudolateral disloziert)
- Manifestiert sich in der Regel mit 4 – 5 Monaten.

Spondylosis deformans

Bleibt gewöhnlich ohne klinische Signifikanz.

Neoplasien

Mastzelltumor

- Eine Rasseprädisposition ist möglich.
- Mastzelltumoren können in jedem Alter auftreten (ab 4 Monaten), doch sind gewöhnlich ältere Tiere betroffen.

Melanom

- Eine Rasseprädisposition besteht.
- Das Durchschnittsalter beträgt 8 – 9 Jahre.

Kutanes Hämangiom

- Eine Rasseprädisposition ist möglich.
- In einer Untersuchung lag das Durchschnittsalter bei 8,7 Jahren.

Kutanes Hämangiosarkom

- Eine Rasseprädisposition ist möglich.
- Das Durchschnittsalter beträgt 9 – 10 Jahre.

Kutanes Histiozytom

- Eine erhöhte Inzidenz besteht bei dieser Rasse.
- Tritt am häufigsten bei jungen Hunden (mit 1 – 2 Jahren) auf.

Plattenepithelkarzinom der Haut

Tritt im Durchschnittsalter von 9 Jahren auf.

Fibrom

- Hündinnen sind prädisponiert.
- Ältere Tiere sind betroffen.

Nichtepitheliotropes Lymphom

Ältere Tiere sind betroffen.

Hämangioperizytom

Tritt meistens im Alter von 7 – 10 Jahren auf.

Chemodektom

- Eine erhöhte Inzidenz bei dieser Rasse ist bekannt.
- Vorwiegend ältere Hunde sind betroffen (10 – 15 Jahre).
- Rüden können für Tumoren der Aortenbasis prädisponiert sein.

Neoplasie der Thyreoidea

Siehe unter „Endokrinopathien".

Phäochromozytom

Siehe unter „Endokrinopathien".

Insulinom

Siehe unter „Endokrinopathien".

Hypophysärer Tumor mit nachfolgendem Hyperadrenokortizismus

Siehe unter „Endokrinopathien".

Neoplasie von Gingiva und Oropharynx

Eine Rasseprädisposition ist möglich.

Osteosarkom des Schädels

Eine erhöhte Inzidenz bei dieser Rasse ist bekannt.

Chondrosarkom der Rippe

Eine erhöhte Inzidenz bei dieser Rasse ist bekannt.

Primäre Gehirntumoren

Siehe unter „Neurologische Erkrankungen".

Lymphosarkom (malignes Lymphom)

- Eine erhöhte Inzidenz bei dieser Rasse ist bekannt.
- Wird meist bei mittelalten Hunden (Durchschnittsalter 6 – 7 Jahre) diagnostiziert.

Melanom der vorderen Augenkammer

Eine Rasseprädisposition ist bekannt.

Fibromatöse/ossifizierende Epulis

- Eine Rasseprädisposition für die Entstehung multipler Tumoren ist bekannt.
- Tritt vor allem bei mittelalten/älteren Tieren auf.

Testikuläre Neoplasie

Boxer werden zu den besonders gefährdeten Rassen gezählt.

Neurologische Erkrankungen

Kongenitale Taubheit

Symptome bestehen ab der Geburt.

Primäre Gehirntumoren

- Eine erhöhte Inzidenz bei dieser Rasse ist bekannt.
- Vorwiegend sind ältere Tiere betroffen (meist 9 – 10 Jahre alt).

Sensorische Neuropathie des Boxers (progressive Axonopathie)

- Der Erbgang ist autosomal-rezessiv.
- Selten.
- Alter bei Beginn klinischer Symptome: 2 Monate.

Meningitis/Polyarteriitis

- Bei dieser Rasse beschrieben.
- Alter bei Beginn der Symptome: < 1 Jahr.

Augenerkrankungen

Entropium

- Eine Rasseprädisposition ist bekannt, wahrscheinlich besteht ein polygener Erbgang.
- Wird gewöhnlich im 1. Lebensjahr bemerkt.

Ektropium

Eine Rasseprädisposition ist bekannt, wahrscheinlich besteht ein polygener Erbgang.

Prolaps der Nickhautdrüse („Cherry eye")

- Eine Rasseprädisposition ist bekannt, ist möglicherweise erblich.
- Tritt gewöhnlich im Alter von < 2 Jahren auf.

Distichiasis

Eine Rasseprädisposition ist bekannt.

Refraktäres Ulcus corneae

- Eine Rasseprädisposition ist bekannt.
- Manifestiert sich in der Regel mit 4 – 8 Jahren.

Korneadystrophie

- Eine Rasseprädisposition ist bekannt.
- Es entsteht eine Dystrophie des Endothels mit progressivem Korneaödem.

Melanom der vorderen Augenkammer

Eine Rasseprädisposition ist bekannt.

Physiologische Besonderheiten

„Vertebral heart score"

- Dieser Wert liegt bei gesunden Hunden im Durchschnitt über dem der meisten anderen Rassen.

Harnwegserkrankungen

Inkompetenz des Urethrasphinkters (führt zu Incontinentia urinae)

Möglicherweise besteht eine Rasseprädisposition bei Hündinnen.

Erkrankungen der Reproduktionsorgane

Vaginale Hyperplasie

Eine Rasseprädisposition ist bekannt.

Kryptorchismus

- Ein Defekt in der Entwicklung, der nach heutiger Auffassung erblich bedingt ist und geschlechtsspezifisch autosomal-rezessiv vererbt wird.
- Boxer zählen zu den Rassen mit einem erhöhten Risiko für diesen Defekt.

Brittany Spaniel   **51**

Testikuläre Neoplasie

Boxer zählen angeblich zu den besonders gefährdeten Rassen.

Boykin Spaniel

Herz-Kreislauf-Erkrankungen

Pulmonalstenose

- Die dritthäufigste Ursache kaniner kongenitaler Herzerkrankungen.
- Möglicherweise besteht ein polygener Erbgang.

Muskuloskelettale Erkrankungen

Unvollständige Ossifikation des Condylus humeri

- Die Ursache ist nicht bekannt.
- Der Erbgang ist polygen rezessiv.
- Das Durchschnittsalter bei der klinischen Vorstellung beträgt 6 Jahre.

Briard

Muskuloskelettale Erkrankungen

Hüftgelenkdysplasie

- In der Statistik der BVA (British Veterinary Association) in Zusammenarbeit mit dem KC (Kennel Club) steht der Briard auf Platz 8 der am häufigsten von Hüftgelenkdysplasie betroffenen Rassen.
- Die durchschnittliche Punktezahl für den Briard liegt gemäß dieser Statistik bei 20 von 53 Punkten, die statistische Situation verbessert sich jedoch in letzter Zeit.

Augenerkrankungen

Zentrale progressive Retinaatrophie (CPRA) oder Pigmentepitheldystrophie (PED)

- Eine Rasseprädisposition besteht, vermutlich ist der Erbgang autosomal-rezessiv.
- Das Alter bei Beginn der klinischen Symptome ist variabel.

- Die Erkrankung war in der Vergangenheit relativ häufig in Großbritannien, ist mittlerweile aber selten geworden.
- Eine Vererbung bei dieser Rasse wurde durch die British Veterinary Association in Zusammenarbeit mit dem Kennel Club und der International Sheep Dog Society nachgewiesen (Schema 1 des BVA/KC/ISDS Eye Scheme).

Hereditäre Retinadystrophie des Briards (kongenitale stationäre Nachtblindheit)

- Vermutlich besteht ein autosomal-rezessiver Erbgang.
- Die kongenitale Nachtblindheit hat unterschiedliche Auswirkungen auf das Sehvermögen bei Tag.
- Der Verlauf ist langsam progressiv.
- Möglicherweise besteht ein Defekt im Metabolismus ungesättigter Fettsäuren der Retina.

Brittany Spaniel

Hauterkrankungen

Histoplasmose

Siehe unter „Infektionskrankheiten".

Wandernde Grannen

Treten in den Sommermonaten häufig auf.

Diskoider Lupus erythematodes

- Eine eher seltene Erkrankung.
- Keine Alters- oder Geschlechtsprädisposition bekannt.

Hauttumoren

Siehe unter „Neoplasien".

Hämatologische Erkrankungen

Mangel von Komplement C3

- Beschrieben in einer Kolonie von Brittanny Spaniels mit erblicher Atrophie der Spinalmuskeln.
- Ein autosomal-rezessiver Erbgang besteht.
- Dieser Mangel wird getrennt vom Gen für Spinalmuskelatrophie vererbt.

Infektionskrankheiten

Histoplasmose

* Eine eher seltene Erkrankung.
* Sie ist vorwiegend auf die zentralen USA beschränkt.
* Betroffene Tiere sind jünger als 4 Jahre.

Muskuloskelettale Erkrankungen

Hüftgelenkdysplasie

* In der Statistik der BVA (British Veterinary Association) in Zusammenarbeit mit dem KC (Kennel Club) steht der Brittany Spaniel auf Platz 15 der am häufigsten von Hüftgelenkdysplasie betroffenen Rassen.
* Die durchschnittliche Punktezahl für den Brittany Spaniel liegt gemäß dieser Statistik bei 18 von 53 Punkten.

Unvollständige Ossifikation des Condylus humeri

* Die Ursache ist nicht bekannt.
* Es besteht ein polygener rezessiver Erbgang.
* Das Durchschnittsalter bei der klinischen Vorstellung beträgt 6 Jahre.

Atrophie der Spinalmuskeln

Siehe unter „Neurologische Erkrankungen".

Neoplasien

Liposarkom

* Das Durchschnittsalter bei Beginn beträgt 10 Jahre.
* Rüden sind möglicherweise prädisponiert.

Neurologische Erkrankungen

Zerebelläre Degeneration (spät beginnende Form)

* Eine eher seltene Erkrankung.
* Symptome werden mit 7 – 13 Jahren gesehen.

Atrophie der Spinalmuskeln

* Wahrscheinlich ist der Erbgang autosomal-rezessiv.
* Selten.
* Alter bei Beginn klinischer Symptome: < 1 Jahr.

Augenerkrankungen

Linsenluxation

Eine Rasseprädisposition ist möglich.

Generalisierte progressive Retina-atrophie (GPRA)

Der Erbgang ist unbekannt, aber vermutlich rezessiv.

Syneresis des Vitreums (Glaskörperverflüssigung)

* Eine Rasseprädisposition ist möglich.
* Sie kommt vorwiegend bei älteren Tieren vor.
* Die Degeneration des Glaskörpers führt zu Strangbildung, die bis in die vordere Augenkammer reichen und für Glaukom und Katarakt prädisponieren kann.

Harnwegserkrankungen

Familiäre Nierenerkrankung (membranoproliferative Glomerulonephritis)

* Wurde bei dieser Rasse beschrieben.
* Ein autosomal-rezessiver Erbgang ist wahrscheinlich.
* Betroffene Tiere werden mit 4 – 9 Jahren vorgestellt.

Bulldogge

Siehe unter „Englische Bulldogge" bzw. unter „Französische Bulldogge".

Bullmastiff

Herz-Kreislauf-Erkrankungen

Pulmonalstenose

* Die dritthäufigste Ursache kongenitaler Herzerkrankungen beim Hund.
* Wird möglicherweise polygen vererbt.

Hauterkrankungen

Follikulitis und Furunkulose von Lefzen und Kinn („kanine Akne")

Möglicherweise besteht eine genetisch bedingte Empfänglichkeit.

Pododermatitis

* Rüden sind prädisponiert.
* Die Vorderpfoten sind häufiger betroffen.

Gastrointestinale Erkrankungen

Magendilatation/-volvulus

Eine Rasseprädisposition ist möglich.

Muskuloskelettale Erkrankungen

Kongenitale Ellbogenluxation

* Bei dieser Rasse kommt eine Typ-II-Luxation vor (der proximale Radius ist nach kaudolateral disloziert).
* Betroffene Tiere werden gewöhnlich im Alter von 4 – 5 Monaten vorgestellt.

Hüftgelenkdysplasie

* In der Statistik der BVA (British Veterinary Association) in Zusammenarbeit mit dem KC (Kennel Club) steht der Bullmastiff auf Platz 4 der am häufigsten von Hüftgelenkdysplasie betroffenen Rassen.
* Die durchschnittliche Punktezahl für den Bullmastiff liegt gemäß dieser Statistik bei 28 von 53 Punkten.

Ruptur des Ligamentum cruciatum craniale

Eine häufige Ursache für Lahmheiten der Hintergliedmaßen.

Neoplasien

Lymphosarkom (malignes Lymphom)

Eine familiär gehäufte Inzidenz wurde bei dieser Rasse beschrieben.

Neurologische Erkrankungen

Zerebelläre Degeneration

* Ein autosomal-rezessiver Erbgang ist wahrscheinlich.
* Verhältnismäßig selten.
* Symptome zeigen sich mit 4 – 9 Wochen.
* Kann zusammen mit Hydrozephalus auftreten.

Augenerkrankungen

Entropium (kann zusammen mit einer makropalpebralen Fissur auftreten)

Eine Rasseprädisposition besteht, wird wahrscheinlich polygen vererbt.

Ektropium (kann zusammen mit einer makropalpebralen Fissur auftreten)

Eine Rasseprädisposition besteht, wird wahrscheinlich polygen vererbt.

Makropalpebrale Fissur, die zu einem kombinierten Entropium-Ektropium führt („Diamond eye")

Eine Rasseprädisposition besteht, die genetische Basis ist allerdings nicht vollständig bekannt.

Distichiasis

Eine Rasseprädisposition besteht.

Membrana pupillaris persistens (PPM)

* Ist vermutlich erblich.
* Eine Vererbung bei dieser Rasse wird derzeit noch durch die British Veterinary Association in Zusammenarbeit mit dem Kennel Club und der

International Sheep Dog Society geprüft (Schema 3 des BVA/KC/ISDS Eye Scheme).

Glaukom

Eine Rasseprädisposition ist möglich.

Multifokale Retinadysplasie

Eine Rasseprädisposition besteht, ein autosomal-rezessiver Erbgang wird vermutet.

Harnwegserkrankungen

Zystinsteine

- Eine Zystinurie resultiert aus einem erblichen Defekt beim Transport von Zystin in den renalen Tubuli und prädisponiert zur Bildung von Zystinsteinen.
- Eine erhöhte Inzidenz bei dieser Rasse wurde in einigen amerikanischen Studien beschrieben.
- Das Durchschnittsalter bei der Diagnosestellung beträgt 1–8 Jahre.
- Rüden scheinen prädisponiert zu sein.

Erkrankungen der Reproduktionsorgane

Vaginale Hyperplasie

Eine Rasseprädisposition besteht.

Bullterrier

Herz-Kreislauf-Erkrankungen

Mitralisdysplasie

- Kongenital.
- Vermutlich besteht eine genetische Grundlage.

Aortenstenose

- Eine häufige kongenitale Erkrankung.
- Möglicherweise besteht ein autosomal-dominanter Erbgang, entweder mit modifizierenden Genen oder polygen.

Hauterkrankungen

Nasale Follikulitis/Furunkulose

- Verhältnismäßig selten.
- Die Ursache nicht bekannt.

Pododermatitis

- Rüden sind prädisponiert.
- Die Vorderpfoten sind häufiger betroffen.

Demodikose

Eine Rasseprädisposition ist möglich.

Ichthyose

Eine seltene kongenitale Erkrankung.

Akrodermatitis

Der Erbgang ist autosomal-rezessiv.

Waardenburg-Klein-Syndrom

Der Erbgang ist autosomal-dominant mit inkompletter Penetranz.

Solardermatitis des Rumpfs

- Betrifft weiße Bullterrier.
- Ist in sonnigen Klimazonen häufiger.

Zink-reaktive Dermatose

Tritt bei Welpen auf, deren Futter einen zu niedrigen Zinkgehalt aufweist.

Hauttumoren

Siehe unter „Neoplasien".

Hämatologische/immunologische Erkrankungen

Akrodermatitis

- Erbliche Erkrankung.
- Betroffen sind die T-Lymphozyten.

Muskuloskelettale Erkrankungen

Osteochondrodysplasie

- Führt bei dieser Rasse nicht zu Zwergwuchs.

- Tritt familiär gehäuft auf, der Erbgang ist aber unbekannt.

Kongenitale Ellbogenluxation

- Bei dieser Rasse kommt es zu Typ-II-Luxationen (der proximale Radius ist nach kaudolateral disloziert).
- Betroffene Tiere werden meist mit 4 – 5 Monaten vorgestellt.

Avulsion der Tuberositas tibiae

Es besteht eine Avulsionsfraktur der Wachstumsfuge.

Osteochondrosis dissecans des Sprunggelenks

- Betroffene Tiere sind meist 4 – 6 Monate alt.
- Ein verhältnismäßig häufiger Grund für eine Lahmheit.

Neoplasien

Aktinische Keratose (Solarkeratose)

- Bei dieser Rasse besteht ein erhöhtes Risiko.
- Sie wird vorwiegend bei hellhäutigen Tieren gesehen, die sich über längere Zeit intensiver Sonnenstrahlung aussetzen.

Mastzelltumor

- Eine Rasseprädisposition ist möglich.
- Die Tumoren können in jeder Altersgruppe (ab etwa 4 Monaten) auftreten, kommen aber normalerweise bei älteren Tieren vor.

Neurologische Erkrankungen

Kongenitale Taubheit

- Vermutlich besteht ein autosomal-rezessiver Erbgang.
- Symptome werden ab der Geburt gesehen.

Zerebelläre Malformation

- Kongenital.
- Verhältnismäßig selten.
- Alter bei Beginn klinischer Symptome: < 3 Monate.

Augenerkrankungen

Mikropalpebrale Fissur

Eine Rasseprädisposition besteht.

Entropium (betrifft in der Regel die lateralen Unterlider, kann zusammen mit mikropalpebraler Fissur auftreten)

Eine Rasseprädisposition besteht, wird wahrscheinlich polygen vererbt.

Ektropium (leicht, verschwindet normalerweise bei adulten Tieren)

Eine Rasseprädisposition besteht, wird wahrscheinlich polygen vererbt.

Prolaps der Nickhautdrüse

- Eine Rasseprädisposition besteht.
- Tritt normalerweise vor dem 2. Lebensjahr auf.

Harnwegserkrankungen

Polyzystische Nierenerkrankung

- Vermutlich besteht ein autosomal-dominanter Erbgang.
- Polyzystische Nieren sind gekoppelt mit nodulären Verdickungen der Mitral- und Aortenklappen. Die Tiere werden gewöhnlich häufiger mit Hämaturie und rezidivierenden Harnwegsinfekten als mit einer Urämie vorgestellt und sind dann 6 – 15 Monate alt. Manche Tiere werden auch wegen Herzerkrankungen präsentiert. Zysten in der Leber wurden bei betroffenen Tieren noch nicht nachgewiesen.

Familiäre Nierenerkrankung

- Ein autosomal-dominanter Erbgang besteht.
- Vermutet wird eine Erkrankung der glomerulären Basalmembran.
- Eine Proteinurie kann ein Frühsymptom sein, die Erkrankung verläuft progressiv bis zum Nierenversagen mit 1 – 8 Jahren.

Cairn Terrier

Hauterkrankungen

Atopische Dermatitis

- Häufig.
- Möglicherweise gehäuftes Auftreten bei Hündinnen.

Endokrinopathien

Diabetes mellitus

- Eine Rasseprädisposition ist möglich.
- Gewöhnlich ist die Altersgruppe zwischen 4 und 14 Jahren betroffen, mit einer Häufung bei 7 – 9 Jahren.
- Alte unkastrierte Hündinnen sind prädisponiert.

Gastrointestinale Erkrankungen

Kongenitale bronchoösophageale Fistel

Eine Rasseprädisposition ist möglich.

Kongenitaler portosystemischer Shunt

- Eine Rasseprädisposition ist möglich.
- Klinische Symptome werden normalerweise bei jungen Tieren von < 1 Jahr beobachtet.

Hepatische mikrovaskuläre Dysplasie

- Eine Rasseprädisposition besteht.
- Ein polygener Erbgang ist möglich.
- Kann asymptomatisch bleiben.

Kongenitale polyzystische Lebererkrankung

- Eine Rasseprädispositon besteht.
- Kann mit einer polyzystischen Nierenerkrankung gekoppelt sein.

Hämatologische Erkrankungen

Pyruvatkinase-Defizienz

Der Erbgang ist autosomal-rezessiv.

Hämophilie B

- Faktor-IX-Mangel.
- Auch als „Christmas disease" bekannt.
- Geschlechtsgebundener Erbgang.
- Seltener als Hämophilie A.

Muskuloskelettale Erkrankungen

Kraniomandibuläre Osteopathie

- Die Ätiologie ist bei dieser Rasse ungeklärt.
- Betroffen sind in der Regel Tiere zwischen 3 und 8 Monaten.

Hernia inguinalis

Es besteht eine Rasseprädisposition.

Neurologische Erkrankungen

Lysosomale Speicherkrankheit – Globoidzelldystrophie (Morbus Krabbe)

- Der Erbgang ist autosomal-rezessiv.
- Selten.
- Symptome werden mit 6 – 12 Monaten gesehen.

Augenerkrankungen

Refraktäres Ulcus corneae

- Eine Rasseprädisposition besteht.
- Gewöhnlich sind Tiere mittleren Alters betroffen.

Okuläre Melanose

- Familiäre Häufung.
- Alter bei Beginn: 7 – 13 Jahre.
- Prädisponiert für Glaukombildung.
- Eine Vererbung bei dieser Rasse wird derzeit noch durch die British Veterinary Association in Zusammenarbeit mit dem Kennel Club und der International Sheep Dog Society geprüft (Schema 3 des BVA/KC/ISDS Eye Scheme).

Linsenluxation

- Ein autosomal-rezessiver Erbgang wird vermutet.
- Alter bei Beginn: 4 – 5 Jahre.

Katarakt

Vermutlich erblich.

Retinadysplasie

Der Erbgang ist unbekannt, doch vermutlich autosomal-rezessiv.

Harnwegserkrankungen

Polyzystische Nierenerkrankung

- Vermutlich besteht ein autosomal-rezessiver Erbgang.
- Bereits ab einem frühem Alter (6 Wochen) entwickeln sich Zysten in der Leber und den Nieren. Betroffene Tiere werden häufig wegen eines zunehmenden Bauchumfangs (bedingt durch Hepato- und Renomegalie) vorgestellt.

Erkrankungen der Reproduktionsorgane

Kryptorchismus

- Ein Entwicklungsdefekt, der vermutlich geschlechtsgebunden autosomal-rezessiv vererbt wird.
- Cairn Terrier sollen zu den Rassen mit einem erhöhten Risiko gehören.

Atemwegserkrankungen

Kongenitale bronchoösophageale Fistel

Eine Rasseprädisposition ist möglich.

Pulmonale interstitielle Fibrose

- Ihre Ätiologie ist unbekannt.
- Ältere Tiere sind betroffen.

Cavalier King Charles Spaniel

Herz-Kreislauf-Erkrankungen

Endokardiose

- Auch als chronische Klappenerkrankung bezeichnet.
- Das relative Risiko ist sehr hoch (20,1).
- In Großbritannien zeigen 59% der Cavaliers über 4 Jahre ein Herzgeräusch.
- Die Prävalenz steigt mit zunehmendem Alter.

- Die Ätiologie ist unbekannt, doch ist eine genetische Basis wahrscheinlich.

Persistierender Ductus arteriosus

- Häufige kongenitale Missbildung.
- Hündinnen sind prädisponiert.
- Polygener Erbgang.

Hautkrankheiten

Ichthyose

Seltene, kongenitale Erkrankung.

Persistierendes Kratzen beim Cavalier King Charles Spaniel

- Beginnt im frühen Lebensalter.
- Ist möglicherweise familiär bedingt.

Immunologische Erkrankungen

Nichtdefiniertes Immundefizienz-Syndrom

- Beteiligt ist eine Protozoen-bedingte Pneumonie (*Pneumocystis carinii*).
- Der exakte Immundefekt ist unklar.

Infektionskrankheiten

Pneumocystis-carinii-Infektion

- Sie wurde bei dieser Rasse beschrieben.
- Sie kann ein konkurrierendes Immundefizienz-Syndrom widerspiegeln (siehe „Immunologische Erkrankungen").

Muskuloskelettale Erkrankungen

Myopathie assoziiert mit Schwäche des Cavaliers

Siehe „Episodische Schwäche" unter „Neurologische Erkrankungen".

Hernia inguinalis/scrotalis

Hündinnen sind für eine Hernia inguinalis prädisponiert.

Luxation des Schultergelenks

Kongenital.

Neurologische Erkrankungen

Episodische Schwäche

* Wurde in Großbritannien beschrieben.
* Klinische Symptome beginnen mit 3–4 Monaten.

Augenerkrankungen

Entropium (gewöhnlich der medialen Lidbereiche)

Eine Rasseprädisposition besteht, wahrscheinlich ist ein polygener Erbgang.

Distichiasis

Eine Rasseprädisposition besteht, ist vermutlich erblich.

Keratoconjunctivitis sicca

Eine Rasseprädisposition besteht.

Korneadystrophie

* Vermutet wird ein autosomal-dominanter oder polygener Erbgang.
* Es kommt zur Dystrophie der Stromalipide.
* Alter bei Beginn: 2–4 Jahre.

Katarakt

* Ist wahrscheinlich erblich.
* Der Verlauf ist progressiv, die Katarakt ist bei jungadulten Tieren vollständig.
* Eine Vererbung bei dieser Rasse wurde durch die British Veterinary Association in Zusammenarbeit mit dem Kennel Club und der International Sheep Dog Society nachgewiesen (Schema 1 des BVA/KC/ISDS Eye Scheme).

Multifokale Retinadysplasie

* Kongenitale Erkrankung, die vermutlich autosomal-rezessiv vererbt wird.
* Eine Vererbung bei dieser Rasse wurde durch die British Veterinary Association in Zusammenarbeit mit dem Kennel Club und der International Sheep Dog Society nachgewiesen (Schema 1 des BVA/KC/ISDS Eye Scheme).

Geographische Retinadysplasie

* Eine kongenitale Erkrankung, die vermutlich erblich ist.
* Wurde in Großbritannien beschrieben.

Generalisierte progressive Retinaatrophie (GPRA)

* Der Erbgang ist ungeklärt, angenommen wird ein rezessiver Erbgang.
* Der klinische Beginn kann verzögert einsetzen, nämlich mit 4–5 Jahren.

Multiple Augendefekte

* Sind kongenital und vermutlich erblich.
* Die Defekte bestehen aus Mikrophthalmus, Persistenz des Hyaloidsystems und kongenitaler Katarakt.
* Eine Vererbung bei dieser Rasse wird derzeit noch durch die British Veterinary Association in Zusammenarbeit mit dem Kennel Club und der International Sheep Dog Society geprüft (Schema 3 des BVA/KC/ISDS Eye Scheme).

Physiologische Besonderheiten

Riesenthrombozyten und Thrombozytopenie

* Riesenthrombozyten können zu einer verminderten gemessenen Thrombozytenzahl führen, wenn Zellcounter benutzt werden.
* Bei manuellen Zählungen hingegen ist die Thrombozytenzahl normal oder erniedrigt.
* Der Erbgang ist autosomal-rezessiv.

Atemwegserkrankungen

Brachyzephalensyndrom

* Beschreibt einen Komplex anatomischer Deformationen der oberen Luftwege.
* Tritt häufig bei dieser Rasse auf.
* Ist wahrscheinlich eine Folge selektiver Zuchtmaßnahmen auf bestimmte Charakteristika im Gesichtsbereich.

Pneumocystis-carinii-Infektion

* Wurde bei dieser Rasse beschrieben.
* Sie kann ein konkurrierendes Immundefizienz-Syndrom widerspiegeln (siehe „Immunologische Erkrankungen").

Chesapeake Bay Retriever

Hämatologische Erkrankungen

Willebrand-Krankheit

* Diese Rasse ist von Typ III betroffen.
* Der Erbgang ist autosomal-rezessiv.

Muskuloskelettale Erkrankungen

Ruptur des Ligamentum cruciatum craniale

* Kastrierte Tiere sind möglicherweise prädisponiert.
* Bei dieser Rasse sind möglicherweise bereits junge Tiere prädisponiert.

Neurologische Erkrankungen

Distale symmetrische Polyneuropathie

* Wurde bei dieser Rasse beschrieben.
* Alter bei Beginn klinischer Symptome: > 1 Jahr.

Augenerkrankungen

Entropium (gewöhnlich der lateralen Unterlider)

Eine Rasseprädisposition besteht, ein polygener Erbgang ist wahrscheinlich.

Distichiasis

Eine Rasseprädisposition besteht, ist vermutlich erblich.

Refraktäres Ulcus corneae

* Eine Rasseprädisposition besteht.
* Gewöhnlich sind Tiere mittleren Alters betroffen.

Uveazysten

* Eine Rasseprädisposition besteht.
* Alter bei Beginn klinischer Symptome: 3–6 Jahre.

Katarakt

* Ein dominanter Erbgang mit inkompletter Penetranz wird vermutet.
* Lokalisation: äquatorial, vorderer Pol und Linsennähte.
* Alter bei Beginn klinischer Symptome: 1 Jahr, kann progressiv verlaufen.
* Eine Vererbung bei dieser Rasse wurde durch die British Veterinary Association in Zusammenarbeit mit dem Kennel Club und der International Sheep Dog Society nachgewiesen (Schema 1 des BVA/KC/ISDS Eye Scheme).

Multifokale Retinadysplasie

Kongenitale Erkrankung, vermutlich mit autosomalrezessivem Erbgang.

Generalisierte progressive Retinaatrophie (GPRA)

* Vermutlich besteht ein autosomal-rezessiver Erbgang.
* Früher Beginn (bei ophthalmoskopischer Untersuchung bereits mit 8–12 Monaten nachweisbar) oder später Beginn (bei ophthalmoskopischer Untersuchung mit 4–7 Jahren sichtbar) wurden beschrieben.
* Eine Vererbung bei dieser Rasse wurde durch die British Veterinary Association in Zusammenarbeit mit dem Kennel Club und der International Sheep Dog Society nachgewiesen (Schema 1 des BVA/KC/ISDS Eye Scheme).

Erkrankungen der Reproduktionsorgane

Vaginale Hyperplasie

Eine Rasseprädisposition ist möglich.

Chihuahua

Herz-Kreislauf-Erkrankungen

Persistierender Ductus arteriosus

- Eine häufige kongenitale Missbildung.
- Das relative Risiko beträgt 2,8.
- Hündinnen sind prädisponiert.
- Der Erbgang ist polygen.

Endokardiose

- Auch als chronische Klappenerkrankung bezeichnet.
- Das relative Risiko ist hoch (5,5).
- Die Prävalenz nimmt mit steigendem Lebensalter zu.
- Die Ätiologie ist unbekannt, doch wahrscheinlich besteht eine genetische Grundlage.

Pulmonalstenose

- Die dritthäufigste Ursache für kongenitale Herzerkrankungen beim Hund.
- Möglicherweise besteht ein polygener Erbgang.
- Das relative Risiko beträgt 3,7.

Hauterkrankungen

Malassezien-Dermatitis

- Ist in jedem Alter möglich.
- Kann saisonal auftreten.

Alopezie der Pinnae

Das Alter bei Beginn ist gewöhnlich > 1 Jahr.

Pattern baldness ("Schablonenkahlheit")

Ist möglicherweise erblich.

Farbmutantenalopezie

Die Gene für die Fellfarbe sind maßgeblich an der Pathogenese beteiligt.

Erkrankungen der Analbeutel

Keine Alters- oder Geschlechtsprädisposition bekannt.

Hauttumoren

Siehe unter „Neoplasien".

Muskuloskelettale Erkrankungen

Bilaterale Agenesie des Radius

Möglicherweise besteht ein autosomal-rezessiver Erbgang.

Kongenitale Ellbogenluxation

- Sie ist verhältnismäßig selten; stellt die Ursache für 15% der nichttraumatisch bedingten Ellbogen-Lahmheiten dar.
- Führt zu schweren Beeinträchtigungen bei dieser Rasse (Typ I).
- Besteht bereits bei der Geburt oder in den ersten 3 Lebensmonaten.

Dysplasie des Foramen magnum

Kongenital.

Patellaluxation nach medial

Eine signifikante hereditäre Komponente wird vermutet.

Dysplasie des Dens axis

Kongenital.

Luxation des Schultergelenks

Kongenital.

Verzögerter/fehlender Verschluss von Frakturen des distalen Drittels von Radius und Ulna bei Zwerg- und Toy-Rassen

Er kann im Zusammenhang mit einer inadäquaten Immobilisation stehen.

Hernia inguinalis/scrotalis

Hündinnen sind für eine Hernia inguinalis prädisponiert.

Neoplasien

Melanom
- Eine Rasseprädisposition besteht.
- Das Durchschnittsalter beträgt 8 – 9 Jahre.

Testikuläre Neoplasie
Bei dieser Rasse soll ein erhöhtes Risiko für Hodentumoren bestehen.

Neurologische Erkrankungen

Hydrozephalus
- Kongenital.
- Verhältnismäßig häufig.
- Alter bei Beginn der klinischen Symptome: < 3 Monate.

Lysosomale Speicherkrankheit/ Ceroid-Lipofuszinose
- Ist vermutlich erblich.
- Selten.
- Klinische Symptome treten mit 6 – 12 Monaten auf.

Atlantoaxiale Subluxation
- Kongenital.
- Relativ häufig bei dieser Rasse.
- Alter bei Beginn der klinischen Symptome: < 1 Jahr.

Augenerkrankungen

Korneadystrophie
- Eine Rasseprädisposition besteht.
- Es kommt zu einer Dystrophie des Endothels mit einem progressiven Korneaödem.
- Alter bei Beginn: 6 – 13 Jahre.

Glaukom
- Eine Rasseprädisposition ist möglich.
- Kann bei dieser Rasse mit einer Goniodysgenese zusammen vorkommen.

Linsenluxation
- Eine Rasseprädisposition besteht, ist vermutlich erblich.
- Alter bei Beginn: 4 – 7 Jahre.

Neuronale Ceroid-Lipofuszinose
- Ist vermutlich erblich.
- Selten.

Harnwegserkrankungen

Zystinsteine
- Die Zystinurie resultiert aus einem erblichen Defekt beim Transport von Zystin in den renalen Tubuli und prädisponiert zur Bildung von Zystinsteinen.
- Eine erhöhte Inzidenz bei dieser Rasse wurde in einigen amerikanischen Untersuchungen beschrieben.
- Das Durchschnittsalter bei der Diagnosestellung beträgt 1 – 8 Jahre.
- Rüden scheinen prädisponiert zu sein.

Erkrankungen der Reproduktionsorgane

Kryptorchismus
- Ein Entwicklungsdefekt, der vermutlich geschlechtsgebunden autosomal-rezessiv vererbt wird.
- Chihuahuas sollen zu den Rassen mit einem erhöhten Risiko gehören.

Testikuläre Neoplasien
Chihuahuas sollen zu den Rassen mit einem erhöhten Risiko gehören.

Atemwegserkrankungen

Kollabierende Trachea
- Sie entsteht durch einen Defekt im Trachealknorpel.
- Normalerweise handelt es sich um eine erworbene Störung bei älteren Hunden, sie kann allerdings auch kongenital auftreten.

Chinesischer Schopfhund

Hauterkrankungen

Alopezie

- Chinesische Schopfhunde werden auf Haarlosigkeit gezüchtet.
- Sie produzieren ein dominantes Gen für Hypotrichose, das mit dem Gen für langes Haar kombiniert ist.
- Tiere, deren Gene für Hypotrichose homozygot (HH) sind, sterben bereits pränatal.
- Alle haarlosen chinesischen Schopfhunde sind heterozygot (Hh).
- Alle hh-Genträger (genannt „powder puffs") sind behaart.

Chow-Chow

Herz-Kreislauf-Erkrankungen

Pulmonalstenose

- Die dritthäufigste Ursache kongenitaler Herzerkrankungen beim Hund.
- Möglicherweise besteht ein polygener Erbgang.

Hauterkrankungen

Flohallergie

Dem Großteil der Untersuchungen zufolge besteht keine Rasseprädisposition, nur eine französische Studie bestätigte eine Rasseprädisposition für den Chow-Chow.

Pemphigus foliaceus

Keine Alters- oder Geschlechtsprädisposition bekannt.

„Post-clipping alopecia"

Es besteht eine Rasseprädisposition.

Farbmutantenalopezie

Die Gene für die Fellfarbe sind maßgeblich an der Pathogenese beteiligt.

Tyrosinasemangel

Extrem selten.

Uveodermatologisches Syndrom

- Auch als „Vogt-Koyanagi-Harada-ähnliches Syndrom" bekannt.
- Siehe unter „Augenerkrankungen".

Wachstumshormonmangel des erwachsenen Hundes (Alopecia X)

Siehe unter „Endokrinopathien".

Endokrinopathien

Wachstumshormonmangel des erwachsenen Hundes (Alopecia X)

- Eine Rasseprädisposition besteht.
- Rüden sind möglicherweise prädisponiert.
- Klinische Symptome sind meist mit 1 – 5 Jahren sichtbar.

Hypothyreose

- Manchen Untersuchungen zufolge besteht bei der Rasse ein erhöhtes Risiko.
- Häufig sind Tiere mittleren Alters betroffen (2 – 6 Jahre).

Gastrointestinale Erkrankungen

Kongenitale („gleitende") Hiatushernie

Eine Rasseprädisposition ist möglich.

Muskuloskelettale Erkrankungen

Myotonie

- Beschrieben bei Chow-Chows in Großbritannien, Australien, Neuseeland, Holland und den USA.
- Wurde zuerst bei jungen Welpen beobachtet.
- Eine familiäre Häufung besteht, doch der Erbgang ist nicht bekannt.
- Möglicherweise wurde sie bei Chow-Chows mit der Selektion auf starke Bemuskelung eingekreuzt, da sie ursprünglich als Fleischlieferanten dienten.

Ruptur des Ligamentum cruciatum craniale

Eine häufige Ursache für Lahmheiten der Hintergliedmaßen.

Neoplasien

Melanom

- Eine Rasseprädisposition besteht.
- Das Durchschnittsalter beträgt 8 – 9 Jahre.

Lymphosarkom (malignes Lymphom)

- Eine erhöhte Inzidenz bei dieser Rasse ist bekannt.
- Meistens sind Tiere mittleren Alters betroffen (Häufung mit 6 – 7 Jahren).

Neurologische Erkrankungen

Zerebelläre Malformation

- Kongenital.
- Verhältnismäßig selten.
- Alter bei Beginn der klinischen Symptome: < 3 Monate.

Hypomyelinisierung des Zentralnervensystems

- Ist vermutlich erblich.
- Erste Symptome treten mit 2 – 8 Wochen auf.

Augenerkrankungen

Mikropalpebrale Fissur

Eine Rasseprädisposition besteht.

Entropium (gewöhnlich der Unterlider)

Eine Rasseprädisposition besteht, wahrscheinlich ist der Erbgang polygen.

Ektropium

Eine Rasseprädisposition besteht, wahrscheinlich ist der Erbgang polygen.

Glaukom

- Eine Rasseprädisposition besteht.
- Alter bei Beginn: 3 – 6 Jahre.

- Bei dieser Rasse ist das Glaukom meistens mit einem engen iridokornealen Filtrationswinkel verbunden.

Membrana pupillaris persistens

- Eine Rasseprädisposition besteht, sie ist vermutlich erblich.
- Kann bei dieser Rasse hochgradig sein.

Uveodermatologisches Syndrom

- Auch als „Vogt-Koyanagi-Harada-ähnliches Syndrom" bekannt.
- Eine Rasseprädisposition besteht.
- Jungadulte Tiere sind betroffen (1,5 – 4 Jahre).

Harnwegserkrankungen

Familiäre Nierenerkrankung (Nierendysplasie)

- Diese Erkrankung wurde bei sechs jungen miteinander verwandten Chow-Chows beschrieben.
- Die betroffenen Tiere wurden mit 6 – 12 Monaten mit Nierenversagen vorgestellt.

Clumber Spaniel

Muskuloskelettale Erkrankungen

Mitochondriale Myopathie

- Selten.
- Ein primärer Defekt liegt in der Funktion der Mitochondrien.
- Kann plötzliche Todesfälle verursachen.

Hüftgelenkdysplasie

- In der Statistik der BVA (British Veterinary Association) in Zusammenarbeit mit dem KC (Kennel Club) steht der Clumber Spaniel auf Platz 2 der am häufigsten von Hüftgelenkdysplasie betroffenen Rassen.
- Die durchschnittliche Punktezahl für den Clumber Spaniel liegt gemäß dieser Statistik bei 42 von 53 Punkten.

Augenerkrankungen

Entropium (kann mit einer makropalpebralen Fissur verbunden sein)

Eine Rasseprädisposition besteht, wahrscheinlich ist ein polygener Erbgang.

Ektropium (kann mit einer makropalpebralen Fissur verbunden sein)

Eine Rasseprädisposition besteht, wahrscheinlich ist ein polygener Erbgang.

Makropalpebrale Fissur, die zu kombiniertem Entropium-Ektropium führt („Diamond eye")

Eine Rasseprädisposition besteht, die genetische Grundlage ist nur lückenhaft bekannt.

Katarakt

Ist vermutlich erblich.

Cocker Spaniel

Herz-Kreislauf-Erkrankungen

Persistierender Ductus arteriosus

- Kongenital.
- Das relative Risiko beträgt 2,6.

Pulmonalstenose

- Die dritthäufigste Ursache kongenitaler Herzerkrankungen beim Hund.
- Möglicherweise besteht ein polygener Erbgang.
- Das relative Risiko ist mit 1,6 nicht statistisch signifikant.

Endokardiose

- Auch als chronische Klappenerkrankung bekannt.
- Das relative Risiko beträgt 2,0 (nicht statistisch signifikant).
- Die Prävalenz steigt mit zunehmendem Alter.
- Die Ätiologie ist unbekannt, doch eine genetische Basis ist sehr wahrscheinlich.

Dilatative Kardiomyopathie (DCM), American Cocker Spaniel

- Die DCM ist bei dieser Rasse oft durch Taurinmangel bedingt.
- Sie kann auf eine Supplementierung mit Taurin und L-Carnitin ansprechen.

Familiäre Kardiomyopathie, English Cocker Spaniel

Es besteht eine Rasseprädisposition.

„Sick sinus syndrome"

- Mittelalte bis alte Hunde sind betroffen.
- Das relative Risiko beträgt 1,7.
- Bei dieser Rasse besteht keine Geschlechtsprädisposition.

Hauterkrankungen

Atopische Dermatitis

- Häufig.
- Sie tritt möglicherweise häufiger bei Hündinnen auf.
- Das Alter bei Beginn der Symptome ist unterschiedlich und kann zwischen 6 Monaten und 7 Jahren liegen, aber 70% der Tiere zeigen erste Symptome mit 1 – 3 Jahren.

Primäre Seborrhoe (American Cocker Spaniel) (➤ Abb. 2.25)

- Eine häufige Erkrankung bei dieser Rasse.
- Möglicherweise liegt ein autosomal-rezessiver Erbgang vor.
- Sie beginnt früh und verschlimmert sich mit zunehmendem Alter.

Kongenitale Hypotrichose (American Cocker Spaniel)

- Sie besteht entweder bereits zum Geburtszeitpunkt oder entwickelt sich in den ersten Lebensmonaten.
- Ist eventuell geschlechtsgebunden.

Follikeldysplasie der schwarzen Haare (American Cocker Spaniel)

- Familiäres Auftreten.

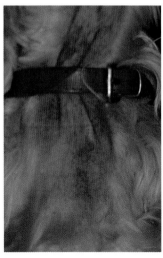

Abb. 2.25 Primäre Seborrhoea oleosa in Verbindung mit einer Malasseziendermatitis bei einem American Cocker Spaniel. (Mit freundlicher Genehmigung von S. Peters, Tierärztliche Klinik Birkenfeld.)

* Betroffene Tiere sind zum Geburtszeitpunkt unauffällig, die Veränderungen entwickeln sich in den ersten Lebensmonaten.

Kryptokokkose

Siehe unter „Infektionskrankheiten".

Futtermittelallergie

Es sind keine Alters- oder Geschlechtsprädispositionen beschrieben.

Vitamin-A-reaktive Dermatose

Es besteht eine Rasseprädisposition.

Neurom an der Kupierstelle der Rute

Selten.

Intertrigo

Spaniels sind prädisponiert für eine Lefzenfaltendermatitis.

Onychodystrophie

Sie kann beim Cocker zusammen mit einer Seborrhoe auftreten.

Analbeutelerkrankungen

Es sind keine Alters- oder Geschlechtsprädispositionen bekannt.

Hauttumoren

Siehe unter „Neoplasien".

Endokrinopathien

Hypothyreose

* Manchen Untersuchungen zufolge gehören Cocker Spaniels zu den Rassen mit einem erhöhten Risiko.
* Oft sind mittelalte Tiere betroffen (2 – 6 Jahre).

Muskuloskelettale Erkrankungen

Brachyurie (Kurzschwänzigkeit)

Möglicherweise besteht ein autosomal-rezessiver Erbgang.

Chondrodysplasie

Verursacht unproportionierten Zwergwuchs.

Kongenitale Ellbogenluxation

* Verhältnismäßig selten; ist die Ursache für 15% der nichttraumatischen Ellbogenlahmheiten.
* Führt zu starken Einschränkungen bei dieser Rasse (Typ I).
* Besteht zum Zeitpunkt der Geburt oder tritt in den ersten 3 Lebensmonaten auf.

Dysplasie des Foramen magnum

Kongenital.

Unvollständige Ossifikation des Condylus humeri

* Die Ursache ist nicht bekannt.
* Der Erbgang ist polygen rezessiv.
* Das häufigste Alter bei der Vorstellung der Patienten beträgt 6 Jahre.

Hernia inguinalis/scrotalis

Hündinnen sind für eine Hernia inguinalis prädisponiert.

Temporomandibuläre Dysplasie

* Kongenital.
* Betrifft gewöhnlich Tiere ab 6 Monaten.

2

Ruptur des Ligamentum cruciatum craniale (American Cocker Spaniel)

Eine häufige Ursache für Lahmheiten der Hintergliedmaßen.

Spondylosis deformans (American Cocker Spaniel)

Normalerweise nicht von klinischer Bedeutung.

Patellaluxation (American Cocker Spaniel)

Möglicherweise besteht ein autosomal-rezessiver Erbgang.

Hernia umbilicalis (American Cocker Spaniel)

Es besteht eine Rasseprädisposition.

Prognathie (American Cocker Spaniel)

Rezessiver Erbgang.

Gastrointestinale Erkrankungen

Krikopharyngeale Achalasie

- Eine Rasseprädisposition ist möglich.
- Symptome werden zum Zeitpunkt des Absetzens oder etwas später gesehen.

Oropharyngeale Neoplasie

Eine Rasseprädisposition ist möglich.

Chronische Hepatitis

Eine Rasseprädisposition besteht.

Alpha-1-Antitrypsin-bedingte Hepatitis

Eine Rasseprädisposition besteht, sie ist vermutlich erblich.

Hämatologische/immunologische Erkrankungen

Immunvermittelte hämolytische Anämie

- Häufige Erkrankung.
- In der Regel sind jungadulte Tiere und Hunde mittleren Alters betroffen.

- Ist möglicherweise häufiger bei Hündinnen.
- Kann mit saisonalen Schwankungen auftreten.

Defekt des Thrombozyten-Pools (American Cocker Spaniel)

Kann schwere Blutungen hervorrufen.

Hämophilie B (American Cocker Spaniel)

- Faktor-IX-Mangel.
- Auch als „Christmas disease" bekannt.
- Geschlechtsgebundener Erbgang.
- Seltener als Hämophilie A.

Faktor-X-Mangel

- Familiäre Häufung.
- Möglicherweise besteht ein autosomal-rezessiver Erbgang.

Immunvermittelte Thrombozytopenie

- Häufig.
- Ist wahrscheinlich erblich.
- Hündinnen sind häufiger betroffen als Rüden.

Immunvermittelte Kardiomyopathie

- In einer Kolonie von Hunden beschrieben.
- Erblich.
- Ist assoziiert mit Anti-Mitochondrien-Antikörpern.
- Sporadisch wurden andere immunvermittelte Erkrankungen in derselben Linie beobachtet.

Infektionskrankheiten

Kokzidioidomykose

- Es besteht eine erhöhte Inzidenz bei dieser Rasse, die aber möglicherweise durch die erhöhte Wahrscheinlichkeit einer Exposition zu erklären ist.
- Tritt vorwiegend bei jungen Rüden auf.
- Geographische Verteilung: Kalifornien, Arizona, Texas, New Mexico, Nevada, Utah, Mexiko sowie Teile von Zentral- und Südamerika. In Deutschland nicht bekannt.

Kryptokokkose
(American Cocker Spaniel)

- Es besteht eine erhöhte Inzidenz bei dieser Rasse, die aber möglicherweise durch die erhöhte Wahrscheinlichkeit einer Exposition zu erklären ist.
- Tritt vorwiegend bei Tieren unter 4 Jahren auf, eine offensichtliche Geschlechtsprädisposition besteht nicht.
- Ist weltweit verbreitet, tritt aber vorwiegend in warmen, feuchten Klimata auf.

Infektiöse Hauterkrankungen

Siehe unter „Hauterkrankungen".

Neoplasien

Basalzelltumor

Bei dieser Rasse besteht angeblich ein erhöhtes Risiko.

Schweißdrüsentumor

- Verhältnismäßig selten.
- Bei dieser Rasse besteht angeblich ein erhöhtes Risiko.
- Das Durchschnittsalter beträgt Berichten zufolge 9,5 Jahre.

Trichoepitheliom

- Eine Rasseprädisposition ist möglich.
- Das Durchschnittsalter beträgt 9 Jahre.

Kutanes Papillom

- Eine Rasseprädisposition ist möglich.
- Tritt bei älteren Tieren auf.

Talgdrüsentumor

- Eine Rasseprädisposition für eine noduläre Hyperplasie der Talgdrüsen ist möglich.
- Tritt bei älteren Tieren auf (Durchschnittsalter: 10 Jahre).

Kutanes Plasmozytom

- Tritt im Durchschnittsalter von 10 Jahren auf.
- Keine Geschlechtsprädisposition.

Kutanes Histiozytom

- Eine Rasseprädisposition ist möglich.
- Häufiger bei jungen Hunden (1–2 Jahre).

Trichoblastom

- Häufig.
- Keine Geschlechtsprädisposition.
- Betroffene Tiere sind normalerweise älter als 5 Jahre.

Fibrosarkom

- Vorwiegend sind ältere Hunde betroffen.
- Hündinnen sind prädisponiert.

Nichtepitheliotropes Lymphom

- Vorwiegend sind ältere Hunde betroffen.
- Keine Geschlechtsprädisposition.

Adenom der Perianaldrüsen
(hepatoide Drüsen)

- Nach einer Untersuchung an 2700 Hunden wurde eine Rasseprädisposition vermutet.
- Das Durchschnittsalter betrug 10,5 Jahre.
- Unkastrierte Rüden waren prädisponiert.

Adenokarzinom der Analbeutel
(English Cocker Spaniel)

- Nach einer Untersuchung an 232 Hunden wurde eine Rasseprädisposition vermutet.
- Das Durchschnittsalter betrug 10,5 Jahre.
- Manchen Studien zufolge sind Hündinnen prädisponiert.

Melanom

- Eine Rasseprädisposition besteht.
- Das Durchschnittsalter beträgt 8–9 Jahre.

Lipom

- Eine Rasseprädisposition ist möglich.
- Tritt gehäuft bei übergewichtigen Hündinnen mittleren Alters auf.

Limbales Melanom

Eine Rasseprädisposition ist möglich.

Neurologische Erkrankungen

Kongenitale Taubheit

Symptome werden ab der Geburt gesehen.

Kongenitales Vestibularsyndrom (English Cocker Spaniel)

Symptome werden bei Tieren von < 3 Monaten beobachtet.

Erworbenes Vestibularsyndrom sekundär zur Otitis interna (➤ Abb. 2.26)

Eine Rasseprädisposition besteht für eine chronische Otitis externa, die zur Otitis media/interna fortschreiten kann.

Diskopathien (➤ Abb. 2.27)

- Eine Rasseprädisposition besteht.
- Treten verhältnismäßig häufig auf.

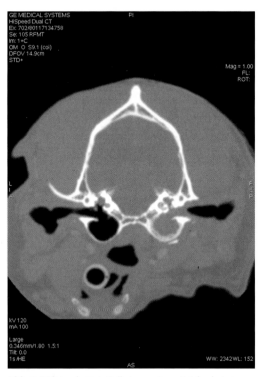

Abb. 2.26 Verschattete Bulla tympanica mit Polyp bei einer 3-jährigen Hündin. (Mit freundlicher Genehmigung von S. Peters, Tierärztliche Klinik Birkenfeld.)

- Alter bei Beginn klinischer Symptome: 3 – 7 Jahre.

Primäre Epilepsie

- Vermutlich erblich.
- Alter bei Beginn klinischer Symptome: 6 Monate bis 3 Jahre.

Lysosomale Speicherkrankheit/ Ceroid-Lipofuszinose

- Vermutlich erblich.
- Selten.
- Symptome treten mit 1 – 2 Jahren auf.

Idiopathische Fazialis-Paralyse

- Eine Rasseprädisposition besteht.
- Tritt akut bei adulten Tieren auf.

Multisystemische Degeneration von Neuronen

- Wurde bei dieser Rasse beschrieben, ist vermutlich erblich.
- Alter bei Beginn der klinischen Symptome: 10 – 14 Monate.

Augenerkrankungen

Entropium (gewöhnlich der lateralen Bereiche der Oberlider; bei American und English Cocker Spaniel)

- Eine Rasseprädisposition besteht.
- Wird häufig mit zunehmendem Alter offensichtlich.

Ektropium (gewöhnlich der Unterlider; bei American und English Cocker Spaniel)

- Eine Rasseprädisposition besteht.
- Wird häufig mit zunehmendem Alter offensichtlich.

Distichiasis (American und English Cocker Spaniel)

- Eine Rasseprädisposition besteht; der Erbgang ist nicht bekannt.
- Eine hohe Inzidenz ist bei dieser Rasse beschrieben (in manchen Studien > 80%).

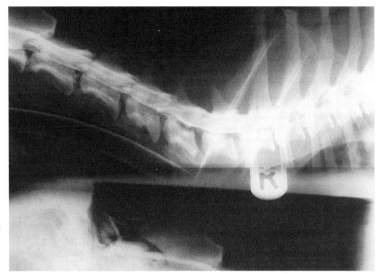

Abb. 2.27 Myelographie eines 9-jährigen Cockerspaniel-Rüden mit einer Diskushernie im Bereich C5/C6. Der Intervertebralspalt ist verringert, an dieser Stelle können eine Kompression des Rückenmarks und Anzeichen hier lokalisierten Diskusmaterials im Spinalkanal gesehen werden.

Trichiasis (English Cocker Spaniel)

- Eine Rasseprädisposition besteht.
- Kann sich bei älteren Tieren zusammen mit einem Entropium des Oberlids und einem Ektropium des Unterlids zeigen.

Aplasie des Tränenpunkts (normalerweise ist der untere Tränenpunkt betroffen; bei American und English Cocker Spaniel)

Eine Rasseprädisposition besteht.

Limbales Melanom (American und English Cocker Spaniel)

Eine Rasseprädisposition ist möglich.

Refraktäres Ulcus corneae (American Cocker Spaniel)

- Eine Rasseprädisposition besteht.
- Betroffen sind vorwiegend Tiere mittleren Alters, möglicherweise als Resultat multipler Liddefekte.

Keratoconjunctivitis sicca (American Cocker Spaniel)

Eine Rasseprädisposition besteht.

Korneadystrophie (American Cocker Spaniel)

- Ist vermutlich erblich; der Erbgang ist unbekannt.
- Es entsteht eine Lipiddystrophie.

Dystrophie des Korneaendothels (American Cocker Spaniel)

- Ein dominanter Erbgang (komplett oder inkomplett) wird vermutet.
- Es kommt zur posterioren polymorphen Dystrophie.

Glaukom

Es besteht eine Rasseprädisposition.

Primäres Glaukom/Goniodysgenese (English Cocker Spaniel)

- Der Erbgang ist nicht bekannt.
- Tritt vorwiegend in Großbritannien, seltener in den USA auf.
- Eine Vererbung bei dieser Rasse wurde durch die British Veterinary Association in Zusammenarbeit mit dem Kennel Club und der International Sheep Dog Society nachgewiesen (Schema 1 des BVA/KC/ISDS Eye Scheme).

Primäres Glaukom (American Cocker Spaniel)

- Der Erbgang ist unbekannt.
- Alter bei Beginn der Symptome: 3,5 – 9 Jahre.
- Bei den meisten Tieren verbunden mit einem engen iridokornealen Filtrationswinkel.
- Eine Vererbung bei dieser Rasse wurde durch die British Veterinary Association in Zusammenarbeit mit dem Kennel Club und der International Sheep Dog Society nachgewiesen (Schema 1 des BVA/KC/ISDS Eye Scheme).

Linsenluxation (English Cocker Spaniel)

Eine Rasseprädisposition in Großbritannien ist möglich.

Membrana pupillaris persistens (English Cocker Spaniel)

- Vermutlich erblich.
- Eine Vererbung bei dieser Rasse wird derzeit noch durch die British Veterinary Association in Zusammenarbeit mit dem Kennel Club und der International Sheep Dog Society geprüft (Schema 3 des BVA/KC/ISDS Eye Scheme).

Katarakt (English Cocker Spaniel)

- Vermutlich erblich.
- Lokalisation: posteriore Linsennähte.
- Der Beginn der Erkrankung liegt bei dieser Rasse bei 1,5 – 3 Jahren oder bei 8 – 9 Jahren.
- Hündinnen scheinen für die später einsetzende Form prädisponiert zu sein.
- Auch nukleäre Katarakte können auftreten (mit etwa 2 Jahren).

Katarakt (American Cocker Spaniel)

- Ein autosomal-rezessiver Erbgang wurde in einigen Fällen vermutet.
- Lokalisation: posteriore und anteriore Kortex.
- Alter bei Beginn: 1 – 5 Jahre, das weitere Fortschreiten ist unterschiedlich.
- Eine Vererbung bei dieser Rasse wurde durch die British Veterinary Association in Zusammenarbeit mit dem Kennel Club und der International Sheep Dog Society nachgewiesen (Schema 1 des BVA/KC/ISDS Eye Scheme).

- Eine verhältnismäßig häufige Erkrankung bei dieser Rasse.

Multifokale Retinadysplasie (American Cocker Spaniel)

- Vermutlich besteht ein einfacher autosomal-rezessiver Erbgang.
- Eine Vererbung bei dieser Rasse wurde durch die British Veterinary Association in Zusammenarbeit mit dem Kennel Club und der International Sheep Dog Society nachgewiesen (Schema 1 des BVA/KC/ISDS Eye Scheme).

Generalisierte progressive Retinaatrophie (English Cocker Spaniel)

- Ein autosomal-rezessiver Erbgang besteht.
- Es kommt zur progressiven Degeneration der Stäbchen (PRCD).
- Ophthalmoskopische Veränderungen sind mit 4 – 8 Jahren sichtbar, sie können mit einer Kataraktbildung verbunden sein.
- Eine Vererbung bei dieser Rasse wurde durch die British Veterinary Association in Zusammenarbeit mit dem Kennel Club und der International Sheep Dog Society nachgewiesen (Schema 1 des BVA/KC/ISDS Eye Scheme).

Generalisierte progressive Retinaatrophie (GPRA; American Cocker Spaniel)

- Ein autosomal-rezessiver Erbgang besteht.
- Es kommt zur progressiven Degeneration der Stäbchen (PRCD).
- Ophthalmoskopische Veränderungen sind mit 2 – 3 Jahren sichtbar, Nachtblindheit mit 3 – 5 Jahren, diese führt mit 5 – 7 Jahren zur vollständigen Erblindung. Sie kann mit einer Kataraktbildung verbunden sein.
- Eine Vererbung bei dieser Rasse wurde durch die British Veterinary Association in Zusammenarbeit mit dem Kennel Club und der International Sheep Dog Society nachgewiesen (Schema 1 des BVA/KC/ISDS Eye Scheme).

Zentrale progressive Retinaatrophie (CPRA) oder Pigmentepitheldystrophie (PED; English Cocker Spaniel)

* Eine Rasseprädisposition besteht, sie ist vermutlich erblich.
* Es herrscht eine höhere Prävalenz in Großbritannien als in den USA.
* Eine Vererbung bei dieser Rasse wurde durch die British Veterinary Association in Zusammenarbeit mit dem Kennel Club und der International Sheep Dog Society nachgewiesen (Schema 1 des BVA/KC/ISDS Eye Scheme).

Kolobom des N. opticus (American Cocker Spaniel)

* Der Erbgang ist unbekannt.
* Tritt gelegentlich bei dieser Rasse auf, beeinträchtigt das Sehvermögen nicht.

Multiple Augendefekte (English Cocker Spaniel)

* Der Erbgang ist unbekannt.
* Die Defekte können in Mikrophthalmus, persistierenden Pupillarmembranen und kongenitaler Katarakt bestehen.
* Eine Vererbung bei dieser Rasse wird derzeit noch durch die British Veterinary Association in Zusammenarbeit mit dem Kennel Club und der International Sheep Dog Society geprüft (Schema 3 des BVA/KC/ISDS Eye Scheme).

Neuronale Ceroid-Lipofuszinose

* Vermutlich erblich.
* Siehe unter „Neurologische Erkrankungen".

Harnwegserkrankungen

Familiäre Nierenerkrankung (English Cocker Spaniel)

* Ein autosomal-rezessiver Erbgang wird vermutet.
* Wahrscheinlich handelt es sich um eine Erkrankung der glomerulären Basalmembran.
* Die Tiere werden mit 6 Monaten bis 2 Jahren mit Proteinurie und chronischem Nierenversagen vorgestellt.

Struvitsteine (Magnesium-Ammonium-Phosphat)

* Einigen Untersuchungen zufolge besteht bei dieser Rasse eine erhöhte Inzidenz.
* Das Durchschnittsalter zum Zeitpunkt der Diagnosestellung beträgt 2 – 8 Jahre.
* Hündinnen scheinen prädisponiert zu sein.

Kalziumphosphatsteine (Hydroxyapatit und Karbonatapatit)

Einigen Untersuchungen zufolge besteht bei dieser Rasse eine erhöhte Inzidenz.

Erkrankungen der Reproduktionsorgane

XX-sex-reversal-Syndrom

Eine kongenitale Erkrankung, die bei dieser Rasse autosomal-rezessiv vererbt werden soll.

Penishypoplasie

* Seltene kongenitale Erkrankung, die bei dieser Rasse beschrieben worden ist.
* Kann als Teil mancher Intersex-Stadien auftreten.

Atemwegserkrankungen

Spontane Thymusblutung

* Ist normalerweise tödlich.
* Tritt gewöhnlich bei Hunden unter 2 Jahren zusammen mit der Rückbildung des Thymus auf.

Bronchiektasie (American Cocker Spaniel)

* Betrifft normalerweise Hunde mittleren Alters bis ältere Hunde.
* Trifft gewöhnlich sekundär zu chronischen Lungenerkrankungen auf.

2

Collie (Langhaar- und Kurzhaarcollie)

Hauterkrankungen

Kutane Histiozytose

Es besteht keine offensichtliche Alters- oder Geschlechtsprädisposition.

Superfizielle bakterielle Follikulitis

* Kann bei dieser Rasse eine Endokrinopathie imitieren.
* Das relative Risiko liegt bei 2,0.

Follikulitis und Furunkulose von Lefzen und Kinn

* Auch als „canine Akne" bezeichnet.
* Lokale Traumata, Hormone und genetische Faktoren sind wahrscheinlich an der Pathogenese beteiligt.

Malassezien-Dermatitis

* Ist nicht selten saisonal.
* Betrifft Tiere aller Altersgruppen.

Protothekose

* Selten.
* Hündinnen sind prädisponiert.

Futtermittelallergie

Keine Alters- oder Geschlechtsprädisposition bekannt.

Pemphigus erythematosus

Keine Alters- oder Geschlechtsprädisposition bekannt.

Systemischer Lupus erythematodes

* Verhältnismäßig selten (Inzidenz etwa 0,03% der gesamten Hundepopulation).
* Keine Alters- oder Geschlechtsprädisposition bekannt.

Diskoider Lupus erythematodes

* Keine Alters- oder Geschlechtsprädisposition bekannt.

* In einer Überweisungsklinik litten unter allen von Hauterkrankungen betroffenen Patienten 0,3% an diskoidem Lupus erythematodes.

Familiäre Dermatomyositis

* Ein autosomal-dominanter Erbgang mit inkompletter Penetranz besteht.
* Es gibt keine Prädispositionen bezüglich Geschlecht, Fellfarbe oder Felllänge.

Idiopathische ulzerative Dermatose von Sheltie und Collie

* Die Ursache ist unbekannt.
* Keine Geschlechtsprädisposition bekannt.
* Betrifft Hunde mittleren Alters bis ältere Hunde.

Vitiligo

Vermutlich erblich.

Waardenburg-Klein-Syndrom

Ein autosomal-dominanter Erbgang mit inkompletter Penetranz besteht.

Idiopathische sterile Granulome und Pyogranulome

* Verhältnismäßig selten.
* Keine Alters- oder Geschlechtsprädisposition.

Hauttumoren

Siehe unter „Neoplasien".

Arzneimittelreaktionen

Ivermectin und Milbemycin

Hohe Dosen können Tremor, Ataxie, Koma und Tod verursachen (Ivermectin kann bereits in geringen Dosen schädlich wirken). Ivermectin ist für Kleintiere nicht zugelassen.

Gastrointestinale Erkrankungen

Neoplasien des Magens (Langhaarcollies)

* Ein erhöhtes Risiko für diese Rasse wurde in einer Studie ermittelt.
* Rüden sind häufiger betroffen.

- Durchschnittsalter bei Manifestation: 8 – 10 Jahre.

Lymphozytär-plasmazelluläre Kolitis (Langhaarcollies)

Eine Rasseprädisposition ist möglich.

Azinäre Atrophie des Pankreas (führt zu exokriner Pankreasinsuffizienz)

Eine Rasseprädisposition besteht.

Hämatologische/immunologische Erkrankungen

Zyklisch auftretende Neutropenie (Zyklische Hämatopoese)

- Ein autosomal-rezessiver Erbgang besteht.
- Ist gekoppelt mit grauer Fellfarbe.

Immunvermittelte hämolytische Anämie

- Häufige Erkrankung.
- Betrifft vorwiegend junge und mittelalte Tiere.
- Kommt möglicherweise häufiger bei Hündinnen vor.
- Möglicherweise bestehen saisonale Schwankungen bei der Inzidenz.

Systemischer Lupus erythematodes

Ist erblich, doch nicht mit einfachem Erbgang.

Infektionskrankheiten

Aspergillose

- Eine Rasseprädisposition besteht.
- Betrifft vor allem junge bis mittelalte Hunde.

Infektiöse Hauterkrankungen

Siehe unter „Hauterkrankungen".

Muskuloskelettale Erkrankungen

Schwächung der Bänder des Karpalgelenks

- Betrifft ältere übergewichtige Hunde.
- Auch die Ligamenta tarsi können betroffen sein.

Schädigungen des Weichteilgewebes am Karpus

Werden häufig durch eine Hyperextension des Karpus bei Belastung hervorgerufen.

Kongenitale Ellbogenluxation

- Bei dieser Rasse kommt eine Typ-II-Luxation vor (der proximale Radius ist nach kaudolateral disloziert).
- Wird meist mit 4 – 5 Monaten diagnostiziert.

Anguläre Deformation der Tibia (Achsenabweichung)

- Ist verhältnismäßig selten.
- Entsteht nach Traumata der distalen Wachstumsfuge der Tibia.

Kalkaneoquartale Subluxation aufgrund einer Ruptur der Ligamenta tarsi plantaria

- Eine verhältnismäßig häufige Verletzung des Sprunggelenks.
- Betrifft trainierte Hunde während der Belastung.

Neoplasien

Schweißdrüsentumor

- Collies sollen zu den Rassen mit einem erhöhten Risiko zählen.
- Das Durchschnittsalter wird mit 9,5 Jahren angegeben.

Benignes fibröses Histiozytom

- Tritt im Durchschnittsalter von 2 – 4 Jahren auf.
- Keine Geschlechtsprädisposition.

Hämangioperizytom

- Tritt gehäuft im Alter von 7 – 10 Jahren auf.
- Keine Geschlechtsprädisposition.

Keratoakanthom

- Betrifft normalerweise Hunde unter 5 Jahren.
- Rüden sind prädisponiert.
- Diese Rasse ist prädisponiert für die solitäre Form der Erkrankung.

Tumoren der Nasenhöhle

- Collies sollen zu den Rassen mit einem erhöhten Risiko zählen.
- Das Durchschnittsalter beträgt 10,5 – 11 Jahre.
- In der Stadt gehaltene Hunde sollen eine höhere Inzidenz zeigen.

Kolorektale Neoplasien

- Einigen Untersuchungen zufolge ist die Inzidenz bei Collies erhöht.
- Vorwiegend ältere Hunde sind betroffen, das Durchschnittsalter liegt bei 8,5 Jahren.

Neurologische Erkrankungen

Kongenitales bilaterales Vestibularsyndrom

Wurde bei dieser Rasse beschrieben.

Kongenitale Taubheit

Klinische Symptome bestehen ab der Geburt.

Zerebelläre Degeneration (gesehen bei Langhaarcollies in Australien)

- Der Erbgang ist autosomal-rezessiv.
- Verhältnismäßig selten.
- Symptome treten mit 1 – 2 Jahren auf.

Neuroaxonale Dystrophie

- Vermutlich besteht ein autosomal-rezessiver Erbgang.
- Selten.
- Alter bei klinischer Manifestation: 2 – 4 Monate.

Augenerkrankungen

Mikropalpebrale Fissur

Eine Rasseprädisposition besteht.

Entropium (gewöhnlich der Unterlider, kann mit einer mikropalpebralen Fissur gekoppelt sein)

Eine Rasseprädisposition besteht, wahrscheinlich ist ein polygener Erbgang.

Distichiasis (Langhaarcollies)

Eine Rasseprädisposition besteht.

„Medial canthal pocket syndrome"

Eine Rasseprädisposition besteht aufgrund der Schädelform.

Noduläre Episklerokeratitis

- Eine Rasseprädisposition besteht.
- Zeigt sich normalerweise bei Tieren zwischen 2 und 5 Jahren.

Mikrokornea

- Eine Rasseprädisposition besteht.
- Ist gewöhnlich gekoppelt mit multiplen Augendefekten.

Kongenitale, subepitheliale, geographische Korneadystrophie

- Eine Rasseprädisposition besteht.
- Tritt bei jungen Welpen (< 10 Wochen) auf und ist transient.

Korneadystrophie (Langhaarcollies; ➤ Abb. 2.28)

- Ein autosomal-dominanter oder polygener Erbgang wird vermutet.
- Es kommt zur Dystrophie der Stromalipide.
- Alter bei Beginn der Symptome: 1 – 4 Jahre.

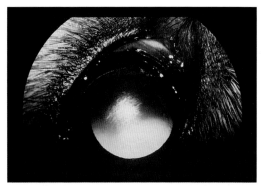

Abb. 2.28 Lipiddystrophie der Kornea bei einer 2-jährigen unkastrierten Kurzhaarcollie-Hündin. (Mit freundlicher Genehmigung von Mark Bossley.)

Katarakt

- Ist vermutlich erblich.
- Verschiedene Arten und Altersgruppen bei Beginn sind bekannt.

„Collie eye anomaly"

- Eine kongenitale Erkrankung, bei der ein einfacher autosomal-rezessiver Erbgang vermutet wurde. Neueren Untersuchungen zufolge wird sie jedoch vermutlich polygen vererbt.
- Eine hohe Inzidenz besteht weltweit bei dieser Rasse (Berichten zufolge 50 – 90%).
- Eine Vererbung bei dieser Rasse wurde durch die British Veterinary Association in Zusammenarbeit mit dem Kennel Club und der International Sheep Dog Society nachgewiesen (Schema 1 des BVA/KC/ISDS Eye Scheme, Langhaar- und Kurzhaarcollies).

Multifokale Retinadysplasie

- Eine kongenitale Erkrankung, deren Erbgang nicht geklärt ist.
- Eine Vererbung bei dieser Rasse wird derzeit noch durch die British Veterinary Association in Zusammenarbeit mit dem Kennel Club und der International Sheep Dog Society geprüft (Schema 3 des BVA/KC/ISDS Eye Scheme, Langhaarcollies).

Generalisierte progressive Retinaatrophie (GPRA)

- Ein autosomal-rezessiver Erbgang besteht.
- Es kommt zu einer Dysplasie vom Typ II der Stäbchen und Zapfen.
- Ophthalmoskopische Veränderungen sind bereits mit 16 Wochen sichtbar; das Endstadium mit Blindheit ist in der Regel mit etwa 1 Jahr erreicht.
- Eine Vererbung bei dieser Rasse wurde durch die British Veterinary Association in Zusammenarbeit mit dem Kennel Club und der International Sheep Dog Society nachgewiesen (Schema 1 des BVA/KC/ISDS Eye Scheme, Langhaarcollies).
- Eine Degeneration von Stäbchen und Zapfen ist seltener, die Blindheit tritt hierbei mit 5 – 7 Jahren ein, der Erbgang ist ungeklärt.

Zentrale progressive Retinaatrophie (CPRA) oder Pigmentepitheldystrophie (PED)

- Eine Rasseprädisposition besteht, die Erkrankung ist vermutlich erblich.
- In Großbritannien herrscht eine höhere Prävalenz als in den USA, doch insgesamt sinkt die Erkrankungsrate aufgrund der Einführung von Kontrollprogrammen.
- Ophthalmoskopische Symptome werden ab dem Alter von 2 Jahren, Sehstörungen mit 4 – 5 Jahren beobachtet.
- Eine Vererbung bei dieser Rasse wurde durch die British Veterinary Association in Zusammenarbeit mit dem Kennel Club und der International Sheep Dog Society nachgewiesen (Schema 1 des BVA/KC/ISDS Eye Scheme, Langhaar- und Kurzhaarcollies).

Hypoplasie des N. opticus

- Eine kongenitale Erkrankung, deren Erblichkeit nicht geklärt ist.
- Tritt gelegentlich bei Collies auf.

Kolobom des N. opticus

- Kongenitale Erkrankung.
- In der Regel Teil der „Collie eye anomaly".

Multiple Augendefekte

- Eine kongenitale Erkrankung, die bei homozygoten Tieren mit Merle-Faktor und vorwiegend weißer Fellfarbe auftritt (das Ergebnis der Merle-Zucht)
- Defekte können Mikrophthalmus, Mikrokornea, kongenitale Katarakt sowie Defekte der Retina umfassen, die betroffenen Tiere sind in der Regel auch taub.
- Eine Vererbung bei dieser Rasse wird derzeit noch durch die British Veterinary Association in Zusammenarbeit mit dem Kennel Club und der International Sheep Dog Society geprüft (Schema 3 des BVA/KC/ISDS Eye Scheme, Langhaarcollies).

2

Harnwegserkrankungen

Ektopischer Ureter

- Eine kongenitale Anomalie, deren Inzidenz bei Collies erhöht ist.
- Manifestiert sich gewöhnlich im Alter von < 1 Jahr.
- Tritt häufiger bei Hündinnen auf.

Inkompetenz des Urethrasphinkters (führt zur Incontinentia urinae)

Eine Rasseprädisposition ist bei Hündinnen möglich.

Erkrankungen der Reproduktionsorgane

Penishypoplasie

- Eine seltene kongenitale Erkrankung, die bei dieser Rasse beschrieben wurde.
- Kann auch Teil eines Intersexstatus sein.

Atemwegserkrankungen

Aspergillose

Siehe unter „Infektionskrankheiten".

Coonhound

Hauterkrankungen

Blastomykose

Siehe unter „Infektionskrankheiten".

Hämatologische Erkrankungen

Hämophilie B (bei Black-and-Tan-Coonhounds)

- Faktor-IX-Mangel.
- Auch als „Christmas disease" bekannt.
- Geschlechtsgebundener Erbgang.
- Seltener als Hämophilie A.

Infektionskrankheiten

Blastomykose

- Eine Rasseprädisposition aufgrund verstärkter Expositionswahrscheinlichkeit wurde bei Bluetick und Treeing Walker Coonhounds beschrieben.
- Tritt vorwiegend bei jungen Rüden auf, die in Wassernähe leben.
- Geographische Verteilung: in der Umgebung von Mississippi, Ohio, Missouri, Tennessee und St.-Lorenz-Strom, südlich der Großen Seenplatte und im Süden der mittelatlantischen Staaten. In Deutschland nicht beschrieben.

Neurologische Erkrankungen

Polyradikuloneuritis

Eine Rasseprädisposition besteht, möglicherweise bedingt durch Waschbärenbisse während der Jagd.

Augenerkrankungen

Entropium (Black-and-Tan-Coonhounds)

Eine Rasseprädisposition besteht, wahrscheinlich ist ein polygener Erbgang.

Ektropium (Black-and-Tan-Coonhounds)

Eine Rasseprädisposition besteht, wahrscheinlich ist ein polygener Erbgang.

Katarakt (Black-and-Tan-Coonhounds)

Vermutlich erblich.

Generalisierte progressive Retinaatrophie (GPRA; Black-and-Tan-Coonhounds)

- Der Erbgang ist unklar, doch vermutlich rezessiv.
- Wird klinisch im Alter von etwa 2 Jahren sichtbar.

Zentrale progressive Retinaatrophie (CPRA) oder Pigmentepitheldystrophie (PED) bei Black-and-Tan-Coonhounds

- Eine Rasseprädisposition besteht, ist vermutlich erblich.

- Wurde in den USA beschrieben.
- Wird mit etwa 2 Jahren klinisch manifest.

Curly-Coated Retriever

Hauterkrankungen

Follikeldysplasie

- Eine deutliche Prädilektion dieser Rasse legt den Verdacht auf eine genetische Basis für diese Gruppe von Erkrankungen nahe.
- Der Haarverlust beginnt gewöhnlich mit 2 – 4 Jahren und ist vorwiegend an den Flanken lokalisiert.
- Die Haare frakturieren, dadurch kommt es bei dieser Rasse zum Haarverlust.
- Auch der gesamte Rumpfbereich kann letztlich betroffen sein.

Augenerkrankungen

Entropium (gewöhnlich der lateralen Unterlider)

Eine Rasseprädisposition besteht, vermutet wird ein polygener Erbgang.

Ektropium

Eine Rasseprädisposition besteht, vermutet wird ein polygener Erbgang.

Distichiasis

Eine Rasseprädisposition besteht, der Erbgang ist nicht bekannt.

Katarakt

- Ist vermutlich erblich
- Mit 5 – 8 Jahren treten anterior subkapsulär kortikal lokalisierte Katarakte auf, die langsam fortschreiten.
- Mit 2 – 4 Jahren treten posterior subkapsuläre lokalisierte Formen auf, die langsam fortschreiten.

Generalisierte progressive Retina-atrophie (GPRA)

- Ein autosomal-rezessiver Erbgang wird vermutet.
- Sie wird meist mit 3 – 5 Jahren diagnostiziert und erreicht das Endstadium im Alter von 6 – 7 Jahren.

Dachshund

Herz-Kreislauf-Erkrankungen

„Sick sinus syndrome"

- Betrifft bei dieser Rasse alte Tiere.
- Keine Geschlechtsprädisposition.

Persistierender Ductus arteriosus

- Eine häufige kongenitale Missbildung.
- Das relative Risiko beträgt 2,5.
- Hündinnen sind prädisponiert.
- Polygener Erbgang.

Hauterkrankungen

Alopecia areata

- Seltene Erkrankung.
- Keine Alters- oder Geschlechtsprädisposition.

Pododermatitis

Die Vorderpfoten sind häufiger betroffen.

Malassezien-Dermatitis

Kann saisonal auftreten.

Futtermittelallergie

- Keine Alters- oder Geschlechtsprädisposition.
- Nicht alle Studien bestätigen eine Rasseprädisposition.

Pemphigus foliaceus

- Eine verhältnismäßig seltene Erkrankung.
- Keine Geschlechtsprädisposition.
- Häufigstes Alter bei Beginn: 4 Jahre.

Lineare IgA-Dermatose

Extrem selten.

Östrogen-reaktive Dermatose

- Betrifft kastrierte Hündinnen.
- Tritt gewöhnlich bei jungadulten Tieren auf.
- Selten.

Alopezie der Pinna (Schablonenkahlheit, „pattern baldness")

- Beginn mit 6–9 Monaten.
- Rüden sind bei dieser Rasse häufiger betroffen als Hündinnen.
- Im Alter von 8–9 Jahren ist die Pinna gewöhnlich vollständig haarlos.

Primäre Seborrhoe

- Möglicherweise besteht ein autosomal-rezessiver Erbgang.
- Die Symptome treten bereits früh auf und verschlimmern sich mit zunehmendem Alter.

Follikeldysplasie der schwarzen Haare (➤ Abb. 2.29)

- Selten.
- Beginnt in frühem Alter.
- Familiäre Häufung.

Idiopathische sterile noduläre Pannikulitis

- Multiple Veränderungen treten auf.
- Hündinnen sind prädisponiert.
- Keine Altersprädisposition.

Farbmutantenalopezie

Die Gene für die Fellfarbe sind maßgeblich an der Pathogenese beteiligt.

Acanthosis nigricans

- Verhältnismäßig selten.
- Es gibt zahlreiche Gründe, doch die primäre Form ist vermutlich erblich.
- Betroffen sind beide Geschlechter.
- Meist beginnen die Symptome bei Tieren unter 1 Jahr.

Ehlers-Danlos-Syndrom

- Auch als „kutane Asthenie" bezeichnet.
- Umfasst eine erbliche Gruppe von Erkrankungen.
- Möglicherweise besteht ein autosomal-dominanter Erbgang.
- Ist bei Homozygoten möglicherweise letal.

Ohrrandseborrhoe

Es besteht eine Rasseprädisposition.

Kallusdermatitis/-pyodermie

Bei dieser Rasse ist ein sternaler Kallus häufig.

Juvenile Zellulitis (➤ Abb. 2.30)

- Eine familiäre Häufung besteht, ist möglicherweise erblich.
- Beginnt meist mit 1–4 Monaten.

Abb. 2.29 Follikeldysplasie der schwarzen Haare bei einem Dachshund. (Mit freundlicher Genehmigung von S. Peters, Tierärztliche Klinik Birkenfeld.)

Abb. 2.30 Juvenile Zellulitis bei einem Pekinesen. (Mit freundlicher Genehmigung von S. Peters, Tierärztliche Klinik Birkenfeld.)

Idiopathische chronische ulzerative Blepharitis

Es besteht eine Rasseprädisposition.

Onychodystrophie

Es besteht eine Rasseprädisposition.

Vaskulitis

- Verhältnismäßig selten.
- Meistens Typ-III-Allergie.

Hauttumoren

Siehe unter „Neoplasien".

Endokrinopathien

Hypothyreose

- Einigen Untersuchungen zufolge besteht bei dieser Rasse ein erhöhtes Risiko.
- Häufig sind Tiere mittleren Alters betroffen (2 – 6 Jahre).

Hypophysärer (PDH) und adrenaler (AT) Hyperadrenokortizismus

- Eine Rasseprädisposition ist möglich (für beide Formen).
- Meist sind Tiere mittleren Alters und ältere Tiere betroffen.
- Bei AT sind 60 – 65% Hündinnen, bei PDH 55 – 60%.

Diabetes mellitus

- Einigen Untersuchungen zufolge besteht bei dieser Rasse ein erhöhtes Risiko.
- Die Altersverteilung liegt in der Regel bei 4 – 14 Jahren mit einer Häufung bei 7- bis 9-jährigen Hunden.
- Alte unkastrierte Hündinnen sind prädisponiert.

Gastrointestinale Erkrankungen

Hämorrhagische Gastroenteritis

- Eine Rasseprädisposition ist möglich.
- Wird vorwiegend im Alter von 2 – 4 Jahren gesehen.

Immunologische Erkrankungen

Nichtdefiniertes Immundefizienz-Syndrom

- Verursacht durch eine durch Protozoen bedingte Pneumonie *(Pneumocystis carinii)*.
- Der exakte Mechanismus der Immundefizienz ist unbekannt.

Immunvermittelte Thrombozytopenie

- Häufig.
- Es gibt eine familiäre Häufung bei dieser Rasse, sie ist vermutlich erblich.
- Hündinnen sind häufiger betroffen als Rüden.

Infektionskrankheiten

Pneumocystis-carinii-Infektion

- Wurde bei dieser Rasse beschrieben.
- Kann ein konkurrierendes Immundefizienz-Syndrom reflektieren (siehe „Infektionskrankheiten").

Muskuloskelettale Erkrankungen

Hernia inguinalis/scrotalis

Hündinnen sind für eine Hernia inguinalis prädisponiert.

Pes varus

- Eine Deformation der distalen Tibia.
- Tritt ab einem Alter von 5 – 6 Monaten auf.
- Möglicherweise besteht ein autosomal-rezessiver Erbgang.

Prognathie

Möglicherweise besteht ein autosomal-rezessiver Erbgang.

Spondylosis deformans

Ist normalerweise nicht von klinischer Bedeutung.

Neoplasien

Adenokarzinom der Analbeutel

- Einer Untersuchung an 232 Tieren zufolge wird eine Rasseprädisposition vermutet.

- Das Durchschnittsalter betrug in dieser Untersuchung 10,5 Jahre.
- Einige Studien sprechen von einer Prädisposition für Hündinnen.

Lipom

- Häufig.
- Eine Rasseprädisposition ist möglich.
- Tritt am häufigsten bei übergewichtigen Hündinnen mittleren Alters auf.

Liposarkom

- Durchschnittsalter bei Beginn: 10 Jahre.
- Rüden sind möglicherweise prädisponiert.

Mastzelltumor

- Eine Rasseprädisposition ist möglich.
- Mastzelltumoren können in jedem Alter gesehen werden (ab 4 Monaten), doch sind gewöhnlich ältere Tiere betroffen.

Plattenepithelkarzinom der Zehe

- Eine Rasseprädisposition ist möglich.
- Betrifft ältere Hunde.

Kutanes Histiozytom

- Eine Rasseprädisposition ist möglich.
- Tritt am häufigsten bei jungen Hunden auf (1 – 2 Jahre).

Hypophysentumor mit daraus resultierendem Hyperadrenokortizismus

Siehe unter „Endokrinopathien".

Nebennierenrindentumor mit daraus resultierendem Hyperadrenokortizismus

Siehe unter „Endokrinopathien".

Limbales Melanom

Eine Rasseprädisposition ist möglich.

Neurologische Erkrankungen

Kongenitale Taubheit

Symptome bestehen bereits ab der Geburt.

Diskopathien (> Abb. 2.31)

- Eine Rasseprädisposition besteht.
- Sehr häufige Erkrankungen bei dieser Rasse.
- Alter bei klinischer Manifestation: 3 – 7 Jahre.

Lysosomale Speicherkrankheit/Ceroid-Lipofuszinose

- Ist vermutlich erblich.
- Selten.
- Symptome treten mit 3 – 7 Jahren auf.

Sensorische Neuropathie (Langhaardackel)

- Vermutlich besteht ein autosomal-rezessiver Erbgang.
- Selten.
- Symptome treten mit 8 – 12 Wochen auf.

Narkolepsie-Kataplexie

- Vermutlich erblich.
- Alter bei Beginn der klinischen Symptome: < 1 Jahr.

Atlantoaxiale Subluxation

- Kongenital.
- Tritt bei dieser Rasse verhältnismäßig häufig auf.
- Alter bei beginn klinischer Symptome: < 1 Jahr

Augenerkrankungen

Dermoid

Eine Rasseprädisposition besteht, ein autosomal-rezessiver Erbgang wird vermutet.

Entropium (gewöhnlich der Unterlider)

- Eine Rasseprädisposition besteht, wahrscheinlich ist ein polygener Erbgang.
- Verhältnismäßig selten in den USA.

Distichiasis (Zwerg-Langhaardackel)

- Eine Rasseprädisposition besteht.
- Eine hohe Inzidenz (> 80%) wird in Großbritannien berichtet.

Chronische superfizielle Keratitis (Pannus)

- Eine Rasseprädisposition besteht, ein autosomal-rezessiver Erbgang ist wahrscheinlich.
- Alter bei Beginn der Symptome: 2 – 4 Jahre.

Refraktäres Ulcus corneae

- Eine Rasseprädisposition besteht.
- In der Regel sind Tiere mittleren Alters betroffen.

Dystrophie des Korneaendothels

- Ist vermutlich erblich.
- Alter bei Beginn der Symptome: 8 – 11 Jahre.
- Führt zum Korneaödem.

Limbales Melanom

Eine Rasseprädisposition ist möglich.

Glaukom

- Eine Rasseprädisposition ist möglich.
- Alter bei Beginn der Symptome: 4 – 9 Jahre.

Membrana pupillaris persistens (PPM)

- Vermutlich erblich.
- Eine Vererbung bei dieser Rasse wird derzeit noch durch die British Veterinary Association in Zusammenarbeit mit dem Kennel Club und der International Sheep Dog Society geprüft (Schema 3 des BVA/KC/ISDS Eye Scheme, Zwerg-Rauhaardackel).

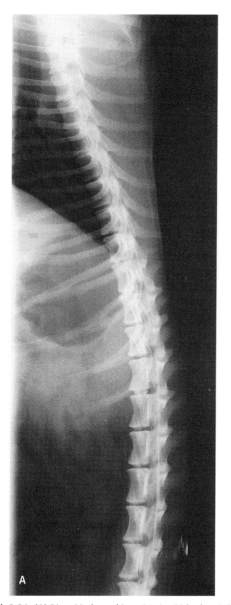
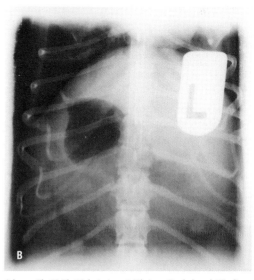

Abb.2.31 (A) Diese Myelographie weist eine Diskushernie im Bereich von Th 12/Th 13 bei einer 4-jährigen Dachshund-Hündin nach. Auf dieser Lateralaufnahme ist ein Fehlen der Kontrastmittelsäule in dem über Th 12/Th 13 liegenden Bereich der Wirbelsäule zu erkennen. **(B)** Dorsoventrale Aufnahme derselben Hündin.

Katarakt (Zwerg-Kurzhaardackel und Zwerg-Rauhaardackel)

- Vermutlich erblich.
- Lokalisation: posterior subkapsulär kortikal.

Retinaablösung mit abnormem Vitreum

- Eine Rasseprädisposition besteht, der Erbgang ist nicht geklärt.
- Tritt ab einem Alter von 8 Monaten auf.

Generalisierte progressive Retinaatrophie (GPRA; Zwerg-Langhaardackel)

- Ein autosomal-rezessiver Erbgang wird vermutet.
- Wird im Alter von 6 Monaten klinisch manifest und ist danach schnell progressiv.
- Eine Vererbung bei dieser Rasse wird derzeit noch durch die British Veterinary Association in Zusammenarbeit mit dem Kennel Club und der International Sheep Dog Society geprüft (Schema 3 des BVA/KC/ISDS Eye Scheme).

Generalisierte progressive Retinaatrophie (GPRA; Zwerg-Kurzhaardackel)

- Ein autosomal-rezessiver Erbgang wird vermutet.
- Eine Vererbung bei dieser Rasse wird derzeit noch durch die British Veterinary Association in Zusammenarbeit mit dem Kennel Club und der International Sheep Dog Society geprüft (Schema 3 des BVA/KC/ISDS Eye Scheme).

Hypoplasie des N. opticus

- Kongenitale Erkrankung, deren Erblichkeit nicht geklärt ist.
- Tritt bei dieser Rasse häufig auf.
- Eine Vererbung bei dieser Rasse wird derzeit noch durch die British Veterinary Association in Zusammenarbeit mit dem Kennel Club und der International Sheep Dog Society geprüft (Schema 3 des BVA/KC/ISDS Eye Scheme, Zwerg-Langhaardackel).

Multiple Augendefekte (assoziiert mit Merle-Zucht)

- Erblich, die Defekte sind bei homozygoten Merle-Tieren stärker als bei heterozygoten.
- Die Missbildungen sind Mikrophthalmus, Mikrokornea, Katarakt und Kolobom.

Neuronale Ceroid-Lipofuszinose

- Vermutlich erblich.
- Siehe auch „Neurologische Erkrankungen"

Physiologische Besonderheiten

Hypochondroplasie

- Im Rassestandard akzeptiert.
- Kurze, krumme Beine bei normalem Schädel treten auf.

Harnwegserkrankungen

Inkompetenz des Urethrasphinkters (führt zur Incontinentia urinae)

Möglicherweise besteht eine Rasseprädisposition für Hündinnen.

Zystinsteine

- Eine Zystinurie resultiert aus einem erblichen Defekt beim Transport von Zystin in den renalen Tubuli und prädisponiert zur Bildung von Zystinsteinen.
- Eine erhöhte Inzidenz bei dieser Rasse wurde in einigen amerikanischen Untersuchungen beschrieben.
- Das Durchschnittsalter bei der Diagnosestellung beträgt 1 – 8 Jahre.
- Rüden scheinen prädisponiert zu sein.

Erkrankungen der Reproduktionsorgane

Kryptorchismus (Zwergdackel)

- Ein Entwicklungsdefekt, der vermutlich geschlechtsgebunden autosomal-rezessiv vererbt wird.
- Dachshunde sollen zu den Rassen mit einem erhöhten Risiko gehören.

Atemwegserkrankungen

Pneumonie durch *Pneumocystis-carinii*-Infektionen

* Wurde bei dieser Rasse beschrieben.
* Kann ein konkurrierendes Immundefizienz-Syndrom widerspiegeln (siehe „Immunologische Erkrankungen").

Dalmatiner

Hauterkrankungen

Pododermatitis

Die Vorderpfoten sind häufiger betroffen.

Atopische Dermatitis

* Häufig.
* Tritt möglicherweise häufiger bei Hündinnen auf.
* Das Alter bei Beginn der Symptome ist unterschiedlich (6 Monate bis 7 Jahre), doch etwa 70% der Hunde haben mit 1 – 3 Jahren erste Anzeichen.

Futtermittelallergie

* Keine Alters- oder Geschlechtsprädisposition bekannt.
* In einigen Untersuchungen konnten keine Rasseprädispositionen ermittelt werden.

Waardenburg-Klein-Syndrom

Ein autosomal-dominanter Erbgang mit inkompletter Penetranz besteht.

Solardermatitis

In sonnigen Klimazonen ist die Inzidenz höher.

Hauttumoren

Siehe unter „Neoplasien".

Muskuloskelettale Erkrankungen

Temporomandibuläre Dysplasie/Luxation

Eine kongenitale Dysplasie kann für eine Luxation prädisponieren.

Muskelkrämpfe

Eine Erkrankung, die dem „Scottie cramp" ähnelt, wurde bei dieser Rasse beschrieben.

Neoplasien

Aktinische Keratose (Solarkeratose)

* Dalmatiner gehören zu den Rassen mit einem erhöhten Risiko.
* Tritt bei hellhäutigen Tieren gehäuft auf, die längere Zeit intensiver Sonnenbestrahlung ausgesetzt waren.

Kutanes Hämangiom

* Eine Rasseprädisposition wurde beschrieben.
* In einer Studie betrug das Durchschnittsalter 8,7 Jahre.

Neurologische Erkrankungen

Kongenitale Taubheit

* Symptome bestehen ab der Geburt.
* Das Gesamtaufkommen bei dieser Rasse liegt angeblich bei etwa 30%.

Leukodystrophie des Dalmatiners

* Ein autosomal-rezessiver Erbgang ist wahrscheinlich.
* Selten.
* Klinische Symptome treten mit 3 – 6 Monaten auf.

Muskelkrämpfe

Eine Erkrankung, die dem „Scottie cramp" ähnelt, wurde bei dieser Rasse beschrieben.

Lysosomale Speicherkrankheit/Ceroid-Lipofuszinose

* Vermutlich erblich.
* Selten.
* Symptome treten mit 1 – 2 Jahren auf.

Augenerkrankungen

Dermoid

Eine Rasseprädisposition besteht.

Entropium (gewöhnlich der Unterlider)

Eine Rasseprädisposition besteht; vermutet wird ein polygener Erbgang.

Distichiasis

- Eine Rasseprädisposition besteht; der Erbgang ist ungeklärt.
- Zeigt sich ab einem Alter von 6 Monaten und ist meist nur leicht ausgeprägt.

Chronische superfizielle Keratitis (Pannus)

- Eine Rasseprädisposition besteht; der Erbgang ist ungeklärt.
- Alter bei Beginn der Symptome: 2 – 3 Jahre.

Noduläre Episklerokeratitis

- Eine Rasseprädisposition besteht.
- Zeigt sich meist im Alter von 2 – 5 Jahren.

Glaukom

Eine Rasseprädisposition ist möglich.

Katarakt

Vermutlich erblich.

Generalisierte progressive Retina-atrophie (GPRA)

- Vermutet wird ein autosomal-rezessiver Erbgang.
- Das Endstadium wird mit etwa 7 Jahren erreicht.

Neuronale Ceroid-Lipofuszinose

- Vermutlich erblich.
- Siehe unter „Neoplasien".

Harnwegserkrankungen

Hyperurikurie und Uratsteinbildung

- Eine Hyperurikurie wird bei dieser Rasse rezessiv vererbt und prädisponiert für die Bildung von Uratsteinen.
- Das Durchschnittsalter bei der Diagnosestellung liegt bei 5 Jahren, obwohl die Hyperurikurie bereits ab der Geburt besteht.
- Rüden scheinen prädisponiert zu sein.

Atemwegserkrankungen

Larynxparalyse

- Ist bei dieser Rasse mit einer Polyneuropathie gekoppelt.
- Betrifft jüngere Hunde.
- Vermutlich erblich.

„Adult respiratory distress syndrome"

Möglicherweise besteht ein autosomal-rezessiver Erbgang.

Dandie Dinmont Terrier

Neurologische Erkrankungen

Diskopathien

- Eine Rasseprädisposition besteht.
- Betreffen erwachsene Tiere.

Augenerkrankungen

Refraktäres Ulcus corneae

- Eine Rasseprädisposition besteht.
- Tritt bei älteren Hunden auf.

Glaukom/Goniodysgenese

- Der Erbgang ist unbekannt.
- Alter bei Beginn der Symptome: > 6 Jahre.
- Eine Vererbung bei dieser Rasse wird derzeit noch durch die British Veterinary Association in Zusammenarbeit mit dem Kennel Club und der International Sheep Dog Society geprüft (Schema 3 des BVA/KC/ISDS Eye Scheme).

Physiologische Besonderheiten

Hypochondroplasie

- Im Rassestandard akzeptiert.
- Kurze, krumme Beine treten bei normalem Schädel auf.

Deutsche Dogge

Herz-Kreislauf-Erkrankungen

Aortenstenose

- Kongenital.
- Keine Geschlechtsprädisposition.
- Möglicherweise besteht ein autosomal-dominanter Erbgang mit modifizierenden Genen, vielleicht auch ein polygener.

Persistierender rechter Aortenbogen

Kongenital.

Trikuspidalisdysplasie

- Kongenital.
- Rüden sind prädisponiert.

Mitralklappendysplasie

Kongenital.

Dilatative Kardiomyopathie

- Die Prävalenz bei Deutschen Doggen beträgt 3,9% gegenüber 0,16% bei Mischlingen und 0,65% bei reinrassigen Tieren.
- Die Prävalenz steigt mit zunehmendem Alter.
- Ist etwa doppelt so häufig bei Rüden wie bei Hündinnen.
- Vermutlich familiär oder genetisch bedingt.

Hauterkrankungen

Follikulitis und Furunkulose von Lefzen und Kinn

- Auch als „canine Akne" bezeichnet.
- Lokale Traumata, Hormone und genetische Faktoren sind an der Pathogenese beteiligt.

Pododermatitis

- Rüden sind prädisponiert.
- Die Vorderpfoten sind häufiger betroffen.

Generalisierte Demodikose

Deutsche Doggen gehören gemäß einer Auswertung der Patientenpopulation der Cornell-Universität, USA zu den zehn Rassen mit dem höchsten statistischen Risiko für diese Erkrankung.

Kryptokokkose

Siehe unter „Infektionskrankheiten".

Farbmutantenalopezie (> Abb. 2.32 – 2.34)

Die Gene für die Farbverdünnung sind an der Pathogenese beteiligt.

Primäres Lymphödem

- Keine offensichtliche Geschlechtsprädisposition bekannt.
- Zeigt sich gewöhnlich in den ersten 12 Lebenswochen.

Akrale Leckdermatitis

- Tritt häufiger bei Rüden als bei Hündinnen auf.
- Kann in jedem Alter vorkommen, doch die meisten Tiere sind älter als 5 Jahre.

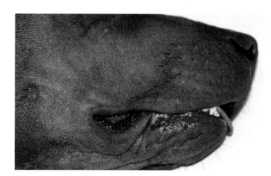

Abb. 2.32 Farbmutantenalopezie bei einem Tosa Inu. (Mit freundlicher Genehmigung von S. Peters, Tierärztliche Klinik Birkenfeld.)

Abb. 2.33 Farbmutantenalopezie bei einem Tosa Inu. (Mit freundlicher Genehmigung von S. Peters, Tierärztliche Klinik Birkenfeld.)

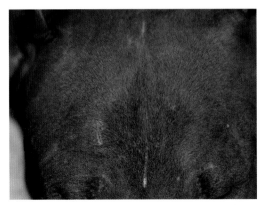

Abb. 2.34 Farbmutantenalopezie bei einem Tosa Inu. (Mit freundlicher Genehmigung von S. Peters, Tierärztliche Klinik Birkenfeld.)

Kallusdermatitis/-pyodermie

Ist bei dieser Rasse am häufigsten über den Sprunggelenken und Ellbogengelenken lokalisiert.

Zink-reaktive Dermatose

Tritt bei schnell wachsenden Tieren auf, deren Futter einen zu geringen Zinkgehalt aufweist.

Idiopathische sterile Granulome und Pyogranulome

- Verhältnismäßig selten.
- Keine Alters- oder Geschlechtsprädisposition.

Hauttumoren

Siehe unter „Neoplasien".

Endokrinopathien

Hypothyreose

- Einigen Untersuchungen zufolge besteht ein erhöhtes Risiko für diese Rasse.
- Häufig sind Tiere mittleren Alters betroffen (2–6 Jahre).

Gastrointestinale Erkrankungen

Kongenitaler idiopathischer Megaösophagus

Eine Rasseprädisposition besteht.

Magendilatation/-volvulus

Eine Rasseprädisposition besteht.

Lymphozytär-plasmazelluläre Kolitis

Eine Rasseprädisposition ist möglich.

Infektionskrankheiten

Kryptokokkose

- Die erhöhte Inzidenz bei dieser Rasse erklärt sich möglicherweise aus der erhöhten Wahrscheinlichkeit einer Exposition.
- Tritt gewöhnlich bei Tieren unter 4 Jahren auf; eine offensichtliche Geschlechtsprädisposition besteht nicht.
- Ist weltweit verbreitet, kommt aber vorwiegend in warmen, feuchten Klimazonen vor.

Muskuloskelettale Erkrankungen

„Central core myopathy"

- Sehr selten.
- Betrifft jungadulte Tiere.

Osteochondrose der Schulter

- Das Verhältnis Rüden:Hündinnen beträgt 2,24:1.
- In 50% der Fälle tritt sie bilateral auf.
- Das Alter bei Beginn beträgt normalerweise 4–7 Monate, sie kann aber auch später auftreten.

Patellaluxation nach lateral

- Auch als „Genu valgum" bekannt.
- Ist möglicherweise erblich.

Neoplasien

Kutanes Histiozytom

- Eine Rasseprädisposition ist möglich.
- Ist häufiger bei jungen Hunden (1–2 Jahre).

Primäre Knochentumoren (meistens Osteosarkome, ➤ Abb. 2.35)

- Eine Rasseprädisposition besteht.
- Rüden sind möglicherweise prädisponiert.

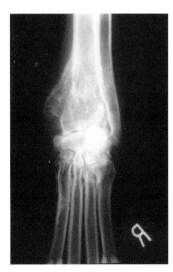

Abb. 2.35 Röntgenbild eines Hundes mit einem Osteosarkom. (Mit freundlicher Genehmigung von Andy Moores.)

Neurologische Erkrankungen

Kongenitale Taubheit (betrifft Harlekin-Doggen)

Symptome bestehen ab der Geburt.

Malformation von Halswirbeln (Wobbler-Syndrom)

* Eine Rasseprädisposition besteht.
* Ist bei dieser Rasse häufig.
* Alter bei klinischem Beginn: 1 – 2 Jahre.

Distale Polyneuropathie

Alter bei klinischem Beginn: 1,5 – 5 Jahre.

Hyperästhesie-Syndrom

Eine Rasseprädisposition ist möglich.

Augenerkrankungen

Entropium (gewöhnlich der lateralen Unterlider, gelegentlich auch der lateralen Oberlider)

Eine Rasseprädisposition besteht; wahrscheinlich ist ein polygener Erbgang.

Ektropium (kann mit dem „Diamond eye" verbunden sein)

Eine Rasseprädisposition besteht; wahrscheinlich ist ein polygener Erbgang.

Kombiniertes Entropium-Ektropium („Diamond eye")

Eine Rasseprädisposition besteht; die genetische Grundlage ist nur unvollständig bekannt.

„Medial canthal pocket syndrome"

Eine Rasseprädisposition besteht aufgrund der Schädelform.

Eversion des Nickhautknorpels

* Eine Rasseprädisposition besteht; möglich ist ein rezessiver Erbgang.
* Tritt normalerweise bei jungen Hunden auf.

Primäres Glaukom/Goniodysgenese

* Vermutlich erblich.
* Alter bei Beginn: 1 – 9 Jahre.
* Kommt vorwiegend in Großbritannien vor.
* Eine Vererbung bei dieser Rasse wird derzeit noch durch die British Veterinary Association in Zusammenarbeit mit dem Kennel Club und der International Sheep Dog Society geprüft (Schema 3 des BVA/KC/ISDS Eye Scheme).

Katarakt

* Vermutlich erblich.
* Lokalisation: posteriore subkapsuläre Kortex.
* Alter bei Beginn: 2 Jahre, kann vollständig werden und zur Erblindung führen.

Generalisierte progressive Retinaatrophie (GPRA)

Der Erbgang ist unbekannt, doch wird ein rezessiver Erbgang angenommen.

Multiple Augendefekte

* Ein autosomal-dominanter Erbgang mit variabler Expression wird vermutet.
* Treten bei homozygoten Merle-Tieren auf (dem Ergebnis einer Zucht auf den Merle-Faktor) mit vorwiegend weißem Fell.

2

- Defekte können Mikrophthalmus, Mikrokornea, Katarakt, äquatoriale Staphylome und eine Retinadysplasie sein. Die betroffenen Hunde können außerdem taub sein.

Erkrankungen der Reproduktionsorgane

Penishypoplasie

- Seltene kongenitale Missbildung, die bei dieser Rasse beschrieben ist.
- Kann auch als Teil eines Intersexstatus bestehen.

Deutscher Schäferhund (DSH)

Herz-Kreislauf-Erkrankungen

Aortenstenose

- Kongenital.
- Das relative Risiko liegt bei 2,6.
- Keine Geschlechtsprädisposition.
- Möglich ist ein autosomal-dominanter Erbgang mit wechselnden Genen, vielleicht auch ein polygener.

Mitralisdysplasie

- Kongenital.
- Das relative Risiko liegt bei 2,7.
- Rüden sind prädisponiert.
- Vermutlich erblich.

Perikarderguss

- Erworben.
- Das relative Risiko liegt bei 2,3.
- Die häufigste Ursache bei dieser Rasse ist ein Hämangiosarkom des rechten Vorhofs.

Persistierende linke Vena cava cranialis

- Kongenital.
- Nur bei Thoraxchirurgie von klinischer Signifikanz.

Persistierender rechter Aortenbogen

- Kongenital.
- Das relative Risiko beträgt 4,5.

- Siehe auch unter „Anomalie des vaskulären Rings" bei „Gastrointestinale Erkrankungen".

Trikuspidalisdysplasie

- Kongenital.
- Das relative Risiko beträgt 3,1.
- Rüden sind prädisponiert.

Ektopischer Ventrikel

- Berichten zufolge handelt es sich um ein familiäres Problem.
- Eine genetische Prädisposition besteht.
- In den USA und Großbritannien bekannt, doch möglicherweise weiter verbreitet.

Hauterkrankungen

Mukokutane Pyodermie

Keine Alters- oder Geschlechtsprädisposition.

Nasale Follikulitis/Furunkulose

- Verhältnismäßig selten.
- Die Ursache ist nicht bekannt.

Pododermatitis (➤ Abb. 2.36)

- Rüden sind prädisponiert.
- Die Vorderpfoten sind häufiger betroffen.

Follikulitis, Furunkulose und Zellulitis des DSH („Schäferhundpyodermie")

- Familiäre Häufung.
- Möglicherweise besteht ein erblicher Immundefekt.

Abb. 2.36 Pododermatitis infolge Pododemodikose. (Mit freundlicher Genehmigung von S. Peters, Tierärztliche Klinik Birkenfeld.)

- Vermutet wird ein autosomal-rezessiver Erbgang.
- Betroffen sind Hunde mittleren Alters.
- Keine Geschlechtsprädisposition.
- Das relative Risiko für eine rekurrierende Follikulitis/Furunkulose bei dieser Rasse liegt bei 3,7.

Malassezien-Dermatitis

- Tritt oft saisonal auf.
- Kann alle Altersgruppen betreffen.

Pythiose

- Kommt am häufigsten in tropischen und subtropischen Regionen vor.
- Rüden sind häufiger betroffen.

Kontaktallergie

- In einer dänischen Studie waren 50% der betroffenen Hunde DSH (in der Gesamtpopulation beträgt der Anteil dieser Rasse 16%).
- Keine Alters- oder Geschlechtsprädisposition.

Futtermittelallergie

- Keine Alters- oder Geschlechtsprädisposition bekannt.
- Das relative Risiko beträgt 2,1.

Pemphigus erythematosus

Keine Alters- oder Geschlechtsprädisposition.

Systemischer Lupus erythematodes

- Eine verhältnismäßig seltene Erkrankung (Inzidenz etwa 0,03% der gesamten Hundepopulation).
- Keine Alters- oder Geschlechtsprädisposition.

Diskoider Lupus erythematodes (DLE)

- Keine Alters- oder Geschlechtsprädisposition.
- In einer Überweisungsklinik litten unter allen Patienten mit Hautproblemen 0,3% an DLE.

Primäre Seborrhoe

- Möglicherweise besteht ein autosomal-rezessiver Erbgang.
- Erste Symptome treten bei jungen Tieren auf und verschlimmern sich mit zunehmendem Alter.

Erkrankungen mit Hypopigmentierung

Sind möglicherweise erblich.

Ehlers-Danlos-Syndrom

- Auch als „kutane Asthenie" bezeichnet.
- Umfasst eine erbliche Gruppe von Erkrankungen.
- Möglicherweise besteht ein autosomal-dominanter Erbgang.
- Ist eventuell bei Homozygoten letal.

Erkrankungen der Pfotenballen des DSH

- Die Ursache ist nicht bekannt.
- Häufig familiäres Auftreten.
- Keine Geschlechtsprädisposition.
- Symptome treten zumeist bereits früh auf.

Fokale Metatarsalfisteln des DSH

- Verhältnismäßig selten.
- Am häufigsten bei Tieren, die direkt von deutschen Vorfahren abstammen.
- Das Alter bei Beginn beträgt gewöhnlich 2,5 – 4 Jahre.

Multiple kollagene Nävi

- Alter bei Beginn der Symptome: 3 – 5 Jahre.
- Können ein kutaner Marker für renale Zystadenokarzinome oder uterine Leiomyome sein (siehe unter „Harnwegserkrankungen").
- Möglich ist ein autosomal-dominanter Erbgang.

Familiäre Vaskulopathie

- Tritt bereits früh im Leben auf, wird möglicherweise durch die erste Impfung getriggert.
- Keine Geschlechtsprädisposition.
- Der Erbgang ist autosomal-rezessiv.

Primäres Lymphödem

- Keine erkennbare Geschlechtsprädisposition.
- Manifestiert sich normalerweise in den ersten 12 Lebenswochen.

Vitiligo

Vermutlich erblich.

Nasale Depigmentierung

- Auch als „Dudley nose" bekannt.
- Die Ursache ist nicht bekannt.
- Betrifft weiße Schäferhunde.

Akrale Leckdermatitis

- Tritt häufiger bei Rüden als bei Hündinnen auf.
- Kann in jedem Alter vorkommen, gewöhnlich sind allerdings Tiere über 5 Jahren betroffen.

Zink-reaktive Dermatose

Tritt bei schnell wachsenden Hunden auf, deren Futter einen zu niedrigen Zinkgehalt aufweist.

Idiopathische chronische ulzerative Blepharitis

Es besteht eine Rasseprädisposition.

Symmetrische lupoide Onychodystrophie

Betroffene Tiere sind zwischen 3 und 8 Jahren alt.

Idiopathische Onychomadese

Es besteht eine Rasseprädisposition.

Fibropruriginöse Nodula

Betroffene Tiere sind bei Beginn der Symptome meist über 8 Jahre alt.

Calcinosis circumscripta

- Verhältnismäßig selten.
- Betrifft normalerweise Hunde unter 2 Jahren.
- Keine Geschlechtsprädisposition.

Vaskulitis

- Verhältnismäßig selten.
- Normalerweise eine Typ-III-Allergie.

Ergrauen

Setzt bei dieser Rasse schon sehr früh ein.

Pyotraumatische Follikulitis

- Junge Hunde sind prädisponiert.
- Auch als „Hot spot" oder „nässendes Ekzem" bekannt.

Hauttumoren

Siehe unter „Neoplasien".

Endokrinopathien

Hypophysärer Zwergwuchs

- Vermutet wird ein autosomal-rezessiver Erbgang.
- Klinische Symptome (sistierendes Wachstum) sind bereits mit 2–3 Monaten sichtbar.

Hypophysärer (PDH) und adrenaler (AT) Hyperadrenokortizismus

- Eine Rasseprädisposition für beide Formen ist möglich.
- Betroffen sind mittelalte und ältere Tiere.
- Bei AT sind 60–65% Hündinnen, beim PDH 55–60% Hündinnen.

Insulinom

- Eine erhöhte Inzidenz besteht bei dieser Rasse.
- Betroffen sind meist Hunde mittleren Alters und ältere Tiere.

Primärer Hyperparathyreoidismus

- Bei zwei DSH wurde ein neonataler hereditärer primärer Hyperparathyreoidismus beschrieben.
- Ein autosomal-rezessiver Erbgang ist wahrscheinlich.

Primärer Hypoparathyreoidismus

- Verhältnismäßig seltene Erkrankung.
- Verschiedenen Untersuchungen zufolge ist diese Rasse häufig betroffen.
- Kann in jeder Altersgruppe auftreten.

Gastrointestinale Erkrankungen

Oropharyngeale Neoplasie

Eine Rasseprädisposition ist möglich.

Kongenitaler idiopathischer Megaösophagus (➤ Abb. 2.37)

Eine Rasseprädisposition besteht.

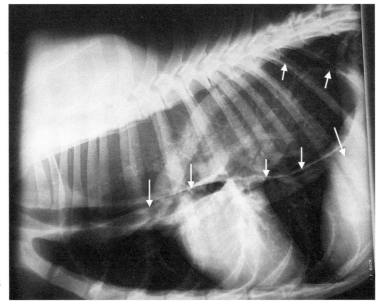

Abb. 2.37 Laterale Thoraxaufnahme eines 3-jährigen Deutschen Schäferhundes mit idiopathischem Megaösophagus. Der dilatierte Ösophagus wird dorsal des Herzens sichtbar (Pfeile).

Sekundärer Megaösophagus

Die Rasse ist für Myasthenia gravis prädisponiert, die eine mögliche Ursachen für den Megaösophagus darstellt.

Anomalie des vaskulären Rings

Eine Rasseprädisposition besteht, ist vermutlich erblich.

Gastroösophageale Intussuszeption

- Eine Rasseprädisposition besteht.
- Wird normalerweise bei Tieren < 3 Monaten gesehen.
- Rüden sind möglicherweise prädisponiert.

Magendilatation/-volvulus

Eine Rasseprädisposition ist möglich.

Bakterielle Überbesiedlung des Dünndarms („Small intestinal bacterial overgrowth", SIBO)

- Eine Rasseprädisposition ist möglich.
- Kann mit einer gestörten intestinalen Immunität infolge einer verringerten intestinalen IgA-Sekretion bei dieser Rasse zusammenhängen.

Lymphozytär-plasmazelluläre Enteritis

- Eine Rasseprädisposition ist möglich.
- Am häufigsten bei mittelalten und älteren Hunden.

Dünndarmvolvulus

- Eine Rasseprädisposition ist möglich.
- Eine exokrine Pankreasinsuffizienz kann einen prädisponierenden Faktor darstellen.

Eosinophile Gastroenteritis, Enteritis und Enterokolitis

- Eine Rasseprädisposition besteht.
- Am häufigsten bei Hunden bis zu 5 Jahren.

Chronische idiopathische (lymphozytär-plasmazelluläre) Kolitis

- Eine Rasseprädisposition ist möglich.
- Am häufigsten bei jungen Hunden und Tieren mittleren Alters.

Perianalfisteln (➤ Abb. 2.38)

- Eine Rasseprädisposition besteht.
- Am häufigsten bei Hunden mittleren Alters und bei älteren Hunden.

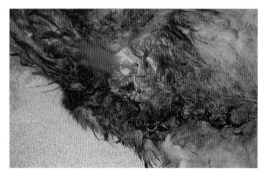

Abb. 2.38 Hochgradige Perianalfisteln (anale Furunkulose) bei einem 8-jährigen Deutschen Schäferhund.

Idiopathische hepatische Fibrose

- Eine Rasseprädisposition besteht.
- Tritt normalerweise bei jungen Hunden auf.

Kongenitaler portosystemischer Shunt

- Eine Rasseprädisposition wurde in den USA beschrieben.
- Klinische Symptome treten vorwiegend bei jungen Hunden (< 1 Jahr) auf.

Hepatisches Hämangiosarkom

- Eine Rasseprädisposition besteht.
- Stellt gewöhnlich eine Metastase von Tumoren der Milz oder des Herzens dar, der Primärtumor befindet sich nur gelegentlich in der Leber.

Azinäre Pankreasatrophie (führt zu exokriner Pankreasinsuffizienz)

Eine Rasseprädisposition besteht, möglich ist ein autosomal-rezessiver Erbgang.

Hämatologische/immunologische Erkrankungen

Selektiver IgA-Mangel

- Häufig asymptomatisch.
- Kann eine erhöhte Empfänglichkeit für Darminfektionen bedingen.

Hämophilie A

Eine mittelschwere Form der Erkrankung ermöglicht bei dieser Rasse das Überleben bis ins Erwachsenenalter.

Hämophilie B

Wurde bei einer Familie von DSH-Welpen beschrieben.

Immunvermittelte Thrombozytopenie

- Häufig.
- Wahrscheinlich erblich.
- Hündinnen sind häufiger betroffen als Rüden.

Willebrand-Krankheit

Ein autosomal-rezessiver Erbgang ist möglich.

Systemischer Lupus erythematodes

Erblich, aber nicht als einfacher Erbgang.

Infektionskrankheiten

Aspergillose

- Eine Rasseprädisposition ist möglich.
- Tritt normalerweise bei jungen bis mittelalten Hunden auf.

Infektiöse Hauterkrankungen

Siehe unter „Hauterkrankungen".

Muskuloskelettale Erkrankungen

Spondylosis deformans

Ist gewöhnlich nicht klinisch signifikant.

Knorpelige Exostose

Es besteht eine Rasseprädisposition.

Ellbogendysplasie

- Auch als Osteochondrose bekannt.
- Ist bei dieser Rasse genetisch fixiert.
- Ein isolierter Processus coronoideus medialis und ein isolierter Processus anconaeus sind bei dieser Rasse häufig.

Hüftgelenkdysplasie (➣ Abb. 2.39)

- In der Statistik der BVA (British Veterinary Association) in Zusammenarbeit mit dem KC (Kennel Club) steht der Deutsche Schäferhund auf Platz 13 der am häufigsten von Hüftgelenkdysplasie betroffenen Rassen.

- Die durchschnittliche Punktezahl liegt für den Deutschen Schäferhund gemäß dieser Statistik bei 19 von 53 Punkten.

Lumbosakrale Erkrankung

- Alter und Körpergewicht spielen eine Rolle.
- Die Geometrie der Facetten wird bereits kongenital beeinflusst.

Panostitis

- Auch bekannt als Enostose oder eosinophile Panostitis.
- Häufig.
- Junge Rüden sind prädisponiert.

Knochenzyste

- Verhältnismäßig selten.
- Betrifft gewöhnlich junge Hunde.
- Rüden sind prädisponiert.

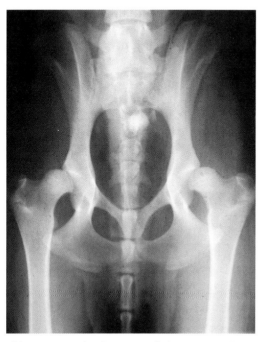

Abb. 2.39 Ventrodorsale Röntgenaufnahme eines Hundes mit Hüftgelenkdysplasie. (Mit freundlicher Genehmigung von Andy Moores.)

Glykogenspeicherkrankheit Typ III

- Auch als Cori-Krankheit bezeichnet.
- Bis dato nur bei Hündinnen beschrieben.
- Erste Symptome werden mit 2 Monaten gesehen.
- Selten.
- Die Prognose ist schlecht.

Hypotrophie des M. pectineus

Entwicklungsmyopathie.

Myopathie der Kaumuskulatur, „Masticatory myopathy"

- Auch als „Eosinophile Myositis" bezeichnet.
- Häufige Muskelerkrankung.

Fibrotische Myopathie des M. semitendinosus

Hunde von 2 – 7 Jahren sind betroffen.

Musculus-gracilis-Kontraktur

Tritt vor allem bei athletischen Tieren auf.

Idiopathische Polyarthritis

Betrifft gewöhnlich Hunde von 1 – 3 Jahren, kann aber prinzipiell in jedem Alter auftreten.

Lumbosakraler Übergangswirbel

- Vermutlich erblich.
- Diese Rasse ist stark überrepräsentiert.

Myasthenia gravis

Siehe unter „Neurologische Erkrankungen".

Neoplasien

Schweißdrüsentumor

- Bei DSH soll ein erhöhtes Risiko bestehen.
- Das Durchschnittsalter beträgt 9,5 Jahre.

Trichoepitheliom

- Eine Rasseprädisposition ist möglich.
- Das Durchschnittsalter wird mit 9 Jahren angegeben.

Adenokarzinom der Analbeutel

- Eine Rasseprädisposition wird nach einer Untersuchung an 232 Hunden vermutet.
- Das Durchschnittsalter der betroffenen Hunde betrug in dieser Studie 10,5 Jahre.
- Einigen Untersuchungen zufolge könnten Hündinnen prädisponiert sein.

Kutanes Hämangiom

- Eine Rasseprädisposition ist möglich.
- Das Durchschnittsalter in einer Studie betrug 8,7 Jahre.

Kutanes Hämangiosarkom

- Eine Rasseprädisposition ist möglich.
- Das Durchschnittsalter beträgt 9 – 10 Jahre.

Hämangioperizytom (➤ Abb. 2.40)

Tritt im Durchschnittsalter von 7 – 10 Jahren auf.

Nichtepitheliotropes Lymphom

Betrifft ältere Hunde.

Keratoakanthom

- Ist möglicherweise erblich.
- Verhältnismäßig selten.
- Betrifft Hunde von 5 Jahren oder jüngere Tiere.

Myxom/Myxosarkom

Ältere Tiere sind betroffen.

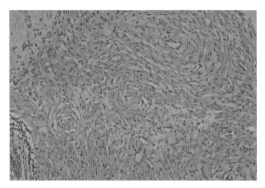

Abb. 2.40 Hämangioperizytom bei einer 10-jährigen Deutschen Schäferhündin. Es zeigen sich korkenzieherartig angeordnete Spindelzellen, die sich teilweise um kapilläre Blutgefäße gruppieren (H.E.-Färbung, 132fache Vergrößerung).

Tumoren der Nasenhöhle

- Deutsche Schäferhunde sollen ein erhöhtes Risiko für nasale Karzinome haben.
- Gewöhnlich sind ältere Tiere betroffen.
- Tiere, die in der Stadt gehalten werden, haben möglicherweise ein höheres Risiko.

Hämangiosarkom (z. B. von Herz, Milz oder Leber)

- Eine erhöhte Inzidenz wurde bei dieser Rasse beschrieben.
- Rüden sind möglicherweise prädisponiert.

Kolorektale Neoplasie

- Eine erhöhte Inzidenz bei dieser Rasse wird nach verschiedenen Untersuchungen vermutet.
- Ältere Tiere sind betroffen, ein gehäuftes Auftreten wird mit 8,5 Jahren gesehen.

Renales Zystadenokarzinom

Siehe unter „Harnwegserkrankungen".

Insulinom

Siehe unter „Endokrinopathien".

Hypophysärer Tumor mit daraus resultierendem Hyperadrenokortizismus

Siehe unter „Endokrinopathien".

Adrenaler Tumor mit daraus resultierendem Hyperadrenokortizismus

Siehe unter „Endokrinopathien".

Lymphosarkom (malignes Lymphom)

- Eine erhöhte Inzidenz ist bei dieser Rasse bekannt.
- Die meisten Tumoren treten bei Tieren mittleren Alters (gehäuft mit 6 – 7 Jahren) auf.

Limbales Melanom

Eine Rasseprädisposition besteht.

Melanom der vorderen Uvea

Die Rasseprädisposition wird möglicherweise durch die dunkle Pigmentierung hervorgerufen.

Testikuläre Neoplasien

Deutsche Schäferhunde sollen zu den Rassen mit einem erhöhten Risiko zählen.

Thymom

- Verhältnismäßig seltener Tumor.
- Einer Untersuchung zufolge ist die Inzidenz beim DSH hoch.
- Das Durchschnittsalter beträgt 7,5 Jahre.
- Hündinnen sind möglicherweise prädisponiert.

Neurologische Erkrankungen

Kongenitales Vestibularsyndrom

Symptome treten mit < 3 Monaten auf.

Kongenitale Taubheit

Symptome äußern sich ab der Geburt.

Glykogenose (Glykogenspeicherkrankheit)

- Selten.
- Alter bei Beginn der klinischen Symptome: < 3 Monate.

Diskopathien

- Eine Rasseprädisposition besteht für thorakolumbale Diskopathien.
- Verhältnismäßig häufige Erkrankung.
- Alter bei Beginn der klinischen Symptome: 7 – 9 Jahre.

Diskospondylitis

- Eine Rasseprädisposition besteht, möglicherweise durch gleichzeitige Immundefizienz.
- Junge bis mittelalte Tiere sind betroffen.
- Rüden sind möglicherweise prädisponiert.

Primäre Epilepsie

- Erblich.
- Alter bei Beginn: 6 Monate bis 3 Jahre.

Erworbene Myasthenia gravis

- Eine Rasseprädisposition besteht.
- Betrifft erwachsene Tiere.

„Giant axonal neuropathy"

- Ein autosomal-rezessiver Erbgang wird vermutet.
- Selten.
- Alter bei Beginn der klinischen Symptome: 14 – 16 Monate.

Lumbosakrale Stenose

- Eine Rasseprädisposition besteht.
- Betrifft erwachsene Tiere.

Degenerative Myelopathie

- Eine Rasseprädisposition besteht.
- Ist häufig bei dieser Rasse.
- Alter bei klinischer Manifestation: > 5 Jahre.

Hyperästhesie-Syndrom

Eine Rasseprädisposition ist möglich.

Augenerkrankungen

Dermoid

Kongenitaler Defekt.

Eversion des Nickhautknorpels

- Eine Rasseprädisposition besteht, möglicherweise ist der Erbgang rezessiv.
- Betrifft gewöhnlich jüngere Hunde.

Plasmazellinfiltration der Nickhaut (Plasmom, ➤ Abb. 2.41 – 2.43)

- Eine Rasseprädisposition besteht.
- Kann mit einem Pannus verbunden sein.

Chronische superfizielle Keratitis (Pannus)

- Eine rezessive Vererbung mit variabler Expression wird vermutet. Bei dieser Rasse besteht die höchste Inzidenz.
- Alter bei Beginn: 1 – 6 Jahre.
- Verläuft schnell progressiv bei dieser Rasse.

Refraktäres Ulcus corneae

- Eine Rasseprädisposition besteht.
- Gewöhnlich sind Tiere mittleren Alters betroffen.

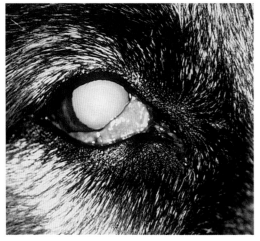

Abb. 2.41 Plasmom bei einem 10-jährigen unkastrierten Deutschen-Schäferhund-Rüden. (Mit freundlicher Genehmigung von Mark Bossley.)

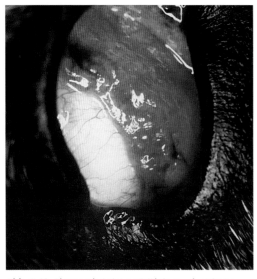

Abb. 2.42 Plasmom bei einem 10-jährigen unkastrierten Deutschen-Schäferhund-Rüden. (Mit freundlicher Genehmigung von Mark Bossley.)

Korneadystrophie

- Eine Rasseprädisposition besteht, die Erblichkeit ist nicht geklärt.
- Die Erkrankung geht mit einer Dystrophie der Stromalipide einher.
- Alter bei Beginn: 1 – 6 Jahre.
- Kann mit Pannus verbunden sein.

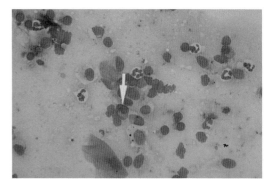

Abb. 2.43 Plasmom bei einem 10-jährigen unkastrierten Deutschen-Schäferhund-Rüden: Konjunktivalschabung. (Mit freundlicher Genehmigung von Mark Bossley.)

Limbales Melanom

Eine Rasseprädisposition besteht.

Melanom der vorderen Uvea

- Eine Rasseprädisposition aufgrund der dunklen Pigmentierung wird vermutet.
- Alter bei Beginn: 8 – 10 Jahre.

Katarakt

- Der Erbgang ist autosomal-rezessiv.
- Initial ist sie an den posterioren Linsennähten lokalisiert.
- Alter bei Beginn: 8 – 12 Wochen, verläuft langsam progressiv.
- Ist in Großbritannien aufgetreten.
- Eine Vererbung bei dieser Rasse wurde durch die British Veterinary Association in Zusammenarbeit mit dem Kennel Club und der International Sheep Dog Society nachgewiesen (Schema 1 des BVA/KC/ISDS Eye Scheme).

Kongenitale Katarakt

- Ein autosomal-dominanter Erbgang wird vermutet.
- Eine seltene, nichtprogressive Katarakt, die sich in der vorderen Kapsel manifestiert.

Linsenluxation

- Eine Rasseprädisposition ist möglich.
- Alter bei Beginn: 10 – 11 Jahre.

Multifokale Retinadysplasie

* Eine kongenitale Erkrankung, deren Erbgang nicht geklärt ist.
* Eine Vererbung bei dieser Rasse wird derzeit noch durch die British Veterinary Association in Zusammenarbeit mit dem Kennel Club und der International Sheep Dog Society geprüft (Schema 3 des BVA/KC/ISDS Eye Scheme).

Mikropapille

* Kongenitale Veränderung.
* Tritt gelegentlich bei dieser Rasse auf.

Hypoplasie des N. opticus

* Eine kongenitale Veränderung, deren Erblichkeit nicht geklärt ist.
* Tritt gelegentlich bei dieser Rasse auf.

Kolobom des N. opticus

* Eine kongenitale Veränderung, deren Erblichkeit nicht geklärt ist.
* Tritt gelegentlich bei dieser Rasse auf.

Pseudopapillenödem

* Eine kongenitale Veränderung ohne Hinweise auf eine Erblichkeit.
* Tritt gelegentlich bei dieser Rasse auf.

Physiologische Besonderheiten

Übersteigerte eosinophile Reaktion

* Kann bei dieser Rasse normal sein.
* Tiere mit Eosinophilie sollten dennoch auf mögliche zugrunde liegende Ursachen untersucht werden.

Blutgruppen

Angehörige dieser Rasse sind häufig DEA 1.1 und 1.2 negativ.

Gestation

Die mittlere Gestationsdauer wird mit 60,4 Tagen angegeben.

Harnwegserkrankungen

Renale Zystadenokarzinome

* Ein autosomal-dominanter Erbgang wird vermutet.
* Alter bei der Vorstellung: 5 – 11 Jahre.
* Diagnostiziert werden multiple, bilaterale Tumoren, verbunden mit einer generalisierten nodulären Dermatofibrose und bei Hündinnen mit uterinen Leiomyomen.

Inkompetenz des Urethrasphinkters (führt zur Incontinentia urinae)

Hündinnen sind möglicherweise prädisponiert.

Silikatsteine

* Manchen Untersuchungen zufolge besteht bei Deutsche Schäferhunden eine erhöhte Inzidenz.
* Rüden scheinen prädisponiert zu sein.

Erkrankungen der Reproduktionsorgane

Vaginale Hyperplasie

Eine Rasseprädisposition ist möglich.

Testikuläre Neoplasie

Deutsche Schäferhunde sollen angeblich zu den „Risikorassen" gehören.

Variationen im Interöstrus-Intervall

Fertile Zyklen können alle 4 – 5 Monate ablaufen.

Atemwegserkrankungen

Spontane Thymusblutungen

* Sind normalerweise tödlich.
* Treten in der Regel bei Hunden unter 2 Jahren im Zusammenhang mit der physiologischen Involution des Thymus auf.

Zyste des nasalen Dermoidsinus

Neu beschriebene Erkrankung.

Dobermann

Herz-Kreislauf-Erkrankungen

Atrium-Septum-Defekt

- Verhältnismäßig seltene Erkrankung.
- Kongenital.
- Die Erblichkeit wurde noch nicht bewiesen.
- Nicht alle Studien belegen eine Rasseprädisposition für Dobermänner.

Dilatative Kardiomyopathie (DCM)

- Eine sehr häufige Erkrankung bei dieser Rasse (relatives Risiko 33,7; Prävalenz 5,8%)
- 50% der Fälle von DCM entfallen auf Dobermänner.
- Die Prävalenz nimmt mit steigendem Lebensalter zu.
- Etwa doppelt so häufig bei Rüden wie bei Hündinnen.
- Vermutlich familiär gehäuft, möglicherweise erblich.
- Einige Tiere dieser Rasse entwickeln eine Bradydysrhythmie und Synkopen.

Plötzliche Todesfälle

- Verhältnismäßig selten.
- Vermutlich durch tödlich endende Arrhythmien hervorgerufen.

Hauterkrankungen

Follikulitis und Furunkulose von Lefzen und Kinn

- Auch als „Kanine Akne" bezeichnet.
- Lokale Traumata, Hormone und genetische Faktoren sind an der Pathogenese beteiligt.

Kryptokokkose

Siehe unter „Infektionskrankheiten".

Kokzidioidomykose

Siehe unter „Infektionskrankheiten".

Blastomykose

Siehe unter „Infektionskrankheiten".

Pemphigus foliaceus

- Verhältnismäßig seltene Erkrankung.
- Keine Geschlechtsprädisposition bekannt.
- Durchschnittsalter bei Beginn: 4 Jahre.

Bullöses Pemphigoid

- Extrem seltene Erkrankung.
- Keine Alters- oder Geschlechtsprädisposition.

Saisonale Flankenalopezie

Kann im Frühjahr oder im Herbst auftreten.

Primäre Seborrhoe

- Möglicherweise besteht ein autosomal-rezessiver Erbgang.
- Die Symptome beginnen relativ früh und verschlimmern sich mit zunehmendem Alter.

Ichthyose

- Selten.
- Kongenital.
- Möglicherweise besteht ein autosomal-rezessiver Erbgang.

Farbmutantenalopezie

- Bei blauen oder rehfarbenen Dobermännern und Zwergpinschern beschrieben.
- Die Gene für die Fellfarbe spielen bei der Vererbung der Erkrankung eine Rolle.

Follikeldysplasie

- Betrifft ausschließlich schwarze und rote Dobermänner.
- Alter bei Beginn der Symptome: 1–4 Jahre.
- Betrifft Rückenende und Flankenbereich.

Erkrankungen mit Hypopigmentierung

Vermutlich erblich.

Vitiligo

Vermutlich erblich.

Nasale Depigmentierung

- Auch als „Dudley nose" bezeichnet.
- Die Ursache ist unbekannt.

Mukokutane Hypopigmentierung

- Bei dieser Rasse kongenital.
- Betrifft Lefzen und Nase.

Akrale Leckdermatitis (➤ Abb. 2.44)

- Kommt häufiger bei Rüden als bei Hündinnen vor.
- Kann in jedem Alter auftreten, die meisten Tiere sind aber älter als 5 Jahre.

Flankensaugen

Es besteht eine Rasseprädisposition.

Kallusdermatitis/-pyodermie

Betrifft bei dieser Rasse vorwiegend das Sternum.

Zink-reaktive Dermatose

Tritt bei schnell wachsenden Hunden auf, deren Futter zu wenig Zink enthält.

Follikelzysten

Keine Alters- oder Geschlechtsprädisposition.

Fokale Muzinose

Es besteht eine Rasseprädisposition.

Hauttumoren

Siehe unter „Neoplasien".

Arzneimittelreaktionen

Trimethoprim-Sulfonamid-Kombinationen

Diese Rasse reagiert erfahrungsgemäß mit kutanen Reaktionen und Polyarthropathien auf die Behandlung mit Trimethoprim-Sulfonamid-Kombinationen.

Endokrinopathien

Hypothyreose

- Eine Rasseprädisposition besteht.
- Häufig sind Tiere mittleren Alters betroffen (2 – 6 Jahre).

Gastrointestinale Erkrankungen

Magendilatation/-volvulus

Eine Rasseprädisposition besteht.

Parvovirusenteritis

- Eine Rasseprädisposition besteht.
- Betrifft vorwiegend junge Hunde.

Chronische Hepatitis (➤ Abb. 2.45)

- Eine Rasseprädisposition besteht.
- Hündinnen mittleren Alters sind prädisponiert.
- Bei dieser Rasse handelt es sich um eine äußerst aggressive Form der Hepatitis. Eine Akkumulation von Kupfer ist möglich, ist aber vermutlich eine Folge der Cholestase.

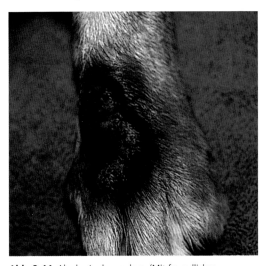

Abb. 2.44 Akrales Leckgranulom. (Mit freundlicher Genehmigung von A. Forster, University of Bristol.)

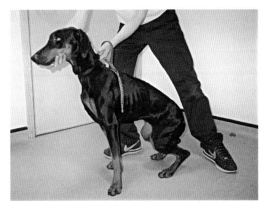

Abb. 2.45 Hochgradiger Gewichtsverlust bei einer 3-jährigen kastrierten Dobermann-Hündin mit chronischer Hepatitis.

Kongenitaler portosystemischer Shunt

- Eine Rasseprädisposition wurde in den USA beschrieben.
- Klinische Symptome treten gewöhnlich schon vor einem Alter von 1 Jahr auf.

Hämatologische Erkrankungen

Neutrophilendefekt

- Miteinander verwandte Dobermänner zeigten eine chronische Rhinitis und Pneumonie.
- Nur in einer Publikation von 1987 erwähnt.

Willebrand-Krankheit

- Möglicherweise besteht ein autosomal-rezessiver Erbgang.
- Die Erkrankung ist bei dieser Rasse sowohl in den USA als auch in Großbritannien häufig, in Deutschland kommt sie deutlich seltener vor.
- Bei Dobermännern liegt meist eine Erkrankung vom Typ I vor.
- Die meisten Dobermänner mit klinischen Blutungssymptomen haben einen vWF < 35%.
- Die schwersten Blutungen sind assoziiert mit einem vWF < 20%.
- Nicht alle gefährdeten Tiere zeigen auch Blutungen.

Infektionskrankheiten

Parvovirusenteritis

Eine Rasseprädisposition ist möglich.

Kokzidioidomykose

- Es besteht eine erhöhte Inzidenz bei dieser Rasse, die möglicherweise durch die erhöhte Expositionswahrscheinlichkeit zu erklären ist.
- Tritt vorwiegend bei jungen Rüden auf.
- Geographische Verteilung: Kalifornien, Arizona, Texas, New Mexico, Nevada, Utah, Mexiko sowie Teile von Zentral- und Südamerika. Wurde in Deutschland nicht beobachtet.

Kryptokokkose

- Es besteht eine erhöhte Inzidenz bei dieser Rasse, die möglicherweise durch eine erhöhte Expositionswahrscheinlichkeit zu erklären ist.
- Tritt vorwiegend bei Tieren < 4 Jahren auf.
- Die Verbreitung ist weltweit, die Kryptokokkose kommt aber vorwiegend in warmen, feuchten Klimazonen vor.

Blastomykose

- Es besteht eine erhöhte Inzidenz bei dieser Rasse, die möglicherweise durch eine erhöhte Expositionswahrscheinlichkeit zu erklären ist.
- Sie tritt vorwiegend bei jungen Rüden auf, die in Wassernähe leben.
- Geographische Verteilung: In der Umgebung von Mississippi, Ohio, Missouri, Tennessee, St.-Lorenz-Strom, im Südbereich der Großen Seen und in den südlichen Teilen der mittelatlantischen Staaten. In Deutschland nicht bekannt.

Infektiöse Hauterkrankungen

Siehe unter „Hauterkrankungen".

Muskuloskelettale Erkrankungen

Schwächung der Bänder des Karpagelenks

- Sie betrifft ältere übergewichtige Tiere.
- Die Bänder des Tarsalgelenks können ebenfalls betroffen sein.

Knochenzysten

- Verhältnismäßig selten.
- Betrifft gewöhnlich junge Hunde.
- Rüden sind prädisponiert.

Heterotope Willebrand-Osteochondrofibrose beim Dobermann

- Betrifft junge bis mittelalte Tiere.
- Vermutlich führen niedrige Spiegel des Willebrand-Faktors zu mikrovaskulären Blutungen, die die Erkrankungen initiieren.

Kongenitale Ellbogenluxation

- Verhältnismäßig selten.
- Sie führt zu schweren Funktionsstörungen bei dieser Rasse (Typ I).
- Manifestiert sich zum Zeitpunkt der Geburt oder in den ersten 3 Lebensmonaten.

Avulsion der Sehne des M. gastrocnemius

Kann zur Ruptur und nachfolgend zur Hyperflexion des Sprunggelenks und der Zehen führen.

Neoplasien

Melanom

- Eine Rasseprädisposition besteht.
- Das Durchschnittsalter beträgt 8 – 9 Jahre.

Lipom

- Eine Rasseprädisposition ist möglich.
- Tritt am häufigsten bei übergewichtigen Hündinnen mittleren Alters auf.
- Auch infiltrative Lipome sind bei dieser Rasse möglich.

Kutanes Histiozytom

- Eine Rasseprädisposition ist möglich.
- Ist bei jungen Hunden im Alter von 1 – 2 Jahren häufiger.

Fibrom

- Kommt vorwiegend bei älteren Hunden vor.
- Hündinnen sind prädisponiert.

Fibrosarkom

- Kommt vorwiegend bei älteren Hunden vor.
- Hündinnen sind prädisponiert.

Myxom/Myxosarkom

- Betrifft vorwiegend ältere Hunde.
- Keine Geschlechtsprädisposition.

Primärer Gehirntumor

Siehe unter „Neurologische Erkrankungen".

Neurologische Erkrankungen

Kongenitales Vestibularsyndrom

- Symptome bestehen bereits bei Tieren < 3 Monaten.
- Tritt gelegentlich zusammen mit einer kongenitalen Taubheit auf.

Kongenitale Taubheit

- Vermutlich liegt ein autosomal-rezessiver Erbgang vor.
- Symptome bestehen ab dem Geburtszeitpunkt.

Diskopathien

- Eine Rasseprädisposition besteht für zervikale Diskopathien.
- Die Erkrankung stellt ein häufiges Problem bei dieser Rasse dar.
- Hauptsächliches Alter bei Beginn der Symptome: 5 – 10 Jahre.

Narkolepsie/Kataplexie

- Vermutet wird ein autosomal-rezessiver Erbgang.
- Alter bei Beginn der klinischen Symptome: < 1 Jahr.

Atlantoaxiale Subluxation

- Kongenital.
- Wurde bei dieser Rasse beschrieben.
- Alter bei Beginn der klinischen Symptome: < 1 Jahr.

Malformation von Halswirbeln (Wobbler-Syndrom)

- Eine Rasseprädisposition besteht.
- Ist bei dieser Rasse häufig.
- Alter bei Beginn der klinischen Symptome: 3 – 9 Jahre, gelegentlich schon mit < 1 Jahr.

Primärer Gehirntumor

- Eine erhöhte Inzidenz ist bei dieser Rasse bekannt.
- Betrifft ältere Hunde (Durchschnittsalter 9 – 10 Jahre).

„Dancing Doberman disease"

- Tritt gelegentlich auf.
- Alter bei Beginn der klinischen Symptome: 6 Monate bis 7 Jahre.

Arachnoidzysten

- Eine Rasseprädisposition besteht.
- Alter bei Beginn der klinischen Symptome: < 1 Jahr.

Hyperästhesie-Syndrom

Eine Rasseprädisposition ist möglich.

Augenkrankheiten

Dermoid

Eine Rasseprädisposition besteht.

Entropium

Eine Rasseprädisposition besteht, wahrscheinlich ist ein polygener Erbgang.

Eversion des Nickhautknorpels

Eine Rasseprädisposition besteht.

„Medial canthal pocket syndrome"

Eine Rasseprädisposition besteht bereits aufgrund der Schädelform.

Kongenitale Tumoren von Iris und Ziliarkörper

- Eine Rasseprädisposition besteht.
- Alter bei klinischer Präsentation: 6 Monate bis 2 Jahre.

Katarakt

- Vermutlich erblich.
- Lokalisation: vordere Linsennähte.
- Alter bei Beginn: 1 – 2 Jahre, langsam progressiv.

Arteria hyaloidea persistens

Vermutlich erblich.

Persistierende hyperplastische Tunica vasculosa lentis und persistierendes hyperplastisches primäres Vitreum

- Eine Rasseprädisposition wurde vorwiegend in den Niederlanden beschrieben.
- Eine dominante Vererbung mit inkompletter Penetranz wird vermutet.
- Eine Vererbung bei dieser Rasse wurde durch die British Veterinary Association in Zusammenarbeit mit dem Kennel Club und der International Sheep Dog Society nachgewiesen (Schema 1 des BVA/KC/ISDS Eye Scheme).

Generalisierte progressive Retinaatrophie (GPRA)

- Vermutlich besteht ein autosomal-rezessiver Erbgang.
- Klinischer Beginn ist mit 1 Jahr, das Finalstadium ist mit 3 Jahren erreicht.

Multiple Augendefekte

- Vermutlich besteht ein autosomal-rezessiver Erbgang.
- Kann aus Mikrophthalmus, Dysgenese des hinteren Segments, kongenitaler Katarakt und Retinadysplasie bestehen.
- Eine Vererbung bei dieser Rasse wird derzeit noch durch die British Veterinary Association in Zusammenarbeit mit dem Kennel Club und der International Sheep Dog Society geprüft (Schema 3 des BVA/KC/ISDS Eye Scheme).

Physiologische Besonderheiten

Gestation

Die mittlere Gestationsdauer wurde mit 61,4 Tagen angegeben.

Harnwegserkrankungen

Familiäre Nierenerkrankung

- Der Erbgang ist ungeklärt.
- Als Ursache wird eine Erkrankung der glomerulären Basalmembran vermutet, die zur Glomerulonephritis fortschreiten kann.
- Die Erkrankung manifestiert sich mit 1 – 6 Jahren mit Proteinurie und chronischem Nierenversagen.

Inkompetenz des Urethrasphinkters (führt zur Incontinentia urinae)

Möglicherweise besteht eine Rasseprädisposition für Hündinnen.

Erkrankungen der Reproduktionsorgane

XO-Syndrom

Ein kongenitaler Defekt der Geschlechtschromosomen, die bei dieser Rasse beschrieben wurde.

Penishypoplasie

- Eine seltene kongenitale Erkrankung, die bei dieser Rasse beschrieben wurde.
- Kann als Teil eines Intersex-Status auftreten.

Atemwegserkrankungen

Chronische Rhinitis und Pneumonie

- Vermutet wird ein ursächlicher Neutrophilen-defekt.
- Siehe unter „Hämatologische Erkrankungen".

Dogge

Siehe unter „Deutsche Dogge" bzw. unter „Bordeaux-dogge".

Englische Bulldogge

Herz-Kreislauf-Erkrankungen

Ventrikel-Septum-Defekt

- Bei dieser Rasse besteht ein deutliches Risiko (relatives Risiko 5,0).
- Keine Geschlechtsprädisposition bekannt.
- Es ist nicht bekannt, ob der Defekt bei dieser Rasse erblich ist.

Fallot-Tetralogie

- Relativ seltene Erkrankung.
- Kongenital.

Aortenstenose

- Häufige kongenitale Erkrankung.
- Das relative Risiko ist > 5,0.
- Keine Geschlechtsprädisposition bekannt.
- Möglicherweise besteht ein autosomal-dominanter Erbgang mit modifizierenden Genen, vielleicht auch eine polygene Vererbung.

Pulmonalstenose

- Die dritthäufigste Ursache kongenitaler Herz-erkrankungen beim Hund.
- Wird möglicherweise polygen vererbt.
- Das relative Risiko beträgt 12,9.

- Sie kann bei dieser Rasse zusammen mit veränderten Koronararterien auftreten.

Hauterkrankungen

Follikulitis und Furunkulose von Lefzen und Kinn („canine Akne")

Möglicherweise besteht eine genetische Empfänglichkeit.

Pododermatitis

- Rüden sind prädisponiert.
- Die Vorderpfoten sind häufiger betroffen.

Generalisierte Demodikose

Englische Bulldoggen gehören gemäß einer Auswertung der Patientenpopulation der Cornell-Universität, USA zu den zehn Rassen mit dem höchsten statistischen Risiko für diese Erkrankung.

Hyperöstrogenismus

- Seltene Erkrankung.
- Sie betrifft ältere unkastrierte Hündinnen.

Follikeldysplasie

Die deutliche Prädilektion dieser Rasse legt den Verdacht auf eine genetische Grundlage dieser Gruppe von Erkrankungen nahe.

Saisonale Flankenalopezie

Kommt vor allem im Frühjahr und im Herbst vor.

Primäres Lymphödem

- Es besteht keine offensichtliche Geschlechtsprädisposition.
- Tritt nur in bestimmten Populationen auf.

Intertrigo (➤ Abb. 2.46)

Kann durch das gezielte Züchten auf exzessive Hautfalten bedingt sein.

Hauttumoren

Siehe unter „Neoplasien".

Abb. 2.46 Intertrigo der Gesichtsfalten bei einer Französischen Bulldogge. (Mit freundlicher Genehmigung von Dr. Stefanie Peters, Tierärztliche Klinik Birkenfeld.)

Endokrinopathien

Hypothyreose

- Manchen Publikationen zufolge besteht bei dieser Rasse ein erhöhtes Risiko.
- Häufig sind Tiere mittleren Alters betroffen (2 – 6 Jahre).

Gastrointestinale Erkrankungen

Gaumenspalte

Kongenitale Erkrankung, bei der eine Erblichkeit zumindest bei dieser Rasse vermutet wird.

Muskuloskelettale Erkrankungen

Isolierter Processus anconaeus

Bei dieser Rasse kommt es zu einer echten Fraktur des Processus anconaeus.

Kongenitale Ellbogenluxation

- Eine Typ-II-Luxation kommt bei dieser Rasse vor (der proximale Radius ist nach kaudolateral disloziert).
- Alter bei der Diagnosestellung: meist 4 – 5 Monate.

Hemivertebrae

Ihr Erbgang ist nicht bekannt.

Sakrokaudale Dysgenesie

- Kongenital.
- Siehe unter „Neurologische Erkrankungen".

Brachyurie (Kurzschwänzigkeit)

Es besteht eine Rasseprädisposition.

Hüftgelenkdysplasie

Auch wenn diese Rasse aufgrund geringer Fallzahlen nicht in den „Top 20" der Statistik der BVA/KC gelistet ist, liegt die durchschnittliche Punktezahl gemäß dieser Statistik bei 41 von 53 Punkten.

Neoplasien

Mastzelltumor

- Eine Rasseprädisposition ist möglich.
- Die Tumoren können in jedem Alter (ab 4 Monaten) auftreten, werden aber normalerweise bei älteren Tieren gesehen.

Primärer Gehirntumor

Siehe unter „Neurologische Erkrankungen".

Lymphosarkom (malignes Lymphom)

- Bei dieser Rasse besteht eine erhöhte Inzidenz.
- Tritt gehäuft bei Hunden mittleren Alters (Durchschnittsalter 6 – 7 Jahre) auf.

Neurologische Erkrankungen

Kongenitale Taubheit

Symptome bestehen ab der Geburt.

Hydrozephalus

- Kongenital.
- Verhältnismäßig häufig.
- Beginn klinischer Symptome mit < 3 Monaten.

Hemivertebrae

- Kongenital.
- Werden gelegentlich gesehen.

Spina bifida (und Myelodysplasie)

Kongenital.

Sakrokaudale Dysgenesie

- Kongenital.
- Wird gelegentlich beschrieben.

Stenose des Wirbelkanals

Kongenital.

Primärer Gehirntumor

- Bei dieser Rasse besteht eine erhöhte Inzidenz.
- Tritt gehäuft bei alten Hunden (Durchschnittsalter 9 – 10 Jahre) auf.

Augenerkrankungen

Entropium (gewöhnlich des Unterlids)

Eine Rasseprädisposition besteht, ein polygener Erbgang ist wahrscheinlich.

Makropalpebrale Fissur, die zu einem kombinierten Entropium-Ektropium führt („Diamond eye")

Eine Rasseprädisposition besteht, die genetische Basis ist allerdings nicht vollständig bekannt.

Distichiasis

Eine Rasseprädisposition besteht.

Trichiasis

Eine Rasseprädisposition besteht, ist vermutlich erblich.

Keratoconjunctivitis sicca

- Eine Rasseprädisposition besteht.
- Alter bei Beginn der Symptome: 4 – 7 Jahre.

Prolaps der Nickhautdrüse (➤ Abb. 2.47)

- Eine Rasseprädisposition besteht, ist möglicherweise erblich.
- Tritt gewöhnlich vor dem 2. Lebensjahr auf.

Refraktäres Ulcus corneae

- Eine Rasseprädisposition besteht.
- Betroffen sind vorwiegend Hunde mittleren Alters.

Multifokale Retinadysplasie

Ein einfacher autosomal-rezessiver Erbgang wird vermutet.

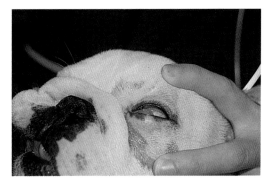

Abb. 2.47 Prolaps der Nickhautdrüse („Cherry eye") bei einem Bulldoggen-Welpen.

Physiologische Besonderheiten

Achondroplasie

- Genetischer Zwergwuchs.
- Betroffen sind Schädel und Gliedmaßen.
- Wird im Rassestandard akzeptiert.

Harnwegserkrankungen

Ektopische Ureter

- Kongenitale Anomalie, die bei dieser Rasse eine erhöhte Inzidenz zeigt.
- Symptome zeigen sich in der Regel mit < 1 Jahr.
- Sie werden bei Hündinnen häufiger diagnostiziert.

Urethrorektale Fistel

- Eine Rasseprädisposition ist möglich.
- Rüden sind häufiger betroffen als Hündinnen.

Urethraprolaps

- Eine Rasseprädisposition ist möglich.
- Hauptsächlich bei Rüden im Alter zwischen 4 Monaten und 5 Jahren.

Sakrokaudale Dysgenesie (führt zu Incontinentia urinae)

- Kongenital.
- Wird gelegentlich beschrieben.

Zystinsteine

- Eine Zystinurie resultiert aus einem erblichen Defekt im Transport von Zystin in den renalen Tubuli und prädisponiert zur Bildung von Zystinsteinen.
- Eine erhöhte Inzidenz bei dieser Rasse wurde in einigen amerikanischen Untersuchungen beschrieben.
- Das Durchschnittsalter bei Diagnosestellung beträgt 1 – 8 Jahre.
- Rüden scheinen prädisponiert zu sein.

Uratsteine

- Bei dieser Rasse besteht eine erhöhte Inzidenz, eine familiäre Prädisposition wird vermutet.
- Das Durchschnittsalter bei Diagnosestellung beträgt 3 – 6 Jahre.
- Rüden scheinen prädisponiert zu sein.

Erkrankungen der Reproduktionsorgane

Dystokie

Eine Rasseprädisposition besteht aufgrund der Kombination eines engen Becken beim Muttertier und einem großen Kopf/breiten Schultern bei den Welpen.

Vaginale Hyperplasie

Eine Rasseprädisposition ist möglich.

Kryptorchismus

- Ein Entwicklungsdefekt, der nach derzeitiger Auffassung geschlechtsspezifisch autosomal-rezessiv vererbt wird.
- Englische Bulldoggen sollen zu den Rassen mit einem erhöhten Risiko gehören.

Urethraprolaps

Siehe unter „Harnwegserkrankungen".

Atemwegserkrankungen

Hypoplasie der Trachea

55% der diagnostizierten Fälle sind Englische Bulldoggen.

Brachyzephalensyndrom

- Ein Komplex anatomischer Deformationen der oberen Luftwege.
- Häufig bei dieser Rasse.
- Stellt wahrscheinlich eine Folge selektiver Zuchtmaßnahmen auf bestimmte Charakteristika im Gesichtsbereich dar.
- Kann bei dieser Rasse auch mit einem nicht kardiogen bedingten Lungenödem kombiniert auftreten.
- Die mit diesem Syndrom verbundene Aerophagie kann zu exzessiver Flatulenz führen.

English Setter

Hauterkrankungen

Atopische Dermatitis (➤ Abb. 2.48 – 2.50)

- Hündinnen sind möglicherweise prädisponiert.
- Die ersten klinischen Symptome treten zwischen 6 Monaten und 7 Jahren auf, bei 70% jedoch im Alter zwischen 1 und 3 Jahren.
- Kann saisonal und nichtsaisonal vorkommen.

Benigner familiärer chronischer Pemphigus

- Der Erbgang ist autosomal-dominant.
- Kann auch English-Setter-Mischlinge betreffen.

Abb. 2.48 Atopische Dermatitis mit Otitis externa und selbstinduzierter Alopezie der Ohrgegend infolge Pruritus bei einer Französischen Bulldogge. (Mit freundlicher Genehmigung von Dr. Stefanie Peters, Tierärztliche Klinik Birkenfeld.)

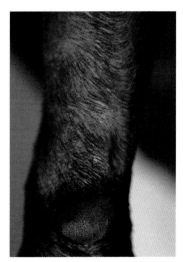

Abb. 2.49 Atopische Dermatitis mit Sekundärinfektionen bei einer Französischen Bulldogge. (Mit freundlicher Genehmigung von Dr. Stefanie Peters, Tierärztliche Klinik Birkenfeld.)

Abb. 2.50 Atopische Dermatitis mit Sekundärinfektionen bei einer Französischen Bulldogge. (Mit freundlicher Genehmigung von Dr. Stefanie Peters, Tierärztliche Klinik Birkenfeld.)

Muskuloskelettale Erkrankungen

Hüftgelenkdysplasie

- In der Statistik der BVA (British Veterinary Association) in Zusammenarbeit mit dem KC (Kennel Club) steht der English Setter auf Platz 10 der am häufigsten von Hüftgelenkdysplasie betroffenen Rassen.

- Die durchschnittliche Punktezahl liegt für den English Setter gemäß dieser Statistik bei 19 von 53 Punkten.

Neurologische Erkrankungen

Kongenitale Taubheit

Symptome bestehen ab dem Geburtszeitpunkt.

Lysosomale Speicherkrankheit/Ceroid-Lipofuszinose

- Der Erbgang ist autosomal-rezessiv.
- Selten.
- Erste Symptome treten mit 1 – 2 Jahren auf.

Augenerkrankungen

Ektropium

Eine Rasseprädisposition besteht, vermutet wird ein polygener Erbgang.

Eversion des Nickhautknorpels

- Eine Rasseprädisposition besteht, ist vermutlich erblich.
- Tritt gewöhnlich bei jungen Hunden auf.

Generalisierte progressive Retinaatrophie (GPRA)

Der Erbgang ist nicht geklärt, vermutlich autosomal-rezessiv.

Neuronale Ceroid-Lipofuszinose

Der Erbgang ist autosomal-rezessiv.

Eskimohund (American Husky)

Augenerkrankungen

Katarakt

- Vermutlich erblich.
- Eine Vererbung bei dieser Rasse wird derzeit noch durch die British Veterinary Association in Zusammenarbeit mit dem Kennel Club und der International Sheep Dog Society geprüft (Schema 3 des BVA/KC/ISDS Eye Scheme).

Field Spaniel

Augenerkrankungen

Katarakt

- Vermutlich erblich.
- Eine Vererbung bei dieser Rasse wird derzeit noch durch die British Veterinary Association in Zusammenarbeit mit dem Kennel Club und der International Sheep Dog Society geprüft (Schema 3 des BVA/KC/ISDS Eye Scheme).

Multifokale Retinadysplasie

- Kongenitale Erkrankung, vermutet wird ein autosomal-rezessiver Erbgang.
- Kann mit einem veränderten Vitreum kombiniert sein.
- Eine Vererbung bei dieser Rasse wird derzeit noch durch die British Veterinary Association in Zusammenarbeit mit dem Kennel Club und der International Sheep Dog Society geprüft (Schema 3 des BVA/KC/ISDS Eye Scheme).

Generalisierte progressive Retinaatrophie (GPRA)

- Der Erbgang ist unbekannt, vermutlich autosomal-rezessiv.
- Wird klinisch sichtbar mit etwa 5 Jahren.

Finnenspitz

Hauterkrankungen

Pemphigus foliaceus

- Verhältnismäßig seltene Erkrankung.
- Keine Geschlechtsprädisposition.
- Übliches Alter bei Beginn: 4 Jahre.

Hämatologische/immunologische Erkrankungen

Transiente Hypogammaglobulinämie

- Kongenital.
- Kann zu einer Verzögerung der Entwicklung des aktiven Immunsystems führen.

Thrombopathie des Spitzes

- Betrifft jüngere Hunde.
- Verursacht chronische intermittierende Blutungen.

Flat Coated Retriever

Muskuloskelettale Erkrankungen

Genu valgum

In manchen Linien besteht eine hohe Inzidenz.

Neoplasien

Kutanes Histiozytom

- Eine Rasseprädisposition ist möglich.
- Tritt gehäuft bei jungen Hunden auf (mit 1 – 2 Jahren).

Anaplastisches Sarkom

- Eine Rasseprädisposition ist möglich.
- Das Durchschnittsalter für das Auftreten von Weichteilsarkomen beträgt 8 – 9 Jahre, bei dieser Rasse können sie jedoch früher auftreten.

Augenerkrankungen

Entropium (gewöhnlich der Unterlider)

Eine Rasseprädisposition besteht; möglich ist ein polygener Erbgang.

Ektropium (leicht, verschwindet meist bei ausgewachsenen Hunden)

Eine Rasseprädisposition besteht; möglich ist ein polygener Erbgang.

Distichiasis

Eine Rasseprädisposition besteht; der Erbgang ist ungeklärt.

Ektopische Zilien

Eine Rasseprädisposition besteht.

Primäres Glaukom/Goniodysgenese

- Der Erbgang ist ungeklärt.
- Tritt vorwiegend in Großbritannien auf.

- Eine Vererbung bei dieser Rasse wurde durch die British Veterinary Association in Zusammenarbeit mit dem Kennel Club und der International Sheep Dog Society nachgewiesen (Schema 1 des BVA/KC/ISDS Eye Scheme).

Katarakt

- Die Erblichkeit ist ungeklärt.
- Ab etwa 4 Jahren entsteht ein opaker Nukleus, eine Verminderung des Sehvermögens ist unwahrscheinlich.

Mikropapille

- Eine kongenitale Erkrankung, die bei dieser Rasse häufig vorkommt.
- Verursacht keine Einschränkungen des Sehvermögens.

Kolobom

- Ein kongenitaler Defekt, dessen Erblichkeit unbekannt ist.
- Tritt gelegentlich bei dieser Rasse auf.

Foxhound

Hämatologische Erkrankungen

Pelger-Huët-Anomalie (American Foxhound)

Kann klinisch insignifikant bleiben.

Neurologische Erkrankungen

Jagdhund-Ataxie („Hound ataxia")

- Alter bei Beginn der klinischen Symptome: 2 – 7 Jahre.
- Wurde in Großbritannien beschrieben.

Foxterrier

Herz-Kreislauf-Erkrankungen

Fallot-Tetralogie

- Kongenital.
- Selten.
- Das relative Risiko liegt bei 22,0.

Pulmonalstenose

- Die dritthäufigste Ursache kongenitaler Herzerkrankungen beim Hund.
- Vermutlich besteht ein polygener Erbgang.
- Das relative Risiko beträgt 10,5.

Hauterkrankungen

Atopische Dermatitis

- Hündinnen sind möglicherweise prädisponiert.
- Das Alter bei Beginn der Erkrankung liegt bei 6 Monaten bis 7 Jahren, bei 70% der Hunde treten die ersten klinischen Symptome mit 1 – 3 Jahren auf.
- Kann saisonal oder nichtsaisonal auftreten.

Flohallergie

Den meisten Studien zufolge besteht keine Rasseprädisposition, in einer französischen Untersuchung wurden allerdings Foxterrier als prädisponiert ermittelt.

Hauttumoren

Siehe unter „Neoplasien".

Endokrinopathien

Insulinom

- Eine erhöhte Inzidenz wurde bei dieser Rasse beschrieben.
- Betrifft gewöhnlich Hunde mittleren Alters bis ältere Tiere.

Gastrointestinale Erkrankungen

Kongenitaler idiopathischer Megaösophagus (Drahthaar-Foxterrier)

Der Erbgang ist autosomal-rezessiv.

Muskuloskelettale Erkrankungen

Schulterluxation

Kongenital.

Myasthenia gravis

Siehe unter „Neurologische Erkrankungen".

Neoplasien

Mastzelltumor

- Eine Rasseprädisposition ist möglich.
- Diese Tumoren können in allen Altersgruppen auftreten (ab 4 Monaten), doch sind normalerweise ältere Tiere betroffen.

Fibrom

- Hündinnen sind prädisponiert.
- Betrifft ältere Tiere.

Hämangioperizytom

- Tritt hauptsächlich im Alter von 7 – 10 Jahren auf.
- Keine Geschlechtsprädisposition.

Schwannom

- Keine Geschlechtsprädisposition.
- Betrifft ältere Tiere.

Insulinom

Siehe unter „Endokrinopathien".

Neurologische Erkrankungen

Zerebelläre Malformation (Drahthaar-Foxterrier)

- Kongenital.
- Verhältnismäßig selten.
- Alter bei Beginn der klinischen Symptome: < 3 Monate.

Kongenitales Vestibularsyndrom (Glatthaar-Foxterrier)

Symptome treten bereits mit weniger als 3 Monaten auf.

Kongenitale Taubheit (Glatthaar-Foxterrier)

Symptome bestehen ab der Geburt.

Primäre Epilepsie (Drahthaar-Foxterrier)

- Vermutlich erblich.
- Alter bei Beginn der Symptome: 6 Monate bis 3 Jahre.

Lissenzephalie (Drahthaar-Foxterrier)

- Seltene Entwicklungsstörung, die bei dieser Rasse beschrieben wurde.
- Alter bei Beginn der klinischen Symptome: < 1 Jahr.

Hereditäre Ataxie (Glatthaar-Foxterrier)

- Vermutet wird ein autosomal-rezessiver Erbgang.
- In Schweden beschrieben.
- Alter bei Beginn der klinischen Symptome: 2 – 6 Monate.

Kongenitale Myasthenia gravis (Glatthaar-Foxterrier)

- Vermutet wird ein autosomal-rezessiver Erbgang.
- Selten.
- Alter bei Beginn der klinischen Symptome: 6 – 8 Wochen.

Augenerkrankungen

Refraktäres Ulcus corneae (Drahthaar-Foxterrier)

- Eine Rasseprädisposition besteht.
- Betrifft normalerweise Hunde mittleren Alters.

Glaukom (Drahthaar- und Glatthaar-Foxterrier)

Eine Rasseprädisposition ist möglich.

Primäre Linsenluxation (Drahthaar- und Glatthaar-Foxterrier)

- Ein autosomal-dominanter Erbgang wurde bei Glatthaar-Foxterriern vermutet.
- Alter bei Beginn der Symptome: 4 – 7 Jahre.
- Führt häufig zum Glaukom.
- Eine Vererbung bei dieser Rasse wurde durch die British Veterinary Association in Zusammenarbeit mit dem Kennel Club und der International Sheep Dog Society nachgewiesen (Schema 1 des BVA/ KC/ISDS Eye Scheme).

Katarakt (Drahthaar- und Glatthaar-Foxterrier)

Vermutlich erblich.

Generalisierte progressive Retina-atrophie (GPRA; Drahthaar- und Glatthaar-Foxterrier)

- Der Erbgang ist unbekannt, vermutlich aber rezessiv.
- Alter bei Beginn der klinischen Symptome: 2 Jahre.

Harnwegserkrankungen

Ektopischer Ureter

- Ein kongenitaler Defekt; eine erhöhte Inzidenz wurde bei dieser Rasse beschrieben.
- Manifestiert sich gewöhnlich im Alter von < 1 Jahr.

Französische Bulldogge

Hauterkrankungen

Follikeldysplasie

Eine ausgeprägte Rasseprädisposition für Französische Bulldoggen legt die Vermutung einer genetischen Basis nahe.

Saisonale Flankenalopezie

Kommt vorwiegend im Frühjahr oder im Herbst vor.

Kongenitale Hypotrichose

- Präsentiert sich bereits bei der Geburt oder entwickelt sich in den ersten Lebensmonaten.
- Die Prädisposition für Rüden lässt einen geschlechtsgebundenen Erbgang vermuten.

Gastrointestinale Erkrankungen

Histiozytäre Kolitis

- Eine Rasseprädisposition besteht.
- Kommt am häufigsten bei jungen Hunden vor.

Hämatologische Erkrankungen

Hämophilie B

- Faktor-IX-Mangel.
- Auch als „Christmas disease" bekannt.

- Geschlechtsgebundener Erbgang.
- In einer betroffenen Familie bestand gleichzeitig eine Hämophilie A.

Muskuloskelettale Erkrankungen

Hemivertebrae

Der Erbgang ist nicht geklärt.

Sakrokaudale Dysgenese

- Kongenital.
- Siehe unter „Neurologische Erkrankungen".

Neoplasien

Primäre Gehirntumoren

Siehe unter „Neurologische Erkrankungen".

Neurologische Erkrankungen

Primäre Gehirntumoren

- Eine erhöhte Inzidenz wurde bei dieser Rasse beschrieben.
- Betrifft ältere Hunde (vorwiegend 9 – 10 Jahre).

Hemivertebrae

- Kongenital.
- Gelegentlich beschrieben.

Sakrokaudale Dysgenese

- Kongenital.
- Gelegentlich beschrieben.

Augenerkrankungen

Entropium (Ober- und Unterlider)

Eine Rasseprädisposition besteht; vermutet wird ein polygener Erbgang.

Distichiasis (gewöhnlich verbunden mit Entropium)

Eine Rasseprädisposition besteht.

Trichiasis

Eine Rasseprädisposition besteht.

Katarakt

- Vermutlich erblich.
- Lokalisation: hintere Kortex und äquatorialer Bereich.
- Alter bei Beginn der Symptome: 6 Monate bis 3 Jahre; verläuft schnell progressiv; Einschränkungen des Sehvermögens sind häufig.
- Eine Vererbung bei dieser Rasse wird derzeit noch durch die British Veterinary Association in Zusammenarbeit mit dem Kennel Club und der International Sheep Dog Society geprüft (Schema 3 des BVA/KC/ISDS Eye Scheme).

Harnwegserkrankungen

Zystinsteine

- Eine Zystinurie resultiert aus einem erblichen Defekt beim tubulären Transport von Zystin in der Niere und prädisponiert für die Bildung von Zystinsteinen.
- Verschiedene amerikanische Untersuchungen haben eine erhöhte Inzidenz dieser Erkrankung bei Französischen Bulldoggen ermittelt.
- Durchschnittsalter zum Zeitpunkt der Diagnosestellung: 1 – 8 Jahre.
- Rüden scheinen prädisponiert zu sein.

Golden Retriever

Herz-Kreislauf-Erkrankungen

Aortenstenose

- Kongenital.
- Das relative Risiko liegt bei 6,8.
- Keine Geschlechtsprädisposition.
- Vermutet wird ein autosomal-dominanter Erbgang mit modifizierenden Genen, eventuell auch eine polygene Vererbung.

Trikuspidalisdysplasie

- Kongenital.
- Rüden sind prädisponiert.

Muskeldystrophie/Kardiomyopathie Typ Duchenne

- Wird auch als „Muskeldystrophie des Golden Retrievers" bezeichnet.
- Selten.
- Genetisch fixiert.

Perikarderguss (> Abb. 2.51)

- Erworben.
- Das relative Risiko liegt bei 7,4.
- Ein Hämangiosarkom des rechten Vorhofs ist eine häufige Ursache bei dieser Rasse.

Mitralklappendysplasie

Kongenital.

Hauterkrankungen

Pyotraumatische Follikulitis

- Junge Tiere sind prädisponiert.
- Auch als „Hot spot" oder „nässendes Ekzem" bekannt.
- Das relative Risiko liegt bei 2,3.

Pododermatitis

Die Vorderpfoten sind häufiger betroffen.

Wandernde Grannen (als Fremdkörper)

Häufig in den Sommermonaten.

Atopische Dermatitis

- Hündinnen sind angeblich prädisponiert.
- Bei Beginn der Erkrankung sind die Hunde zwischen 6 Monaten und 7 Jahren alt, bei 70 % der Patienten treten erste klinische Symptome zwischen 1 und 3 Jahren auf.
- Kann saisonal und nichtsaisonal auftreten.
- Das relative Risiko beträgt 2,3.

Futtermittelallergie

Keine Alters- oder Geschlechtsprädisposition bekannt.

Nasale Depigmentierung

- Auch als „Dudley nose" bezeichnet.

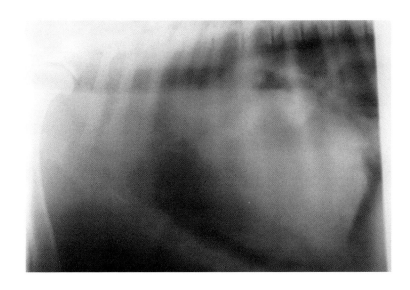

Abb. 2.51 Perikarderguss bei einem Golden Retriever.

* Die Ursache ist nicht geklärt.
* Auch eine saisonale Depigmentierung („Snow nose") wird bei dieser Rasse gesehen.

Mukokutane Pyodermie

Die nasale Form ist häufig bei dieser Rasse.

Akrale Leckdermatitis

* Tritt häufiger bei Rüden als bei Hündinnen auf.
* Kann sich in jedem Alter manifestieren, äußert sich aber meist erst im Alter von mehr als 5 Jahren.

Idiopathisches steriles Granulom und Pyogranulom

* Verhältnismäßig selten.
* Keine Alters- oder Geschlechtsprädisposition.

Juvenile Zellulitis

* Familiäres Auftreten, ist möglicherweise erblich.
* Beginnt gewöhnlich mit 1 – 4 Monaten.

Hauttumoren

Siehe unter „Neoplasien".

Endokrinopathien

Hypothyreose

* Eine Rasseprädisposition besteht.
* Häufig sind Hunde mittleren Alters betroffen (2 – 6 Jahre).

Neoplasien der Schilddrüse

* Können mit einer Hypo- oder Hyperthyreose einhergehen, die meisten Tiere sind aber euthyreot.
* Eine Rasseprädisposition besteht.
* Das Durchschnittsalter betroffener Tiere beträgt 10 Jahre.

Insulinom

* Bei dieser Rasse besteht eine erhöhte Inzidenz.
* Betroffen sind vor allem Hunde mittleren Alters und ältere Tiere.

Gastrointestinale Erkrankungen

Oropharyngeale Neoplasie

Eine Rasseprädisposition ist möglich.

Sekundärer Megaösophagus

Eine Rasseprädisposition besteht für Myasthenia gravis, die eine zugrunde liegende Ursache für einen Megaösophagus sein kann.

Kongenitaler portosystemischer Shunt

- Eine Rasseprädisposition wurde in den USA beschrieben.
- Klinische Symptome treten gewöhnlich bei jungen Hunden (< 1 Jahr) auf.

Muskuloskeletale Erkrankungen

Muskeldystrophie

- Wird bei dieser Rasse X-chromosomal gebunden vererbt.
- Ähnelt der Muskeldystrophie Typ Duchenne beim Menschen.

Myasthenia gravis

Siehe unter „Neurologische Erkrankungen".

Osteochondrose der Schulter

- Das Verhältnis Rüden : Hündinnen beträgt 2,24 : 1.
- Tritt in 50% der Fälle bilateral auf.
- Klinische Symptome beginnen meist mit 4 – 7 Monaten, es können jedoch auch ältere Tiere betroffen sein.

Ellbogendysplasie

- Auch als Osteochondrose bezeichnet.
- Eine Osteochondrose entsteht am medialen Bereich des Epicondylus medialis des Humerus.

Hüftgelenkdysplasie

- In der Statistik der BVA (British Veterinary Association) in Zusammenarbeit mit dem KC (Kennel Club) steht der Golden Retriever auf Platz 11 der am häufigsten von Hüftgelenkdysplasie betroffenen Rassen.
- Die durchschnittliche Punktezahl liegt für diese Rasse gemäß dieser Statistik bei 19 von 53 Punkten.
- Eine große Studie zeigte 1989 eine Untersuchung über eine Prävalenz der Erkrankung von 25,9%.

Osteochondrose des Sprunggelenks

- Häufige Erkrankung.
- Betrifft vor allem die proximale mediale Trochlealeiste.

Temporomandibuläre Dysplasie

- Kongenital.
- Verhältnismäßig selten.

Neoplasien

Mastzelltumor

- Eine Rasseprädisposition ist möglich.
- Kann in jedem Alter (ab 4 Monaten) auftreten, wird jedoch meist bei älteren Tieren gefunden.

Schweißdrüsentumor

- Golden Retriever sollen zu den Rassen mit einem erhöhten Risiko gehören.
- Das Durchschnittsalter beträgt 9,5 Jahre.

Trichoepitheliom

- Eine Rasseprädisposition ist möglich.
- Das Durchschnittsalter beträgt 9 Jahre.

Melanom

- Eine Rasseprädisposition besteht.
- Das Durchschnittsalter beträgt 8 – 9 Jahre.

Kutanes Hämangiom

- Eine Rasseprädisposition ist möglich.
- Das Durchschnittsalter in einer Untersuchung lag bei 8,7 Jahren.

Kutanes Hämangiosarkom

- Verhältnismäßig selten.
- Eine Rasseprädisposition ist möglich.
- Das Durchschnittsalter beträgt 9 – 10 Jahre.

Benignes fibröses Histiozytom

- Das Durchschnittsalter liegt bei 2 – 4 Jahren.

Fibrom

- Hündinnen sind prädisponiert.
- Betrifft ältere Tiere.

Nichtepitheliotropes Lymphom

Betrifft ältere Tiere.

Tumoren der Nasenhöhle

- Golden Retriever sollen ein erhöhtes Risiko für nasale Karzinome haben.
- Das Durchschnittsalter beträgt 10,5 – 11 Jahre.
- Bei Tieren, die in der Stadt gehalten werden, besteht möglicherweise ein höheres Risiko.

Neoplasien der Schilddrüse

Siehe unter „Endokrinopathien".

Insulinom

Siehe unter „Endokrinopathien".

Primärer Gehirntumor

Siehe unter „Neurologische Erkrankungen".

Lymphosarkom (malignes Lymphom)

- Eine erhöhte Inzidenz bei dieser Rasse ist bekannt.
- Tritt meist bei Hunden mittleren Alters auf (im Mittel mit 6 – 7 Jahren).

Fibrosarkom (der Mundhöhle und des Weichteilgewebes)

- Einigen Autoren zufolge besteht bei dieser Rasse eine erhöhte Inzidenz.
- Rüden sind möglicherweise für orale Fibrosarkome prädisponiert.
- Das Durchschnittsalter bei Beginn beträgt 7,5 Jahre, doch sind bis zu 25% der Fälle bei Tieren unter 5 Jahren festgestellt worden.

Neurologische Erkrankungen

Primäre Epilepsie

- Vermutlich erblich.
- Alter bei Beginn: 6 Monate bis 3 Jahre.

Hypomyelinisierung des peripheren Nervensystems

- Vermutlich erblich.
- Selten.
- Alter bei klinischem Beginn: 5 – 7 Wochen.

Erworbene Myasthenia gravis

- Eine Rasseprädisposition besteht.
- Erwachsene Tiere sind betroffen.

Eosinophile Meningoenzephalitis

- In einer Veröffentlichung über diese Erkrankung waren drei der sechs Tiere Golden Retriever.
- Alter bei Beginn: 4 Monate bis 5½ Jahre.

Primärer Gehirntumor

- Eine erhöhte Inzidenz bei dieser Rasse wurde beobachtet.
- Betrifft ältere Tiere (Durchschnitt 9 – 10 Jahre).

Augenerkrankungen

Entropium (gewöhnlich der Unterlider)

Eine Rasseprädisposition besteht; wahrscheinlich liegt ein polygener Erbgang vor.

Ektropium (leichte Form, verschwindet meist, wenn die Tiere erwachsen sind)

Eine Rasseprädisposition besteht; wahrscheinlich liegt ein polygener Erbgang vor.

Distichiasis

- Eine Rasseprädisposition besteht.
- Ist bei dieser Rasse häufig.

Aplasie des Tränenpunkts

Eine kongenitale Erkrankung, für die diese Rasse prädisponiert ist.

„Medial canthal pocket syndrome"

Eine Rasseprädisposition besteht aufgrund der Schädelform.

Refraktäres Ulcus corneae

- Eine Rasseprädisposition besteht.
- Betrifft vorwiegend Tiere mittleren Alters.

Korneadystrophie

- Der Erbgang ist ungeklärt.
- Es kommt zu einer progressiven, bilateralen Degeneration mit Lipid- und Kalziumsalzablagerungen, die zuerst am Rand der Kornea bemerkt werden.
- Alter bei Beginn: < 2 Jahre.

Primäres Glaukom/Goniodysgenese

- Der Erbgang ist ungeklärt.
- Kommt vorwiegend in Großbritannien vor.
- Eine Vererbung bei dieser Rasse wird derzeit noch durch die British Veterinary Association in Zusammenarbeit mit dem Kennel Club und der International Sheep Dog Society geprüft (Schema 3 des BVA/KC/ISDS Eye Scheme).

Uveazysten

- Eine Rasseprädisposition besteht.
- Alter bei klinischem Beginn: 2 Jahre.
- Kann bei dieser Rasse mit einer Uveitis anterior und einem sekundären Glaukom verbunden sein.

Uveitis pigmentosa

- Eine Rasseprädisposition besteht.
- Kann mit Uveazysten gekoppelt sein.

Kongenitale Tumoren von Iris und Ziliarkörper

- Eine Rasseprädisposition wird vermutet.
- Zeigen sich schon im jungen Alter (mit 2 Jahren).

Katarakt

- Ein dominanter Erbgang mit inkompletter Penetranz wird vermutet.
- Lokalisation: posteriorer subkapsulärer Kortex.
- Alter bei Beginn der Symptome: 6–18 Monate; verläuft langsam progressiv.
- Eine Vererbung bei dieser Rasse wurde durch die British Veterinary Association in Zusammenarbeit mit dem Kennel Club und der International Sheep Dog Society nachgewiesen (Schema 1 des BVA/KC/ISDS Eye Scheme).

Kongenitale hereditäre Katarakt

- Vermutlich erblich.
- Eine Vererbung bei dieser Rasse wird derzeit noch durch die British Veterinary Association in Zusammenarbeit mit dem Kennel Club und der International Sheep Dog Society geprüft (Schema 3 des BVA/KC/ISDS Eye Scheme).

Multifokale Retinadysplasie

- Kongenitale Erkrankung; ein autosomal-rezessiver Erbgang wird vermutet.
- Eine Vererbung bei dieser Rasse wurde durch die British Veterinary Association in Zusammenarbeit mit dem Kennel Club und der International Sheep Dog Society nachgewiesen (Schema 1 des BVA/KC/ISDS Eye Scheme).

Geographische Retinadysplasie

- Kongenitale Erkrankung; ist vermutlich erblich.
- In Großbritannien beschrieben.

Generalisierte progressive Retinaatrophie

- Der Erbgang ist ungeklärt, doch vermutlich rezessiv.
- Möglicherweise gibt es zwei Arten: die eine Art dieser Erkrankung beginnt in den ersten 2 Lebensjahren, die andere mit 5–7 Jahren.
- Eine Vererbung bei dieser Rasse wurde durch die British Veterinary Association in Zusammenarbeit mit dem Kennel Club und der International Sheep Dog Society nachgewiesen (Schema 1 des BVA/KC/ISDS Eye Scheme).

Zentrale progressive Retinaatrophie (CPRA) oder Pigmentepitheldystrophie (PED)

- Eine Rasseprädisposition besteht; ist vermutlich erblich.
- Eine höhere Prävalenz besteht in Großbritannien. Dank der Einführung von Kontrollprogrammen sinkt sie kontinuierlich.
- Betrifft Hunde ab dem 3. Lebensjahr; eine einge-

schränkte Sehfähigkeit wird mit 4 – 5 Jahren beobachtet.

- Eine Vererbung bei dieser Rasse wurde durch die British Veterinary Association in Zusammenarbeit mit dem Kennel Club und der International Sheep Dog Society nachgewiesen (Schema 1 des BVA/KC/ISDS Eye Scheme).

Kolobom des N. opticus

- Ein kongenitaler Defekt, dessen Erblichkeit ungeklärt ist.
- Tritt gelegentlich bei dieser Rasse auf.

Pseudopapillenödem

- Kongenitale Erkrankung.
- Bei dieser Rasse beschrieben.

Multiple Augendefekte

- Kongenitale Defekte, die vermutlich erblich sind.
- Veränderungen können in Katarakt, Netzhautablösung und Mikrophthalmus bestehen.
- Eine Vererbung bei dieser Rasse wird derzeit noch durch die British Veterinary Association in Zusammenarbeit mit dem Kennel Club und der International Sheep Dog Society geprüft (Schema 3 des BVA/KC/ISDS Eye Scheme).

Harnwegserkrankungen

Familiäre Nierenerkrankung (renale Dysplasie)

- Bei jungen Hunden (< 3 Jahren) beschrieben.
- Betroffene Tiere werden mit Nierenversagen vorgestellt.

Ektopischer Ureter

- Ein kongenitaler Defekt; eine erhöhte Inzidenz ist bei dieser Rasse beschrieben.
- Wird gewöhnlich mit weniger als 1 Jahr manifest.
- Wird häufiger bei Hündinnen diagnostiziert.

Silikatsteine

- Einigen Untersuchungen zufolge besteht bei dieser Rasse eine erhöhte Inzidenz.
- Rüden scheinen prädisponiert zu sein.

Erkrankungen der Reproduktionsorgane

Kongenitale Präputialstenose

Ein familiäres Auftreten ist bei dieser Rasse beschrieben.

Atemwegserkrankungen

Larynxparalyse

Idiopathisch.

Gordon Setter

Hauterkrankungen

Atopische Dermatitis

- Hündinnen sind möglicherweise prädisponiert.
- Alter bei Beginn zwischen 6 Monaten und 7 Jahren, 70% der Tiere entwickeln jedoch erste Symptome mit 1 – 3 Jahren.
- Saisonal oder nichtsaisonal.

Kallusdermatitis/-pyodermie

Häufig kommt bei dieser Rasse ein sternaler Kallus vor.

Follikeldysplasie der schwarzen Haare

- Selten.
- Beginnt in frühem Alter.
- Familiäres Auftreten.

Juvenile Zellulitis

- Familiäres Auftreten, ist möglicherweise erblich.
- Auftreten meist mit 1 – 4 Monaten.

Vitamin-A-reaktive Dermatose

Bei dieser Rasse geht eine Manifestation häufiger mit Pruritus als mit Seborrhoe einher.

Gastrointestinale Erkrankungen

Magendilatation/-volvulus

Eine Rasseprädisposition ist möglich.

Muskuloskelettale Erkrankungen

Hüftgelenkdysplasie

* In der Statistik der BVA (British Veterinary Association) in Zusammenarbeit mit dem KC (Kennel Club) steht der Gordon Setter auf Platz 6 der am häufigsten von Hüftgelenkdysplasie betroffenen Rassen.
* Die durchschnittliche Punktezahl liegt für diese Rasse gemäß dieser Statistik bei 25 von 53 Punkten.

Neurologische Erkrankungen

Zerebelläre Degeneration (Spätform)

* Ein autosomal-rezessiver Erbgang besteht.
* Verhältnismäßig selten.
* Erste Symptome treten mit 6 – 30 Monaten auf.

Augenerkrankungen

Kombiniertes Entropium-Ektropium („Diamond eye")

* Eine Rasseprädisposition besteht; die genetische Basis ist nicht vollständig geklärt.
* Kann zusammen mit dem „Medial canthal pocket syndrome" auftreten.

„Medial canthal pocket syndrome"

Eine Rasseprädisposition besteht aufgrund der Schädelform.

Katarakt

* Vermutlich erblich.
* Lokalisation: posteriore Linsenkapsel und subkapsuläre Kortex.
* Alter bei Beginn der Symptome: 2 – 3 Jahre.

Generalisierte progressive Retinaatrophie (GPRA)

* Der Erbgang ist ungeklärt; jedoch vermutlich rezessiv.
* Das Alter bei Beginn variiert.

Mikropapille

* Kongenitale Erkrankung.
* Tritt gelegentlich bei dieser Rasse auf.

Atemwegserkrankungen

Primäre Ziliendyskinesie

Symptome werden gewöhnlich früh im Leben bemerkt.

Greyhound

Hauterkrankungen

Idiopathische kutane und glomeruläre Vaskulopathie

* Wird bei in Zwingern gehaltenen Greyhounds und Tieren, die an Rennen teilnehmen, gesehen.
* Keine Alters- oder Geschlechtsprädisposition.

Schablonenkahlheit („pattern baldness")

* Betrifft praktisch ausschließlich Hündinnen.
* Der ventrale Halsbereich und Bauch sind betroffen.

Ehlers-Danlos-Syndrom

* Auch als „Kutane Asthenie" bezeichnet.
* Stellt eine erbliche Gruppe von Erkrankungen dar.
* Möglicherweise besteht ein autosomal-dominanter Erbgang.
* Ist möglicherweise letal bei Homozygoten.

Ventrales Komedonen-Syndrom

Häufig bei dieser Rasse.

Vaskulitis

* Verhältnismäßig seltene Erkrankung.
* Ist gewöhnlich eine Typ-III-Allergie.

Arzneimittelreaktionen

Thiopental

* Diese Rasse reagiert höchst empfindlich auf Thiopental.
* Daher sollte diese Substanz bei Greyhounds nicht angewendet werden.

Hämatologische Erkrankungen

Hämolytisches Urämie-Syndrom

Eine Erkrankung mit Hyperaggregation von Thrombozyten.

Muskuloskelettale Erkrankungen

Greyhound-Polyarthritis

Betrifft Tiere mit 3 – 30 Monaten.

Belastungsmyopathie

Schlechter Trainingszustand, Übererregung und heiße, feuchte Umgebung prädisponieren hierfür.

Mediale Verlagerung der Sehne des M. biceps brachii

Verhältnismäßig selten.

Fraktur des Os carpi accessorium

- Betrifft gewöhnlich den rechten Karpus.
- Eine „Nussknackerfraktur", die durch eine Hyperextension des Karpus beim Rennen herbeigeführt wird.

Weichteilverletzungen im Karpalbereich

Werden häufig durch eine Hyperextension des Karpus beim Rennen herbeigeführt.

Chronische Sesamoiditis

- Verhältnismäßig häufig.
- Kann asymptomatisch sein.

Avulsion der Tuberositas tibiae

Eine Fraktur in der Wachstumsfuge.

Spontane Tibiafraktur

Frakturen des kaudalen distalen Gelenkrandes der Tibia sind bei Greyhounds, die an Rennen teilnehmen, beschrieben.

Kalkaneoquartale Subluxation aufgrund einer Ruptur der Ligamenta tarsi plantaria

- Eine häufige Verletzung des Sprunggelenks.

- Tritt bei athletischen Hunden während des Rennens auf.

Fraktur des Kalkaneus

- Häufig bei Renn-Greyhounds.
- Kann mit einer Fraktur des Os tarsi centrale oder mit einer extremen Streckung des plantaren Knochenbereichs verbunden auftreten.

Fraktur des Os tarsi centrale

- Sehr häufig bei Greyhounds, die an Hunderennen teilnehmen.
- Betrifft normalerweise das rechte Sprunggelenk aufgrund der Streckung beim Kreuzen nach links.

Luxation der Sehne des M. flexor digitalis superficialis

- Verhältnismäßig selten.
- Normalerweise besteht eine Luxation nach lateral.

Neurologische Erkrankungen

Kongenitale Taubheit

Symptome bestehen ab der Geburt.

Augenerkrankungen

Chronische superfizielle Keratitis (Pannus)

- Eine Rasseprädisposition besteht.
- Alter bei Beginn: 2 – 5 Jahre.

Linsenluxation

- Eine Rasseprädisposition besteht, ist vermutlich erblich.
- Alter bei Beginn: 3 – 5 Jahre.

Generalisierte progressive Retinaatrophie (GPRA)

- Der Erbgang ist ungeklärt, aber vermutlich rezessiv.
- Tritt früh auf und kann bis zur Erblindung mit 2 Jahren fortschreiten.

2

Physiologische Besonderheiten

Hypertension

Greyhounds haben einen höheren Blutdruck als andere Rassen, selbst wenn sie nicht für Rennen trainiert werden.

Kardiale Hypertrophie

* Die Auswurfleistung des Herzens ist höher und der periphere Gesamtwiderstand geringer als bei anderen Rassen.
* Auch das Blutvolumen ist höher als bei anderen Rassen.

Prominente zytoplasmatische Vakuolisation der Eosinophilen

Eine Rasseprädisposition besteht.

Verkürzte Lebensspanne der Erythrozyten

* Es ist unbekannt, ob die Überlebenszeit der Erythrozyten nach Bluttransfusionen kürzer als bei anderen Rassen ist.
* Erythrozyten sind bei Greyhounds größer als bei anderen Rassen.

Hämatokrit

* Greyhounds haben einen höheren Hämatokrit als andere Rassen.
* Auch MCHC und MCV sind höher als bei anderen Rassen.
* Die Erythrozytenzahl ist bei Greyhounds niedriger.

Thrombozytopenie

Greyhounds haben eine niedrigere Thrombozytenzahl als andere Rassen.

Blutgruppen

Hunde dieser Rasse sind oft DEA 1.1 und 1.2 negativ.

Schilddrüsenhormone

* T4 und fT4 sind bei gesunden Greyhounds niedriger als bei anderen Rassen.
* Der mittlere cTSH-Wert entspricht dem anderer Rassen.

Überzählige Zähne

* 36,4% der untersuchten Greyhounds hatten überzählige Zähne.
* Gewöhnlich handelt es sich um den ersten Prämolaren.
* Gewöhnlich ist der Oberkiefer betroffen.

Greyhound, italienischer

Siehe unter „Italienischer Greyhound".

Griffon Bruxellois

Augenerkrankungen

Refraktäres Ulcus corneae

* Eine Rasseprädisposition besteht.
* Gewöhnlich sind Hunde mittleren Alters betroffen.
* Kann mit Distichiasis oder Trichiasis zusammen auftreten.

Katarakt

* Vermutlich erblich.
* Eine Vererbung bei dieser Rasse wird derzeit noch durch die British Veterinary Association in Zusammenarbeit mit dem Kennel Club und der International Sheep Dog Society geprüft (Schema 3 des BVA/KC/ISDS Eye Scheme).

Harrier

Neurologische Erkrankungen

Jagdhund-Ataxie

* Wurde in Großbritannien beschrieben.
* Alter bei klinischer Manifestation: 2–7 Jahre.

Havaneser

Augenerkrankungen

Katarakt

Vermutlich erblich.

Ibizahund

Neurologische Erkrankungen

Kongenitale Taubheit

Symptome bestehen ab der Geburt.

Augenerkrankungen

„Medial canthal pocket syndrome"

Eine Rasseprädisposition besteht bereits aufgrund der Kopfform.

Kataraktform 1

- Vermutlich besteht ein autosomal-rezessiver Erbgang.
- Eine kortikale Katarakt wird bei jungen Hunden gesehen; sie schreitet schnell zur Vollständigkeit mit Verlust des Sehvermögens fort.

Kataraktform 2

- Eine Rasseprädisposition besteht.
- Eine nukleäre fibrilläre Katarakt tritt bei älteren Hunden auf (mit 5 – 8 Jahren); beeinträchtigt aber das Sehvermögen kaum.

Irish Red Setter

Herz-Kreislauf-Erkrankungen

Persistierender rechter Aortenbogen (Anomalie des vaskulären Rings)

- Kongenital.
- Nicht alle Untersuchungen bestätigen die Rasseprädisposition für diese Rasse.
- Siehe auch „Anomalie des vaskulären Rings" unter „Gastrointestinale Erkrankungen".

Hauterkrankungen

Pododermatitis

- Rüden sind prädisponiert.
- Die Vorderpfoten sind häufiger betroffen.

Atopische Dermatitis

- Möglicherweise sind Hündinnen prädisponiert.
- Das Alter bei Beginn liegt zwischen 6 Monaten und 7 Jahren, die ersten klinischen Erscheinungen treten bei 70% der Hunde jedoch zwischen 1 und 3 Jahren auf.
- Kann saisonal oder nichtsaisonal auftreten.

Primäre Seborrhoe

- Wird wahrscheinlich autosomal-rezessiv vererbt.
- Erste Symptome zeigen sich bereits früh und verschlimmern sich mit zunehmendem Alter.

Ichthyose

- Selten.
- Kongenital.
- Wird möglicherweise autosomal-rezessiv vererbt.

Ehlers-Danlos-Syndrom

- Auch als „kutane Asthenie" bekannt.
- Umfasst eine erbliche Gruppe von Erkrankungen.
- Möglicherweise besteht ein autosomal-dominanter Erbgang.
- Verläuft möglicherweise bei homozygoten Tieren letal.

Nasale Depigmentierung

- Auch als „Dudley nose" bekannt.
- Die Ursache ist nicht bekannt.

Akrale Leckdermatitis

- Tritt häufiger bei Rüden als bei Hündinnen auf.
- Kann in jedem Alter vorkommen, jedoch sind die Tiere gewöhnlich älter als 5 Jahre.

Kallusdermatitis/-pyodermie

Betrifft bei dieser Rasse meist das Sternum.

Ergrauen

Kann bei dieser Rasse schon in jungem Alter beginnen.

Hauttumoren

Siehe unter „Neoplasien".

Endokrinopathien

Hypothyreose

- Eine Rasseprädisposition ist möglich.
- Oft sind Hunde mittleren Alters betroffen (2 – 6 Jahre).

Insulinom

- Eine erhöhte Inzidenz bei dieser Rasse ist bekannt.
- Betroffen sind gewöhnlich mittelalte/ältere Tiere.

Gastrointestinale Erkrankungen

Kongenitaler idiopathischer Megaösophagus

Eine Rasseprädisposition besteht.

Anomalie des vaskulären Rings

Eine Rasseprädisposition besteht; ist vermutlich erblich.

Magendilatation/-volvulus

Eine Rasseprädisposition besteht.

Gluten-sensitive Enteropathie

Eine Rasseprädisposition besteht.

Perianalfisteln

Eine Rasseprädisposition ist möglich.

Muskuloskelettale Erkrankungen

Temporomandibuläre Dysplasie/ Luxation

Die kongenitale Dysplasie prädisponiert möglicherweise für eine Luxation.

Hypochondroplasie des Irish Setters

- Leicht verkürzte Gliedmaßen treten auf.
- Der Erbgang ist autosomal-rezessiv.

Idiopathische Polyarthritis

- Betrifft meist Tiere von 1 – 3 Jahren, jedoch kann prinzipiell jede Altersgruppe betroffen sein.
- Rüden sind prädisponiert.

Neoplasien

Trichoepitheliom

- Eine Rasseprädisposition ist möglich.
- Das Durchschnittsalter wird mit 9 Jahren angegeben.

Talgdrüsentumoren

- Eine Rasseprädisposition besteht möglicherweise für Talgdrüsenepitheliome.
- Treten bei älteren Tieren auf (Durchschnittsalter 10 Jahre).

Hämangioperizytom

Tritt gehäuft im Alter zwischen 7 und 10 Jahren auf.

Nichtepitheliotropes Lymphom

Betrifft ältere Hunde.

Melanom

- Eine Rasseprädisposition besteht.
- Das Durchschnittsalter beträgt 8 – 9 Jahre.

Digitales Melanom

- Eine Rasseprädisposition ist möglich.
- Das Durchschnittsalter beträgt 10 – 11 Jahre.

Insulinom

Siehe unter „Endokrinopathien".

Hämatologische Erkrankungen

Granulozytopathie des Irish Setters

Der Erbgang ist autosomal-rezessiv.

Canines Leukozyten-Adhäsions-Defizit (CLAD)

- In Großbritannien und Schweden beschrieben.
- Es gibt einen molekulargenetischen Test auf diese Erkrankung.

Neurologische Erkrankungen

Zerebelläre Malformation

- Kongenital.
- Verhältnismäßig selten.
- Alter bei Beginn klinischer Symptome: < 3 Jahre.

Primäre Epilepsie

* Erblich.
* Alter bei Beginn: 6 Monate bis 3 Jahre.

Lissenzephalie

* Seltene Entwicklungsstörung.
* Alter bei Beginn klinischer Symptome: < 1 Jahr.

Amblyopie und Quadriplegie

* Ein autosomal-rezessiver Erbgang besteht.
* Es kommt zur kongenitalen Paralyse und Blindheit ohne erkennbare okuläre Ursache (Amblyopie).

Hyperästhesie-Syndrom

Eine Rasseprädisposition ist möglich.

Augenerkrankungen

Entropium (gewöhnlich der Unterlider)

Eine Rasseprädisposition besteht; wahrscheinlich ist ein polygener Erbgang.

Eversion des Nickhautknorpels

* Eine Rasseprädisposition besteht; sie wird möglicherweise rezessiv vererbt.
* Tritt gewöhnlich bei jungen Tieren auf.

Refraktäres Ulcus corneae

* Eine Rasseprädisposition besteht.
* Betrifft gewöhnlich Hunde mittleren Alters.

Glaukom

Eine Rasseprädisposition ist möglich.

Katarakt

* Vermutlich erblich.
* Lokalisation: hintere subkapsuläre Kortex.
* Alter bei Beginn: 6 – 18 Monate; verläuft langsam progressiv.

Generalisierte progressive Retinaatrophie (GPRA)

* Ein autosomal-rezessiver Erbgang besteht.
* Es tritt eine Dysplasie vom Typ I von Stäbchen und Zapfen auf.

* Ophthalmoskopisch sind Symptome bereits mit 16 Wochen sichtbar, das Endstadium ist mit etwa 1 Jahr erreicht.
* Eine Vererbung bei dieser Rasse wurde durch die British Veterinary Association in Zusammenarbeit mit dem Kennel Club und der International Sheep Dog Society nachgewiesen (Schema 1 des BVA/KC/ISDS Eye Scheme).
* Eine zweite Form der PRA, die mit etwa 4 – 5 Jahren manifest wird, kann bei dieser Rasse gleichfalls auftreten.

Mikropapille

* Kongenitale Erkrankung.
* Tritt gelegentlich bei dieser Rasse auf.

Kolobom des N. opticus

* Kongenitaler Defekt; Erblichkeit ungeklärt.
* Tritt gelegentlich bei dieser Rasse auf.

Amblyopie und Quadriplegie

* Ein autosomal-rezessiver Erbgang besteht.
* Es kommt zur kongenitalen Paralyse und Blindheit ohne erkennbare okuläre Ursache (Amblyopie).

Harnwegserkrankungen

Inkompetenz des Urethrasphinkters (führt zu Incontinentia urinae)

Möglicherweise besteht eine Rasseprädisposition bei weiblichen Tieren.

Atemwegserkrankungen

Larynxparalyse

Idiopathisch.

Irish Red and White Setter

Hämatologische Erkrankungen

Canines Leukozyten-Adhäsions-Defizit (CLAD)

* In Großbritannien und Schweden beschrieben.
* Es gibt einen molekulargenetischen Test auf diese Erkrankung.

Augenerkrankungen

Katarakt

- Vermutlich erblich.
- Eine Vererbung bei dieser Rasse wurde durch die British Veterinary Association in Zusammenarbeit mit dem Kennel Club und der International Sheep Dog Society nachgewiesen (Schema 1 des BVA/KC/ISDS Eye Scheme).

Irish Terrier

Hauterkrankungen

Hyperkeratose der Ballen

Tritt familiär bei dieser Rasse auf.

Hauttumoren

Siehe unter „Neoplasien".

Muskuloskelettale Erkrankungen

Muskeldystrophie

- Eine X-Chromosom-gebundene degenerative Myopathie wurde bei einem Wurf von Irish-Terrier-Welpen beschrieben.

Neoplasien

Melanom

- Eine Rasseprädisposition besteht.
- Das Durchschnittsalter beträgt 8 – 9 Jahre.

Augenerkrankungen

Multiple Augendefekte

- Ein autosomal-rezessiver Erbgang wird vermutet.
- Die Defekte können ein Mikrophthalmus, eine Katarakt, eine persistierende Pupillarmembran und eine Retinadysplasie sein.

Irish Water Spaniel

Hauterkrankungen

Follikeldysplasie

- Eine deutliche Prädisposition dieser Rasse spricht für eine genetische Basis dieser Gruppe von Erkrankungen.
- Der Haarverlust beginnt mit 2 – 4 Jahren und manifestiert sich vorwiegend an den Flanken.
- Er entsteht bei dieser Rasse durch eine Fraktur der Haare.
- Mitunter ist der gesamte Rumpfbereich betroffen.

Muskuloskelettale Erkrankungen

Hüftgelenkdysplasie

- In der Statistik der BVA (British Veterinary Association) in Zusammenarbeit mit dem KC (Kennel Club) steht der Irish Water Spaniel auf Platz 17 der am häufigsten von HD betroffenen Rassen.
- Die durchschnittliche Punktezahl liegt für den Irish Water Spaniel gemäß dieser Statistik bei 18 von 53 Punkten.

Augenerkrankungen

Katarakt

- Vermutlich erblich.
- Lokalisation: hintere subkapsuläre Kortex.
- Alter bei Beginn: 5 Jahre; verläuft langsam progressiv.

Irish Wolfhound

Herz-Kreislauf-Erkrankungen

Dilatative Kardiomyopathie

- Die Prävalenz beträgt bei dieser Rasse 5,6%; zum Vergleich: 0,16% bei Mischlingen und 0,65% bei reinrassigen Tieren.
- Die Prävalenz steigt mit zunehmendem Alter.
- Etwa doppelt so häufig bei Rüden wie bei Hündinnen.
- Vermutlich familiär oder genetisch bedingt.

Vorhofflimmern (> Abb. 2.52)

- Eine hohe Frequenz (10,5%) besteht bei dieser Rasse.
- Verläuft häufig asymptomatisch.
- Auch ventrikuläre prämature Komplexe können bei dieser Rasse gesehen werden.

Hauterkrankungen

Kallusdermatitis/-pyodermie

Ist bei dieser Rasse am häufigsten über Sprunggelenk und Ellbogen lokalisiert.

Endokrinopathien

Hypothyreose

- Manchen Publikationen zufolge besteht bei dieser Rasse ein erhöhtes Risiko.
- Häufig sind Hunde mittleren Alters (2 – 6 Jahre) betroffen.

Gastrointestinale Erkrankungen

Magendilatation/-volvulus

Eine Rasseprädisposition ist möglich.

Kongenitaler portosystemischer Shunt

- Eine Rasseprädisposition besteht.
- Klinische Symptome treten normalerweise bereits bei jungen Hunden (< 1 Jahr) auf.

Hämatologische/immunologische Erkrankungen

Immundefizienz-Syndrom des Irish Wolfhound

- Tritt in unterschiedlichen geographischen Regionen auf.
- Wird entweder als Defekt der zellvermittelten Immunität oder als Mangel an IgA beschrieben.

Willebrand-Krankheit

- Möglicherweise besteht ein autosomal-rezessiver Erbgang.
- Ist in Großbritannien bei dieser Rasse häufig.

Muskuloskelettale Erkrankungen

Verstärkte Anteversion von Femurkopf und -hals

- Eine Konformationsanomalie.

Osteochondrose der Schulter

- Das Verhältnis von Rüden : Hündinnen beträgt 2,24:1.
- Tritt in 50% der Fälle bilateral auf.
- Das Alter bei Beginn beträgt meist 4 – 7 Monate, sie kann aber auch später auftreten.

Patellaluxation nach lateral

- Auch als „Genu valgum" bekannt.
- Ist möglicherweise erblich.

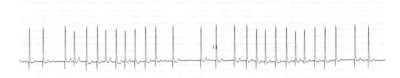

Abb. 2.52 Vorhofflimmern (II. Ableitung, 10 mm/mV, 25 mm/s).

Neoplasien

Primärer Knochentumor (am häufigsten: Osteosarkom)

- Eine Rasseprädisposition besteht.
- Rüden sind möglicherweise prädisponiert.

Neurologische Erkrankungen

Malformation von Halswirbeln (Wobbler-Syndrom)

- Eine Rasseprädisposition besteht.
- Tritt gelegentlich bei dieser Rasse auf.
- Alter bei Beginn klinischer Symptome: > 1 Jahr.

Augenerkrankungen

Entropium (gewöhnlich der lateralen Unterlider)

Eine Rasseprädisposition besteht; wahrscheinlich ist ein polygener Erbgang.

Eversion des Nickhautknorpels

- Eine Rasseprädisposition besteht; wird möglicherweise rezessiv vererbt.
- Tritt gewöhnlich bei jungen Hunden auf.

Katarakt

- Vermutlich erblich.
- Lokalisation: hintere subkapsuläre Kortex.
- Alter bei Beginn: 1 – 2 Jahre (mit schneller Progression) oder 5 – 7 Jahre (mit langsamer Progression).

Multifokale Retinadysplasie mit Verflüssigung des Vitreums

Vermutlich besteht ein autosomal-rezessiver Erbgang.

Generalisierte progressive Retinaatrophie (GPRA)

- Vermutlich erblich.
- Eine Vererbung bei dieser Rasse wurde durch die British Veterinary Association in Zusammenarbeit mit dem Kennel Club und der International Sheep Dog Society nachgewiesen (Schema 1 des BVA/KC/ISDS Eye Scheme).

Mikropapille

- Kongenitale Erkrankung.
- Tritt gelegentlich bei dieser Rasse auf.

Italienischer Greyhound

Hauterkrankungen

Alopezie der Pinna

Das Alter bei Beginn liegt gewöhnlich unter 1 Jahr.

Schablonenkahlheit („Pattern baldness")

- Betrifft fast ausschließlich Hündinnen.
- Manifestiert sich am ventralen Hals und am Ventrum.

Farbmutantenalopezie

Die Gene für die Fellfarbe spielen bei der Pathogenese eine Rolle.

Arzneimittelunverträglichkeiten

Thiopental

- Bei dieser Rasse besteht eine extrem erhöhte Empfindlichkeit gegenüber Thiopental.
- Daher wird seine Anwendung bei Italienischen Greyhounds nicht empfohlen.

Augenerkrankungen

Korneadystrophie

- Eine Rasseprädisposition besteht.
- Sichtbar ist eine fokale Trübung der Descemet-Membran.
- Tritt bei jungen Hunden auf.

Glaukom

- Der Erbgang ist ungeklärt.
- Alter bei Beginn: 2 Jahre.
- Eine Degeneration des Glaskörpers soll bei dieser Rasse eine häufige Ursache für die Entstehung eines Glaukoms sein.

Katarakt

- Vermutlich erblich.
- Lokalisation: hintere subkapsuläre Kortex.
- Alter bei Beginn: 2 – 3 Jahre; die Erkrankung kann so weit fortschreiten, dass das Sehvermögen beeinträchtigt wird.

Hypoplasie des N. opticus

- Eine kongenitale Erkrankung, die vielleicht erblich ist.
- Tritt gelegentlich bei dieser Rasse auf.

Jack Russell Terrier

Hauterkrankungen

Malassezien-Dermatitis

- Ist häufig saisonal.
- Alle Altersgruppen sind betroffen.

Ichthyose

- Selten.
- Kongenital.
- Möglicherweise besteht ein autosomal-rezessiver Erbgang.

Vaskulitis

- Verhältnismäßig selten.
- Gewöhnlich eine Typ-III-Allergie.

Endokrinopathien

Diabetes mellitus

- Eine Rasseprädisposition ist möglich.
- Gewöhnlich sind Tiere von 4 – 14 Jahren betroffen, eine Häufung ist bei 7 – 9-jährigen Hunden zu finden.
- Alte unkastrierte Hündinnen sind prädisponiert.

Hypophysärer Hyperadrenokortizismus (PDH)

- Eine Rasseprädisposition ist möglich.
- Mittelalte und ältere Tiere sind betroffen.
- 55 – 60% der betroffenen Tiere sind Hündinnen.

Muskuloskelettale Erkrankungen

Kongenitale Myasthenia gravis

Siehe unter „Neurologische Erkrankungen".

Avaskuläre Nekrose des Femurkopfs

Der Vererbungsmechanismus ist noch ungeklärt.

Patellaluxation

Möglicherweise besteht ein autosomal-rezessiver Erbgang.

Neoplasien

Hypophysärer Tumor, der zu Hyperadrenokortizismus führt

Siehe unter „Endokrinopathien".

Neurologische Erkrankungen

Hereditäre Ataxie

- Ist auf den Britischen Inseln beschrieben.
- Alter bei Beginn klinischer Symptome: 2 – 6 Monate.

Kongenitale Myasthenia gravis

- Ein autosomal-rezessiver Erbgang wird vermutet.
- Selten.
- Alter bei Beginn klinischer Symptome: 2 – 6 Monate.

Augenerkrankungen

Linsenluxation

- Ein autosomal-dominanter Erbgang wird vermutet.
- Alter bei Beginn: 3 – 6 Jahre.
- Die Inzidenz ist hoch; Hündinnen sind prädisponiert.

Katarakt

Vermutlich erblich.

Japan Chin

Neurologische Erkrankungen

Atlantoaxiale Subluxation

* Kongenital.
* Bei dieser Rasse Verhältnismäßig häufig.
* Alter bei Beginn klinischer Symptome: < 1 Jahr.

Augenerkrankungen

Distichiasis

Eine Rasseprädisposition besteht.

Refraktäres Ulcus corneae

Eine Rasseprädisposition besteht.

Katarakt

* Vermutlich erblich.
* Kann auch mit progressiver Retinaatrophie sowie Netzhautablösung zusammen auftreten.

Karelischer Bärenhund

Endokrinopathien

Hypophysärer Zwergwuchs

* Ein autosomal-rezessiver Erbgang wird vermutet.
* Hypophysärer Zwergwuchs tritt vor allem beim Deutschen Schäferhund auf, doch wurde er auch bei Karelischen Bärenhunden beschrieben.

Keeshond

Herz-Kreislauf-Erkrankungen

Persistierender Ductus arteriosus

* Häufige kongenitale Missbildung.
* Das relative Risiko beträgt 5,9.
* Hündinnen sind prädisponiert.
* Der Erbgang ist polygen.

Fallot-Tetralogie

* Kongenital.
* Verhältnismäßig selten.

Ventrikel-Septum-Defekt

* Kongenital.
* Verhältnismäßig selten.

Hauterkrankungen

Ehlers-Danlos-Syndrom

* Auch als „kutane Asthenie" bezeichnet.
* Stellt eine erbliche Gruppe von Erkrankungen dar.
* Möglicherweise besteht ein autosomal-dominanter Erbgang.
* Ist vermutlich letal für homozygote Tiere.

Wachstumshormonmangel des erwachsenen Hundes (Alopecia X)

Siehe unter „Endokrinopathien".

Hauttumoren

Siehe unter „Neoplasien".

Endokrinopathien

Wachstumshormonmangel des erwachsenen Hundes (Alopecia X)

* Eine Rasseprädisposition besteht.
* Rüden sind möglicherweise prädisponiert.
* Klinische Symptome zeigen sich meist mit 1 – 5 Jahren.

Diabetes mellitus

* Eine Rasseprädisposition ist möglich.
* Normalerweise ist die Altersgruppe von 4 – 14 Jahren betroffen mit einer Häufung bei 7 – 9 Jahren.
* Alte unkastrierte Hündinnen sind prädisponiert.

Primärer Hyperparathyreoidismus

* Verhältnismäßig seltene Erkrankung.
* Eine Rasseprädisposition wird vermutet.
* Betroffen sind ältere Hunde.

Neoplasien

Keratoakanthom

* Betrifft normalerweise Tiere, die jünger als 5 Jahre sind.

- Rüden sind prädisponiert.
- Keeshonds sind prädisponiert für die generalisierte Form dieser Neoplasien.

Tumoren der Nasenhöhle

- Bei dieser Rasse soll angeblich ein erhöhtes Risiko für nasale Karzinome bestehen.
- Gewöhnlich sind ältere Tiere betroffen.
- Tiere in städtischer Haltung haben möglicherweise ein höheres Risiko.

Tumoren der Parathyreoidea (führen zu primärem Parathyreoidismus)

Siehe unter „Endokrinopathien".

Neurologische Erkrankungen

Primäre Epilepsie

- Erblich.
- Alter bei Beginn: 6 Monate bis 3 Jahre.

Augenerkrankungen

Glaukom

Eine Rasseprädisposition ist möglich.

Katarakt

- Vermutlich erblich.
- Es gibt drei Arten: bei jungen Tieren (mit 5 Monaten) auftretende, schnell progressive Katarakte der hinteren Kortex, bei Tieren mit 6–24 Monaten auftretende, langsam progressive Katarakte der hinteren Kortex und bei etwa 6 Jahre alten Tieren auftretende, langsam progressive Katarakte der vorderen Kortex.

Kelpie

Hauterkrankungen

Ehlers-Danlos-Syndrom

- Auch als „Kutane Asthenie" bezeichnet.
- Umfasst eine erbliche Gruppe von Erkrankungen.
- Möglicherweise besteht ein autosomal-dominanter Erbgang.
- Verläuft möglicherweise letal bei homozygoten Tieren.

Kerry Blue Terrier

Herz-Kreislauf-Erkrankungen

Persistierender Ductus arteriosus

- Häufige kongenitale Missbildung.
- Hündinnen sind prädisponiert.

Hauterkrankungen

Hyperkeratose der Ballen

Wurde bei verschiedenen verwandten Kerry Blue Terriern beschrieben.

Spikulosis

- Selten.
- Betrifft junge, nicht kastrierte Kerry Blue Terrier.

Dermoidzyste

- Selten.
- Kann solitär oder multipel auftreten.
- Manifestiert sich an der dorsalen Mittellinie.

Skrotaler vaskulärer Nävus

Häufiger bei älteren Rüden.

Hauttumoren

Siehe unter „Neoplasien".

Hämatologische Erkrankungen

Faktor-XI-Mangel

- Ein autosomal-dominanter Erbgang besteht.
- Nur heterozygote Tiere sind asymptomatisch.

Neoplasien

Basalzelltumor

Bei dieser Rasse besteht Literaturangaben zufolge ein erhöhtes Risiko.

Pilomatrixom

- Eine Rasseprädisposition ist möglich.
- Selten.
- Das Durchschnittsalter liegt Literaturangaben zufolge bei 6,6 Jahren.

Kutanes Papillom

- Eine Rasseprädisposition ist möglich.
- Tritt bei älteren Hunden auf.

Neurologische Erkrankungen

Zerebelläre Degeneration

- Ein autosomal-rezessiver Erbgang besteht.
- Verhältnismäßig selten.
- Symptome äußern sich mit 3 – 6 Monaten.

Augenerkrankungen

Entropium (gewöhnlich der Unterlider)

Eine Rasseprädisposition besteht; wahrscheinlich ist ein polygener Erbgang.

Katarakt

- Vermutlich erblich.
- Lokalisation: hintere Kortex.
- Beginnt früh und verläuft schnell progressiv, sodass eine Einschränkung des Sehvermögens mit etwa 2 Jahren auftritt.

Hypoplasie des N. opticus

- Eine kongenitale Missbildung, deren Erblichkeit ungeklärt ist.
- Tritt gelegentlich bei dieser Rasse auf.

Erkrankungen der Reproduktionsorgane

XX-sex-reversal-Syndrom

Eine kongenitale Veränderung, die bei dieser Rasse beschrieben ist.

King Charles Spaniel (English Toy Spaniel)

Gastrointestinale Erkrankungen

Hämorrhagische Gastroenteritis

- Eine Rasseprädisposition ist möglich.
- Tritt am häufigsten mit 2 – 4 Jahren auf.

Neurologische Erkrankungen

Partielle Krampfanfälle („Fliegenschnappen" und „Sternengucken")

Bei dieser Rasse beschrieben.

Augenerkrankungen

Korneadystrophie

- Eine Rasseprädisposition besteht; die Erblichkeit ist ungeklärt.
- Es kommt zur Dystrophie der Stromalipide.
- Alter bei Beginn: 2 – 5 Jahre.

Katarakt

- Vermutlich erblich.
- Lokalisation: hintere Kortex und Nukleus.
- Alter bei Beginn: 6 Monate; schreitet dann schnell zur Vollständigkeit und zur Erblindung fort.

Persistenz des Hyaloidsystems und des hinteren Linsenkonus

- Eine Rasseprädisposition besteht.

Pseudopapillenödem

- Kongenitale Veränderung.
- Tritt gelegentlich bei dieser Rasse auf.

Mikrophthalmus

- Ein autosomal-rezessiver Erbgang wird vermutet.
- Kann von einer Katarakt begleitet sein.

Komondor

Augenerkrankungen

Entropium

Eine Rasseprädisposition besteht; wahrscheinlich ist ein polygener Erbgang.

Katarakt

- Vermutlich erblich.
- Lokalisation: hintere subkapsuläre Kortex.
- Alter bei Beginn: 2 – 3 Jahre; verläuft langsam progressiv.

Kuvasz

Neurologische Erkrankungen
Kongenitale Taubheit
Symptome bestehen ab der Geburt.

Augenerkrankungen
Entropium
Eine Rasseprädisposition besteht; wahrscheinlich ist ein polygener Erbgang.

Katarakt
- Vermutlich erblich.
- Bei dieser Rasse verläuft die Erkrankung langsam progressiv.

Labrador Retriever

Herz-Kreislauf-Erkrankungen
Trikuspidalisdysplasie
- Kongenital.
- Rüden sind prädisponiert.
- Bei dieser Rasse besteht ein hohes Risiko (relatives Risiko > 5).

Persistierender Ductus arteriosus
- Allgemein ist das Risiko bei dieser Rasse geringer als bei anderen Rassen.
- Nur in manchen Regionen können Labrador Retriever prädisponiert sein.

Perikarderguss
- Erworben.
- Das relative Risiko beträgt 2,2.

Pulmonalstenose
- Die dritthäufigste Ursache kongenitaler Herzerkrankungen beim Hund.
- Ein polygener Erbgang ist wahrscheinlich.

„Bypass tract macrore-entrant tachycardia" des Labrador Retrievers
Abnorme Reizleitung durch Dysrhythmie.

Hauterkrankungen
Pyotraumatische Follikulitis
- Auch als „Hot spot" oder nässendes Ekzem bekannt.
- Junge Hunde sind prädisponiert.

Eosinophile Dermatitis und Ödem
Selten.

Pododermatitis
- Rüden sind prädisponiert.
- Die Vorderpfoten sind häufiger betroffen.

Blastomykose
Siehe unter „Infektionskrankheiten".

Kryptokokkose
Siehe unter „Infektionskrankheiten".

Atopische Dermatitis
- Hündinnen sind möglicherweise prädisponiert.
- Alter bei Beginn: 6 Monate bis 7 Jahre, 70% der Hunde entwickeln jedoch erste klinische Symptome in einem Alter von 1–3 Jahren.
- Kann saisonal oder nichtsaisonal auftreten.

Kontaktallergie
Einer Studie zufolge waren 20% der betroffenen Tiere gelbe Labradore.

Futtermittelallergie
Keine Alters- oder Geschlechtsprädisposition bekannt.

Pemphigus foliaceus
Bei dieser Rasse kommt gewöhnlich die medikamenteninduzierte Form vor.

Zyklische Follikeldysplasie
Scheint ein spezielles Problem in Alaska zu sein, sodass der Tageslichtlänge eine wichtige Bedeutung zukommt.

Primäre Seborrhoe

* Wahrscheinlich besteht ein autosomal-rezessiver Erbgang.
* Erste Symptome treten bereits in frühem Alter auf und verschlimmern sich mit zunehmendem Alter.

Ichthyose

* Selten.
* Kongenital.
* Ein autosomal-rezessiver Erbgang ist möglich.

Kongenitale Hypotrichose

* Besteht bereits bei der Geburt oder zeigt sich in den ersten Lebensmonaten.
* Die Prädisposition für Rüden legt den Verdacht auf einen geschlechtsgebundenen Erbgang nahe.

Primäres Lymphödem

* Keine offensichtliche Geschlechtsprädisposition erkennbar.
* Tritt gewöhnlich innerhalb der ersten 12 Lebenswochen auf.

Nasale Depigmentierung

* Betrifft gelbe Labradore.
* Auch als „Dudley nose" bezeichnet.
* Die Ursache ist nicht bekannt.
* Auch eine als „Snow nose" bezeichnete, saisonale Depigmentierung kommt bei dieser Rasse vor.

Nasale Hyperkeratose

* Ein autosomal-rezessiver Erbgang ist möglich.
* Betrifft Rüden und Hündinnen von 6 – 12 Monaten.

Mukokutane Hypopigmentierung

Die nasale Form ist häufig bei dieser Rasse.

Akrale Leckdermatitis

* Ist häufiger bei Rüden als bei Hündinnen.
* Kann prinzipiell in jedem Alter auftreten, meist sind die Tiere jedoch älter als 5 Jahre.

Zink-reaktive Dermatose

Tritt bei schnellwüchsigen Tieren auf, deren Futter einen zu niedrigen Zinkgehalt aufweist.

„Waterline disease" des schwarzen Labradors

Betrifft beide Geschlechter.

Skrotaler vaskulärer Nävus

Ist häufiger bei älteren Tieren.

Ergrauen

Kann bei dieser Rasse bereits sehr früh beginnen.

Hauttumoren

Siehe unter „Neoplasien".

Endokrinopathien

Adrenaler Hyperadrenokortizismus (AT)

* Eine Rasseprädisposition ist möglich.
* Betrifft Hunde mittleren Alters und ältere Tiere.
* 60 – 65 % der Tiere sind Hündinnen.

Diabetes mellitus

* Manchen Erhebungen zufolge gehören Labradore zu den häufig betroffenen Rassen.
* Normalerweise ist die Altersgruppe von 4 – 14 Jahren betroffen, mit einer Häufung bei 7 – 9 Jahren.
* Alte unkastrierte Hündinnen sind prädisponiert.

Primäre Hypothyreose

In Deutschland besteht eine deutliche Rasseprädisposition.

Primärer Hypoparathyreoidismus

* Manchen Erhebungen zufolge gehören Labradore zu den häufig betroffenen Rassen.
* Verhältnismäßig seltene Erkrankung.
* Kann in jedem Alter auftreten.

Insulinom

* Erhöhte Inzidenz bei dieser Rasse bekannt.
* Betrifft zumeist Hunde mittleren Alters und ältere Tiere.

Gastrointestinale Erkrankungen

Kongenitaler idiopathischer Megaösophagus

Eine Rasseprädisposition ist möglich.

Sekundärer Megaösophagus

Ein familiärer reflektorischer Myoklonus kann mit einem Megaösophagus assoziiert sein.

Lymphozytär-plasmazelluläre Kolitis

Eine Rasseprädisposition ist möglich.

Perianalfisteln

Eine Rasseprädisposition ist möglich.

Chronische Hepatitis

Eine Rasseprädisposition ist möglich.

Kongenitaler portosystemischer Shunt

* Eine Rasseprädisposition ist möglich.
* Klinische Symptome entwickeln sich gewöhnlich mit weniger als 1 Jahr.

Hämatologische Erkrankungen

Hämophilie B

* Faktor-IX-Mangel.
* Auch als „Christmas disease" bekannt.
* Geschlechtsgebundener Erbgang.
* Seltener als Hämophilie A.

Infektionskrankheiten

Kryptokokkose

* Eine erhöhte Inzidenz besteht bei dieser Rasse, die sich möglicherweise durch das erhöhte Expositionsrisiko erklären lässt.
* Tritt gewöhnlich bei Tieren < 4 Jahren auf, ohne erkennbare Geschlechtsprädisposition.
* Weltweit verbreitet, doch kommt die Erkrankung vorwiegend in feuchten, warmen Klimazonen vor.

Blastomykose

* Eine erhöhte Inzidenz besteht bei dieser Rasse, die sich möglicherweise durch das erhöhte Expositionsrisiko erklären lässt.
* Tritt vorwiegend bei jungen Rüden auf, die in Wassernähe leben.
* Geographische Verteilung: um den Mississippi, Ohio, Missouri, Tennessee, St.-Lorenz-Strom, südlich der Großen Seen und in den südlichen mittelatlantischen Staaten. In Deutschland nicht verbreitet.

Infektiöse Hauterkrankungen

Siehe unter „Hauterkrankungen".

Muskuloskelettale Erkrankungen

Schwächung der Bänder des Karpalgelenks

* Tritt bei älteren übergewichtigen Tieren auf.
* Auch die Bänder des Tarsalgelenks können betroffen sein.

Ellbogendysplasie

* Auch als „Osteochondrose" bekannt.
* Bei dieser Rasse genetisch determiniert.
* Vor allem ein fragmentierter Processus coronoideus medialis ist bei dieser Rasse häufig.
* Eine 1999 durchgeführte Untersuchung schätzte die Prävalenz bei dieser Rasse auf 17,8 %.
* Osteochondrosis dissecans und fragmentierter Processus coronoideus medialis werden unabhängig voneinander in einem polygenen Erbgang bei dieser Rasse vererbt.

Hüftgelenkdysplasie

Eine 1999 durchgeführte Untersuchung schätzte die Prävalenz bei dieser Rasse auf 12,6 %.

Okuloskelettale Dysplasie

* Defekt im Wachstum der Röhrenknochen.
* Siehe unter „Retinadysplasie" bei „Augenerkrankungen".

Myopathie des Labrador Retriever

- Häufige Erkrankung in Großbritannien.
- Beginn der klinischen Symptome meist mit 8 – 12 Wochen.

Myasthenia gravis

Siehe unter „Neurologische Erkrankungen".

Osteochondrose der Schulter

- Verhältnis Rüden : Hündinnen ist 2,24:1.
- In 50% der Fälle bilateral.
- Das Alter bei Beginn der Symptome beträgt gewöhnlich 4 – 7 Monate, doch die Tiere können auch älter sein.

Osteochondrose des Sprunggelenks

- Häufige Erkrankung.
- Betrifft vorwiegend den proximalen medialen Trochleakamm.

Temporomandibuläre Dysplasie

- Kongenital.
- Verhältnismäßig selten.

Ruptur des Ligamentum cruciatum craniale

- Häufige Ursache einer Hinterhandlahmheit.
- Kastrierte Tiere sind möglicherweise prädisponiert.
- Bei dieser Rasse sind bereits junge Tiere prädisponiert.

Übergangswirbel

- Hündinnen sind prädisponiert.
- Vermutlich erblich.

Neoplasien

Mastzelltumor

- Eine Rasseprädisposition ist möglich.
- Kann in jedem Alter auftreten (ab 4 Monaten), doch werden diese Neoplasien gewöhnlich bei älteren Tieren gesehen.

Kutanes Histiozytom

- Eine Rasseprädisposition ist möglich.
- Tritt gehäuft bei jungen Hunden im Alter von 1 – 2 Jahren auf.

Lipom

- Eine Rasseprädisposition ist möglich.
- Am häufigsten bei mittelalten, übergewichtigen Hündinnen.
- Auch infiltrative Lipome können bei dieser Rasse auftreten.

Plattenepithelkarzinom der Zehe

- Eine Rasseprädisposition ist möglich.
- Betrifft ältere Tiere.
- Tiere mit schwarzer Fellfarbe scheinen häufiger betroffen zu sein.

Tumoren der Nasenhöhle

- Labradore sollen zu den Rassen mit einem erhöhten Risiko zählen.
- Das Durchschnittsalter wird mit 10,5 – 11 Jahren angegeben.
- Tiere in städtischen Gebieten haben möglicherweise ein höheres Risiko.

Insulinom

Siehe unter „Endokrinopathien".

Nebennierenrindentumor, der zu Hyperadrenokortizismus führt

Siehe unter „Endokrinopathien".

Lymphosarkom (malignes Lymphom)

- Eine erhöhte Inzidenz bei dieser Rasse ist bekannt.
- Die meisten Fälle treten bei Tieren mittleren Alters auf (6 – 7 Jahre).

Limbales Melanom

Eine Rasseprädisposition besteht.

Orales Fibrosarkom

- Manche Autoren berichten von einer hohen Inzidenz bei dieser Rasse.
- Rüden sind möglicherweise prädisponiert.

- Das Durchschnittsalter bei Beginn wird mit 7,5 Jahren angegeben, doch treten bis zu 25% der Fälle bei Tieren < 5 Jahren auf.

Thymom

- Verhältnismäßig seltener Tumor.
- Einer Untersuchung zufolge besteht bei dieser Rasse eine hohe Inzidenz.
- Das Durchschnittsalter beträgt 7,5 Jahre.
- Hündinnen sind möglicherweise prädisponiert.

Neurologische Erkrankungen

Zerebelläre Degeneration

- Wurde bei dieser Rasse beschrieben.
- Symptome treten mit 12 Wochen auf.

Primäre Epilepsie

- Vermutlich erblich.
- Alter bei Beginn der Symptome: 6 Monate bis 3 Jahre.

Narkolepsie/Kataplexie

- Ein autosomal-rezessiver Erbgang wird vermutet.
- Alter bei Beginn klinischer Symptome: < 1 Jahr.

Erworbene Myasthenia gravis

- Eine Rasseprädisposition ist möglich.
- Betroffen sind erwachsene Tiere.

Spongiforme Degeneration

- Vermutlich erblich.
- Selten.
- Alter bei Beginn klinischer Symptome: 3 – 6 Monate.

Distale Polyneuropathie

Alter bei klinischem Beginn: > 1 Jahr.

Augenerkrankungen

Entropium (gewöhnlich der Unterlider)

Eine Rasseprädisposition besteht; wahrscheinlich ist ein polygener Erbgang.

Ektropium (gewöhnlich nur leicht, verschwindet bis zum Erwachsenenalter)

Eine Rasseprädisposition besteht; wahrscheinlich ist ein polygener Erbgang.

„Medial canthal pocket syndrome"

Eine Rasseprädisposition besteht aufgrund der Schädelform.

Limbales Melanom

Eine Rasseprädisposition besteht.

Uveazysten

- Eine Rasseprädisposition besteht.
- Alter bei Beginn klinischer Symptome: 3 – 6 Jahre.

Melanom der vorderen Uvea

Eine Rasseprädisposition besteht.

Katarakt

- Vermutet wird ein dominanter Erbgang mit inkompletter Penetranz.
- Lokalisation: posterior polar subkapsulär.
- Alter bei Beginn: 6 – 18 Monate; verläuft langsam progressiv und führt selten zur Erblindung.
- Eine Vererbung bei dieser Rasse wurde durch die British Veterinary Association in Zusammenarbeit mit dem Kennel Club und der International Sheep Dog Society nachgewiesen (Schema 1 des BVA/KC/ISDS Eye Scheme).
- Weitere Arten: vordere subkapsuläre Lokalisation im Alter von etwa 5 Jahren, die langsam progressiv verläuft (Erbgang ungeklärt); periphere kortikale Lokalisation im Alter von etwa 3 Jahren, die langsam progressiv verläuft (Erbgang ebenfalls ungeklärt).

Primäres Glaukom

- Eine Rasseprädisposition besteht.
- Eine Verbindung mit Goniodysgenese wurde bei dieser Rasse postuliert.

Komplette Retinadysplasie mit Netzhautablösung

- Kongenitale Erkrankung mit einfachem autosomal-rezessivem Erbgang.
- In Europa wird häufiger eine Retinadysplasie ohne Skelettdeformationen gesehen als in den USA.
- Eine Vererbung bei dieser Rasse wurde durch die British Veterinary Association in Zusammenarbeit mit dem Kennel Club und der International Sheep Dog Society nachgewiesen (Schema 1 des BVA/KC/ISDS Eye Scheme).

Multifokale Retinadysplasie

- Kongenitale Erkrankung; vermutet wird ein dominanter Erbgang mit inkompletter Penetranz.
- Eine Vererbung bei dieser Rasse wird derzeit noch durch die British Veterinary Association in Zusammenarbeit mit dem Kennel Club und der International Sheep Dog Society geprüft (Schema 3 des BVA/KC/ISDS Eye Scheme).

Geographische Retinadysplasie

- Kongenitale Erkrankung; vermutlich erblich.
- In Großbritannien beschrieben.

Retinadysplasie mit Skelettanomalien

- Hunde mit Retinadysplasien können betroffen sein (mit kompletter, geographischer oder multifokaler Retinadysplasie); sie zeigen unterschiedliche Grade von Entwicklungsanomalien des Skeletts (kurzbeiniger disproportionierter Zwergwuchs).
- Es wird vermutet, dass diese Erkrankung von einem autosomalen Gen vererbt wird, das auf das Skelett rezessive und auf das Auge inkomplett dominante Auswirkungen hat.

Generalisierte progressive Retinaatrophie (GPRA)

- Autosomal-rezessiver Erbgang.
- Progressive Degeneration von Stäbchen und Zapfen (PRCD).
- Das Alter bei klinischem Beginn und der Grad der Progression sind unterschiedlich; die Erkrankung kann mit einer Kataraktbildung einhergehen.
- Eine Vererbung bei dieser Rasse wurde durch die British Veterinary Association in Zusammenar-

beit mit dem Kennel Club und der International Sheep Dog Society nachgewiesen (Schema 1 des BVA/KC/ISDS Eye Scheme).

Zentrale progressive Retinaatrophie (CPRA) oder Dystrophie des pigmentierten Retinaepithels (RPED)

- Ein dominanter Erbgang mit inkompletter Penetranz wird vermutet.
- Höhere Prävalenz in Großbritannien als in den USA.
- Seit der Einführung von Zuchtprogrammen nimmt die Häufigkeit ab.
- Ophthalmoskopische Veränderungen sind bereits mit 2 – 3 Jahren sichtbar; Sehstörungen entwickeln sich mit 4 – 5 Jahren.
- Eine Vererbung bei dieser Rasse wurde durch die British Veterinary Association in Zusammenarbeit mit dem Kennel Club und der International Sheep Dog Society nachgewiesen (Schema 1 des BVA/KC/ISDS Eye Scheme).

Mikropapille

- Kongenitale Erkrankung.
- Tritt gelegentlich bei dieser Rasse auf.

Kolobom des N. opticus

- Kongenitale Erkrankung, deren Erblichkeit nicht geklärt ist.
- Tritt gelegentlich bei dieser Rasse auf.

Pseudopapillenödem

Tritt gelegentlich bei dieser Rasse auf.

Physiologische Besonderheiten

Blutgruppen

Labrador Retriever sind gewöhnlich DEA 1.1 oder DEA 1.2 positiv.

Gestation

Die mittlere Trächtigkeitsdauer beträgt angeblich 60,9 Tage.

Vertebraler Heart score

Ein gesunder Labrador Retriever hat einen höheren Durchschnittswert als die meisten anderen Rassen.

Harnwegserkrankungen

Ektopische Ureteren

* Kongenitale Missbildung; bei dieser Rasse wurde von einer erhöhten Inzidenz berichtet.
* Wird gewöhnlich im Alter < 1 Jahr bemerkbar.
* Wird häufiger bei Hündinnen diagnostiziert.

Silikatsteine

* Manchen Untersuchungen zufolge besteht bei dieser Rasse eine erhöhte Inzidenz.
* Rüden scheinen prädisponiert zu sein.

Erkrankungen der Reproduktionsorgane

Vaginale Hyperplasie

Eine Rasseprädisposition ist möglich.

Azoospermie mit Spermatogenesearrest

Wurde bei dieser Rasse beschrieben.

Atemwegserkrankungen

Larynxparalyse

Idiopathisch.

Lakeland Terrier

Herz-Kreislauf-Erkrankungen

Ventrikel-Septum-Defekt

* Kongenital.
* Verhältnismäßig selten.

Augenerkrankungen

Glaukom

Eine Rasseprädisposition ist möglich.

Linsenluxation

Eine Rasseprädisposition ist möglich, vermutlich erblich.

Katarakt

* Vermutlich erblich.
* Lokalisation: hintere subkapsuläre Kortex.
* Alter bei Beginn: 1 – 3 Jahre: verläuft langsam progressiv.

Mikrophthalmus und persistierende Pupillarmembranen

* Ein autosomal-rezessiver Erbgang wurde postuliert.
* Kann mit Kataraktbildung und fokaler Retinadysplasie verbunden sein.

Lancashire Heeler (Orsmskirk Terrier)

Augenerkrankungen

Membrana pupillaris persistens

* Vermutlich erblich.
* Eine Vererbung bei dieser Rasse wird derzeit noch durch die British Veterinary Association in Zusammenarbeit mit dem Kennel Club und der International Sheep Dog Society geprüft (Schema 3 des BVA/KC/ISDS Eye Scheme).

Katarakt

* Vermutlich erblich.
* Eine Vererbung bei dieser Rasse wird derzeit noch durch die British Veterinary Association in Zusammenarbeit mit dem Kennel Club und der International Sheep Dog Society geprüft (Schema 3 des BVA/KC/ISDS Eye Scheme).

Primäre Linsenluxation

* Vermutlich erblich.
* Wird oft von einem Glaukom gefolgt.
* Eine Vererbung bei dieser Rasse wird derzeit noch durch die British Veterinary Association in Zusammenarbeit mit dem Kennel Club und der International Sheep Dog Society geprüft (Schema 3 des BVA/KC/ISDS Eye Scheme).

„Collie eye anomaly"

- Kongenitale Veränderung; vermutlich erblich.
- Eine Vererbung bei dieser Rasse wird derzeit noch durch die British Veterinary Association in Zusammenarbeit mit dem Kennel Club und der International Sheep Dog Society geprüft (Schema 3 des BVA/KC/ISDS Eye Scheme).

Lapplandhund

Muskuloskelettale Erkrankungen

Glykogenspeicherkrankheit Typ II

- Auch als „Pompe-Erkrankung" bekannt.
- Wurde bei vier verwandten Lapplandhunden gesehen.
- Alter bei Beginn: ab 6 Monate.

Leonberger

Endokrinopathien

Hypoadrenokortizismus

Die familiäre Häufung legt den Verdacht auf eine mögliche genetische Prädisposition nahe.

Augenerkrankungen

Katarakt

- Vermutlich erblich.
- Eine Vererbung bei dieser Rasse wird derzeit noch durch die British Veterinary Association in Zusammenarbeit mit dem Kennel Club und der International Sheep Dog Society geprüft (Schema 3 des BVA/KC/ISDS Eye Scheme).

Lhasa Apso

Herz-Kreislauf-Erkrankungen

Endokardiose

- Auch als chronische Klappenerkrankung bekannt.
- Das relative Risiko beträgt 2,4 (nicht statistisch signifikant).
- Die Prävalenz steigt mit zunehmendem Alter.

- Die Ätiologie ist ungeklärt, doch besteht vermutlich eine genetische Basis.

Hauterkrankungen

Atopische Dermatitis

- Hündinnen sind möglicherweise prädisponiert.
- Alter bei Beginn klinischer Symptome: 6 Monate bis 7 Jahre, jedoch sind bei 70% der Hunde erste Anzeichen in einem Alter von 1 – 3 Jahren erkennbar.
- Kann saisonal oder nichtsaisonal verlaufen.

Futtermittelallergie

Keine Alters- oder Geschlechtsprädisposition bekannt.

Kongenitale Hypotrichose

- Besteht bereits bei der Geburt oder entwickelt sich in den ersten Lebensmonaten.
- Die Prädisposition für Rüden legt den Verdacht auf einen geschlechtsgebundenen Erbgang nahe.

Hauttumoren

Siehe unter „Neoplasien".

Arzneimittelreaktionen

Glukokortikoide

Eine subkutane Injektion kann zu lokaler Alopezie führen.

Gastrointestinale Erkrankungen

Pylorusstenose („Antral pyloric hypertrophy syndrome")

- Eine Rasseprädisposition für ein im Erwachsenenalter beginnendes „Antral pyloric hypertrophy syndrome" besteht.
- Rüden sind möglicherweise prädisponiert.

Neoplasien

Talgdrüsentumoren

- Eine Rasseprädisposition für Talgdrüsenepitheliome ist möglich.

- Treten bei älteren Hunden auf (Durchschnittsalter 10 Jahre).

Keratoakanthom

- Betrifft gewöhnlich Tiere unter 5 Jahren.
- Rüden sind prädisponiert.
- Diese Rasse ist prädisponiert für die solitäre Form der Erkrankung.

Adenome der Perianaldrüsen (hepatoiden Drüsen)

- Nach einer Untersuchung an 2700 Tieren besteht eine Rasseprädisposition.
- Das Durchschnittsalter betrug in dieser Studie 10,5 Jahre.
- Unkastrierte Rüden waren prädisponiert.

Neurologische Erkrankungen

Hydrozephalus

- Kongenital.
- Verhältnismäßig häufig.
- Beginn klinischer Symptome gewöhnlich mit 4 – 5 Monaten.

Lissenzephalie

- Seltene Entwicklungsstörung.
- Alter bei Beginn: < 1 Jahr.

Diskopathien

Eine Rasseprädisposition besteht.

Augenerkrankungen

Entropium (gewöhnlich der Unterlider)

Eine Rasseprädisposition besteht; wahrscheinlich ist ein polygener Erbgang.

Distichiasis

Eine Rasseprädisposition besteht.

Ektopische Zilien

Eine Rasseprädisposition besteht.

Karunkel-Trichiasis

Eine Rasseprädisposition besteht.

Keratokonjunktivitis sicca

Eine Rasseprädisposition besteht.

Prolaps der Nickhautdrüse

- Eine Rasseprädisposition besteht; ist möglicherweise erblich.
- Manifestiert sich normalerweise vor dem Alter von 2 Jahren.

Keratitis pigmentosa

Eine Rasseprädisposition besteht.

Refraktäres Ulcus corneae

Eine Rasseprädisposition besteht.

Korneadystrophie

- Die Erblichkeit ist ungeklärt.
- Es kommt zur Dystrophie der subepithelialen Lipide.

Katarakt

- Vermutlich erblich.
- Lokalisation: hintere Kortex.
- Alter bei Beginn: 3 – 6 Jahre, verläuft progressiv, Einschränkungen des Sehvermögens sind zu erwarten.

Syneresis des Vitreums

- Eine Rasseprädisposition besteht.
- Alter bei Beginn: 2 Jahre und mehr.
- Kann zum Glaukom führen.

Generalisierte progressive Retinaatrophie (GPRA)

- Vermutlich besteht ein autosomal-rezessiver Erbgang.
- Wird klinisch mit 3 Jahren sichtbar.
- Eine Vererbung bei dieser Rasse wurde durch die British Veterinary Association in Zusammenarbeit mit dem Kennel Club und der International Sheep Dog Society nachgewiesen (Schema 1 des BVA/KC/ISDS Eye Scheme).

Harnwegserkrankungen

Familiäre Nierenerkrankung (renale Dysplasie)

- Der Erbgang ist ungeklärt.
- Die Tiere werden mit chronischem Nierenversagen im Alter zwischen wenigen Monaten und 5 Jahren vorgestellt.

Renale Glukosurie

Kann mit der familiären Nierenerkrankung zusammen auftreten.

Kalziumoxalatsteine

- Bei dieser Rasse besteht eine erhöhte Inzidenz.
- Das Durchschnittsalter zum Zeitpunkt der Diagnose beträgt 5 – 12 Jahre.
- Rüden sind möglicherweise prädisponiert.

Struvitsteine (Magnesium-Ammonium-Phosphat)

- Bei dieser Rasse besteht eine erhöhte Inzidenz.
- Das Durchschnittsalter zum Zeitpunkt der Diagnose beträgt 2 – 8 Jahre.
- Hündinnen scheinen prädisponiert zu sein.

Silikatsteine

- Manchen Untersuchungen zufolge besteht bei dieser Rasse eine erhöhte Inzidenz.
- Rüden scheinen prädisponiert zu sein.

Atemwegserkrankungen

Trachealkollaps

- Die Ätiologie ist ungeklärt.
- Gewöhnlich sind mittelalte bis ältere Tiere betroffen.

Löwchen

Augenerkrankungen

Katarakt

Vermutlich erblich.

Lundehund

Gastrointestinale Erkrankungen

Primäre kongenitale Lymphangiektasie (führt zur „Proteinverlust-Enteropathie")

Eine Rasseprädisposition besteht.

Diarrhoesyndrom des Lundehundes

Eine spezifische Erkrankung dieser Rasse.

Lurcher

Muskuloskelettale Erkrankungen

Fraktur des Os carpi accessorium

Torsions- oder Avulsionsfraktur aufgrund einer Hyperextension des Karpus bei Belastung.

Neurologische Erkrankungen

Hypomyelinisierung des Zentralnervensystems

- Ist bei dieser Rasse beschrieben.
- Symptome treten mit 2 – 8 Wochen auf.

Magyar Vizsla

Hauterkrankungen

Granulomatöse Sebadenitis

- Keine Geschlechtsprädisposition.
- Manifestiert sich als anuläre Veränderungen mit Schuppenbildung und Alopezie.

Immunvermittelte Erkrankungen

Immunvermittelte Thrombozytopenie

- Häufig.
- Tritt bei dieser Rasse familiär auf und ist vermutlich erblich.
- Hündinnen sind häufiger betroffen als Rüden.

Augenerkrankungen

Entropium (gewöhnlich der lateralen Unterlider)

Eine Rasseprädisposition besteht; wahrscheinlich ist ein polygener Erbgang.

Katarakt

Vermutlich erblich.

Primäres Glaukom/Goniodysgenese

Eine Vererbung bei dieser Rasse wird derzeit noch durch die British Veterinary Association in Zusammenarbeit mit dem Kennel Club und der International Sheep Dog Society geprüft (Schema 3 des BVA/KC/ISDS Eye Scheme).

Generalisierte progressive Retinaatrophie (GPRA)

* Der Erbgang ist ungeklärt, jedoch vermutlich rezessiv.
* Wird klinisch manifest mit 3 Jahren.

Malteser

Herz-Kreislauf-Erkrankungen

Persistierender Ductus arteriosus

* Häufige kongenitale Missbildung.
* Hündinnen sind prädisponiert.
* Das relative Risiko beträgt 12,4.

Endokardiose

* Auch als „Chronische Klappenerkrankung" bezeichnet.
* Das relative Risiko beträgt 4,2.
* Die Prävalenz steigt mit zunehmendem Alter.
* Die Ätiologie ist ungeklärt, jedoch ist eine genetische Basis wahrscheinlich.

Hauterkrankungen

Malasseziendermatitis

* Häufig saisonal.
* Betrifft alle Altersgruppen.

Gastrointestinale Erkrankungen

Pylorusstenose („Antral pyloric hypertrophy syndrome")

* Eine Rasseprädisposition für die im Erwachsenenalter beginnende Form der Erkrankung ist möglich.
* Rüden sind möglicherweise prädisponiert.

Kongenitaler portosystemischer Shunt

* Eine Rasseprädisposition ist möglich.
* Klinische Symptome werden gewöhnlich mit weniger als 1 Jahr gesehen.

Muskuloskelettale Erkrankungen

Hernia inguinalis/scrotalis

Hündinnen sind für erstere prädisponiert.

Neurologische Erkrankungen

Hydrozephalus

* Kongenital.
* Verhältnismäßig häufig.
* Beginn der Symptome gewöhnlich mit 4 – 5 Monaten.

Hypoglykämie (als mögliche Ursache von Anfällen)

* Eine Rasseprädisposition besteht.
* Tritt bei Tieren unter 1 Jahr auf.

„Shaker dog disease"

* Eine Rasseprädisposition besteht.
* Alter bei Beginn klinischer Symptome: 9 Monate bis 2 Jahre.

Augenerkrankungen

Entropium (gewöhnlich der medialen Unterlider)

Eine Rasseprädisposition besteht; wahrscheinlich ist ein polygener Erbgang.

Distichiasis

Eine Rasseprädisposition besteht.

Karunkel-Trichiasis

Eine Rasseprädisposition besteht.

Glaukom

- Eine Rasseprädisposition besteht.
- Alter bei Beginn klinischer Symptome: 6 – 16 Jahre.

Multifokale Retinadysplasie

Kongenitale Erkrankung; vermutlich ist der Erbgang autosomal-rezessiv.

Generalisierte progressive Retinaatrophie (GPRA)

- Vermutet wird ein autosomal-rezessiver Erbgang.
- Klinisch auffällig mit 4 – 7 Jahren.

Erkrankungen der Reproduktionsorgane

Kryptorchismus

- Entwicklungsdefekt, bei dem von einem geschlechtsgebundenen, autosomal-rezessiven Erbgang ausgegangen wird.
- Malteser sollen zu den Rassen mit einem erhöhten Risiko gehören.

Manchester Terrier

Hauterkrankungen

Schablonenkahlheit („Pattern baldness")

- Betrifft fast ausschließlich Hündinnen.
- Manifestiert sich am ventralen Hals und am Abdomen.

Ehlers-Danlos-Syndrom

- Auch als „Kutane Asthenie" bezeichnet.
- Stellt eine erbliche Gruppe von Erkrankungen dar.
- Wird möglicherweise autosomal-dominant vererbt.
- Ist möglicherweise letal für homozygote Tiere.

Hämatologische Erkrankungen

Willebrand-Krankheit

- Möglicherweise besteht ein autosomal-rezessiver Erbgang.
- Tritt bei dieser Rasse in den USA und in Großbritannien häufig auf.
- Vorwiegend wird beim Manchester Terrier die Typ-I-Form gesehen.

Augenerkrankungen

Linsenluxation

- Eine Rasseprädisposition besteht.
- Alter bei Beginn: 2 – 4 Jahre.
- Führt häufig zum Glaukom.

Katarakt

- Vermutlich erblich.
- Lokalisation: hinterer subkapsulärer Bereich.
- Alter bei Beginn der Symptome: 5 Jahre; weitere Progression und Verminderung des Sehvermögens sind wahrscheinlich.

Generalisierte progressive Retinaatrophie (GPRA)

- Vermutlich besteht ein autosomal-rezessiver Erbgang.
- Klinisch manifest mit 5 – 6 Jahren.

Mastiff

Herz-Kreislauf-Erkrankungen

Pulmonalstenose

- Die dritthäufigste Ursache kongenitaler Herzerkrankungen beim Hund.
- Möglicherweise liegt ein polygener Erbgang vor.

Mitralisdysplasie

- Kongenital.
- Rüden sind prädisponiert.
- Eine genetische Basis wird vermutet.

Gastrointestinale Erkrankungen

Magendilatation/-volvulus

Eine Rasseprädisposition ist möglich.

Muskuloskelettale Erkrankungen

Hüftgelenkdysplasie

- In der Statistik der BVA (British Veterinary Association) in Zusammenarbeit mit dem KC (Kennel Club) steht der Mastiff auf Platz 18 der am häufigsten von HD betroffenen Rassen.
- Die durchschnittliche Punktezahl liegt für den Mastiff gemäß dieser Statistik bei 18 von 53 Punkten.

Ruptur des Ligamentum cruciatum craniale

- Kastrierte Tiere sind möglicherweise prädisponiert.
- Bei dieser Rasse sind auch jüngere Tiere betroffen.

Augenerkrankungen

Entropium (kann mit einer makropalpebralen Fissur verbunden sein)

Eine Rasseprädisposition besteht; möglicherweise besteht ein polygener Erbgang.

Ektropium (kann mit einer makropalpebralen Fissur verbunden sein)

Eine Rasseprädisposition besteht; möglicherweise besteht ein polygener Erbgang.

Makropalpebrale Fissur, die zu einem kombinierten Entropium-Ektropium führt („Diamond eye")

Eine Rasseprädisposition besteht; die genetische Grundlage ist nur lückenhaft bekannt.

Eversion des Nickhautknorpels

- Eine Rasseprädisposition besteht; ist vermutlich erblich.
- Tritt gewöhnlich bei jungen Hunden auf.

Prolaps der Nickhautdrüse („Cherry eye")

- Eine Rasseprädisposition besteht.
- Manifestiert sich gewöhnlich vor dem 2. Lebensjahr.

Korneadystrophie

- Eine Rasseprädisposition besteht; die Erblichkeit ist nicht bekannt.
- Es kommt zur subepithelialen Lipiddystrophie.

Persistierende Pupillarmembranen und Mikrophthalmus

- Ein rezessiver Erbgang wird vermutet.
- Eine multifokale Retinadysplasie kann zusätzlich auftreten.

Katarakt

Vermutlich erblich.

Harnwegserkrankungen

Zystinsteine

- Eine Zystinurie resultiert aus einem erblichen Defekt beim renalen tubulären Transport von Zystin, was zur Bildung von Zystinsteinen prädisponiert.
- Manchen amerikanischen Untersuchungen zufolge besteht bei dieser Rasse eine erhöhte Inzidenz.
- Das Durchschnittsalter bei der Diagnosestellung beträgt 1–8 Jahre.
- Rüden scheinen prädisponiert zu sein.

Erkrankungen der Reproduktionsorgane

Vaginale Hyperplasie

Eine Rasseprädisposition besteht.

Mexikanischer Nackthund

Immunologische Erkrankungen

Perinatale Mortalität

Kann mit einer gestörten Antikörperbildung und lymphozytärer Depletion von Thymus und Milz verbunden sein.

Miniatur Bullterrier

Augenerkrankungen

Entropium

Eine Rasseprädisposition besteht; wahrscheinlich ist ein polygener Erbgang.

Primäre Linsenluxation

- Vermutlich erblich.
- Wird oft von einem Glaukom gefolgt.
- Eine Vererbung bei dieser Rasse wurde durch die British Veterinary Association in Zusammenarbeit mit dem Kennel Club und der International Sheep Dog Society nachgewiesen (Schema 1 des BVA/ KC/ISDS Eye Scheme).

Mops

Herz-Kreislauf-Erkrankungen

Hereditäre Stenose der His-Bündel

Es besteht eine Rasseprädisposition.

Hauterkrankungen

Atopische Dermatitis

- Hündinnen sind möglicherweise prädisponiert.
- Alter zu Beginn der Symptome: 6 Monate bis 7 Jahre.
- Die Symptome können saisonal oder nichtsaisonal auftreten.

Hereditäre generalisierte Demodikose (➤ Abb. 2.53–2.55)

Es besteht eine Rasseprädisposition.

Lentiginosis profusa

Bei Möpsen erblich; möglicherweise mit einem autosomal-dominanten Erbgang.

Intertrigo

Diese Rasse neigt zu Intertrigo der Gesichtsfalten.

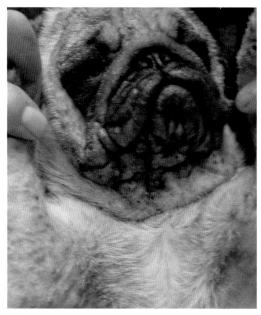

Abb. 2.53 Generalisierte hereditäre Demodikose bei einem Mops. (Mit freundlicher Genehmigung von Dr. Stefanie Peters, Tierärztliche Klinik Birkenfeld.)

Abb. 2.54 Generalisierte hereditäre Demodikose bei einem Mops. (Mit freundlicher Genehmigung von Dr. Stefanie Peters, Tierärztliche Klinik Birkenfeld.)

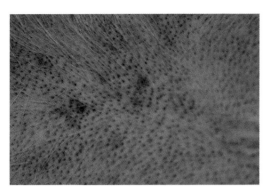

Abb. 2.55 Komedonenbildung bei generalisierter Demodikose. (Mit freundlicher Genehmigung von Dr. Stefanie Peters, Tierärztliche Klinik Birkenfeld.)

Papillomavirus-assoziierte pigmentierte Hautveränderungen

Diese können eine genetische Basis haben.

Epidermale Nävi

Verhältnismäßig selten.

Hauttumoren

Siehe unter „Neoplasien".

Muskuloskelettale Erkrankungen

Aseptische Nekrose des Femurkopfs (Morbus Legg-Calvé-Perthes)

Der Erbgang ist nicht geklärt.

Kongenitale Ellbogenluxation

- Verhältnismäßig selten; macht etwa 15% der nichttraumatischen Ellbogenlahmheiten aus.
- Führt zu schweren Funktionseinschränkungen bei dieser Rasse (Typ I).
- Besteht bereits bei der Geburt oder entwickelt sich in den ersten 3 Lebensmonaten.

Hemivertebrae

Siehe unter „Neurologische Erkrankungen".

Neoplasien

Orales Melanom

- Eine Rasseprädisposition ist möglich.
- Wird generell bei älteren Hunden gesehen (im Mittel mit 9 – 12 Jahren).
- Rüden sind möglicherweise prädisponiert.

Mastzelltumor

- Eine Rasseprädisposition ist möglich.
- Mastzelltumoren können in jedem Alter (ab 4 Monaten) auftreten, werden aber gewöhnlich bei älteren Tieren gesehen.

Neurologische Erkrankungen

Hemivertebrae

- Kongenital.
- Treten gelegentlich auf.

Nekrotisierende Enzephalitis des Mopses

- Selten.
- Beginnt im Alter von 6 Monaten bis 7 Jahren.

Augenerkrankungen

Entropium (gewöhnlich der medialen Unterlider)

Eine Rasseprädisposition besteht; wahrscheinlich ist ein polygener Erbgang.

Distichiasis

Eine Rasseprädisposition besteht, der Erbgang ist ungeklärt.

Karunkel-Trichiasis

Eine Rasseprädisposition besteht.

Keratoconjunctivitis sicca

Eine Rasseprädisposition besteht.

Kongenitale Keratoconjunctivitis sicca (Hypoplasie der Glandula lacrimalis)

Möpse gehören zu den betroffenen Rassen.

Proptosis

Entsteht aufgrund der Schädelform bei dieser Rasse verhältnismäßig leicht.

Keratitis pigmentosa

Eine Rasseprädisposition besteht.

Refraktäres Ulcus corneae

Eine Rasseprädisposition besteht.

Physiologische Besonderheiten

Achondroplasie

- Genetischer Zwergwuchs.
- Schädel und Gliedmaßen sind betroffen.
- Wird im Rassestandard akzeptiert.

Erkrankungen der Reproduktionsorgane

XX-sex-reversal-Syndrom

Kongenitale Erkrankung, die bei dieser Rasse beschrieben ist.

Dystokie

Eine Rasseprädisposition besteht aufgrund der Kombination aus einem engen Becken beim Muttertier und einem großen Kopf und breiten Schultern bei den Welpen.

Atemwegserkrankungen

Brachyzephalensyndrom

- Komplex anatomische Deformationen.
- Häufig bei dieser Rasse.
- Möglicherweise eine Folge selektiver Zuchtmaßnahmen auf bestimmte Charakteristika im Gesichtsbereich.

Münsterländer Vorstehhund

Hauterkrankungen

Follikeldysplasie der schwarzen Haare

Veränderungen des Fells beginnen mit etwa 4 Wochen.

Augenerkrankungen

Katarakt

- Vermutlich erblich.
- Lokalisation: posterior polar subkapsulär.
- Eine Vererbung bei dieser Rasse wurde durch die British Veterinary Association in Zusammenarbeit mit dem Kennel Club und der International Sheep Dog Society nachgewiesen (Schema 1 des BVA/KC/ISDS Eye Scheme).

Neapolitanischer Mastiff

Muskuloskelettale Erkrankungen

Ruptur des Ligamentum cruciatum craniale

- Kastrierte Tiere sind möglicherweise prädisponiert.
- Kann bei dieser Rasse bereits in jungem Alter auftreten.

Augenerkrankungen

Entropium (kann mit einer makropalpebralen Fissur verbunden sein)

Eine Rasseprädisposition besteht; wahrscheinlich ist ein polygener Erbgang.

Ektropium (kann mit einer makropalpebralen Fissur verbunden sein)

Eine Rasseprädisposition besteht; wahrscheinlich ist ein polygener Erbgang.

Makropalpebrale Fissur, die zu einem kombinierten Entropium-Ektropium führt („Diamond eye")

Eine Rasseprädisposition besteht; die genetische Grundlage ist nur lückenhaft bekannt.

Eversion des Nickhautknorpels

- Eine Rasseprädisposition besteht; ist vermutlich erblich.
- Tritt gewöhnlich bei jungen Hunden auf.

Prolaps der Nickhautdrüse („Cherry eye")

Eine Rasseprädisposition besteht.

Katarakt

Vermutlich erblich.

Erkrankungen der Reproduktionsorgane

Vaginale Hyperplasie

Eine Rasseprädisposition besteht.

Neufundländer

Herz-Kreislauf-Erkrankungen

Aortenstenose

- Häufige kongenitale Erkrankung.
- Das relative Risiko beträgt 19,9.
- Bei dieser Rasse sind Rüden stark prädisponiert.
- Möglich ist ein autosomal-dominanter Erbgang mit modifizierenden Genen, eventuell liegt auch ein polygener Erbgang vor.

Atrium-Septum-Defekt

- Verhältnismäßig seltene kongenitale Erkrankung.
- Das relative Risiko beträgt 24.

Dilatative Kardiomyopathie

- Die Prävalenz bei dieser Erkrankung beträgt 1,3% verglichen mit 0,16% bei Mischlingen und 0,65% bei reinrassigen Tieren.
- Die Prävalenz nimmt mit steigendem Alter zu.
- Kommt etwa doppelt so häufig bei Rüden wie bei Hündinnen vor.
- Ist vermutlich familiär oder genetisch bedingt.

Pulmonalstenose

- Die dritthäufigste Ursache kongenitaler Herzerkrankungen beim Hund.
- Möglicherweise besteht ein polygener Erbgang.

Persistierender Ductus arteriosus

- Häufige kongenitale Missbildung.
- Hündinnen sind prädisponiert.
- In manchen Regionen ist diese Rasse prädisponiert.

Hauterkrankungen

Pyotraumatische Follikulitis

- Auch als „Hot spot" oder nässendes Ekzem bekannt.
- Junge Hunde sind prädisponiert.
- Das relative Risiko beträgt 5,1.

Pemphigus foliaceus

- Verhältnismäßig seltene Erkrankung.
- Keine Geschlechtsprädisposition bekannt.
- Beginnt gehäuft mit 4 Jahren.

Farbmutantenalopezie

Die Gene für die Farbverdünnung spielen eine Rolle in der Pathogenese.

Erworbene Depigmentierung

- Betrifft normal gefärbte schwarze Neufundländer im Alter von etwa 18 Monaten.
- Die Depigmentierung betrifft Nase, Lippen und Augenlider und kann weiter fortschreiten und auch die Haarfarbe verändern.

Kallusdermatitis/-pyodermie

Tritt bei dieser Rasse am häufigsten über Sprunggelenk und Ellbogengelenk auf.

Endokrinopathien

Hypothyreose

- In manchen Berichten werden Neufundländer zu den Rassen mit erhöhtem Risiko gezählt.
- Oft sind Hunde mittleren Alters betroffen (2 – 6 Jahre).

Gastrointestinale Erkrankungen

Kongenitaler idiopathischer Megaösophagus

Eine Rasseprädisposition besteht.

Neurologische Erkrankungen

Distale Polyneuropathie

- Wurde bei dieser Rasse beschrieben.
- Alter bei Beginn klinischer Symptome: > 1 Jahr.

Augenerkrankungen

Entropium (kann mit einer makropalpebralen Fissur verbunden sein)

Eine Rasseprädisposition besteht; wahrscheinlich ist ein polygener Erbgang.

Ektropium (kann mit einer makropalpebralen Fissur verbunden sein)

Eine Rasseprädisposition besteht; wahrscheinlich ist ein polygener Erbgang.

Makropalpebrale Fissur, die zu einem kombinierten Entropium-Ektropium führt („Diamond eye")

Eine Rasseprädisposition besteht; die genetische Grundlage ist nur lückenhaft bekannt.

Eversion des Nickhautknorpels

- Eine Rasseprädisposition besteht; ist vermutlich erblich.
- Tritt gewöhnlich bei jungen Hunden auf.

Prolaps der Nickhautdrüse („Cherry eye")

Eine Rasseprädisposition besteht.

Katarakt

Vermutlich erblich.

Harnwegserkrankungen

Ektopischer Ureter

- Kongenitale Missbildung, für die bei dieser Rasse eine erhöhte Inzidenz bestehen soll.

- Präsentiert sich gewöhnlich im Alter unter 1 Jahr.
- Wird häufiger bei Hündinnen diagnostiziert.

Zystinsteine

- Eine Zystinurie resultiert aus einem erblichen Defekt beim renalen tubulären Transport von Zystin, was zur Bildung von Zystinsteinen prädisponiert.
- Der Defekt scheint schwerwiegender zu sein, als bei anderen Rassen und zu einer früheren Urolithiasis zu führen (< 1 Jahr); anscheinend besteht bei dieser Rasse eine höhere Inzidenz.
- Vermutlich ist die Erblichkeit autosomal-rezessiv.
- Rüden und Hündinnen sind betroffen.

Atemwegserkrankungen

Primäre Dyskinesie der Zilien

Wird bei dieser Rasse vermutlich autosomal-rezessiv vererbt.

Niederländischer Kooikerhondje

Hämatologische Erkrankungen

Willebrand-Krankheit

- Bei dieser Rasse tritt sie als Typ-III-Erkrankung auf.
- Der Erbgang ist autosomal-rezessiv.
- Der exakte verantwortliche Gendefekt ist identifiziert.

Norfolk Terrier

Augenerkrankungen

Glaukom

Eine Rasseprädisposition ist möglich.

Linsenluxation

Eine Rasseprädisposition ist möglich.

Katarakt

- Vermutlich erblich.
- Lokalisation: posterior polar subkapsulär.

- Alter bei Beginn: 5 Jahre; verläuft gewöhnlich progressiv, Einschränkungen des Sehvermögens sind zu erwarten.

Mikropapille

- Kongenitale Veränderung.
- Tritt gelegentlich bei dieser Rasse auf.

Kolobom des N. opticus

- Kongenitaler Defekt; dessen Erblichkeit nicht geklärt ist.
- Tritt gelegentlich bei dieser Rasse auf.

Norwegischer Buhund

Augenerkrankungen

Katarakt

- Ein autosomal-dominanter Erbgang wird vermutet.
- Lokalisation: posterior polar.
- Alter bei Beginn: 3 – 4 Monate.
- Eine Vererbung bei dieser Rasse wurde durch die British Veterinary Association in Zusammenarbeit mit dem Kennel Club und der International Sheep Dog Society nachgewiesen (Schema 1 des BVA/KC/ISDS Eye Scheme).

Norwegischer Elchhund

Muskuloskelettale Erkrankungen

Chondrodysplasie des Norwegischen Elchhundes

- Ein autosomal-rezessiver Erbgang besteht.
- Verkürzter Rumpf und unproportioniert kurze Beine treten auf.
- Kann mit Glukosurie assoziiert sein.

Osteogenesis imperfecta

Der Vererbungsmechanismus ist ungeklärt.

Neoplasien

Keratoakanthom

Es besteht eine Rasseprädisposition für multiple Tumoren.

Plattenepithelkarzinom der Haut

Tritt im Durchschnittsalter von 9 Jahren auf.

Augenerkrankungen

Entropium (gewöhnlich der Unterlider)

Eine Rasseprädisposition besteht; wahrscheinlich ist ein polygener Erbgang.

Primäres Glaukom

- Der Erbgang ist ungeklärt.
- Die meisten primären Fälle sind Weitwinkelglaukome, es sind allerdings auch solche mit einem engen iridokornealen Filtrationswinkel bekannt.
- Alter bei Beginn: 4 – 7 Jahre.
- Eine Vererbung bei dieser Rasse wird derzeit noch durch die British Veterinary Association in Zusammenarbeit mit dem Kennel Club und der International Sheep Dog Society geprüft (Schema 3 des BVA/KC/ISDS Eye Scheme).

Linsenluxation

- Eine Rasseprädisposition besteht; ist vermutlich erblich.
- Führt zum sekundären Glaukom.
- Alter bei Beginn: 2 – 6 Jahre.

Katarakt

- Vermutlich erblich.
- Lokalisation: hintere Nähte und Kortex.
- Alter bei Beginn: 1 – 3 Jahre; verläuft langsam progressiv.

Multifokale Retinadysplasie

- Kongenitale Erkrankung.
- Eine Vererbung bei dieser Rasse wird derzeit noch durch die British Veterinary Association in Zusammenarbeit mit dem Kennel Club und der International Sheep Dog Society geprüft (Schema 3 des BVA/KC/ISDS Eye Scheme).

Generalisierte progressive Retinaatrophie (GPRA; frühe Degeneration der Retina)

- Ein autosomal-rezessiver Erbgang besteht.
- Mit 6 Wochen kommt es zu Nachtblindheit, im Alter von 12 – 18 Monaten zum vollständigen Verlust des Sehvermögens.
- Bei dieser Rasse kann zumeist eine rezessiv vererbte Dysplasie der Stäbchen gefunden werden.
- Eine Vererbung bei dieser Rasse wurde durch die British Veterinary Association in Zusammenarbeit mit dem Kennel Club und der International Sheep Dog Society nachgewiesen (Schema 1 des BVA/ KC/ISDS Eye Scheme).

Harnwegserkrankungen

Familiäre Nierenerkrankung

- Der Erbgang ist ungeklärt.
- Es kommt zu periglomerulärer Fibrose und später zu generalisierter interstitieller Fibrose.
- Die Tiere werden mit Nierenversagen im Alter von wenigen Monaten bis zu 5 Jahren vorgestellt; in manchen Fällen besteht ein Fanconi-Syndrom.

Primäre renale Glukosurie

Es sind Fälle mit normaler Nierenfunktion bekannt.

Norwich Terrier

Muskuloskelettale Erkrankungen

Muskelkrämpfe

Eine Erkrankung, die dem „Scottie cramp" ähnelt, ist bei dieser Rasse beschrieben.

Neurologische Erkrankungen

Eine Erkrankung, die dem „Scottie cramp" ähnelt, ist bei dieser Rasse beschrieben.

Augenerkrankungen

Korneadystrophie

- Die Erblichkeit ist nicht geklärt.
- Es kommt zur paralimbalen Dystrophie der Lipide.

Glaukom

Eine Rasseprädisposition ist möglich.

Linsenluxation

- Eine Rasseprädisposition besteht.
- Alter bei Beginn: 3 Jahre.

Katarakt

- Vermutlich erblich.
- Lokalisation: posterior polar.
- Alter bei Beginn: 6 Monate bis 2 $\frac{1}{2}$ Jahre; ein progressiver Verlauf und Einschränkungen des Sehvermögens sind zu erwarten.

Nova Scotia Duck Tolling Retriever

Endokrinopathien

Hypoadrenokortizismus

Das familiäre Auftreten legt den Verdacht auf eine mögliche genetische Prädisposition nahe.

Augenerkrankungen

Katarakt

- Vermutlich erblich.
- Kann mit einer progressiven Retinaatrophie verbunden sein.

Generalisierte progressive Retinaatrophie (GPRA)

- Der Erbgang ist nicht geklärt, jedoch vermutlich rezessiv.
- Klinischer Beginn ist mit 5 – 6 Jahren.

Orsmskirk Terrier

Siehe unter „Lancashire Heeler".

Otterhund

Hämatologische Erkrankungen

Glanzmann-Thrombasthenie

- Wird durch einen genetischen Defekt der Thrombozyten hervorgerufen.
- Der Erbgang ist autosomal-rezessiv.

Muskuloskelettale Erkrankungen

Hüftgelenkdysplasie

- In der Statistik der BVA (British Veterinary Association) in Zusammenarbeit mit dem KC (Kennel Club) ist der Otterhund die unter allen Hunden am häufigsten von HD betroffene Rasse.
- Die durchschnittliche Punktezahl liegt für den Otterhund gemäß dieser Statistik bei 43 von 53 Punkten.

Papillon

Hauterkrankungen

Follikeldysplasie der schwarzen Haare

- Tritt familiär auf.
- Zeigt eine frühe klinische Manifestation.

Neurologische Erkrankungen

Kongenitale Taubheit

Symptome bestehen ab der Geburt.

Augenerkrankungen

Entropium

Eine Rasseprädisposition besteht; wahrscheinlich ist ein polygener Erbgang.

Katarakt

- Vermutlich erblich.
- Lokalisation: nuklear und posterior kortikal.
- Alter bei Beginn: 1,5 – 3 Jahre; sie verläuft langsam progressiv, nur selten kommt es zu Beeinträchtigungen des Sehvermögens.

Generalisierte progressive Retinaatrophie (GPRA)

- Vermutet wird ein autosomal-rezessiver Erbgang.
- Tritt spät auf; Nachtblindheit zeigt sich bei mittelalten Hunden, Blindheit wird gewöhnlich erst im Alter von 7 – 8 Jahren gesehen.
- Eine Vererbung bei dieser Rasse wird derzeit noch durch die British Veterinary Association in Zusammenarbeit mit dem Kennel Club und der International Sheep Dog Society geprüft (Schema 3 des BVA/KC/ISDS Eye Scheme).

Parson Russell Terrier

Augenerkrankungen

Primäre Linsenluxation

- Vermutlich erblich.
- Wird oft von einem Glaukom gefolgt.
- Eine Vererbung bei dieser Rasse wurde durch die British Veterinary Association in Zusammenarbeit mit dem Kennel Club und der International Sheep Dog Society nachgewiesen (Schema 1 des BVA/KC/ISDS Eye Scheme).

Pekinese

Herz-Kreislauf-Erkrankungen

Endokardiose

- Auch als „Chronische Klappenveränderung" bezeichnet.
- Das relative Risiko liegt bei 4,1.
- Mit zunehmendem Alter steigt die Prävalenz.
- Die Ätiologie ist nicht geklärt, eine genetische Grundlage ist wahrscheinlich.

Hauterkrankungen

Dermatophytose

Eine häufige Pilzinfektion.

Pododermatitis

- Kann sämtliche Altersgruppen und beide Geschlechter betreffen.

- Rüden sind prädisponiert.
- Die Vorderpfoten sind häufiger betroffen.

Flohallergie

Die meisten Studien können keine Rasseprädispositionen nachweisen, einer französischen Untersuchung zufolge sollen Pekinesen aber prädisponiert sein.

Intertrigo

- Bei dieser Rasse ist eine Intertrigo der Gesichtsfalten häufig.
- Kann zum Korneaulkus führen.

Tollwutvakzine-assoziierte Vaskulitis und Alopezie

- Die Veränderungen finden sich etwa 3 – 6 Monate nach der Impfung an der Injektionsstelle.
- Bei den in Deutschland zugelassenen Tollwutimpfungen ist die Inzidenz viel geringer als bei Impfstoffen in den USA.

Hauttumoren

Siehe unter „Neoplasien".

Gastrointestinale Erkrankungen

Pylorusstenose („Antral pyloric hypertrophy syndrome")

- Eine Rasseprädisposition für die im Erwachsenalter beginnende Form der Erkrankung ist möglich.
- Rüden sind möglicherweise prädisponiert.

Hämorrhagische Gastroenteritis

- Eine Rasseprädisposition ist möglich.
- Tritt am häufigsten mit 2 – 4 Jahren auf.

Muskuloskelettale Erkrankungen

Kongenitale Ellbogenluxation

- Bei dieser Rasse kommen Luxationen vom Typ I und Typ II vor.
- Defekte vom Typ I (Rotation der proximalen Ulna um 90°) bewirken eine schwere Einschränkung bei dieser Rasse ab dem Geburtszeitpunkt oder ab den ersten 3 Lebensmonaten.

- Defekte vom Typ II (kaudolaterale Dislokation des proximalen Radius) werden gewöhnlich im Alter von 4 – 5 Monaten gesehen.

Hernia inguinalis/scrotalis

Hündinnen sind für eine Hernia inguinalis prädisponiert.

Dysplasie des Dens axis

Kongenital.

Hernia perinealis

Unkastrierte Rüden sind prädisponiert.

Retrognathie

Der Erbgang ist nicht geklärt.

Hernia umbilicalis

Es besteht eine Rassedisposition.

Neoplasien

Kutanes Plattenepithelkarzinom

- Keine Geschlechtsprädisposition bekannt.
- Tritt im durchschnittlichen Alter von 9 Jahren auf.

Neurologische Erkrankungen

Diskopathien

- Eine Rasseprädisposition besteht.
- Verhältnismäßig häufig.
- Beginn der Symptome: 3 – 7 Jahre.

Hydrozephalus

- Kongenital.
- Verhältnismäßig häufig.
- Beginn der Symptome: gewöhnlich mit 4 – 5 Monaten.

Hemivertebrae

- Kongenital.
- Treten gelegentlich auf.

Atlantoaxiale Subluxation

- Kongenital.
- Verhältnismäßig häufig.
- Alter bei klinischer Manifestation: < 1 Jahr.

Augenerkrankungen

Entropium

Eine Rasseprädisposition besteht; wahrscheinlich ist ein polygener Erbgang.

Distichiasis

Eine Rasseprädisposition besteht; der Erbgang ist ungeklärt.

Karunkel-Trichiasis

Eine Rasseprädisposition besteht.

Nasenfalten-Trichiasis

Eine Rasseprädisposition besteht.

Keratoconjunctivitis sicca

Eine Rasseprädisposition besteht.

Refraktäres Ulcus corneae

Eine Rasseprädisposition besteht.

Keratitis pigmentosa

Eine Rasseprädisposition besteht.

Proptosis

Aufgrund der Schädelform bei dieser Rasse leichter möglich.

Katarakt

Vermutlich erblich.

Generalisierte progressive Retinaatrophie (GPRA)

- Der Erbgang ist nicht geklärt, jedoch vermutlich rezessiv.
- Wird mit etwa 8 Jahren klinisch manifest.

Physiologische Besonderheiten

Achondroplasie

- Genetischer Zwergwuchs.
- Schädel und Gliedmaßen sind betroffen.
- Im Rassestandard akzeptiert.

Erkrankungen der Reproduktionsorgane

Kryptorchismus

- Ein Entwicklungsdefekt, der vermutlich geschlechtsgebunden autosomal-rezessiv vererbt wird.
- Pekinesen sollen zu den Rassen mit einem erhöhten Risiko zählen.

Pseudohermaphroditismus beim Rüden

- Kongenitale Veränderung des phänotypischen Geschlechts.
- Bei dieser Rasse beschrieben.

Atemwegserkrankungen

Brachyzephalensyndrom

- Stellt einen Komplex anatomischer Deformationen dar.
- Häufig bei dieser Rasse.
- Möglicherweise eine Folge von selektiven Zuchtmaßnahmen auf bestimmte Charakteristika des Gesichts.

Hypoplasie des Bronchialknorpels

Kongenital.

Petit Basset Griffon Vendéen

Augenerkrankungen

Membrana pupillaris persistens

- Vermutlich erblich.
- Eine Vererbung bei dieser Rasse wird derzeit noch durch die British Veterinary Association in Zusammenarbeit mit dem Kennel Club und der International Sheep Dog Society geprüft (Schema 3 des BVA/KC/ISDS Eye Scheme).

Pointer/Vorstehhunde

Herz-Kreislauf-Erkrankungen

Aortenstenose

- Kongenital.
- Keine Geschlechtsprädisposition bekannt.
- Möglicherweise besteht ein autosomal-dominanter Erbgang mit modifizierenden Genen, eventuell ist das Erbschema auch polygen.

Hypertrophe Kardiomyopathie

- Selten.
- Bei diesen Rassen erblich.

Perikarderguss

- Erworben.
- Das relative Risiko liegt bei 9,5.

Hauterkrankungen

Nasale Follikulitis/Furunkulose

- Verhältnismäßig selten.
- Die Ursache ist nicht bekannt.

Follikulitis und Furunkulose von Lefzen und Kinn

- Auch als „kanine Akne" bezeichnet.
- Lokales Trauma, Hormone und genetische Faktoren spielen eine Rolle in der Pathogenese.

Pododermatitis

- Kann alle Altersgruppen und beide Geschlechter betreffen.
- Rüden sind prädisponiert.
- Die Vorderpfoten sind häufiger betroffen.

Blastomykose

Siehe unter „Infektionskrankheiten".

Kokzidioidomykose

Siehe unter „Infektionskrankheiten".

Histoplasmose

Siehe unter „Infektionskrankheiten".

Diskoider Lupus erythematodes (DLE)

- Keine Alters- oder Geschlechtsprädisposition bekannt.
- In einer Überweisungsklinik erreichte der Anteil der an DLE leidenden Hunde unter allen Patienten mit Hauterkrankungen 0,3%.

Hereditäre lupoide Dermatose des Deutschen Kurzhaarigen Vorstehhundes

- Auch als „Kutaner Lupus des Deutschen Kurzhaarigen Vorstehhundes" bekannt.
- Familiäres Auftreten.
- Die Ursache ist unbekannt.
- Das Alter bei Beginn beträgt etwa 6 Monate.

Follikeldysplasie der schwarzen Haare

- Selten.
- Tritt bereits früh auf.
- Familiäres Auftreten.

Akrales Mutilationssyndrom

- Möglicherweise besteht ein autosomal-rezessiver Erbgang.
- Keine Geschlechtsprädisposition.
- Alter bei Beginn: 3 – 5 Monate.

Nasale Depigmentierung

- Auch als „Dudley nose" bezeichnet.
- Die Ursache ist nicht bekannt.

Solardermatitis des Rumpfbereichs

Sonnige Klimazonen prädisponieren hierfür.

Zink-reaktive Dermatose

Tritt bei schnell wachsenden Hunden auf, denen Futter mit zu niedrigem Zinkgehalt verabreicht wird.

Hauttumoren

Siehe unter „Neoplasien".

Endokrinopathien

Zentraler Diabetes insipidus (CDI); beim Deutschen Kurzhaarigen Vorstehhund

Ein einzelner Bericht über einen Wurf von fünf achtwöchigen Welpen mit CDI legt den Verdacht auf eine familiäre Erkrankung nahe.

Gastrointestinale Erkrankungen

Gaumenspalte

Eine kongenitale Missbildung, die bei dieser Rasse vermutlich erblich ist.

Oropharyngeale Neoplasie (Deutscher Kurzhaariger Vorstehhund)

Eine Rasseprädisposition ist möglich.

Hämatologische Erkrankungen

Willebrand-Krankheit

- Betroffen sind Deutsche Kurzhaarige- und Deutsche Drahthaarige Vorstehhunde.
- Sie sind für Typ II der Erkrankung prädisponiert.

Infektionskrankheiten

Blastomykose

- Die erhöhte Inzidenz dieser Erkrankung lässt sich möglicherweise durch die höhere Wahrscheinlichkeit der Exposition erklären.
- Sie tritt vorwiegend bei jungen Rüden auf, die in Wassernähe leben.
- Geographische Verteilung. um den Mississippi, Ohio, Missouri, Tennessee und St. Lorenz-Strom, die südlichen Großen Seen und die südlichen mittelatlantischen Staaten; in Deutschland nicht beschrieben.

Kokzidioidomykose

- Die erhöhte Inzidenz dieser Erkrankung lässt sich möglicherweise durch die höhere Wahrscheinlichkeit der Exposition erklären.
- Sie tritt vorwiegend bei jungen Rüden auf.
- Geographische Verteilung: Kalifornien, Arizona, Texas, New Mexico, Nevada, Utah, Mexiko und Teile von Zentral- und Südamerika; in Deutschland nicht beschrieben.

Histoplasmose

- Verhältnismäßig selten.
- Vorwiegend auf die zentralen USA beschränkt.
- Betrifft gewöhnlich Hunde unter 4 Jahren.

Infektiöse Hauterkrankungen

Siehe unter „Hauterkrankungen".

Muskuloskelettale Erkrankungen

Meningitis/Polyarthritis

- Idiopathisch.
- Betrifft Hunde ab dem Alter von 6 Monaten.

Enchondrodystrophie des English Pointer

- Kurze Gliedmaßen sind typisch.
- Möglicherweise besteht ein autosomal-rezessiver Erbgang.

Ruptur des Ligamentum cruciatum craniale

- Häufige Ursache für Hinterhandlahmheit.
- Ist häufiger bei Deutschen Kurzhaarigen Vorstehhunden.

Hernia umbilicalis

Es besteht eine Rasseprädisposition.

Hemivertebrae

Siehe unter „Neurologische Erkrankungen".

Neoplasien

Mastzelltumor

- Eine Rasseprädisposition ist möglich.
- Mastzelltumoren können in jeder Altersgruppe auftreten (ab 4 Monaten), werden aber zumeist bei älteren Tieren gesehen.

Kutanes Hämangiom (English Pointer)

- Eine Rasseprädisposition ist möglich.
- In einer Untersuchung betrug das Durchschnittsalter 8,7 Jahre.

2

Oropharyngeale Neoplasie (Deutscher Kurzhaariger Vorstehhund)

Eine Rasseprädisposition ist möglich.

Tumoren der Nasenhöhle (Deutscher Kurzhaariger Vorstehhund)

- Bei dieser Rasse wurde von einem erhöhten Risiko für nasale Karzinome berichtet.
- Gewöhnlich sind ältere Tiere betroffen.
- Hunde, die in städtischen Gebieten gehalten werden, haben möglicherweise ein erhöhtes Risiko.

Neurologische Erkrankungen

Kongenitale Taubheit

Symptome bestehen ab der Geburt.

Atrophie der Spinalmuskeln (English Pointer)

- Vermutlich erblich.
- In Japan beschrieben.
- Alter bei klinischem Beginn: 5 Monate.

Sensorische Neuropathie (English Pointer und Deutscher Kurzhaariger Vorstehhund)

- Ein autosomal-rezessiver Erbgang besteht.
- Selten.
- Symptome treten mit 3 – 6 Monaten auf.

Lysosomale Speicherkrankheit – GM$_2$-Gangliosidose (Japanischer und Deutscher Kurzhaariger Vorstehhund)

- Ein autosomal-rezessiver Erbgang besteht.
- Selten.
- Symptome beginnen mit 6 – 12 Monaten.

Meningitis und Polyarteriitis (Deutscher Kurzhaariger Vorstehhund)

- Wurde bei dieser Rasse beschrieben.
- Alter bei Beginn klinischer Symptome: < 1 Jahr.

Pyogranulomatöse Meningoenzephalomyelitis

- Wurde bei dieser Rasse beschrieben.
- Alter bei Beginn klinischer Symptome: > 1 Jahr.

Hemivertebrae (der Brustwirbel beim Deutschen Kurzhaarigen Vorstehhund)

- Der Erbgang ist autosomal-rezessiv; Hemivertebrae wurden in manchen Linien beschrieben.
- Treten gelegentlich auf.

Augenerkrankungen

Entropium (gewöhnlich der lateralen Unterlider)

Eine Rasseprädisposition besteht; wahrscheinlich ist ein polygener Erbgang.

Chronische superfizielle Keratitis (Pannus; beim English Pointer)

Eine Rasseprädisposition besteht.

Eversion des Nickhautknorpels (Deutscher Kurzhaariger Vorstehhund)

- Eine Rasseprädisposition besteht; man geht von einem rezessiven Erbgang aus.
- Tritt gewöhnlich bei jungen Hunden auf.

Korneadystrophie

- Der Erbgang ist nicht geklärt.
- Es kommt zur Dystrophie der Lipide.
- Alter bei Beginn: 6 Jahre.

Katarakt (English Pointer)

- Ein dominanter Erbgang wird vermutet.
- Lokalisation: peripher.
- Alter bei Beginn: 2 – 3 Jahre; ein progressiver Verlauf mit Einschränkung des Sehvermögens ist möglich.

Katarakt (Deutscher Kurzhaariger und Deutscher Drahthaariger Vorstehhund)

- Vermutlich erblich.
- Lokalisation: hintere subkapsuläre Kortex.
- Alter bei Beginn: 6 – 18 Monate; langsam progressiver Verlauf.

Generalisierte progressive Retinaatrophie (GPRA; Deutscher Kurzhaariger Vorstehhund und English Pointer)

- Vermutet wird ein autosomal-rezessiver Erbgang.
- Klinisch manifest mit 5 – 6 Jahren beim English Pointer.

Erkrankungen der Reproduktionsorgane

XX-sex-reversal-Syndrom (Deutscher Kurzhaariger Vorstehhund)

Eine kongenitale Veränderung, die bei dieser Rasse beschrieben wurde.

Erkrankungen der Atemwege

Primäre Dyskinesie der Zilien

- Symptome manifestieren sich gewöhnlich bereits in jungem Alter.
- English Pointer sind betroffen.

Polnischer Niederungshütehund (PON)

Augenerkrankungen

Zentrale progressive Retinaatrophie (CPRA) oder Pigmentepitheldystrophie (PED)

- Eine Rasseprädisposition besteht; ist vermutlich erblich.
- Eine Vererbung bei dieser Rasse wird derzeit noch durch die British Veterinary Association in Zusammenarbeit mit dem Kennel Club und der International Sheep Dog Society geprüft (Schema 3 des BVA/KC/ISDS Eye Scheme).

Pomeranian (Zwergspitz)

Herz-Kreislauf-Erkrankungen

Persistierender Ductus arteriosus

- Häufige kongenitale Missbildung.
- Das relative Risiko beträgt 4,6.

- Hündinnen sind prädisponiert.
- Polygener Erbgang.

„Sick sinus syndrome"

- Hunde mittleren Alters und ältere Hunde sind betroffen.
- Das relative Risiko bei dieser Rasse beträgt 3,5.
- Keine Geschlechtsprädisposition bei dieser Rasse bekannt.

Hauterkrankungen

Wachstumshormonmangel des erwachsenen Hundes („Alopecia X") (➤ Abb. 2.56 und ➤ Abb. 2.57)

Siehe unter „Endokrinopathien".

Abb. 2.56 Alopecia X bei einem Zwergspitz. (Mit freundlicher Genehmigung von Dr. Stefanie Peters, Tierärztliche Klinik Birkenfeld.)

Abb. 2.57 Alopecia X bei einem Zwergspitz (Nahaufnahme). (Mit freundlicher Genehmigung von Dr. Stefanie Peters, Tierärztliche Klinik Birkenfeld.)

Endokrinopathien

Wachstumshormonmangel des erwachsenen Hundes („Alopecia X")

- Eine starke Rasseprädisposition besteht.
- Rüden sind möglicherweise prädisponiert.
- Klinische Symptome treten gewöhnlich mit 1–5 Jahren auf.

Hypothyreose

- Manchen Literaturangaben zufolge besteht bei dieser Rasse ein erhöhtes Risiko.
- Häufig sind Hunde mittleren Alters betroffen (2–6 Jahre).

Muskuloskelettale Erkrankungen

Kongenitale Ellbogenluxation

- Bei dieser Rasse kommt die Typ-II-Luxation vor (der proximale Radius ist nach kaudolateral disloziert).
- Die Tiere werden gewöhnlich mit 4–5 Monaten vorgestellt.

Patellaluxation nach medial

Es wird eine signifikante hereditäre Komponente vermutet.

Schulterluxation

Kongenital.

Hernia inguinalis/scrotalis

Hündinnen sind für Inguinalhernien prädisponiert.

Dysplasie des Dens axis

Kongenital.

Neoplasien

Testikuläre Neoplasie

Man geht bei dieser Rasse von einem erhöhten Risiko aus.

Neurologische Erkrankungen

Hydrozephalus

- Kongenital.
- Verhältnismäßig häufig.
- Beginn der Symptome: gewöhnlich mit 4–5 Monaten.

Atlantoaxiale Subluxation

- Kongenital.
- Bei dieser Rasse relativ häufig.
- Alter bei klinischem Beginn: < 1 Jahr.

Augenerkrankungen

Entropium (gewöhnlich im Bereich des medialen Kanthus des Unterlids)

Eine Rasseprädisposition besteht; wahrscheinlich ist ein polygener Erbgang.

Katarakt

- Vermutlich erblich.
- Lokalisation: posterior kortikal.
- Alter bei Beginn: 4 Jahre, kann progressiv verlaufen und vollständig werden.

Generalisierte progressive Retinaatrophie (GPRA)

- Vermutet wird ein autosomal-rezessiver Erbgang.
- Klinisch manifest mit etwa 6 Jahren.

Erkrankungen der Reproduktionsorgane

Kryptorchismus

- Ein Entwicklungsdefekt, der vermutlich geschlechtsgebunden autosomal-rezessiv vererbt wird.
- Pomeranians sollen zu den Rassen mit einem erhöhten Risiko gehören.

Testikuläre Neoplasie

Pomeranians sollen zu den Rassen mit einem erhöhten Risiko gehören.

Atemwegserkrankungen

Trachealkollaps

- Die Ätiologie ist nicht geklärt.
- Gewöhnlich sind mittelalte und ältere Tiere betroffen.

Pudel

Herz-Kreislauf-Erkrankungen

Persistierender Ductus arteriosus

- Häufige kongenitale Missbildung.
- Das relative Risiko beträgt 6,7 für Toy-Pudel und 5,9 für Zwergpudel.
- Hündinnen sind prädisponiert.
- Polygener Erbgang.

Endokardiose

- Auch als „Chronische Klappenerkrankung" bezeichnet.
- Das relative Risiko beträgt 3,1 für Toy-Pudel und 2,8 für Zwergpudel.
- Die Prävalenz steigt mit zunehmendem Alter.
- Die Ätiologie ist ungeklärt, doch ist eine genetische Basis wahrscheinlich.

Dilatative Kardiomyopathie

- Die Prävalenz steigt mit zunehmendem Alter.
- Etwa doppelt so häufig bei Rüden wie bei Hündinnen.
- Vermutlich familiär oder genetisch bedingt.
- Großpudel sind einer Untersuchung zufolge überrepräsentiert.

Hauterkrankungen

Malasseziendermatitis (➤ Abb. 2.58)

- Häufig saisonal.
- Kann alle Altersgruppen betreffen.

Tollwutvakzine-induzierte Vaskulitis und Alopezie

- Die Veränderungen entwickeln sich etwa 3 – 6 Monate nach der Impfung an der Injektionsstelle.
- Bei den in Deutschland zugelassenen Tollwutvakzinen ist die Inzidenz wesentlich geringer als in den USA.

Saisonale Flankenalopezie

- Zwergpudel sind prädisponiert.
- Kann im Frühjahr oder im Herbst auftreten.

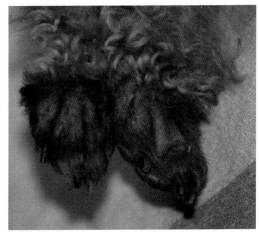

Abb. 2.58 Malasseziendermatitis. (Mit freundlicher Genehmigung von Dr. Stefanie Peters, Tierärztliche Klinik Birkenfeld.)

Wachstumshormonmangel des erwachsenen Hundes (Alopecia X bei Toy- und Zwergpudeln)

Siehe unter „Endokrinopathien".

Kongenitale Hypotrichose (Toy- und Zwergpudel)

- Besteht bereits bei der Geburt oder entwickelt sich in den ersten Lebensmonaten.
- Die Prädisposition für Rüden legt den Verdacht auf eine geschlechtsgebundene Vererbung nahe.

Farbmutantenalopezie (➤ Abb. 2.59)

- Die Gene für die Fellfarbe spielen in der Pathogenese eine Rolle.
- Großpudel sind prädisponiert.

Post injectionem auftretende Calcinosis circumscripta

Die Veränderungen entwickeln sich innerhalb von 5 Monaten nach der Injektion.

Primäres Lymphödem

- Keine offensichtliche Geschlechtsprädisposition bekannt.
- Tritt gewöhnlich während der ersten 12 Lebenswochen auf.

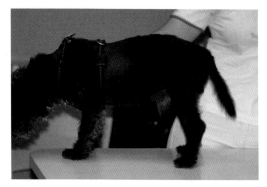

Abb. 2.59 Follikeldysplasie der schwarzen Haare bei einem Pudel-Mischling. (Mit freundlicher Genehmigung von Dr. Stefanie Peters, Tierärztliche Klinik Birkenfeld.)

Melanotrichie

Tritt häufig nach dem Abheilen einer tiefen Entzündung auf.

Nasale Depigmentierung

- Auch als „Dudley nose" bezeichnet.
- Die Ursache ist nicht bekannt.

Erkrankungen der Analbeutel (Toy- und Zwergpudel)

Sie können durch Infektion, Anschoppung oder Malassezien bedingt sein, aber auch psychogen entstehen.

Zink-reaktive Dermatose (Großpudel)

Tritt bei schnell wachsenden Hunden auf, deren Futter zu wenig Zink enthält.

Granulomatöse Sebadenitis

- Keine Geschlechtsprädisposition bekannt.
- Bei Großpudeln wird sie autosomal-rezessiv mit variabler Expression vererbt.
- Bei Großpudeln wird die Hyperkeratose von Alopezie gefolgt.
- Betroffen sind Gesicht und Ohren, später kommen Hals und dorsaler Rumpfbereich hinzu.

Idiopathische chronische ulzerative Blepharitis

Es besteht eine Rasseprädisposition.

Idiopathische sterile noduläre Pannikulitis

- Multiple Veränderungen treten auf.
- Hündinnen sind prädisponiert.
- Keine Altersprädisposition.

Hauttumoren

Siehe unter „Neoplasien".

Arzneimittelreaktionen

Glukokortikoide

Subkutane Injektionen können bei dieser Rasse zu lokalisierter Alopezie führen.

Endokrinopathien

Wachstumshormonmangel des erwachsenen Hundes (Alopecia X bei Toy- und Zwergpudeln)

- Eine Rasseprädisposition besteht.
- Rüden sind möglicherweise prädisponiert.
- Klinische Symptome zeigen sich gewöhnlich mit 1 – 5 Jahren.

Hypothyreose

- Manchen Literaturangaben zufolge besteht bei dieser Rasse ein erhöhtes Risiko.
- Oft sind Hunde mittleren Alters betroffen (2 – 6 Jahre).

Hypoadrenokortizismus (Großpudel)

Das familiäre Auftreten legt den Verdacht einer genetischen Prädisposition nahe.

Hypophysärer (PDH) und durch adrenokortikale Tumoren bedingter (AT) Hyperadrenokortizismus

- Eine Rasseprädisposition ist für beide Formen möglich.
- Mittelalte und ältere Tiere sind betroffen.
- Beim AT sind 60 – 65% der Tiere Hündinnen, beim PDH 55 – 60%.

Diabetes mellitus

- Eine Rasseprädisposition ist möglich.
- Gewöhnlich ist die Altersgruppe von 4 – 14 Jahren betroffen, eine Häufung besteht bei 7- bis 9-jährigen Hunden.
- Alte unkastrierte Hündinnen sind prädisponiert.

Insulinom (Großpudel)

- Bei dieser Rasse besteht eine erhöhte Inzidenz.
- Gewöhnlich sind mittelalte und ältere Tiere betroffen.

Primärer Hypoparathyreoidismus (Zwergpudel)

- Verhältnismäßig seltene Erkrankung.
- Manchen Untersuchungen zufolge besteht bei dieser Rasse ein erhöhtes Risiko.
- Kann in allen Altersgruppen auftreten.

Gastrointestinale Erkrankungen

Speicheldrüsenzyste

Eine Rasseprädisposition ist möglich.

Krikopharyngeale Achalasie

- Eine Rasseprädisposition ist möglich.
- Die Symptome treten zum Zeitpunkt des Absetzens oder kurz danach auf.

Magendilatation/-volvulus (Großpudel)

Eine Rasseprädisposition ist möglich.

Hämorrhagische Gastroenteritis (Toy- und Zwergpudel)

- Eine Rasseprädisposition besteht.
- Tritt am häufigsten im Alter von 2 – 4 Jahren auf.

„Lobular dissecting hepatitis" (Großpudel)

- Eine Rasseprädisposition ist möglich.
- Tritt vorwiegend bei jungen Hunden auf (7 Monate oder jünger).

Cholelithiasis

- Eine Rasseprädisposition ist möglich.
- Ältere Hündinnen sind möglicherweise prädisponiert.

Hämatologische/immunologische Erkrankungen

Nichtsphärozytäre hämolytische Anämie (Zwergpudel)

- Selten.
- Die chronische Hämolyse kann zu Myelofibrose führen.

Immunvermittelte hämolytische Anämie

- Häufige Erkrankung.
- Betrifft vorwiegend jungadulte Hunde und Hunde mittleren Alters.
- Kommt möglicherweise häufiger bei Hündinnen vor.
- Eventuell sind saisonale Schwankungen bei der Inzidenz vorhanden.

Immunvermittelte Thrombozytopenie (Zwerg- und Toy-Pudel)

- Häufige Erkrankung.
- Wahrscheinlich erblich.
- Hündinnen sind häufiger betroffen als Rüden.

Willebrand-Krankheit

- Möglich ist ein autosomal-rezessiver Erbgang.
- Bei dieser Rasse wird vorwiegend der Typ I gesehen.

Systemischer Lupus erythematodes

Erblich, aber nicht als einfacher Mechanismus.

Muskuloskelettale Erkrankungen

Hernia inguinalis/scrotalis

Hündinnen sind für Inguinalhernien prädisponiert.

Hernia perinealis

Unkastrierte Rüden sind prädisponiert.

Patellaluxation nach medial

Eine signifikante hereditäre Komponente wird vermutet (Zwerg- und Toy-Pudel).

Aseptische Femurkopfnekrose (Zwerg- und Toy-Pudel)

- Auch als Morbus Legg-Calvé-Perthes bekannt.
- Durchschnittsalter bei Beginn: 7 Monate.
- Die Ätiologie ist nicht geklärt.

Multiple Enchondromatose des Zwergpudels

- Kurze, krumme Beine und Frakturen des Femurhalses treten auf.
- Möglicherweise besteht ein autosomal-rezessiver Erbgang.

Multiple Epiphysendysplasie des Zwergpudels

- Selten.
- Der Erbgang ist nicht geklärt.

Pseudoachondroplasie des Zwergpudels

- Schlechtes Wachstum und kurze krumme Beine treten auf.
- Möglicherweise besteht ein autosomal-rezessiver Erbgang.

Schulterluxation (Zwergpudel)

Kongenital.

Kongenitale skapulohumerale Luxation

- Seltene Erkrankung.
- Alter bei Beginn: gewöhnlich 3 – 10 Monate.

Verzögerter/fehlender Schluss von Frakturen im distalen Drittel von Radius und Ulna bei Zwerg- und Toyrassen (Toy- und Zwergpudel)

Möglicherweise assoziiert mit einer unzureichenden Ruhigstellung der Patienten.

Neoplasien

Basalzelltumor (Zwergpudel)

Die Rasse soll ein erhöhtes Risiko aufweisen.

Trichoepitheliom (Großpudel)

- Eine Rasseprädisposition ist möglich.
- Das Durchschnittsalter wird mit 9 Jahren angegeben.

Pilomatrixom (Zwerg- und Großpudel)

- Selten.
- Eine Rasseprädisposition ist möglich.
- Das Durchschnittsalter wird mit 6,6 Jahren angegeben.

Talgdrüsentumoren

- Möglicherweise besteht eine Rasseprädisposition für eine noduläre Talgdrüsenhyperplasie.
- Die Tumoren treten vorwiegend bei älteren Tieren auf (Durchschnittsalter 10 Jahre).

Plattenepithelkarzinom der Zehe (Großpudel)

- Eine Rasseprädisposition ist möglich.
- Betrifft ältere Hunde.
- Tiere mit schwarzer Fellfarbe scheinen häufiger betroffen zu sein.

Insulinom (Großpudel)

Siehe unter „Endokrinopathien".

Hypophysärer Tumor, der zu Hyperadrenokortizismus führt

Siehe unter „Endokrinopathien".

Adrenokortikaler Tumor, der zu Hyperadrenokortizismus führt

Siehe unter „Endokrinopathien".

Lymphosarkom (malignes Lymphom)

- Bei dieser Rasse ist eine erhöhte Inzidenz bekannt.
- Die meisten Fälle treten bei mittelalten Hunden (mittleres Alter: 6 – 7 Jahre) auf.

Limbales Melanom

Eine Rasseprädisposition ist möglich.

Orales Melanom

- Eine Rasseprädisposition ist möglich.
- Tritt generell bei älteren Hunden (meist mit 9 – 12 Jahren) auf.
- Rüden sind möglicherweise prädisponiert.

Testikuläre Neoplasien (Zwerg- und Großpudel)

Pudel sollen zu den Rassen mit einem erhöhten Risiko gehören.

Neurologische Erkrankungen

Erworbenes Vestibularsyndrom sekundär zu einer Otitis interna

Eine Rasseprädisposition für eine Otitis externa besteht, die zur Otitis media/interna fortschreiten kann.

Kongenitale Taubheit (Zwergpudel)

Symptome bestehen ab der Geburt.

Diskopathien

- Eine Rasseprädisposition besteht.
- Verhältnismäßig häufige Erkrankung.
- Alter bei klinischem Beginn: 3 – 7 Jahre.

Lysosomale Speicherkrankheit – Globoidzell-Leukodystrophie (Morbus Krabbe)

- Vermutlich erblich.
- Selten.
- Symptome beginnen mit 6 – 12 Monaten.

Lysosomale Speicherkrankheit – neuronale Glykoproteinose (Morbus Lafora)

- Vermutlich erblich.
- Selten.
- Symptome beginnen mit 5 – 12 Monaten.

Lysosomale Speicherkrankheit – Sphingomyelinose (Morbus Niemann-Pick; Zwerg- und Toypudel)

- Vermutlich erblich.
- Selten.
- Symptome beginnen mit 3 – 6 Monaten.

Zerebelläre Degeneration (Zwergpudel)

- Wurde bei dieser Rasse beschrieben.
- Symptome treten mit 3 – 4 Wochen auf.

Primäre Epilepsie (Zwerg- und Großpudel)

- Vermutlich erblich.
- Alter bei Beginn: 6 Monate bis 3 Jahre.

Hydrozephalus (Toypudel)

- Kongenital.
- Verhältnismäßig häufig.
- Beginn der Symptome gewöhnlich mit 4 – 5 Monaten.

Narkolepsie/Kataplexie (Zwerg- und Großpudel)

- Vermutlich erblich.
- Alter bei Beginn klinischer Symptome: < 1 Jahr.

Hypoglykämie (als mögliche Ursache epileptiformer Anfälle bei Zwerg- und Toypudeln)

- Eine Rasseprädisposition besteht.
- Tritt bei Hunden < 1 Jahr auf.

Demyelinisierende Myelopathie (Zwergpudel)

- Vermutlich erblich.
- Selten.
- Alter bei Beginn: 2 – 4 Monate.

Atlantoaxiale Subluxation (Zwerg- und Toypudel)

- Kongenital.
- Bei diesen Rassen relativ häufig.
- Alter bei Beginn klinischer Symptome: < 1 Jahr.

Granulomatöse Meningoenzephalitis (GME; Zwerg- und Toypudel)

- Eine Rasseprädisposition besteht.
- Alter bei Beginn klinischer Symptome: > 1 Jahr.

Augenerkrankungen

Entropium (gewöhnlich der medialen Unterlider)

Eine Rasseprädisposition besteht; der Erbgang ist nicht geklärt.

Distichiasis (Toy- und Zwergpudel)

Eine Rasseprädisposition besteht; der Erbgang ist nicht geklärt.

Karunkel-Trichiasis

Eine Rasseprädisposition besteht.

Aplasie des Tränenpunkts (Toy- und Zwergpudel)

Kongenitale Erkrankung, deren Erbgang nicht geklärt ist.

„Medial canthal pocket syndrome" (Großpudel)

Eine Rasseprädisposition besteht aufgrund der Schädelform.

Keratitis pigmentosa (Zwergpudel)

Eine Rasseprädisposition besteht.

Mikrokornea

- Kongenital.
- Tritt gewöhnlich assoziiert mit multiplen Augendefekten auf.

Refraktäres Ulcus corneae (Zwerg- und Toypudel)

- Eine Rasseprädisposition besteht.
- Betroffen sind gewöhnlich Hunde mittleren Alters.

Kongenitale, subepitheliale, geographische Korneadystrophie

- Kongenitale Erkrankung; diese Rasse ist prädisponiert.
- Tritt bei jungen Welpen auf (< 10 Wochen); ist transient.

Limbales Melanom

Eine Rasseprädisposition möglich.

Glaukom (Zwerg- und Toypudel)

- Eine Rasseprädisposition besteht.
- Alter bei Beginn: 6 – 16 Jahre.

Degeneration des Vitreums (Zwergpudel)

- Der Erbgang ist nicht geklärt.
- Alter bei Beginn: 2 Jahre.
- Als Folgeerkrankung entwickelt sich häufig ein Glaukom.

Linsenluxation (Toypudel)

- Eine Rasseprädisposition besteht.
- Tritt bei älteren Tieren auf.

Katarakt (Großpudel)

- Der Erbgang ist autosomal-rezessiv.
- Alter bei Beginn: 1 Jahr.
- Lokalisation: äquatorial, verläuft progressiv, involviert dann die Linsenkapsel und führt letztlich zur Erblindung.
- Eine Vererbung bei dieser Rasse wurde durch die British Veterinary Association in Zusammenarbeit mit dem Kennel Club und der International Sheep Dog Society nachgewiesen (Schema 1 des BVA/KC/ISDS Eye Scheme).

Katarakt (Toy- und Zwergpudel)

- Vermutlich erblich.
- Lokalisation: anterior kortikal und posterior polar subkapsulär.
- Alter bei Beginn: 4 – 5 Jahre; beide Formen verlaufen progressiv und führen zu Einschränkungen des Sehvermögens.

Generalisierte progressive Retinaatrophie (GPRA; Toy- und Zwergpudel)

- Ein autosomal-rezessiver Erbgang besteht.
- Es entsteht eine progressive Degeneration von Stäbchen und Zapfen (PRCD).
- Ophthalmoskopische Symptome sind bereits mit 3 – 5 Jahren festzustellen, Nachtblindheit entwickelt sich mit 3 – 5 Jahren, vollständige Erblindung dann mit 5 – 7 Jahren; sie kann mit Kataraktbildung einhergehen.
- Eine Vererbung bei dieser Rasse wurde durch die British Veterinary Association in Zusammenarbeit mit dem Kennel Club und der International Sheep Dog Society nachgewiesen (Schema 1 des BVA/KC/ISDS Eye Scheme).

Mikropapille (Zwerg- und Toypudel)

- Kongenitale Erkrankung.
- Tritt gelegentlich bei dieser Rasse auf.

Hypoplasie des N. opticus (Zwerg- und Toypudel)

- Kongenitale Erkrankung; ist vermutlich erblich.
- Eine Vererbung bei dieser Rasse wird derzeit noch durch die British Veterinary Association in Zusammenarbeit mit dem Kennel Club und der International Sheep Dog Society geprüft (Schema 3 des BVA/KC/ISDS Eye Scheme).

Pseudopapillenödem (Zwergpudel)

Bei dieser Rasse beschrieben.

Multiple Augendefekte (Großpudel)

- Wahrscheinlich erblich.
- Defekte bestehen aus Mikrophthalmus, kongenitaler Katarakt, persistierendem Hyaloidsystem und Retinadefekten.
- Eine Vererbung bei dieser Rasse wird derzeit noch durch die British Veterinary Association in Zusammenarbeit mit dem Kennel Club und der International Sheep Dog Society geprüft (Schema 3 des BVA/KC/ISDS Eye Scheme).

Physiologische Besonderheiten

Makrozytose der Erythrozyten

- Tritt selten bei Toy- und Zwergpudeln auf.
- Ist nicht therapiebedürftig.

Harnwegserkrankungen

Familiäre Nierenerkrankung (renale Dysplasie; Großpudel)

- Der Erbgang ist ungeklärt.
- Betroffene Tiere werden im Alter von wenigen Monaten mit Nierenversagen vorgestellt.

Ektopischer Ureter (Toy- und Zwergpudel)

- Kongenitale Missbildung, bei dieser Rasse wird eine erhöhte Inzidenz beschrieben.
- Die Tiere werden gewöhnlich mit weniger als 1 Jahr vorgestellt.
- Die Erkrankung wird häufiger bei Hündinnen festgestellt.

Kalziumoxalatsteine (Zwergpudel)

- Manchen Untersuchungen zufolge besteht bei dieser Rasse eine erhöhte Inzidenz.
- Durchschnittsalter zum Zeitpunkt der Diagnosestellung: 5 – 12 Jahre.
- Rüden sind möglicherweise prädisponiert.

2

Struvitsteine (Magnesium-Ammonium-Phosphat; Zwergpudel)

- Einigen Untersuchungen zufolge besteht bei dieser Rasse eine erhöhte Inzidenz.
- Das Durchschnittsalter bei der Diagnosestellung beträgt 2 – 8 Jahre.
- Hündinnen sind anscheinend prädisponiert.

Kalziumphosphatsteine (Hydroxyapatit und Karbonatapatit; Zwergpudel)

- Einigen Untersuchungen zufolge besteht bei dieser Rasse eine erhöhte Inzidenz.
- Das Durchschnittsalter bei der Diagnosestellung beträgt 7 – 11 Jahre.

Kalziumphosphatsteine (Brushit; Zwergpudel)

- Einigen Untersuchungen zufolge besteht bei dieser Rasse eine erhöhte Inzidenz.
- Das Durchschnittsalter bei der Diagnosestellung beträgt 7 – 11 Jahre.
- Rüden scheinen prädisponiert zu sein.

Erkrankungen der Reproduktionsorgane

Pseudohermaphroditismus beim Rüden

Kongenitale Missbildung, die bei dieser Rasse beschrieben wurde.

Kryptorchismus (Toy- und Zwergpudel)

- Entwicklungsdefekt, der vermutlich geschlechtsspezifisch autosomal-rezessiv vererbt wird.
- Pudel sollen zu den Rassen mit einem erhöhten Risiko gehören.

Testikuläre Neoplasie (Zwerg- und Großpudel)

Pudel sollen zu den Rassen mit einem erhöhten Risiko gehören.

Atemwegserkrankungen

Trachealkollaps (Zwerg- und Toypudel)

- Die Ätiologie ist ungeklärt.
- Betroffen sind gewöhnlich Hunde mittleren Alters und ältere Tiere.

Puli

Siehe unter „Ungarischer Puli".

Portugiesischer Wasserhund

Herz-Kreislauf-Erkrankungen

Dilatative Kardiomyopathie

- Kann bei dieser Rasse bereits im juvenilen Alter auftreten.
- Von 124 untersuchten Welpen waren zehn betroffen.

Hauterkrankungen

Follikeldysplasie

- Eine deutliche Prädilektion dieser Rasse lässt von einer genetischen Basis dieser Gruppe von Erkrankungen ausgehen.
- Der Haarverlust beginnt mit 2 – 4 Jahren und betrifft vorwiegend den Flankenbereich.
- Die Alopezie entsteht bei dieser Rasse vorwiegend durch Haarbruch.
- Mitunter ist auch der gesamte Rumpfbereich betroffen.

Schablonenkahlheit („Pattern baldness")

- Der Haarverlust beginnt mit etwa 6 Monaten.
- Betroffen sind der ventrale Halsbereich, die Kaudalflächen der Hintergliedmaßen und die Rute.

Neurologische Erkrankungen

Lysosomale Speicherkrankheit-GM_1-Gangliosidose

- Ein autosomal-rezessiver Erbgang besteht.
- Selten.
- Symptome treten mit 3 – 6 Monaten auf.

Augenerkrankungen

Distichiasis

Eine Rasseprädisposition besteht; der Erbgang ist nicht geklärt.

Katarakt

Vermutlich erblich.

Generalisierte progressive Retinaatrophie (GPRA)

- Der Erbgang ist autosomal-rezessiv.
- Es kommt zu einer progressiven Degeneration der Stäbchen und Zapfen (PRCD).
- Ophthalmoskopische Veränderungen können mit 3–6 Jahren gesehen werden.

Multiple Augendefekte

- Vermutlich erblich.
- Die Defekte können aus Mikrophthalmus, einer persistierenden Pupillarmembran, Katarakt und aus Retinadefekten bestehen.

Pyrenäen Berghund

Herz-Kreislauf-Erkrankungen

Trikuspidalisdysplasie

- Kongenital.
- Das relative Risiko beträgt 43,6.
- Rüden sind prädisponiert.

Hämatologische Erkrankungen

Faktor-IX-Mangel

- Der Erbgang ist autosomal.
- Homozygote Tiere zeigen klinische Symptome.

Muskuloskelettale Erkrankungen

Chondrodysplasie

- Stark verkürzte Gliedmaßen.
- Der Erbgang ist autosomal-rezessiv.

Kraniomandibuläre Osteopathie

Bei zwei Pyrenäen Berghunden beschrieben.

Osteochondrose der Schulter

- Das Verhältnis Rüden : Hündinnen ist 2,24:1.
- Tritt in 50% der Fälle bilateral auf.
- Alter bei Beginn: gewöhnlich 4–7 Monate, die Tiere können aber auch älter sein.

Neurologische Erkrankungen

Kongenitale Taubheit

Symptome bestehen ab der Geburt.

Augenerkrankungen

Entropium (gewöhnlich der lateralen Unterlider, kann aber auch mit einem „Diamond eye" verbunden sein)

Eine Rasseprädisposition besteht; wahrscheinlich ist ein polygener Erbgang.

Ektropium (kann mit einem „Diamond eye" verbunden sein)

Eine Rasseprädisposition besteht; wahrscheinlich ist ein polygener Erbgang.

Kombiniertes Entropium-Ektropium („Diamond eye")

Eine Rasseprädisposition besteht; wahrscheinlich ist ein polygener Erbgang.

„Medial canthal pocket syndrome"

Eine Rasseprädisposition besteht aufgrund der Schädelform.

Mikropapille

Kongenitale Veränderung.

Physiologische Besonderheiten

Multiple Wolfskrallen an den Hintergliedmaßen

Der Erbgang ist autosomal-dominant.

Zusätzliche Vorwölbung des medialen Aspekts des Os tarsi centrale

Es besteht eine Rasseprädisposition.

Rhodesian Ridgeback

Hauterkrankungen

Zink-reaktive Dermatose

Tritt bei schnell wachsenden Hunden auf, deren Futter zu wenig Zink enthält.

Farbmutantenalopezie und zerebelläre Degeneration des Rhodesian Ridgeback

Der Erbgang ist autosomal-rezessiv.

Dermoidsinus/-zyste

* Wird möglicherweise als einfaches rezessives Gen vererbt.
* Entsprechende Gentests sind für die Eradikation erforderlich.
* Der Zuchtausschluss betroffener Tiere sollte die Inzidenz der Erkrankung reduzieren.
* Selten.
* Kann solitär oder multipel auftreten.
* Manifestiert sich an der dorsalen Mittellinie.
* Siehe auch unter „Neurologische Erkrankungen".

Onychodystrophie

Es besteht eine Rasseprädisposition.

Neurologische Erkrankungen

Kongenitale Taubheit

Symptome treten ab der Geburt auf.

Arachnoidzyste

* Eine Rasseprädisposition besteht.
* Alter bei Beginn klinischer Symptome: < 1 Jahr.

Dermoidsinus

* Kongenitaler Defekt.
* Der Erbgang ist autosomal-rezessiv.
* Neurologische Symptome können in jedem Alter auftreten.
* Siehe auch unter „Hauterkrankungen".

Augenerkrankungen

Entropium (gewöhnlich der lateralen Unterlider)

Eine Rasseprädisposition besteht; wahrscheinlich ist ein polygener Erbgang.

Eversion des Nickhautknorpels

* Eine Rasseprädisposition besteht.
* Tritt gewöhnlich bei jungen Hunden auf.

Katarakt

* Vermutlich erblich.
* Lokalisation: posteriore subkapsuläre Kortex.
* Alter bei Beginn: 3 Jahre, verläuft langsam progressiv, Einschränkungen des Sehvermögens sind ungewöhnlich.

Rottweiler

Herz-Kreislauf-Erkrankungen

Aortenstenose

* Kongenital.
* Das relative Risiko beträgt 5,4.
* Keine Geschlechtsprädisposition.
* Möglicherweise besteht ein autosomal-dominanter Erbgang mit modifizierenden Genen, eventuell ist die Vererbbarkeit auch polygen.

Hauterkrankungen

Follikuläre Lipidose des Rottweilers

* Eine genetische Prädisposition wird vermutet.
* Betrifft junge Hunde beiderlei Geschlechts.

Follikuläre Parakeratose

* Hündinnen sind prädisponiert.
* Möglicherweise besteht ein X-Chromosom-gebundener Erbgang.

Follikulitis und Furunkulose von Lefzen und Kinn

* Auch als „Kanine Akne" bezeichnet.
* Lokales Trauma, Hormone und genetische Faktoren spielen eine Rolle in der Pathogenese.

Mukokutane Hypopigmentierung

Kongenital bei dieser Rasse; betroffen sind Lefzen und Nase.

Ichthyose

* Selten.
* Kongenital.
* Möglicherweise besteht ein autosomal-rezessiver Erbgang.

Kongenitale Hypotrichose

- Besteht bereits bei der Geburt oder entwickelt sich in den ersten Lebensmonaten.
- Die Prädisposition für Rüden legt den Verdacht auf eine geschlechtsgebundene Vererbung nahe.

Erkrankungen mit Hypopigmentierung

Möglicherweise erblich.

Vitiligo

Man geht von einer erblichen Erkrankung aus.

Onychodystrophie

Es besteht eine Rasseprädisposition.

Vaskulitis

- Verhältnismäßig selten.
- Gewöhnlich eine Typ-III-Allergie.

Hauttumoren

Siehe unter „Neoplasien".

Gastrointestinale Erkrankungen

Parvovirusenteritis

- Eine Rasseprädisposition besteht.
- Gewöhnlich sind junge Tiere betroffen.
- Siehe auch unter „Immunologische Erkrankungen".

Eosinophile Gastroenteritis, Enteritis und Enterokolitis

- Eine Rasseprädisposition besteht.
- Tritt am häufigsten bei Tieren von 5 Jahren und bei jüngeren Hunden auf.

Gastrointestinale eosinophile Granulome

- Eine Rasseprädisposition ist möglich.
- Am häufigsten bei jungen bis mittelalten Hunden.

„Lobular dissecting hepatitis"

- Eine Rasseprädisposition ist möglich.
- Tritt vorwiegend bei jungen Hunden (7 Monate oder jünger) auf.
- Hündinnen sind möglicherweise prädisponiert.

Immunologische Erkrankungen

Gesteigerte Empfänglichkeit gegenüber Parvoviren

- Diese Rasse ist empfänglich für schwere und oft tödlich verlaufende Parvovirusinfektionen.
- Die Resistenz gegenüber anderen Erkrankungen ist gewöhnlich nicht beeinträchtigt.

Immundefizienz

- Mehrere miteinander verwandte Rottweiler zeigten multiple immunologische Defekte.
- Vermutlich waren sie erblich.

Infektionserkrankungen

Parvovirusenteritis

- Eine Rasseprädisposition besteht.
- Siehe auch unter „Immunologische Erkrankungen".

Infektiöse Hauterkrankungen

Siehe unter „Hauterkrankungen".

Muskuloskelettale Erkrankungen

Ellbogendysplasie

- Auch als „Osteochondrose" bekannt.
- Bei dieser Rasse ist sie genetisch festgelegt.
- Häufig ist der Processus coronoideus medialis betroffen.

Meningitis/Polyarthritis

- Idiopathisch.
- Betrifft Hunde von 6 – 9 Monaten.

Lymphozytär-plasmazelluläre Gonitis

- Die Ätiologie ist unbekannt.
- Wird bei weniger als 10% der Hunde gesehen, die an einem Kreuzbandriss operiert werden.

Chronische Sesamoiditis

- In einer Untersuchung bestand sie bei 44% der untersuchten Rottweiler.
- Ist nicht zwangsläufig mit einer Lahmheit verbunden.

2

Juvenile distale Myopathie

Verhältnismäßig seltene Erkrankung.

Osteochondrose des Sprunggelenks

- Häufige Erkrankung.
- Betrifft bei dieser Rasse die proximalen medialen und lateralen Rollkämme.

Ruptur des Ligamentum cruciatum craniale

- Häufige Ursache einer Hinterhandlahmheit.
- Kastrierte Tiere sind möglicherweise prädisponiert.
- Bei Rottweilern können auch junge Tiere bereits prädisponiert sein.

Hüftgelenkdysplasie

Eine großangelegte Studie von 1989 zeigte bei dieser Rasse eine Prävalenz von 24,6%.

Osteosarkom

- Bei dieser Rasse als familiär gehäuft beschrieben.
- Siehe auch unter „Neoplasien".

Neoplasien

Plattenepithelkarzinom der Zehe

- Eine Rasseprädisposition ist möglich.
- Betrifft ältere Tiere.
- Tiere mit schwarzem Fell scheinen häufiger betroffen zu sein.

Kutanes Histiozytom

- Eine Rasseprädisposition ist möglich.
- Häufiger bei jungen Hunden im Alter von 1 – 2 Jahren.

Primäre Knochentumoren (am häufigsten Osteosarkome)

- Eine Rasseprädisposition besteht.
- Rüden sind möglicherweise prädisponiert.

Neurologische Erkrankungen

Kongenitale Taubheit

Symptome bestehen ab der Geburt.

Atrophie der Spinalmuskeln

- Vermutlich erblich.
- Selten, wurde aber bei dieser Rasse beschrieben.
- Alter bei Beginn klinischer Symptome: 4 Wochen

Atlantoaxiale Subluxation

- Kongenital.
- Tritt gelegentlich bei dieser Rasse auf.
- Alter bei Beginn klinischer Symptome: < 1 Jahr.

Meningitis und Polyarteriitis

- Wurden bei dieser Rasse beschrieben.
- Alter bei Beginn: < 1 Jahr.

Neuroaxonale Dystrophie

- Vermutet wird ein autosomal-rezessiver Erbgang.
- Selten.
- Alter bei Beginn klinischer Symptome: < 1 Jahr.

Distale sensorimotorische Polyneuropathie des Rottweilers

- In den USA beschrieben.
- Alter bei Beginn klinischer Symptome: > 1 Jahr.

Leukoenzephalomyelopathie des Rottweilers

- Vermutet wird ein autosomal-rezessiver Erbgang.
- Tritt gelegentlich in den USA, Großbritannien, den Niederlanden und Australien auf.
- Alter bei Beginn klinischer Symptome: 1,5 – 4 Jahre.

Augenerkrankungen

Entropium (gewöhnlich der lateralen Unterlider)

Eine Rasseprädisposition besteht; wahrscheinlich ist ein polygener Erbgang.

Distichiasis

Eine Rasseprädisposition besteht; der Erbgang ist ungeklärt.

„Medial canthal pocket syndrome"

Eine Rasseprädisposition besteht bereits aufgrund der Schädelform.

Refraktäres Ulcus corneae

- Eine Rasseprädisposition besteht.
- Alter bei Beginn: 5 – 10 Jahre.

Membrana pupillaris persistens

- Eine Rasseprädisposition besteht.
- Eine Vererbung bei dieser Rasse wird derzeit noch durch die British Veterinary Association in Zusammenarbeit mit dem Kennel Club und der International Sheep Dog Society geprüft (Schema 3 des BVA/KC/ISDS Eye Scheme).

Iriszyste

Eine Rasseprädisposition besteht.

Iriskolobom

- Kongenital; ist bei dieser Rasse beschrieben.
- Kann zusammen mit anderen Augendefekten auftreten.

Katarakt

- Vermutlich erblich.
- Lokalisation: posterior polar subkapsulär.
- Alter bei Beginn: < 2 Jahre; verläuft langsam progressiv.

Multifokale Retinadysplasie

- Kongenitale Erkrankung, die vermutlich autosomal-rezessiv vererbt wird.
- Eine Vererbung bei dieser Rasse wurde durch die British Veterinary Association in Zusammenarbeit mit dem Kennel Club und der International Sheep Dog Society nachgewiesen (Schema 1 des BVA/KC/ISDS Eye Scheme).

Generalisierte progressive Retinaatrophie (GPRA)

- Der Erbgang ist ungeklärt, doch vermutlich rezessiv.
- Wird in fortgeschrittenem Stadium mit etwa 3 Jahren bemerkt.

Retinaablösung

- Vermutlich erblich.
- Wird mit 2 – 3 Jahren gesehen.
- Kann mit Veränderungen des Glaskörpers zusammen auftreten.

Multiple Augendefekte

- Vermutlich erblich.
- Die Defekte können Mikrophthalmus, kongenitale Katarakt und Retinadysplasie sein.
- Eine Vererbung bei dieser Rasse wird derzeit noch durch die British Veterinary Association in Zusammenarbeit mit dem Kennel Club und der International Sheep Dog Society geprüft (Schema 3 des BVA/KC/ISDS Eye Scheme).

Physiologische Besonderheiten

Zusätzlicher Fortsatz am medialen Teil des Os tarsi centrale

Es besteht eine Rasseprädisposition.

Laterale Torsion des Tarsus und tarsale Valgusstellung

- Die Ätiologie ist nicht geklärt.
- Rein kosmetischer Defekt.

Blutgruppe

Rottweiler haben oft Blutgruppe DEA 1.1 oder 1.2.

Harnwegserkrankungen

Familiäre Nierenerkrankung

- Bei vier verwandten Hunden im Alter von 6 – 12 Monaten wurde ein chronisches Nierenversagen beschrieben.
- Eine primäre glomeruläre Erkrankung wurde bei ihnen diagnostiziert.

Inkompetenz des Sphinktermechanismus

Möglicherweise besteht eine Rasseprädisposition für Hündinnen.

Erkrankungen der Reproduktionsorgane

Variationen im Interöstrus-Intervall

Fertile Zyklen können bei dieser Rasse alle 4,5 Monate ablaufen.

Saluki

Hauterkrankungen

Follikeldysplasie der schwarzen Haare

* Selten.
* Die Symptome beginnen bereits früh.
* Familiäres Auftreten.

Farbmutantenalopezie

Die Gene für die Fellfarbe spielen eine Rolle bei der Pathogenese.

Hauttumoren

Siehe unter „Neoplasien".

Arzneimittelunverträglichkeit

Thiopental

* Bei dieser Rasse besteht eine stark erhöhte Empfindlichkeit gegenüber Thiopental.
* Daher wird bei Salukis vom Einsatz dieser Substanz abgeraten.

Neoplasien

Kutanes Hämangiom

* Eine Rasseprädisposition ist möglich.
* In einer Untersuchung betrug das Durchschnittsalter 8,7 Jahre.

Neurologische Erkrankungen

Lysosomale Speicherkrankheit/Ceroid-Lipofuszinose

* Vermutlich erblich.
* Selten.
* Symptome äußern sich mit 1 – 2 Jahren.

Augenerkrankungen

Neuronale Ceroid-Lipofuszinose

Vermutlich erblich.

Samojede

Herz-Kreislauf-Erkrankungen

Pulmonalstenose

* Stellt die dritthäufigste Ursache kongenitaler Herzerkrankungen beim Hund dar.
* Wird wahrscheinlich polygen vererbt.
* Das relative Risiko beträgt 2,7.

Aortenstenose

* Häufiger kongenitaler Defekt.
* Nicht alle Untersuchungen bestätigen eine Prädisposition.

Atrium-Septum-Defekt

* Verhältnismäßig seltener kongenitaler Defekt.
* Nicht alle Untersuchungen bestätigen eine Prädisposition.

Hauterkrankungen

Uveodermatologisches Syndrom

* Auch als „Vogt-Koyanagi-Harada-ähnliches Syndrom" bezeichnet.
* Siehe unter „Augenerkrankungen".

Wachstumshormonmangel des erwachsenen Hundes (Alopecia X)

Siehe unter „Endokrinopathien".

Nasale Depigmentierung

* Auch als „Dudley nose" bezeichnet.
* Die Ursache ist nicht bekannt.

Granulomatöse Sebadenitis

* Keine Geschlechtsprädisposition.
* Betroffen sind Gesicht und Ohren, greift dann auf Hals und dorsalen Stammbereich über.

Endokrinopathien

Diabetes mellitus

* Eine Rasseprädisposition ist möglich.
* Die Altersverteilung reicht von 4 – 14 Jahren, mit einer gehäuften Inzidenz bei 7 – 9 Jahren.
* Alte unkastrierte Hündinnen sind prädisponiert.

Wachstumshormonmangel des erwachsenen Hundes (Alopecia X)

* Eine Rasseprädisposition besteht.
* Rüden sind möglicherweise prädisponiert.
* Klinische Symptome treten gewöhnlich mit 1 – 5 Jahren auf.

Muskuloskelettale Erkrankungen

Schwächung der Bänder des Karpalgelenks

* Betroffen sind ältere übergewichtige Hunde.
* Auch die Bänder des Tarsalgelenks können zusätzlich betroffen sein.

Okuloskelettale Dysplasie

* Kurze Vordergliedmaßen und ein gewölbter Stirnbereich sind typisch.
* Kann auch mit Kataraktbildung und Eosinophilie einhergehen.
* Wird autosomal-rezessiv vererbt.
* Siehe auch unter „Augenerkrankungen".

Neoplasien

Adenome der Perianaldrüsen (hepatoiden Drüsen)

* In einer Untersuchung an 2700 Hunden wurde eine Rasseprädisposition ermittelt.
* Das Durchschnittsalter betrug hier 10,5 Jahre.
* Unkastrierte Rüden waren prädisponiert.

Neurologische Erkrankungen

Kongenitale Taubheit

Symptome bestehen ab der Geburt.

Zerebelläre Degeneration

* Verhältnismäßig seltene Erkrankung.
* Alter bei Beginn klinischer Symptome: 3 – 6 Monate.

Hypomyelinisierung des Zentralnervensystems

* Vermutlich erblich.
* Symptome treten mit 2 – 8 Wochen auf.

Lissenzephalie

* Eine seltene Entwicklungsstörung.
* Alter bei Beginn der Symptome: < 1 Jahr.

Spongiforme Degeneration

* Seltene Erkrankung, die bei dieser Rasse beschrieben wurde.
* Alter bei Beginn klinischer Symptome: 3 Monate.

Augenerkrankungen

Distichiasis

Eine Rasseprädisposition besteht.

Aplasie des Tränenpunkts

Kongenitaler Defekt, die Rasse ist hierfür prädisponiert.

„Medial canthal pocket syndrome"

Aufgrund der Schädelform besteht eine Rasseprädisposition.

Uveodermatologisches Syndrom

* Auch als „Vogt-Koyanagi-Harada-ähnliches Syndrom" bezeichnet.
* Eine Rasseprädisposition besteht.
* Betroffen sind jungadulte Tiere (1,5 – 4 Jahre).

Refraktäres Ulcus corneae

* Eine Rasseprädisposition besteht.
* Gewöhnlich sind Hunde mittleren Alters betroffen.

Korneadystrophie

* Der Erbgang ist nicht geklärt.
* Es besteht eine Dystrophie der Stromalipide.
* Alter bei Beginn: 6 Monate bis 2 Jahre.

Primäres Glaukom

* Eine Rasseprädisposition besteht.
* Alter bei Beginn: 2 – 3 Jahre.
* Bei den meisten Fällen kommt gleichzeitig eine Goniodysgenese vor.

Katarakt

- Vermutlich erblich.
- Bei Tieren < 2 Jahren wird eine posterior polare subkapsuläre kortikale Form beobachtet.
- Bei Tieren von 4 Jahren und mehr werden anterior kortikale Formen gesehen.
- Einschränkungen des Sehvermögens kommen verhältnismäßig selten vor.

Multifokale Retinadysplasie

- Kongenitale Veränderung; ein autosomal-rezessiver Erbgang ist wahrscheinlich.
- Kann zusammen mit Veränderungen des Glaskörpers auftreten.

Generalisierte progressive Retinaatrophie (GPRA)

- Es besteht ein autosomal-rezessiver Erbgang, der möglicherweise X-Chromosom-gebunden ist.
- Einschränkungen des Sehvermögens werden gewöhnlich nicht vor einem Alter von 5 – 7 Jahren gesehen.

Kolobom des N. opticus

Kongenitaler Defekt, der möglicherweise erblich ist.

Multiple Augendefekte und Zwergwuchs

- Möglicherweise wird diese Kombination in ähnlicher Weise wie beim Labrador vererbt, d. h. die Gene haben rezessive Effekte auf das Skelett und inkomplett dominante Effekte auf das Auge.
- Die Augendefekte bestehen aus Retinadysplasie und -ablösung, Katarakt, abnormem sekundärem Glaskörper und persistierendem Hyaloidsystem.

Harnwegserkrankungen

Familiäre Nierenerkrankung

- Ein X-Chromosom-gebundener dominanter Erbgang ist wahrscheinlich.
- Es handelt sich um eine Erkrankung der glomerulären Basalmembran.
- Bei Rüden stellt sie eine progressive glomeruläre Erkrankung dar. Die Hunde werden mit einer Proteinurie und Isosthenurie im Alter von 2 – 3 Monaten vorgestellt, das Nierenversagen entwickelt sich mit 6 – 9 Monaten, und mit 12 – 16 Monaten sterben die betroffenen Tiere gewöhnlich.
- Bei weiblichen Carriern verläuft die Erkrankung milder und nicht progressiv. Betroffene Hündinnen können Schwierigkeiten haben, ein normales Körpergewicht zu erreichen, ein Fortschreiten zum terminalen Nierenversagen wird aber nur selten gesehen.

Schipperke

Hauterkrankungen

Follikeldysplasie der schwarzen Haare

- Selten.
- Die Symptome beginnen bereits früh.
- Familiäres Auftreten.

Farbmutantenalopezie

Die Gene für die Fellfarbe spielen eine Rolle in der Pathogenese.

Pemphigus foliaceus

- Verhältnismäßig seltene Erkrankung.
- Keine Geschlechtsprädisposition bekannt.
- Das Hauptalter beim Beginn der Symptome beträgt 4 Jahre.

Follikeldysplasie

Für diese Gruppe von Erkrankungen gibt es vermutlich eine genetische Grundlage.

Endokrinopathien

Diabetes mellitus

- Eine Rasseprädisposition ist möglich.
- Die Altersverteilung reicht von 4 – 14 Jahren, mit einer gehäuften Inzidenz bei 7 – 9 Jahren.
- Alte unkastrierte Hündinnen sind prädisponiert.

Augenerkrankungen

Katarakt

- Vermutlich erblich.
- Lokalisation: anterior subkapsulär.
- Alter bei Beginn: 7 Jahre, verläuft langsam progressiv.

Generalisierte progressive Retinaatrophie (GPRA)

- Vermutlich besteht ein einfacher autosomal-rezessiver Erbgang.
- Alter bei Beginn klinischer Symptome: 2–7 Jahre.

Schnauzer

Herz-Kreislauf-Erkrankungen

Persistierender Ductus arteriosus

- Häufige kongenitale Missbildung.
- Das relative Risiko beträgt 2,2.
- Hündinnen sind prädisponiert.
- Zwergschnauzer sind prädisponiert.
- Der Erbgang ist polygen.

Pulmonalstenose

- Die dritthäufigste Ursache kongenitaler Herzerkrankungen beim Hund.
- Möglicherweise besteht ein polygener Erbgang.
- Das relative Risiko beträgt 4,7.
- Zwergschnauzer sind prädisponiert.

Endokardiose

- Auch als „Chronische Klappenerkrankung" bezeichnet.
- Das relative Risiko beträgt 4,4.
- Die Prävalenz steigt mit zunehmendem Alter.
- Die Ätiologie ist ungeklärt, doch ist eine genetische Grundlage wahrscheinlich.
- Zwergschnauzer sind prädisponiert.

„Sick sinus syndrome"

- Betroffen sind Hunde mittleren Alters bis ältere Hunde.
- In einer kleinen Untersuchung betrug das relative Risiko 12,6, in einer größeren Studie 6,9.
- Bei dieser Rasse sind Hündinnen prädisponiert, das Verhältnis Hündinnen : Rüden beträgt 3:1.
- Zwergschnauzer sind prädisponiert.

Hauterkrankungen

Atopische Dermatitis (Zwergschnauzer)

- Hündinnen sind möglicherweise prädisponiert.
- Das Alter bei Beginn: 6 Monate bis 7 Jahre, bei 70% der betroffenen Tiere trat die Erkrankung in einem Alter zwischen 1 und 3 Jahren auf.
- Kann saisonal oder nichtsaisonal auftreten.

Futtermittelallergie (Zwergschnauzer)

Keine Alters- oder Geschlechtsprädisposition beschrieben.

Superfizielle suppurative nekrolytische Dermatitis des Zwergschnauzers

- Tritt im Zusammenhang mit der Anwendung von Shampoos auf.
- Keine Geschlechtsprädisposition bekannt.

Saisonale Flankenalopezie

Tritt meist im Frühjahr oder im Herbst auf.

Schnauzer-Komedonen-Syndrom

- Betrifft ausschließlich Zwergschnauzer.
- Ist möglicherweise erblich.

Erworbene Aurotrichie des Zwergschnauzers

- Verhältnismäßig selten.
- Betrifft beide Geschlechter.
- Wahrscheinlich erblich.

Papillomavirus-assoziierte pigmentierte Veränderungen

- Haben möglicherweise eine genetische Basis.
- Treten bei Zwergschnauzern auf.

Vitiligo

Ist wahrscheinlich erblich.

Subkorneale pustulöse Dermatose

- Zwergschnauzer sind in 40% der Fälle betroffen.
- Sehr seltene Erkrankung.
- Keine Alters- oder Geschlechtsprädisposition bekannt.

Follikelzyste

Keine Alters- oder Geschlechtsprädisposition.

Epidermale Nävi

- Verhältnismäßig selten.
- Betroffen sind jungadulte Zwergschnauzer.
- Möglicherweise erblich.

Hauttumoren

Siehe unter „Neoplasien".

Arzneimittelunverträglichkeiten

Sulfonamide

Sie können kutane Reaktionen hervorrufen.

Goldverbindungen

Sie können kutane Reaktionen hervorrufen.

Shampoos

Sie können zu einer superfiziellen suppurativen nekrolytischen Dermatitis führen.

Endokrinopathien

Zentraler Diabetes insipidus (CDI)

Es gibt einen Bericht über drei Welpen aus einem Wurf mit insgesamt fünf Tieren, die mit 7 Wochen an CDI litten – was den Verdacht auf eine familiäre Grundlage nahe legt.

Hypothyreose (Riesenschnauzer)

- Es gibt einen Bericht über eine kongenitale sekundäre Hypothyreose durch Mangel an TSH (Thyreoidea-stimulierendes Hormon) bei einer Familie von Riesenschnauzern.
- Ein autosomal-rezessiver Erbgang wurde vermutet.

Hypothyreose (Zwergschnauzer)

- Eine Rasseprädisposition ist möglich.
- Häufig sind Hunde mittleren Alters betroffen (2 – 6 Jahre).

Diabetes mellitus (Zwergschnauzer)

- Eine Rasseprädisposition ist möglich.
- Die Altersverteilung reicht gewöhnlich von 4 – 14 Jahren, mit einer Häufung bei 7 – 9 Jahren.
- Alte unkastrierte Hündinnen sind prädisponiert.

Primärer Hypoparathyreoidismus (Zwergschnauzer)

- Verhältnismäßig seltene Erkrankung.
- Eine Rasseprädisposition ist möglich.
- Kann in jedem Alter auftreten.

Gastrointestinale Erkrankungen

Kongenitaler idiopathischer Megaösophagus (Zwergschnauzer)

Der Erbgang ist kompatibel entweder mit einem einfachen autosomal-dominanten Erbschema oder mit einem autosomal-rezessiven Erbgang mit 60%iger Penetranz.

Hämorrhagische Gastroenteritis (Zwergschnauzer)

- Eine Rasseprädisposition besteht.
- Wird am häufigsten im Alter von 2 – 4 Jahren gesehen.

Vakuolige Hepatopathie assoziiert mit Hyperlipidämie (Zwergschnauzer)

Ein angeborener Fehler im Lipoproteinstoffwechsel bewirkt eine Hyperlipidämie und Lebererkrankung bei dieser Rasse.

Kongenitaler portosystemischer Shunt (Zwergschnauzer)

- Eine Rasseprädisposition besteht.
- Klinische Symptome treten gewöhnlich im Alter von < 1 Jahr auf.

Cholelithiasis (Zwergschnauzer)

- Eine Rasseprädisposition besteht.
- Ältere Hündinnen sind möglicherweise prädisponiert.

Pankreatitis (Zwergschnauzer)

* Eine Rasseprädisposition besteht.
* Kann bei dieser Rasse mit einer Hyperlipidämie assoziiert sein.

Selektive Malabsorption von Cobalamin (Vitamin B$_{12}$) beim Riesenschnauzer

* Vermutlich besteht ein autosomal-rezessiver Erbgang.
* Symptome werden gewöhnlich mit 6 – 12 Wochen gesehen.
* Siehe auch unter „Hämatologische Erkrankungen".

Hämatologische Erkrankungen

Selektive Malabsorption von Cobalamin (Vitamin B$_{12}$) beim Riesenschnauzer

* Ruft eine nichtregenerative Anämie mit Poikilozytose und Neutropenie hervor.
* Wird autosomal-rezessiv vererbt.

Primäre idiopathische Hyperlipidämie (Zwergschnauzer)

Familiäres Auftreten, wird vermutlich durch einen erblichen Defekt hervorgerufen.

Muskuloskelettale Erkrankungen

Myotonie

* Betrifft Zwergschnauzer.
* Ist bei dieser Rasse kongenital.
* Wird autosomal-rezessiv vererbt.

Neoplasien

Trichoepitheliom (Zwergschnauzer)

* Eine Rasseprädisposition besteht.
* Das Durchschnittsalter beträgt Literaturangaben zufolge 9 Jahre.

Talgdrüsentumoren (Zwergschnauzer)

* Eine Rasseprädisposition besteht möglicherweise für eine noduläre Talgdrüsenhyperplasie.

* Treten bei älteren Hunden auf (Durchschnittsalter 10 Jahre).

Melanom

* Eine Rasseprädisposition besteht.
* Das Durchschnittsalter beträgt 8 – 9 Jahre.

Lipom (Zwergschnauzer)

* Eine Rasseprädisposition ist möglich.
* Tritt meist bei übergewichtigen Hündinnen mittleren Alters auf.

Kutanes Histiozytom (Zwergschnauzer)

* Eine Rasseprädisposition besteht.
* Häufiger bei jungen Hunden im Alter von 1 – 2 Jahren.

Digitales Melanom

* Eine Rasseprädisposition ist möglich.
* Das Durchschnittsalter beträgt 10 – 11 Jahre.
* Tritt häufiger bei Tieren mit stärker pigmentierter Haut auf.

Plattenepithelkarzinom der Zehe (Riesenschnauzer)

* Eine Rasseprädisposition ist möglich.
* Betrifft ältere Hunde.
* Hunde mit schwarzer Farbe sind scheinbar häufiger betroffen.

Testikuläre Neoplasie (Zwergschnauzer)

Diese Rasse soll zu den Rassen mit einem erhöhten Risiko gehören.

Limbales Melanom

Eine Rasseprädisposition ist möglich.

Neurologische Erkrankungen

Narkolepsie-Kataplexie (Riesenschnauzer)

* Wurde bei dieser Rasse beschrieben.
* Alter bei Beginn klinischer Symptome: < 1 Jahr.

Hyperlipidämie als Grund für Anfälle (Zwergschnauzer)

Familiäres Auftreten, möglicherweise bedingt durch einen erblichen Defekt im Lipoproteinstoffwechsel.

Partielle Epilepsie („Fliegenschnappen" und „Sterngucken" beim Zwergschnauzer)

Wurde bei dieser Rasse beschrieben.

Augenerkrankungen

Keratoconjunctivitis sicca

Eine Rasseprädisposition besteht.

Limbales Melanom

Eine Rasseprädisposition ist möglich.

Glaukom (Zwerg- und Riesenschnauzer)

- Eine Rasseprädisposition ist möglich.
- Bei Riesenschnauzern wurde eine Goniodysgenese gesehen.

Linsenluxation (Zwergschnauzer)

- Eine Rasseprädisposition besteht; vermutet wird ein autosomal-rezessiver Erbgang.
- Alter bei Beginn: 3 – 6 Jahre.
- Ein Glaukom stellt eine häufige Folgeerscheinung dar.

Kongenitale hereditäre Katarakt (Zwergschnauzer)

- Ein autosomal-rezessiver Erbgang besteht.
- Alter bei Beginn: < 6 Wochen.
- Lokalisation: hinterer Nukleus-subkapsulär kortikal; kann mit Mikrophthalmus und rotatorischem Nystagmus verbunden auftreten.
- Eine Vererbung bei dieser Rasse wurde durch die British Veterinary Association in Zusammenarbeit mit dem Kennel Club und der International Sheep Dog Society nachgewiesen (Schema 1 des BVA/KC/ISDS Eye Scheme).

Kataraktform 1 (Zwergschnauzer)

- Der Erbgang ist autosomal-rezessiv.
- Alter bei Beginn: < 2 Jahre.

- Lokalisation: Nukleus und Linsennähte, kann progressiv mit Sehstörungen verlaufen.
- Eine Vererbung bei dieser Rasse wurde durch die British Veterinary Association in Zusammenarbeit mit dem Kennel Club und der International Sheep Dog Society nachgewiesen (Schema 1 des BVA/KC/ISDS Eye Scheme).

Kataraktform 2 (Zwergschnauzer)

- Vermutlich erblich.
- Alter bei Beginn: 4 – 6 Jahre.
- Lokalisation: hintere subkapsuläre Kortex; verläuft häufig progressiv bis zur Vollständigkeit.

Kataraktform 3 (Mittelschnauzer)

- Vermutlich erblich.
- Hintere nukleäre/kortikale Katarakte können kongenital auftreten und verlaufen langsam progressiv, sie können auch mit einer Mikrokornea assoziiert sein.
- Hintere subkapsuläre Katarakte können im Alter von < 1 Jahr auftreten und bis zur Komplettierung fortschreiten.
- Hintere subkapsuläre Katarakte können auch im Alter von 6 Jahren auftreten.

Kataraktform 4 (Riesenschnauzer)

- Vermutlich erblich.
- Alter bei Beginn: frühes Welpenalter oder 6 – 7 Jahre, verläuft langsam progressiv.
- Lokalisation: hintere subkapsuläre Kortex.
- Eine Vererbung bei dieser Rasse wird derzeit noch durch die British Veterinary Association in Zusammenarbeit mit dem Kennel Club und der International Sheep Dog Society geprüft (Schema 3 des BVA/KC/ISDS Eye Scheme).

Multifokale Retinadysplasie (Riesenschnauzer)

- Kongenitale Erkrankung; vermutet wird ein autosomal-rezessiver Erbgang.
- Eine Vererbung bei dieser Rasse wird derzeit noch durch die British Veterinary Association in Zusammenarbeit mit dem Kennel Club und der International Sheep Dog Society geprüft (Schema 3 des BVA/KC/ISDS Eye Scheme).

Generalisierte progressive Retina-atrophie (GPRA; Riesenschnauzer)

- Vermutet wird ein autosomal-rezessiver Erbgang.
- Klinische Manifestation mit 3 – 4 Jahren.

Generalisierte progressive Retina-atrophie (GPRA) mit Photorezeptor-dysplasie (Zwergschnauzer)

- Ein autosomal-rezessiver Erbgang besteht.
- Verläuft klinisch langsam progressiv; ophthalmo-loskopisch werden Symptome nicht vor 2 – 5 Jahren gesehen.
- Eine Vererbung bei dieser Rasse wurde durch die British Veterinary Association in Zusammenarbeit mit dem Kennel Club und der International Sheep Dog Society nachgewiesen (Schema 1 des BVA/KC/ISDS Eye Scheme).

Mikropapille (Zwergschnauzer)

- Kongenitale Veränderung.
- Tritt gelegentlich bei dieser Rasse auf.

Hypoplasie des N. opticus (Zwergschnauzer)

- Kongenitale Veränderung, deren Erblichkeit nicht geklärt ist.
- Tritt gelegentlich bei dieser Rasse auf.

Harnwegserkrankungen

Familiäre Nierenerkrankung (Renale Dysplasie; Zwergschnauzer)

Ein chronisches Nierenversagen, das für eine renale Dysplasie sprach, wurde bei acht verwandten Tieren im Alter zwischen 4 Monaten und 3 Jahren beschrieben.

Uratsteine (Zwergschnauzer)

- Manchen Untersuchungen zufolge besteht bei dieser Rasse eine erhöhte Inzidenz.
- Das Durchschnittsalter bei der Diagnosestellung beträgt 3 – 6 Jahre.
- Rüden scheinen prädisponiert zu sein.

Kalziumoxalatsteine (Zwergschnauzer)

- Manchen Untersuchungen zufolge besteht bei dieser Rasse eine erhöhte Inzidenz.
- Das Durchschnittsalter bei der Diagnosestellung beträgt 5 – 12 Jahre.
- Rüden scheinen prädisponiert zu sein.
- Kann mit einer absorptiven Hyperkalziurie verbunden sein.

Struvitsteine (Magnesium-Ammonium-Phosphat; Zwergschnauzer)

- Manchen Untersuchungen zufolge besteht bei dieser Rasse eine erhöhte Inzidenz.
- Das Durchschnittsalter bei der Diagnosestellung beträgt 2 – 8 Jahre.
- Hündinnen scheinen prädisponiert zu sein.

Kalziumphosphatsteine (Hydroxyapatit und Karbonatapatit; Zwergschnauzer)

- Manchen Untersuchungen zufolge besteht bei dieser Rasse eine erhöhte Inzidenz.
- Das Durchschnittsalter bei der Diagnosestellung beträgt 7 – 11 Jahre.

Silikatsteine (Zwergschnauzer)

- Manchen Untersuchungen zufolge besteht bei dieser Rasse eine erhöhte Inzidenz.
- Rüden scheinen prädisponiert zu sein.

Erkrankungen der Reproduktionsorgane

Kryptorchismus (Zwergschnauzer)

- Ein Entwicklungsdefekt, der wahrscheinlich erblich ist und geschlechtsgebunden autosomal-rezessiv vererbt wird.
- Bei dieser Rasse soll ein erhöhtes Risiko bestehen.

Testikuläre Neoplasie (Zwergschnauzer)

Bei dieser Rasse soll ein erhöhtes Risiko bestehen.

Pseudohermaphroditismus (Zwergschnauzer)

Eine kongenitale Fehlbildung, die bei dieser Rasse beschrieben wurde.

Schottischer Deerhound

Herz-Kreislauf-Erkrankungen

Dilatative Kardiomyopathie

- Anhand einer Studie in einer kleinen Population wurde eine Prävalenz von 6,0% bei dieser Rasse gegenüber 0,16% bei Mischlingen und 0,65% bei reinrassigen Tieren festgestellt.
- Die Prävalenz steigt mit zunehmendem Alter.
- Etwa doppelt so viele Rüden wie Hündinnen sind betroffen.
- Eine familiäre oder genetische Grundlage wird vermutet.

Muskuloskelettale Erkrankungen

Pseudoachondrodysplasie

- Verursacht ein verzögertes Wachstum.
- Im späteren Leben tritt eine Osteopenie auf, die zu schweren Deformationen führt.

Harnwegserkrankungen

Zystinsteine

- Eine Zystinurie resultiert aus einem erblichen Defekt beim renalen tubulären Transport von Zystin, was für die Bildung von Zystinsteinen prädisponiert.
- Manchen Untersuchungen zufolge besteht bei dieser Rasse eine erhöhte Inzidenz.
- Das Durchschnittsalter bei der Diagnosestellung beträgt 1–8 Jahre.
- Rüden scheinen prädisponiert zu sein.

Schwedischer Lapphund

Neurologische Erkrankungen

Atrophie der Spinalmuskeln

- Vermutlich besteht ein autosomal-rezessiver Erbgang.
- Selten.
- Alter bei Beginn klinischer Symptome: 5–6 Wochen.

Glykogenose (Glykogenspeicherkrankheit Typ 2)

- Vermutlich besteht ein autosomal-rezessiver Erbgang.
- Selten.
- Alter bei Beginn klinischer Symptome: < 1 Jahr.

Scottish Terrier

Herz-Kreislauf-Erkrankungen

Pulmonalstenose

- Stellt die dritthäufigste Ursache kongenitaler Herzerkrankungen bei Hunden dar.
- Ein polygener Erbgang ist möglich.
- Das relative Risiko beträgt 12,6.

Hauterkrankungen

Generalisierte Demodikose

Scottish Terrier sind nach einer Untersuchung der Patientenpopulation der Cornell-Universität, USA, unter den zehn Rassen mit dem höchsten statistischen Risiko für diese Erkrankung.

Atopische Dermatitis

- Hündinnen sind möglicherweise prädisponiert.
- Das Alter bei Beginn beträgt 6 Monate bis 7 Jahre, bei 70% der betroffenen Tiere können die ersten Symptome in einem Alter von 1–3 Jahren festgestellt werden.
- Saisonales oder nichtsaisonales Auftreten ist möglich.

Saisonale Flankenalopezie

Tritt meist im Frühjahr oder im Herbst auf.

Familiäre Vaskulopathie

- Wurde bei fünf Scottish-Terrier-Welpen beschrieben.
- Möglicherweise besteht ein autosomal-dominanter Erbgang.

Skrotaler vaskulärer Nävus

Tritt häufiger bei älteren Rüden auf.

Hauttumoren

Siehe unter „Neoplasien".

Hämatologische/immunologische Erkrankungen

Immunvermittelte Thrombozytopenie

- Häufig.
- Tritt bei dieser Rasse familiär auf und ist wahrscheinlich erblich.
- Hündinnen sind häufiger betroffen als Rüden.

Willebrand-Krankheit

- Diese Rasse ist vom Typ III der Erkrankung betroffen.
- Sie wird autosomal-rezessiv vererbt.

Hämophilie B

- Faktor-IX-Mangel.
- Auch als „Christmas disease" bekannt.
- Wird geschlechtsgebunden vererbt.
- Ist seltener als Hämophilie A.

Infektionskrankheiten

Kokzidioidomykose

- Das gehäufte Auftreten bei dieser Rasse wird möglicherweise durch die größere Expositionswahrscheinlichkeit erklärt.
- Tritt vorwiegend bei jungen Rüden auf.
- Geographische Verteilung: Kalifornien, Arizona, Texas, New Mexico, Nevada, Utah, Mexiko, Teile von Zentral- und Südamerika; in Deutschland nicht beschrieben.

Infektiöse Hauterkrankungen

Siehe unter „Hauterkrankungen".

Muskuloskelettale Erkrankungen

Kraniomandibuläre Osteopathie

- Bei dieser Rasse möglicherweise erblich.
- Betrifft gewöhnlich Tiere von 3 – 8 Monaten.

Muskelkrämpfe („Scottie cramp")

- Vermutet wird ein rezessiver Erbgang.
- Alter bei klinischem Beginn: < 6 Monate.

Neoplasien

Mastzelltumor

- Eine Rasseprädisposition ist möglich.
- Mastzelltumoren können in jeder Altersgruppe (ab 4 Monaten) vorkommen, doch sind gewöhnlich ältere Tiere betroffen.

Melanom

- Eine Rasseprädisposition besteht.
- Das Durchschnittsalter beträgt 8 – 9 Jahre.

Kutanes Histiozytom

- Eine Rasseprädisposition ist möglich.
- Am häufigsten bei jungen Hunden von 1 – 2 Jahren.

Kutanes Plattenepithelkarzinom

Tritt im Durchschnittsalter von 9 Jahren auf.

Nichtepitheliotropes Lymphosarkom

Betrifft ältere Tiere.

Primärer Gehirntumor (➤ Abb. 2.60)

Siehe unter „Neurologischen Erkrankungen".

Lymphosarkom (malignes Lymphom)

- Bei dieser Rasse wurde eine erhöhte Inzidenz beobachtet.
- Die meisten Fälle betreffen Hunde mittleren Alters (im Mittel 6 – 7 Jahre).

Neurologische Erkrankungen

Kongenitale Taubheit

Symptome bestehen ab der Geburt.

Muskelkrämpfe („Scottie cramp")

- Vermutet wird ein rezessiver Erbgang.
- Alter bei Beginn der klinischen Symptome: < 6 Jahre.

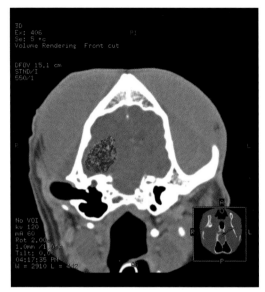

Abb. 2.60 Kontrastdarstellung eines primären Gehirntumors. (Mit freundlicher Genehmigung der Tierärztlichen Klinik Birkenfeld.)

Augenerkrankungen

Linsenluxation

* Vermutlich erblich.
* Alter bei Beginn: 3 – 4 Jahre.

Katarakt

* Vermutlich erblich.
* Alter bei Beginn: 5 – 7 Jahre.

Physiologische Besonderheiten

Hypochondroplasie

* Wird im Rassestandard akzeptiert.
* Kurze krumme Beine und normale Schädel werden gesehen.

Erkrankungen der Reproduktionsorgane

Dystokie

Eine Rasseprädisposition besteht aufgrund der Kombination aus einem engen Becken beim Muttertier und einem großen Kopf bzw. breiten Schultern bei den Welpen.

Sealyham Terrier

Hauterkrankungen

Waardenburg-Klein-Syndrom

Es besteht ein autosomal-dominanter Erbgang mit unvollständiger Penetranz.

Neurologische Erkrankungen

Kongenitale Taubheit

Symptome bestehen ab der Geburt.

Augenerkrankungen

Aplasie des Tränenpunkts

Kongenitaler Defekt; die Rasse ist prädisponiert.

Glaukom

* Eine Rasseprädisposition ist möglich.
* Die meisten Fälle sind sekundär und verbunden mit einer Linsenluxation.

Primäre Linsenluxation

* Ein autosomal-dominanter Erbgang wird vermutet.
* Alter bei Beginn: 4 – 6 Jahre.
* Wird oft von einem Glaukom gefolgt.
* Eine Vererbung bei dieser Rasse wurde durch die British Veterinary Association in Zusammenarbeit mit dem Kennel Club und der International Sheep Dog Society nachgewiesen (Schema 1 des BVA/KC/ISDS Eye Scheme).

Katarakt

Vermutlich erblich.

Komplette Retinadysplasie mit Netzhautablösung

* Kongenitale Erkrankung, die mit einem einfachen autosomal-rezessiven Erbgang vererbt wird.
* Kann mit einem unterschiedlich starken Mikrophthalmus zusammen gesehen werden.
* Eine Vererbung bei dieser Rasse wurde durch die British Veterinary Association in Zusammenarbeit mit dem Kennel Club und der International Sheep Dog Society nachgewiesen (Schema 1 des BVA/KC/ISDS Eye Scheme).

Generalisierte progressive Retinaatrophie (GPRA)

Wurde bei dieser Rasse in Großbritannien festgestellt.

Erkrankungen der Reproduktionsorgane

Dystokie

Eine Rasseprädisposition besteht aufgrund der Kombination aus einem engen Becken beim Muttertier und einem großen Kopf bzw. breiten Schultern bei den Welpen.

Shar Pei

Hauterkrankungen

Generalisierte Demodikose

Shar Peis gehören nach einer Untersuchung der Patientenpopulation der Cornell-Universität, USA, zu den zehn Rassen mit dem höchsten statistischen Risiko für diese Erkrankung.

Atopische Dermatitis

- Hündinnen sind möglicherweise prädisponiert.
- Das Alter bei Beginn beträgt 6 Monate bis 7 Jahre, bei 70% der betroffenen Tiere beginnt die Erkrankung in einem Alter zwischen 1 und 3 Jahren.
- Sie kann saisonal oder nichtsaisonal auftreten.

Futtermittelallergie

Keine Alters- oder Geschlechtsprädisposition beschrieben.

Primäre Seborrhoe

- Möglicherweise besteht ein autosomal-rezessiver Erbgang.
- Die Symptome beginnen vergleichsweise früh und verschlimmern sich mit zunehmendem Alter.

Idiopathische kutane Muzinose

Häufig ein kosmetisches Problem bei dieser Rasse.

Intertrigo

Kann bedingt durch das gezielte Züchten auf exzessive Hautfalten hin auftreten.

Hauttumoren

Siehe unter „Neoplasien".

Gastrointestinale Erkrankungen

Kongenitaler idiopathischer Megaösophagus

Eine Rasseprädisposition ist möglich.

Kongenitale (gleitende) Hiatushernie

Eine Rasseprädisposition besteht.

Lymphozytär-plasmazelluläre Enteritis

- Eine Rasseprädisposition ist möglich.
- Tritt am häufigsten bei mittelalten und älteren Tieren auf.

Amyloidose

- Eine Rasseprädisposition besteht.
- Es können zahlreiche Organsysteme betroffen sein, unter anderem auch die Leber und die Nieren.

Immunologische Erkrankungen

Selektiver IgA-Mangel

- Dieser wurde in zwei Kolonien von Shar Peis festgestellt.
- Er führt zu chronischen Hauterkrankungen und rekurrierenden Atemwegsproblemen.

Muskuloskelettale Erkrankungen

Hüftgelenkdysplasie

- In der Statistik der BVA (British Veterinary Association) in Zusammenarbeit mit dem KC (Kennel Club) steht der Shar Pei auf Platz 16 der am häufigsten von Hüftgelenkdysplasie betroffenen Rassen.
- Die durchschnittliche Punktezahl liegt für den Shar Pei gemäß dieser Statistik bei 18 von 53 Punkten.

Familiäres mediterranes Fieber

- Eine renale Amyloidose und geschwollene Gelenke treten auf.
- Siehe auch unter „Harnwegserkrankungen".

Neoplasien

Kutanes Histiozytom

- Eine Rasseprädisposition ist möglich.
- Tritt gehäuft bei jungen Hunden im Alter von 1–2 Jahren auf.

Mastzelltumoren

- Bei Shar Peis besteht eine Prädisposition, diese Tumoren bereits mit weniger als 2 Jahren zu entwickeln (fünf der 18 beschriebenen Fälle).
- Prädilektionsstellen sind der Inguinal- und Präputialbereich.

Augenerkrankungen

Entropium (betrifft häufig Ober- und Unterlider)

- Eine Rasseprädisposition besteht; ein polygener Erbgang ist wahrscheinlich.
- Tritt sehr häufig und oft sehr hochgradig auf, möglicherweise als Folge exzessiver Gesichtsfalten.

Prolaps der Nickhautdrüse

Eine Rasseprädisposition besteht; ist möglicherweise erblich.

Glaukom

Eine Rasseprädisposition ist möglich.

Katarakt

Vermutlich erblich.

Primäre Linsenluxation

- Vermutlich erblich.
- Wird oft vom Glaukom gefolgt.

Fibrosierende Esotropie

- Eine Rasseprädisposition besteht.
- Tritt bei jungen Hunden auf.

- Es kommt zu einer hochgradigen medialen Abweichung eines oder beider Augäpfel.

Harnwegserkrankungen

Renale Amyloidose (als Teil einer reaktiven systemischen Amyloidose)

- Familiäres Auftreten.
- Alter bei klinischem Beginn: 1,5–6 Jahre.
- In einem Bericht über 14 betroffene Shar Peis waren zehn der Hunde Hündinnen, vier waren Rüden.
- Die meisten Hunde zeigen eine Ablagerung von Amyloid in der Medulla, lediglich 66% haben eine glomeruläre Beteiligung. Amyloidablagerungen können auch in zahlreichen anderen Organen gefunden werden, einschließlich Leber, Milz, Gastrointestinaltrakt und Schilddrüse. Die Tiere werden mit Nierenversagen bereits im jungen Alter, ferner mit rekurrierendem Fieber, Gelenkschwellungen oder einer Hepatomegalie vorgestellt, auch ikterische Schleimhäute und – selten – Leberrupturen sind möglich.

Atemwegserkrankungen

Primäre Dyskinesie der Zilien

Entsprechende Symptome sind bereits in einem frühen Alter zu erwarten.

Shetland Sheepdog

Herz-Kreislauf-Erkrankungen

Persistierender Ductus arteriosus

- Häufige kongenitale Fehlbildung.
- Das relative Risiko beträgt 3,9.
- Der Erbgang ist polygen.

Hauterkrankungen

Kutane Histiozytose

Keine erkennbare Alters- oder Geschlechtsprädisposition.

Superfizielle bakterielle Follikulitis

Kann bei dieser Rasse eine Endokrinopathie imitieren.

Malassezien-Dermatitis

- Ist häufig saisonal.
- Kann alle Altersgruppen betreffen.

Systemischer Lupus erythematodes

- Verhältnismäßig seltene Erkrankung (Inzidenz beträgt etwa 0,03% in der gesamten Hundepopulation).
- Keine Alters- oder Geschlechtsprädisposition bekannt.

Diskoider Lupus erythematodes

- Keine Alters- oder Geschlechtsprädisposition bekannt.
- Sein Anteil betrug 0,3% der Hauterkrankungen in einer Überweisungspraxis.

Familiäre Dermatomyositis (➤ Abb. 2.61 – 2.63)

- Ein autosomal-dominanter Erbgang mit inkompletter Penetranz besteht.
- Es gibt keine Prädisposition bezüglich Geschlecht, Fellfarbe oder Felllänge.

Idiopathische ulzerative Dermatose von Shetland Sheepdog und Collie

- Die Ursache ist nicht bekannt.
- Keine Geschlechtsprädisposition bekannt.
- Betroffen sind Hunde mittleren Alters und ältere Tiere.

Uveodermatologisches Syndrom

- Auch als „Vogt-Koyanagi-Harada-ähnliches Syndrom" bezeichnet.
- Siehe auch unter „Augenerkrankungen".

Farbmutantenalopezie

Die für die Fellfarbe verantwortlichen Gene spielen eine wichtige Rolle in der Pathogenese.

Hauttumoren

Siehe unter „Neoplasien".

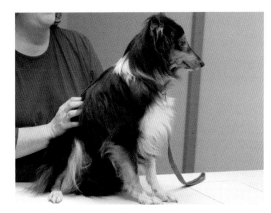

Abb. 2.61 Dermatomyositis bei einem Shetland Sheepdog. (Mit freundlicher Genehmigung von Dr. Stefanie Peters, Tierärztliche Klinik Birkenfeld.)

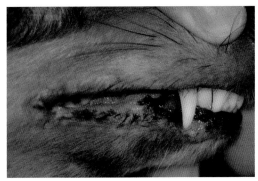

Abb. 2.62 Nahaufnahme der Lefzen des Hundes aus Abb. 2.61. (Mit freundlicher Genehmigung von Dr. Stefanie Peters, Tierärztliche Klinik Birkenfeld.)

Abb. 2.63 Nahaufnahme des periokulären Bereichs des Hundes aus Abb. 2.61. (Mit freundlicher Genehmigung von Dr. Stefanie Peters, Tierärztliche Klinik Birkenfeld.)

Arzneimittelunverträglichkeiten

Ivermectin und Milbemycin

Hohe Dosen können Tremor, Ataxie, Koma und Tod hervorrufen (Ivermectin kann bereits in geringen Dosen schädlich wirken). Ivermectin ist für Kleintiere nicht zugelassen.

Endokrinopathien

Hypothyreose

* Bei dieser Rasse wird von einem erhöhten Risiko berichtet.
* Häufig sind Hunde mittleren Alters betroffen (2 – 6 Jahre).

Gastrointestinale Erkrankungen

Hämorrhagische Gastroenteritis

* Eine Rasseprädisposition ist möglich.
* Wird am häufigsten mit 2 – 4 Jahren gesehen.

Hämatologische/immunologische Erkrankungen

Willebrand-Krankheit

* Bei dieser Rasse kommt eine Erkrankung vom Typ III vor.
* Möglicherweise führen bei dieser Rasse zwei Mutationen zu dieser Krankheit.

Systemischer Lupus erythematodes

Erblich, der Mechanismus ist relativ kompliziert.

Hämophilie B

* Faktor-IX-Mangel.
* Auch bekannt als „Christmas disease".
* Geschlechtsgebundener Erbgang.
* Seltener als Hämophilie A.

Muskuloskelettale Erkrankungen

Schwächung der Bänder des Karpalgelenks

* Betrifft vorwiegend ältere übergewichtige Tiere.
* Auch die Bänder des Tarsalgelenks können betroffen sein.

Idiopathische Polyarthritis

* Tritt gewöhnlich bei Hunden zwischen 1 und 3 Jahren auf, doch können alle Altersgruppen betroffen sein.
* Rüden sind prädisponiert.

Kongenitale skapulohumerale Luxation

* Seltene Erkrankung.
* Alter bei Beginn: gewöhnlich 3 – 10 Monate.

Kongenitale Ellbogenluxation

* Verhältnismäßig seltener Zustand; ist für etwa 15% der nichttraumatischen Ellbogenlahmheiten verantwortlich.
* Stellt bei dieser Rasse eine schwere Beeinträchtigung dar (Typ I).
* Zeigt sich bei der Geburt oder während der ersten 3 Lebensmonate.

Anguläre Deformation der Tibia

* Verhältnismäßig selten.
* Wird durch eine Schädigung der distalen Wachstumsfuge der Tibia hervorgerufen.

Kalkaneoquartale Subluxation aufgrund einer Ruptur eines der Ligamenta tarsi plantaria

* Häufige Verletzung des Sprunggelenks.
* Betroffen sind athletische Hunde während der Belastung.

Hüftgelenkdysplasie

* In der Statistik der BVA (British Veterinary Association) in Zusammenarbeit mit dem KC (Kennel Club) steht der Shetland Sheepdog auf Platz 18 der am häufigsten von Hüftgelenkdysplasie betroffenen Rassen.
* Die durchschnittliche Punktezahl liegt für den Shetland Sheepdog gemäß dieser Statistik bei 16 von 53 Punkten.
* Die Prävalenz sinkt allerdings ständig.

Luxation der Sehne des M. flexor digitalis superficialis

* Verhältnismäßig selten.
* Gewöhnlich besteht eine Luxation nach lateral.

Neoplasien

Kutanes Histiozytom

- Eine Rasseprädisposition ist möglich.
- Am häufigsten bei jungen Hunden im Alter von etwa 1 – 2 Jahren.

Basalzelltumor

Angeblich besteht bei dieser Rasse ein erhöhtes Risiko.

Liposarkom

- Das Durchschnittsalter beim Auftreten beträgt 10 Jahre.
- Rüden sind möglicherweise prädisponiert.

Tumoren der Nasenhöhle

- Angeblich besteht bei dieser Rasse ein erhöhtes Risiko.
- Das Durchschnittsalter wird mit 10,5 – 11 Jahren angegeben.
- Möglicherweise besteht bei Hunden in städtischer Haltung ein erhöhtes Risiko.

Testikuläre Neoplasie

Shetland Sheepdogs sollen zu den „Risikorassen" gehören.

Neurologische Erkrankungen

Kongenitale Taubheit

Symptome bestehen ab der Geburt.

Augenerkrankungen

Mikropalpebrale Fissur

Eine Rasseprädisposition besteht.

Entropium (gewöhnlich der Unterlider, eventuell vergesellschaftet mit mikropalpebraler Fissur)

Eine Rasseprädisposition besteht; wahrscheinlich ist ein polygener Erbgang.

Distichiasis

Eine Rasseprädisposition besteht; der Erbgang ist nicht geklärt.

Noduläre Episklerokeratitis

- Tritt gelegentlich bei dieser Rasse auf.
- Manifestiert sich klinisch gewöhnlich mit 2 – 5 Jahren.

Kongenitale, subepitheliale, geographische Korneadystrophie

- Kongenitale Veränderung; die Rasse ist prädisponiert.
- Tritt bei jungen Welpen auf (< 10 Wochen) und ist eine transiente Veränderung.

Korneadystrophie

- Vermutlich erblich.
- Es kommt zu superfiziellen kristalloiden Ablagerungen.
- Alter bei Beginn: 2 – 4 Jahre.

Membrana pupillaris persistens

Vermutlich erblich.

Uveodermatologisches Syndrom

- Auch als „Vogt-Koyanagi-Harada-ähnliches Syndrom" bezeichnet.
- Eine Rasseprädisposition besteht.
- Betroffen sind jungadulte Tiere (1,5 – 4 Jahre).

Katarakt

- Vermutlich erblich.
- Lokalisation: vordere und hintere Kortex.

„Collie eye anomaly"

- Kongenitale Erkrankung, die ursprünglich wohl einen einfachen autosomal-rezessiven Erbgang hatte, vor kurzem wurde allerdings ein polygener Erbgang vermutet.
- In Großbritannien und Teilen von Kontinentaleuropa besteht eine höhere Inzidenz als in den USA. Prinzipiell verläuft die Erkrankung bei dieser Rasse weniger schwerwiegend als bei Collies, und Netzhautablösung und Einblutungen sind selten.

- Eine Vererbung bei dieser Rasse wurde durch die British Veterinary Association in Zusammenarbeit mit dem Kennel Club und der International Sheep Dog Society nachgewiesen (Schema 1 des BVA/KC/ISDS Eye Scheme).

Zentrale progressive Retinaatrophie (CPRA) und Pigmentepitheldystrophie (PED)

- Eine Rasseprädisposition besteht, vermutlich erblich.
- Alter bei klinischem Beginn: 2 – 3 Jahre.
- Eine Vererbung bei dieser Rasse wurde durch die British Veterinary Association in Zusammenarbeit mit dem Kennel Club und der International Sheep Dog Society nachgewiesen (Schema 1 des BVA/KC/ISDS Eye Scheme).

Generalisierte progressive Retinaatrophie (GPRA)

- Vermutet wird ein einfacher autosomal-rezessiver Erbgang.
- Klinisch manifest mit 5 Jahren.

Mikropapille

Kongenitale Veränderung.

Hypoplasie des N. opticus

Kongenitale Veränderung, deren Erblichkeit nicht geklärt ist.

Kolobom des N. opticus

- Kongenitale Fehlbildung, deren Erblichkeit nicht geklärt ist.
- Treten gelegentlich bei dieser Rasse auf. Nicht geklärt ist, ob es sich um eine eigenständige Erkrankung oder eine Manifestation der „Collie eye anomaly" handelt.

Multiple Augendefekte

- Kongenitale Veränderung, die bei homozygoten Merle-Tieren gesehen wird (als Resultat der Merle-Zucht), die vorwiegend weiße Fellfarbe haben.
- Die Defekte können aus Mikrophthalmus, Mikrokornea, Katarakt, äquatorialen Staphylomen und Retinadefekten bestehen. Diese Hunde können zudem taub sein.

Physiologische Veränderungen

Schirmer-Tränentest

- Diese Rasse hat einen niedrigeren durchschnittlichen Wert beim Schirmer-Tränentest als andere.
- Der Durchschnittswert liegt bei 15,8 ± 1,8.

Erkrankungen der Reproduktionsorgane

Kryptorchismus

- Ein Entwicklungsdefekt, der wahrscheinlich geschlechtsgebunden autosomal-rezessiv vererbt wird.
- Shetland Sheepdogs sollen zu den Rassen mit einem erhöhten Risiko gehören.

Testikuläre Neoplasien

Shetland Sheepdogs sollen zu den Rassen mit einem erhöhten Risiko gehören.

Azoospermie mit Spermatogenesearrest

Wurde bei dieser Rasse beschrieben.

Shih Tzu

Herz-Kreislauf-Erkrankungen

Ventrikel-Septum-Defekt

- Kongenital.
- Verhältnismäßig selten.
- Das relative Risiko liegt bei 3,3.

Endokardiose

- Auch als „Chronische Klappenerkrankung" bezeichnet.
- Das relative Risiko beträgt 3,0.
- Die Prävalenz steigt mit zunehmendem Alter.
- Die Ätiologie ist nicht geklärt, jedoch besteht wahrscheinlich eine genetische Grundlage.

Hauterkrankungen

Atopische Dermatitis

- Hündinnen sind möglicherweise prädisponiert.
- Alter bei Beginn der Erkrankung: 6 Monate bis 7 Jahre, bei 70 % der betroffenen Tiere erste klinische Symptome zwischen 1 und 3 Jahren.
- Kann saisonal oder nichtsaisonal verlaufen.

Follikelzyste

Es besteht keine Alters- oder Geschlechtsprädisposition.

Hauttumoren

Siehe unter „Neoplasien".

Arzneimittelunverträglichkeiten

Glukokortikoide

Subkutane Injektionen können bei dieser Rasse eine fokale Alopezie hervorrufen.

Gastrointestinale Erkrankungen

Gaumenspalte

Eine kongenitale Missbildung, die bei dieser Rasse wahrscheinlich erblich ist.

Pylorusstenose („Antral pyloric hypertrophy syndrome")

- Bei dieser Rasse besteht eine Prädisposition für ein im Erwachsenenalter beginnendes „Antral pyloric hypertrophy syndrome".
- Rüden sind möglicherweise prädisponiert.

Neoplasien

Talgdrüsentumoren

- Möglicherweise besteht eine Rasseprädisposition für Talgdrüsenepitheliome.
- Sie treten bei älteren Tieren auf (Durchschnittsalter 10 Jahre).

Adenome der Perianaldrüsen (hepatoiden Drüsen)

- Eine Untersuchung an 2700 Tieren spricht für eine Rasseprädisposition.
- Das Durchschnittsalter betrug 10,5 Jahre.
- Unkastrierte Rüden waren prädisponiert.

Neurologische Erkrankungen

Diskopathien

- Eine Rasseprädisposition besteht.
- Verhältnismäßig häufige Erkrankung.
- Alter bei klinischem Beginn: 3 – 7 Jahre.

Augenerkrankungen

Entropium (gewöhnlich der medialen Unterlider)

Eine Rasseprädisposition besteht; wahrscheinlich ist ein polygener Erbgang.

Distichiasis

Eine Rasseprädisposition besteht.

Karunkel-Trichiasis

Eine Rasseprädisposition besteht.

Proptosis

Tritt bei dieser Rasse verhältnismäßig schnell auf, gewöhnlich infolge eines Traumas.

Keratitis pigmentosa

Eine Rasseprädisposition besteht.

Refraktäres Ulcus corneae

Eine Rasseprädisposition besteht.

Keratoconjunctivitis sicca

Eine Rasseprädisposition besteht.

Syneresis des Vitreums

- Eine Rasseprädisposition besteht.
- Alter bei Beginn: 2 – 4 Jahre.
- Kann zusammen mit einer Netzhautablösung und einem Glaukom gesehen werden.

Mikropapille

Angeborener Defekt.

Hypoplasie des N. opticus

Kongenitale Veränderung, die bei dieser Rasse familiär auftritt.

Physiologische Besonderheiten

Achondroplasie

- Genetischer Zwergwuchs.
- Betroffen sind Schädel und Gliedmaßen.
- Wird im Rassestandard akzeptiert.

Harnwegserkrankungen

Familiäre Nierenerkrankung (renale Dysplasie)

- Der Erbgang ist ungeklärt.
- Die Tiere werden mit chronischem Nierenversagen im Alter von einigen Monaten bis 5 Jahren vorgestellt.

Renale Glukosurie

Kann mit der familiären Nierenerkrankung zusammen auftreten.

Uratsteine (➤ Abb. 2.64)

- Einigen Untersuchungen zufolge besteht bei dieser Rasse eine erhöhte Inzidenz.
- Das Durchschnittsalter bei der Diagnosestellung beträgt 3 – 6 Jahre.
- Rüden sind möglicherweise prädisponiert.

Kalziumoxalatsteine

- Einigen Untersuchungen zufolge besteht bei dieser Rasse eine erhöhte Inzidenz.
- Das Durchschnittsalter bei der Diagnosestellung beträgt 5 – 12 Jahre.
- Rüden sind möglicherweise prädisponiert.

Struvitsteine (Magnesium-Ammonium-Phosphat)

- Einigen Untersuchungen zufolge besteht bei dieser Rasse eine erhöhte Inzidenz.

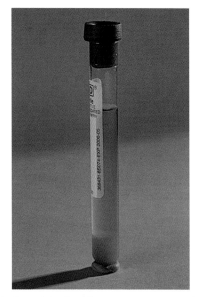

Abb. 2.64 Uratkristalle, sedimentiert in einer Urinprobe. (Mit freundlicher Genehmigung von E. Hall, University of Bristol.)

- Das Durchschnittsalter bei der Diagnosestellung beträgt 2 – 8 Jahre.
- Hündinnen sind möglicherweise prädisponiert.

Kalziumphosphatsteine (Hydroxy- und Karbonatapatit)

- Einigen Untersuchungen zufolge besteht bei dieser Rasse eine erhöhte Inzidenz.
- Das Durchschnittsalter bei der Diagnosestellung beträgt 7 – 11 Jahre.

Kalziumphosphatsteine (Brushit)

- Einigen Untersuchungen zufolge besteht bei dieser Rasse eine erhöhte Inzidenz.
- Das Durchschnittsalter bei der Diagnosestellung beträgt 5 – 12 Jahre.
- Rüden sind möglicherweise prädisponiert.

Silikatsteine

- Einigen Untersuchungen zufolge besteht bei dieser Rasse eine erhöhte Inzidenz.
- Rüden sind möglicherweise prädisponiert.

Atemwegserkrankungen

Trachealkollaps

- Die Ätiologie ist nicht geklärt.
- Gewöhnlich sind Hunde mittleren Alters bis ältere Tiere betroffen.

Sibirean Husky

Herz-Kreislauf-Erkrankungen

Essenzielle Hypertension

- Betroffen sind Hunde mittleren Alters bis ältere Tiere.
- Rüden sind möglicherweise prädisponiert.
- In einer Linie von Sibirean Huskies wurde eine hereditäre essenzielle Hypertension beschrieben.

Hauterkrankungen

Diskoider Lupus erythematodes (DLE)

- Es besteht keine Alters- oder Geschlechtsprädisposition.
- In einer Überweisungsklinik waren 0,3% aller Patienten mit Hauterkrankungen von DLE betroffen.

Uveodermatologisches Syndrom

- Auch als „Vogt-Koyanagi-Harada-ähnliche Erkrankung" bekannt.
- Siehe unter „Augenerkrankungen".

Follikeldysplasie

- Kann mehrere Welpen in einem Wurf betreffen.

„Post-clipping alopecia"

- Eine verhältnismäßig seltene Erkrankung.
- Nach dem Scheren wachsen die Haare in den betroffenen Gebieten oft nicht mehr nach.

Nasale Depigmentierung

- Auch als „Dudley nose" bekannt.
- Ihre Ursache ist ungeklärt.

Mukokutane Hypopigmentierung

Die nasale Form ist häufig bei dieser Rasse.

Zink-reaktive Dermatose

Bei dieser Rasse entwickeln sich Hautveränderungen, obwohl die Nahrung genügend Zink enthält.

Eosinophiles Granulom

- Selten.
- Idiopathisch.
- Prädisponiert sind junge Rüden.
- 76% der beschriebenen Fälle sind Sibirean Huskies.

Onychodystrophie

Es besteht eine Rasseprädisposition.

Hauttumoren

Siehe unter „Neoplasien".

Endokrinopathien

Kongenitaler nephrogener Diabetes insipidus (NDI)

Es gibt einen Bericht über familiären NDI bei einem Wurf von Sibirean Husky-Welpen.

Gastrointestinale Erkrankungen

Orales eosinophiles Granulom

- Eine Rasseprädisposition besteht.
- Wird bei jungen Hunden beobachtet.

Neoplasien

Basalzelltumor

Sibirean Huskies sollen zu den Rassen mit einem erhöhten Risiko gehören.

Talgdrüsentumor

- Möglicherweise besteht eine Rasseprädisposition für Talgdrüsenepitheliome.
- Sie werden bei älteren Tieren gesehen (Durchschnittsalter 10 Jahre).

Hämangioperizytom

Es tritt hauptsächlich im Alter von 7 – 10 Jahren auf.

Adenome der Perianaldrüsen (hepatoiden Drüsen)

- Eine Untersuchung an 2700 Tieren spricht für eine Rasseprädisposition.
- Das Durchschnittsalter betrug 10,5 Jahre.
- Unkastrierte Rüden waren prädisponiert.

Testikuläre Neoplasie

Diese Rasse soll angeblich zu den „Risikorassen" zählen.

Neurologische Erkrankungen

Primäre Epilepsie

- Vermutlich erblich.
- Das Alter bei Beginn beträgt 6 Monate bis 3 Jahre.

Degenerative Myelopathie

- Wurde bei dieser Rasse beschrieben.
- Betroffen sind erwachsene Tiere.

Augenerkrankungen

Entropium (gewöhnlich der Unterlider)

Eine Rasseprädisposition besteht; wahrscheinlich ist ein polygener Erbgang.

Chronische superfizielle Keratitis (Pannus)

- Eine Rasseprädisposition besteht.
- Das Alter bei Beginn beträgt 1 – 3 Jahre.

Korneadystrophie

- Vermutet wird ein rezessiver Erbgang mit variabler Expression.
- Es kommt zur Dystrophie der Stromalipide.
- Alter bei Beginn: 5 Monate bis 8 Jahre.

Primäres Glaukom/Goniodysgenese

- Vermutlich erblich.
- Alter bei Beginn: 1 – 2 Jahre.
- Eine Vererbung bei dieser Rasse wurde durch die British Veterinary Association in Zusammenarbeit mit dem Kennel Club und der International Sheep Dog Society nachgewiesen (Schema 1 des BVA/KC/ISDS Eye Scheme).

Membrana pupillaris persistens

- Vermutlich erblich.
- Eine Vererbung bei dieser Rasse wird derzeit noch durch die British Veterinary Association in Zusammenarbeit mit dem Kennel Club und der International Sheep Dog Society geprüft (Schema 3 des BVA/KC/ISDS Eye Scheme).

Uveodermatologisches Syndrom

- Auch als „Vogt-Koyanagi-Harada-ähnliche-Erkrankung" bezeichnet.
- Eine Rasseprädisposition besteht.
- Betroffen sind jungadulte Tiere (1,5 – 4 Jahre).

Katarakt

- Vermutet wird ein autosomal-rezessiver Erbgang.
- Lokalisation: hintere Linsennähte.
- Alter bei Beginn: 6 – 18 Monate.
- Eine Vererbung bei dieser Rasse wurde durch die British Veterinary Association in Zusammenarbeit mit dem Kennel Club und der International Sheep Dog Society nachgewiesen (Schema 1 des BVA/KC/ISDS Eye Scheme).

Generalisierte progressive Retinaatrophie (GPRA)

- Es besteht ein autosomal-rezessiver Erbgang, der möglicherweise X-Chromosom-gebunden ist.
- Wird klinisch manifest mit 2 – 4 Jahren.
- Rüden sind häufiger betroffen.

Kolobom des N. opticus

Kongenitaler Defekt, dessen Erblichkeit nicht geklärt ist.

Mikrophthalmus

- Vermutlich erblich.
- Oft verbunden mit anderen abnormen Augenbefunden, beispielsweise einer Mikrokornea, Katarakt und Netzhautablösung.

Physiologische Besonderheiten

Hereditäre kardiale Hypertrophie

Sie stellt möglicherweise eine Adaptation dar, die die Ausdauer verbessert.

Gesteigerte Thrombozytenaggregation

Sie stellt möglicherweise eine Adaptation dar, die die Ausdauer verbessert.

Harnwegserkrankungen

Ektopischer Ureter

* Kongenitale Missbildung, deren Inzidenz bei dieser Rasse erhöht sein soll.
* Zeigt sich normalerweise im Alter von < 1 Jahr.
* Wird häufiger bei Hündinnen diagnostiziert.

Erkrankungen der Reproduktionsorgane

Testikuläre Neoplasie

Diese Rasse soll zu den „Risikorassen" gehören.

Atemwegserkrankungen

Larynxparalyse

Idiopathische Erkrankung.

Silky Terrier

Siehe unter „Australian Silky Terrier".

Skye Terrier

Gastrointestinale Erkrankungen

Chronische Hepatitis

* Eine Rasseprädisposition besteht.
* Bei dieser Rasse kann eine chronische Hepatitis mit einer Akkumulation von Kupfer auftreten. In diesem Fall befindet sich die Kupferakkumulation perivenös und ist vermutlich das Resultat einer intrahepatischen kanalikulären Cholestase.

Muskuloskelettale Erkrankungen

Dysplasie des Foramen magnum

Kongenital.

Augenerkrankungen

Glaukom

Eine Rasseprädisposition ist möglich.

Linsenluxation

Eine Rasseprädisposition ist möglich.

Physiologische Besonderheiten

Hypochondroplasie

* Wird als Rassenstandard akzeptiert.
* Kurze gebogene Beine treten bei normalen Schädeln auf.

Harnwegserkrankungen

Ektopischer Ureter

* Kongenitale Missbildung, deren Inzidenz bei dieser Rasse erhöht sein soll.
* Zeigt sich normalerweise im Alter von < 1 Jahr.
* Wird häufiger bei Hündinnen diagnostiziert.

Soft-Coated Wheaten Terrier

Hauterkrankungen

Ehlers-Danlos-Syndrom

* Auch als „Kutane Asthenie" bezeichnet.
* Repräsentiert eine Gruppe von Erkrankungen.
* Möglicherweise besteht ein autosomal-dominanter Erbgang.
* Verläuft möglicherweise bei homozygoten Tieren letal.

Futtermittelallergie

Keine Alters- oder Geschlechtsprädisposition bekannt.

Gastrointestinale Erkrankungen

Lymphangiektasie und Proteinverlust-Enteropathie

* Eine Rasseprädisposition ist möglich.
* Kann bei dieser Rasse auch von einer Proteinverlust-Nephropathie begleitet sein.

Augenerkrankungen

Katarakt

Wahrscheinlich erblich.

Persistierender Hyaloidapparat

- Kongenitale Veränderung, vermutlich erblich.
- Kann mit einer hinteren kapsulären Katarakt zusammen auftreten.

Mikropapille

- Kongenitale Fehlbildung.
- Wird bei dieser Rasse häufig gesehen.

Harnwegserkrankungen

Familiäre Nierenerkrankung (renale Dysplasie)

- Der Erbgang, so vorhanden, ist nicht geklärt.
- Gewöhnlich treten die Symptome bei betroffenen Tieren mit Nierenversagen mit 5–30 Monaten in Erscheinung.
- Einige Tiere zeigen auch eine Proteinverlust-Nephropathie ohne Urämie aufgrund einer membranoproliferativen Glomerulonephritis. Sie sind zwischen 2 und 11 Jahren alt.

Springer Spaniel

Herz-Kreislauf-Erkrankungen

Persistierender Ductus arteriosus

- Häufige kongenitale Missbildung.
- Das relative Risiko beträgt 4,0.
- Hündinnen sind prädisponiert.
- Der Erbgang ist polygen.

Ventrikel-Septum-Defekt

- Bei dieser Rasse besteht ein deutliches Risiko (relatives Risiko 5,0).
- Keine Geschlechtsprädisposition bekannt.
- Tritt bei dieser Rasse familiär auf, vermutlich erblich.

Persistierender Vorhofstillstand

- Seltene Veränderung.
- Kann mit einer Schwäche der skapulohumeralen Muskulatur einhergehen.

Hauterkrankungen

Akrales Mutilationssyndrom

- Möglicherweise besteht ein autosomal-rezessiver Erbgang.
- Keine Geschlechtsprädisposition bekannt.
- Alter bei Beginn: 3–5 Monate.

Malassezien-Dermatitis

- Betrifft adulte Tiere beiderlei Geschlechts und jeden Alters.
- Kann saisonal auftreten.

Wandernde Grannen

Häufiges Problem in den Sommermonaten.

Futtermittelallergie

Keine Alters- oder Geschlechtsprädisposition beschrieben.

Primäre Seborrhoe

- Möglicherweise besteht ein autosomal-rezessiver Erbgang.
- Erste Symptome treten in frühem Alter auf und verschlimmern sich mit zunehmendem Alter.

Ichthyose

- Selten.
- Kongenital.
- Möglicherweise besteht ein autosomal-rezessiver Erbgang.

Lichenoid-psoriasiforme Dermatose des English Springer Spaniels

- Selten.
- Betrifft ausschließlich English Springer Spaniels.
- Möglicherweise genetisch determiniert.

Ehlers-Danlos-Syndrom

- Auch als „Kutane Asthenie" bezeichnet.
- Umfasst eine erbliche Gruppe von Erkrankungen.

- Möglicherweise besteht ein autosomal-dominanter Erbgang.
- Verläuft möglicherweise für homozygote Tiere letal.

Intertrigo

Eine Lefzenfaltendermatitis tritt bei Spaniels auf.

Idiopathische Onychomadese

Es besteht eine Rasseprädisposition.

Analbeutelerkrankungen

Keine Alters- oder Geschlechtsprädisposition bekannt.

Hauttumoren

Siehe unter „Neoplasien".

Gastrointestinale Erkrankungen

Sekundärer Megaösophagus (English Springer Spaniel)

Eine familiäre Polymyopathie kann für einen Megaösophagus prädisponieren.

Hämatologische/immunologische Erkrankungen

Immunvermittelte hämolytische Anämie

- Häufige Erkrankung.
- Betrifft gewöhnlich jungadulte Tiere und Hunde mittleren Alters.
- Möglicherweise häufiger bei Hündinnen.
- Tritt eventuell mit jahreszeitlichen Schwankungen auf.

Faktor-XI-Mangel

Ein autosomaler Erbgang besteht; nur homozygote Tiere zeigen Symptome.

Phosphofruktokinase-Defizienz

- Ein autosomal-rezessiver Erbgang besteht.
- Es gibt einen DNA-Test.

Muskuloskelettale Erkrankungen

Kongenitale Myasthenia gravis

Siehe unter „Neurologische Erkrankungen".

Hüftgelenkdysplasie

- In der Statistik der BVA (British Veterinary Association) in Zusammenarbeit mit dem KC (Kennel Club) steht der Welsh Springer Spaniel auf Platz 12 der am häufigsten von Hüftgelenkdysplasie betroffenen Rassen.
- Die durchschnittliche Punktezahl liegt für den Welsh Springer Spaniel gemäß dieser Statistik bei 19 von 53 Punkten.
- Die Prävalenz bei English Springer Spaniels ist besser, hier ist nur jeder 14. Hund betroffen.

Neoplasien

Trichoepitheliom (English Springer Spaniel)

- Eine Rasseprädisposition ist möglich.
- Das Durchschnittsalter wird mit 9 Jahren angegeben.
- Diese Rasse ist für die Bildung multipler Trichoepitheliome prädisponiert.

Kutanes Histiozytom

- Eine Rasseprädisposition ist möglich.
- Tritt gewöhnlich bei jungen Hunden mit 1 – 2 Jahren auf.

Hämangioperizytom

Tritt vorwiegend im Alter von 7 – 10 Jahren auf.

Melanom

- Eine Rasseprädisposition besteht.
- Das Durchschnittsalter beträgt 8 – 9 Jahre.

Kutanes Hämangiom (English Springer Spaniel)

- Eine Rasseprädisposition ist möglich.
- In einer Untersuchung betrug das Durchschnittsalter 8,7 Jahre.

Adenokarzinom der Analbeutel
(English Springer Spaniel)

- In einer Untersuchung an 232 Fällen wurde eine Rasseprädisposition vermutet.
- Das Durchschnittsalter betrug 10,5 Jahre.
- Einigen Untersuchungen zufolge soll eine Prädisposition für Hündinnen bestehen.

Neurologische Erkrankungen
Hypomyelinisierung des Zentralnervensystems

- Vermutlich besteht ein X-Chromosom-gebundener rezessiver Erbgang.
- Symptome treten mit 2 – 4 Wochen auf.
- Betroffen sind Rüden.

Kongenitale Myasthenia gravis

- Selten.
- Vermutet wird ein autosomal-rezessiver Erbgang.
- Alter bei Beginn klinischer Symptome: 6 – 8 Wochen.

Lysosomale Speicherkrankheit – Fucosidose (English Springer Spaniel)

- Ein autosomal-rezessiver Erbgang besteht.
- Beschrieben in Australien, Neuseeland, Großbritannien und Nordamerika.
- Symptome treten mit 1 – 3 Jahren auf.

Lysosomale Speicherkrankheit – GM$_1$-Gangliosidose (English Springer Spaniel)

- Ein autosomal-rezessiver Erbgang besteht.
- Selten.
- Symptome treten mit 3 – 6 Monaten auf.

„Springer Spaniel rage syndrome"

Wird bei jungen bis mittelalten Tieren gesehen.

Augenerkrankungen
Entropium (gewöhnlich der Unterlider; English Springer Spaniel)

Eine Rasseprädisposition besteht, wahrscheinlich ist ein polygener Erbgang.

Kombiniertes Entropium-Ektropium („Diamond eye"; English Springer Spaniel)

Eine Rasseprädisposition besteht; wahrscheinlich ist ein polygener Erbgang.

Distichiasis (Welsh Springer Spaniel)

Eine Rasseprädisposition besteht.

Plasmazellinfiltration der Nickhautmembran (Plasmom; English Springer Spaniel)

- Eine Rasseprädisposition besteht.
- Kann zusammen mit einem Pannus auftreten.

Keratoconjunctivitis sicca (English Springer Spaniel)

Eine Rasseprädisposition besteht.

Chronische superfizielle Keratitis (Pannus; English Springer Spaniel)

- Eine Rasseprädisposition besteht.
- Alter bei Beginn: 1 – 3 Jahre.

Refraktäres Ulcus corneae (English Springer Spaniel)

- Eine Rasseprädisposition besteht.
- Gewöhnlich sind Hunde mittleren Alters betroffen.

Kongenitale subepitheliale geographische Korneadystrophie (English Springer Spaniel)

- Es besteht eine Rasseprädisposition.
- Betroffen sind vor allem Tiere mittleren Alters.

Korneadystrophie

- Eine Rasseprädisposition besteht.
- Es kommt zur Endotheldystrophie mit progressivem Korneaödem.

Primäres Glaukom/Goniodysgenese (English Springer Spaniel)

- Vermutlich erblich.
- Eine Vererbung bei dieser Rasse wird derzeit noch durch die British Veterinary Association in Zu-

sammenarbeit mit dem Kennel Club und der International Sheep Dog Society geprüft (Schema 3 des BVA/KC/ISDS Eye Scheme).

Primäres Glaukom/Goniodysgenese (Welsh Springer Spaniel)

- Vermutet wird ein autosomal-dominanter Erbgang.
- Das Alter zu Beginn reicht von 10 Wochen bis zu 10 Jahren; Hündinnen scheinen prädisponiert zu sein.
- Eine Vererbung bei dieser Rasse wurde durch die British Veterinary Association in Zusammenarbeit mit dem Kennel Club und der International Sheep Dog Society nachgewiesen (Schema 1 des BVA/KC/ISDS Eye Scheme).

Katarakt (English Springer Spaniel)

- Vermutlich erblich.
- Eine hintere polare subkapsuläre Katarakt tritt mit 1 – 3 Jahren auf.
- Nukleäre Katarakte entwickeln sich mit 5 Jahren oder mehr.

Katarakt (Welsh Springer Spaniel)

- Ein autosomal-rezessiver Erbgang besteht.
- Lokalisation: hinterer Kortex.
- Alter bei Beginn: 8 – 12 Wochen, verläuft schnell progressiv und führt zur Blindheit mit 1 – 2 Jahren.
- Eine Vererbung bei dieser Rasse wurde durch die British Veterinary Association in Zusammenarbeit mit dem Kennel Club und der International Sheep Dog Society nachgewiesen (Schema 1 des BVA/KC/ISDS Eye Scheme).

Multifokale Retinadysplasie (English Springer Spaniel)

- Kongenitale Erkrankung, die vermutlich autosomal-rezessiv vererbt wird.
- Eine Vererbung bei dieser Rasse wurde durch die British Veterinary Association in Zusammenarbeit mit dem Kennel Club und der International Sheep Dog Society nachgewiesen (Schema 1 des BVA/KC/ISDS Eye Scheme).

Geographische Retinadysplasie (English Springer Spaniel)

- Kongenitale Erkrankung, die vermutlich erblich ist.
- Wurde in Großbritannien beschrieben.

Totale Retinadysplasie (English Springer Spaniel)

- Kongenitale Erkrankung, die vermutlich erblich ist.
- Wurde in Großbritannien beschrieben.

Generalisierte progressive Retinaatrophie (GPRA; English Springer Spaniel)

- Ein autosomal-rezessiver Erbgang besteht.
- Wird innerhalb der ersten 2 Lebensjahre klinisch manifest und schreitet bis zur Erblindung mit 3 – 5 Jahren fort.
- Eine zweite Form wird klinisch erst mit etwa 7 Jahren sichtbar und verläuft langsamer progressiv.
- Eine Vererbung bei dieser Rasse wurde durch die British Veterinary Association in Zusammenarbeit mit dem Kennel Club und der International Sheep Dog Society nachgewiesen (Schema 1 des BVA/KC/ISDS Eye Scheme).

Generalisierte progressive Retinaatrophie (GPRA; Welsh Springer Spaniel)

- Vermutet wird ein autosomal-rezessiver Erbgang.
- Klinischer Beginn mit 5 – 7 Jahren.

Zentrale progressive Retinaatrophie (CPRA) oder Pigmentepitheldystrophie (PED; English Springer Spaniel)

- Eine Rasseprädisposition besteht; ist vermutlich erblich.
- Eine Vererbung bei dieser Rasse wurde durch die British Veterinary Association in Zusammenarbeit mit dem Kennel Club und der International Sheep Dog Society nachgewiesen (Schema 1 des BVA/KC/ISDS Eye Scheme).

Mikrophthalmus (mit multiplen Augendefekten; English Springer Spaniel)

Wahrscheinlich ist ein rezessiver Erbgang.

Harnwegserkrankungen

Inkompetenz des Sphinktermechanismus

Wahrscheinlich besteht eine Rasseprädisposition bei weiblichen Tieren.

Kalziumphosphatsteine (Hydroxy- und Karbonatapatit)

* Einigen Untersuchungen zufolge besteht bei dieser Rasse eine erhöhte Inzidenz.
* Das Durchschnittsalter bei der Diagnosestellung beträgt 7 – 11 Jahre.

Erkrankungen der Reproduktionsorgane

Vaginale Hyperplasie

Eine Rasseprädisposition ist möglich.

Azoospermie mit Spermatogenese- arrest (Welsh Springer Spaniel)

Wurde bei dieser Rasse beschrieben.

Atemwegserkrankungen

Primäre Dyskinesie der Zilien

* Erblicher Defekt.
* Er macht sich gewöhnlich bereits in den ersten Lebenswochen bemerkbar.

Staffordshire Bullterrier

Hauterkrankungen

Follikeldysplasie

* Eine deutliche Prädilektion dieser Rasse legt den Verdacht auf eine genetische Grundlage für diese Gruppe von Erkrankungen nahe.
* Der Haarverlust beginnt gewöhnlich mit 2 – 4 Jahren und betrifft hauptsächlich die Flanken.

Hauttumoren

Siehe unter „Neoplasien".

Endokrinopathien

Hypophysärer Hyperadrenokortizismus (PDH)

* Eine Rasseprädisposition ist möglich.
* Betroffen sind Hunde mittleren Alters bis ältere Tiere.
* 55 – 60 % der betroffenen Tiere sind weiblich.

Gastrointestinale Erkrankungen

Neoplasien des Magens

* Einer Untersuchung zufolge besteht bei dieser Rasse ein erhöhtes Risiko.
* Rüden sind häufiger betroffen.
* Das Alter beim Auftreten beträgt 8 – 10 Jahre.

Muskuloskelettale Erkrankungen

Myotonie

* Diese Erkrankung wurde bei Staffordshire Bull Terriern in den USA beschrieben.
* Sie wurde zuerst bei jungen Welpen gesehen.
* Familiäres Auftreten; der Erbgang ist nicht geklärt.

Subpatellarer Schmerz

* Verhältnismäßig selten.
* Kann mit einer Patellaluxation einhergehen, muss aber nicht.

Neoplasien

Mastzelltumoren

* Eine Rasseprädisposition ist möglich.
* Können in jedem Alter auftreten (ab 4 Monaten), werden aber gewöhnlich bei älteren Tieren gesehen.

Hypophysentumor mit daraus resultierendem Hyperadrenokortizismus

Siehe unter „Endokrinopathien".

Augenerkrankungen

Katarakt

* Ein autosomal-rezessiver Erbgang besteht.
* Lokalisation: Nukleus und Linsennähte.

- Alter bei Beginn: < 1 Jahr; schreitet bis zur Erblindung fort.
- Eine Vererbung bei dieser Rasse wurde durch die British Veterinary Association in Zusammenarbeit mit dem Kennel Club und der International Sheep Dog Society nachgewiesen (Schema 1 des BVA/KC/ISDS Eye Scheme).

Persistierende hyperplastische Tunica vasculosa lentis/persistierendes hyperplastisches primäres Vitreum (PHTVL/PHPV)

- Stellen einen Entwicklungsdefekt dar.
- Wahrscheinlich erblich.
- Für die PHPV wurde eine Vererbung bei dieser Rasse durch die British Veterinary Association in Zusammenarbeit mit dem Kennel Club und der International Sheep Dog Society nachgewiesen (Schema 1 des BVA/KC/ISDS Eye Scheme).

Harnwegserkrankungen

Zystinsteine

- Eine Zystinurie resultiert aus einem erblichen Defekt im renalen tubulären Transport von Zystin und prädisponiert für die Bildung von Zystinsteinen.
- Manchen Untersuchungen zufolge besteht bei dieser Rasse eine erhöhte Inzidenz.
- Das Durchschnittsalter bei der Diagnosestellung beträgt 1 – 8 Jahre.
- Rüden scheinen prädisponiert zu sein.

Sussex Spaniel

Muskuloskelettale Erkrankungen

Mitochondriale Myopathie

- Selten.
- Primärer Defekt in der Mitochondrienfunktion.
- Kann plötzliche Todesfälle hervorrufen.

Hüftgelenkdysplasie

- In der Statistik der BVA (British Veterinary Association) in Zusammenarbeit mit dem KC (Kennel Club) steht der Sussex Spaniel auf Platz 16 der am

häufigsten von Hüftgelenkdysplasie betroffenen Rassen.
- Die durchschnittliche Punktezahl liegt für den Sussex Spaniel gemäß dieser Statistik bei 37 von 53 Punkten.

Augenerkrankungen

Distichiasis

Eine Rasseprädisposition besteht.

Arteria hyaloidea persistens

- Vermutlich erblich.
- Es kommt zur multifokalen Retinadysplasie.
- Der Erbgang ist nicht geklärt.
- Eine Vererbung bei dieser Rasse wird derzeit noch durch die British Veterinary Association in Zusammenarbeit mit dem Kennel Club und der International Sheep Dog Society geprüft (Schema 3 des BVA/KC/ISDS Eye Scheme).

Tibet-Mastiff

Neurologische Erkrankungen

Hypertrophe Neuropathie

- Der Erbgang ist autosomal-rezessiv.
- Klinische Symptome treten in einem Alter von 7 – 10 Wochen auf.

Tibet-Spaniel

Augenerkrankungen

Entropium (gewöhnlich der medialen Unterlider)

Eine Rasseprädisposition besteht; wahrscheinlich ist ein polygener Erbgang.

Katarakt

Vermutlich erblich.

Generalisierte progressive Retinaatrophie (GPRA)

*   Der Erbgang ist nicht geklärt, doch vermutlich rezessiv.
*   Ophthalmoskopisch können Symptome mit 3 – 5 Jahren festgestellt werden.
*   Eine Vererbung bei dieser Rasse wurde durch die British Veterinary Association in Zusammenarbeit mit dem Kennel Club und der International Sheep Dog Society nachgewiesen (Schema 1 des BVA/ KC/ISDS Eye Scheme).

Mikropapille

Kongenitale Veränderung.

Kolobom des N. opticus

Kongenitaler Defekt, dessen Erblichkeit nicht geklärt ist.

Multiple Augendefekte mit Mikrophthalmus

Kongenitale Veränderung, vermutlich erblich.

Tibet Terrier

Endokrinopathien

Diabetes mellitus

*   Eine Rassepradisposition ist möglich.
*   Die Altersverteilung reicht gewöhnlich von 4 – 14 Jahren, mit einer Häufung mit 7 – 9 Jahren.
*   Alte unkastrierte Hündinnen sind prädisponiert.

Neurologische Erkrankungen

Lysosomale Speicherkrankheit/Ceroid-Lipofuszinose

*   Ein autosomal-rezessiver Erbgang besteht.
*   Selten.
*   Symptome treten mit 1 – 2 Jahren auf.

Kongenitales Vestibularsyndrom

Symptome treten in einem Alter unter 3 Monaten auf.

Augenerkrankungen

Glaukom

Eine Rassepradisposition ist möglich.

Primäre Linsenluxation

*   Vermutlich besteht ein einfacher autosomal-rezessiver Erbgang.
*   Alter bei Beginn: 3 – 6 Jahre.
*   Wird oft von einem Glaukom gefolgt.
*   Eine Vererbung bei dieser Rasse wurde durch die British Veterinary Association in Zusammenarbeit mit dem Kennel Club und der International Sheep Dog Society nachgewiesen (Schema 1 des BVA/ KC/ISDS Eye Scheme).

Katarakt

*   Vermutlich erblich.
*   Katarakte an der hinteren Kortex werden mit < 1 Jahr gesehen und schreiten zu Sehstörungen mit 4 – 5 Jahren fort.
*   Eine Vererbung bei dieser Rasse wird derzeit noch durch die British Veterinary Association in Zusammenarbeit mit dem Kennel Club und der International Sheep Dog Society geprüft (Schema 3 des BVA/KC/ISDS Eye Scheme).

Multifokale Retinadysplasie

Kongenitale Veränderung, wahrscheinlich mit einem autosomal-rezessiven Erbgang.

Generalisierte progressive Retinaatrophie (GPRA)

*   Vermutet wird ein autosomal-rezessiver Erbgang.
*   Mit 1 Jahr zeigen die Tieren Nachtblindheit, bereits mit 2 Jahren eine vollständige Erblindung; sekundäre Katarakte treten auf.
*   Möglicherweise besteht eine zweite Form der PRA, bei der es zur Nachtblindheit bereits mit 2 Monaten kommt, aber erst mit 3 – 4 Jahren ophthalmoskopische Veränderungen sichtbar sind.
*   Eine Vererbung bei dieser Rasse wurde durch die British Veterinary Association in Zusammenarbeit mit dem Kennel Club und der International Sheep Dog Society nachgewiesen (Schema 1 des BVA/ KC/ISDS Eye Scheme).

Neuronale Ceroid-Lipofuszinose

Vermutlich erblich.

Ungarischer Puli

Endokrinopathien

Diabetes mellitus

- Eine Rasseprädisposition ist möglich.
- Gewöhnlich ist die Altersgruppe von 4 – 14 Jahren betroffen, mit einer Häufung zwischen 7 – 9 Jahren.
- Alte unkastrierte Hündinnen sind prädisponiert.

Muskuloskelettale Erkrankungen

Hüftgelenkdysplasie

- In der Statistik der BVA (British Veterinary Association) in Zusammenarbeit mit dem KC (Kennel Club) steht der Ungarische Puli auf Platz 20 der am häufigsten von HD betroffenen Rassen.
- Die durchschnittliche Punktezahl liegt für den Ungarischen Puli gemäß dieser Statistik bei 17 von 53 Punkten.
- Durchschnittlich jeder 17. Hund dieser Rasse leidet nach dieser Statistik an HD.

Augenerkrankungen

Katarakt

- Vermutlich erblich.
- Lokalisation: hintere Linsennähte und Kortex.
- Verläuft mit hoher Wahrscheinlichkeit progressiv und kann das Sehvermögen beeinträchtigen.

Multifokale Retinadysplasie

- Eine kongenitale Erkrankung, vermutet wird ein autosomal-rezessiver Erbgang.
- Eine Vererbung bei dieser Rasse wurde durch die British Veterinary Association in Zusammenarbeit mit dem Kennel Club und der International Sheep Dog Society nachgewiesen (Schema 1 des BVA/KC/ISDS Eye Scheme).

Mikropapille

- Kongenitale Erkrankung.
- Tritt gelegentlich bei dieser Rasse auf.

Vorstehhund

Siehe unter „Pointer/Vorstehhunde".

Weimaraner

Herz-Kreislauf-Erkrankungen

Trikuspidalisdysplasie

- Kongenitale Erkrankung.
- Rüden sind prädisponiert.

Peritoneo-perikardiale Zwerchfellhernie

Macht etwa 0,5% der kongenitalen Herzerkrankungen aus, die Dunkelziffer ist aber möglicherweise höher.

Hauterkrankungen

Follikulitis und Furunkulose von Lefzen und Kinn

- Auch als „Kanine Akne" bezeichnet.
- Lokales Trauma, Hormone und genetische Faktoren spielen in der Pathogenese eine Rolle.

Pododermatitis

- Kann Hunde jeden Alters und beide Geschlechter betreffen.
- Rüden sind prädisponiert.
- Die Vorderpfoten sind häufiger betroffen.

Blastomykose

Siehe unter „Infektionskrankheiten".

Histoplasmose

Siehe unter „Infektionskrankheiten".

Generalisierte Demodikose

Nach einer Untersuchung der Hundepopulation der Cornell-Universität, USA, gehören Weimaraner zu den zehn Rassen mit dem höchsten statistischen Risiko für diese Erkrankung.

Idiopathische sterile Granulome und Pyogranulome

- Verhältnismäßig selten.
- Keine Alters- oder Geschlechtsprädisposition.

Hauttumoren

Siehe unter „Neoplasien".

Gastrointestinale Erkrankungen

Oropharyngeale Neoplasie

Eine Rasseprädisposition ist möglich.

Magendilatation/-volvulus

Eine Rasseprädisposition ist möglich.

Hämatologische/immunologische Erkrankungen

Defekt der Neutrophilenfunktion des Weimaraners

- Ein primärer Defekt in der Neutrophilenfunktion.
- Rüden sind prädisponiert.
- Gesehen wird eine reduzierte Konzentration von IgG, die primär oder sekundär sein kann.
- Führt zu rekurrierenden Infektionen mit Neutrophilie und Linksverschiebung.

T-Zell-Dysfunktion

- Wurde 1980 in einer Kolonie von Weimaranern beschrieben.
- Führt zu Kümmern und erhöhter Infektionsbereitschaft.

Vakzine-assoziierte Vaskulitis mit hypertropher Osteodystrophie

Auch gastrointestinale Symptome können auftreten.

Infektionskrankheiten

Blastomykose

- Die erhöhte Inzidenz bei dieser Rasse lässt sich möglicherweise durch die höhere Expositionswahrscheinlichkeit erklären.
- Wird vorwiegend bei jungen Rüden gesehen, die in Wassernähe leben.

- Geographische Verteilung: In der Umgebung von Mississippi, Ohio, Missouri, Tennessee und St. Lorenz-Strom, südlich der Großen Seen und in den südlichen mittelatlantischen Staaten. In Deutschland nicht beschrieben.

Histoplasmose

- Verhältnismäßig selten.
- Vorwiegend auf die zentralen USA beschränkt.
- Betrifft vorwiegend Hunde unter 4 Jahren.

Infektiöse Hauterkrankungen

Siehe unter „Hauterkrankungen".

Muskuloskelettale Erkrankungen

Vakzine-assoziierte Vaskulitis mit hypertropher Dystrophie

Auch gastrointestinale Symptome können auftreten.

Polyarthritis/Meningitis

- Idiopathisch.
- Diese Rasse neigt zu einer schwereren Verlaufsform der Erkrankung.

Hernia umbilicalis

Es besteht eine Rasseprädisposition.

Neoplasien

Mastzelltumor

- Eine Rasseprädisposition ist möglich.
- Diese Neoplasien können prinzipiell in jedem Alter auftreten (ab 4 Monaten), werden aber gewöhnlich bei älteren Tieren gesehen.

Lipom

- Eine Rasseprädisposition ist möglich.
- Tritt am häufigsten bei mittelalten übergewichtigen Hündinnen auf.

Neurologische Erkrankungen

Hypomyelinisierung des Zentralnervensystems

- Wurde bei dieser Rasse beschrieben.
- Symptome treten mit 2 – 8 Wochen auf.

Meningitis und Polyarteriitis

* Wurden bei dieser Rasse beschrieben.
* Alter bei Beginn der Symptome: < 1 Jahr.

Spinaler Dysraphismus

* Kongenitale erbliche Erkrankung.
* Tritt am häufigsten bei dieser Rasse auf.
* Symptome zeigen sich mit 3 – 4 Wochen.

Augenerkrankungen

Entropium

Eine Rasseprädisposition besteht; wahrscheinlich ist ein polygener Erbgang.

Distichiasis

Eine Rasseprädisposition besteht.

Eversion des Nickhautknorpels

* Eine Rasseprädisposition besteht; möglicherweise liegt ein rezessiver Erbgang vor.
* Tritt gewöhnlich bei jungen Hunden auf.

Konjunktivales Melanom

Eine Rasseprädisposition ist möglich.

„Medial canthal pocket syndrome"

Die Rasseprädisposition resultiert aus der Schädelform.

Refraktäres Ulcus corneae

* Eine Rasseprädisposition besteht.
* Alter bei Beginn: 4 – 8 Jahre.

Korneadystrophie

* Eine Rasseprädisposition besteht.
* Es kommt zur subepithelialen, parazentralen Lipiddystrophie.
* Alter bei Beginn: 1 – 8 Jahre.

Harnwegserkrankungen

Inkompetenz des Sphinktermechanismus

Möglicherweise besteht für Hündinnen eine Rasseprädisposition.

Erkrankungen der Reproduktionsorgane

Vaginale Hyperplasie

Eine Rasseprädisposition ist möglich.

XX-sex-reversal-Syndrom

Kongenitale Veränderung, die bei dieser Rasse beschrieben wurde.

Welsh Corgi

Hauterkrankungen

Ehlers-Danlos-Syndrom

* Auch als „Kutane Asthenie" bezeichnet.
* Stellt eine erbliche Gruppe von Erkrankungen dar.
* Möglicherweise liegt ein autosomal-dominanter Erbgang vor.
* Verläuft möglicherweise bei homozygoten Tieren letal.

Hämatologische/immunologische Erkrankungen

Schwerer kombinierter Immundefekt

* Es liegt ein X-Chromosom-gebundener Erbgang vor.
* Thymus-Hypoplasie und Lymphopenie treten auf.

Willebrand-Krankheit (Welsh Corgi Pembroke)

* Möglicherweise besteht ein autosomal-rezessiver Erbgang.
* Diese Rasse ist vorwiegend vom Typ I der Erkrankung betroffen.

Augenerkrankungen

Refraktäres Ulcus corneae (Welsh Corgi Pembroke und Cardigan)

* Eine Rasseprädisposition besteht.
* Betrifft gewöhnlich Hunde mittleren Alters.

Korneadystrophie (Welsh Corgi Pembroke)

• Die Erblichkeit ist nicht geklärt.
• Es kommt zur bilateralen kornealen Vaskularisation und Pigmentierung bei jungen Hunden.

Linsenluxation (Welsh Corgi Pembroke und Cardigan)

• Vermutlich erblich.
• Vorwiegend in Großbritannien beschrieben.

Membrana pupillaris persistens (Welsh Corgi Pembroke und Cardigan)

• Familiäre Erkrankung mit vermutlich rezessivem Erbgang.
• Der Schweregrad variiert.

Katarakt (Welsh Corgi Pembroke)

• Vermutlich erblich.
• Kongenitale Katarakte wurden beschrieben.
• Mit etwa 1 Jahr werden hintere kortikale Katarakte gesehen, die langsam progressiv verlaufen.

Multifokale Retinadysplasie (Welsh Corgi Pembroke und Cardigan)

• Vermutet wird ein autosomal-rezessiver Erbgang.
• Es gibt eine weitere schwere Form, die mit Veränderung (Verflüssigung) des Glaskörpers einhergeht.

Generalisierte progressive Retinaatrophie (GPRA; Welsh Corgi Pembroke und Cardigan)

• Der Erbgang ist nicht geklärt, doch vermutlich rezessiv.
• Es besteht eine Stäbchen-Zapfen-Dysplasie vom Typ 3 (Welsh Corgi Cardigan).
• Kann bei Welsh Corgi Cardigans bereits mit 3 Monaten klinisch sichtbar sein.
• Eine Vererbung bei dieser Rasse wurde durch die British Veterinary Association in Zusammenarbeit mit dem Kennel Club und der International Sheep Dog Society nachgewiesen (Schema 1 des BVA/KC/ISDS Eye Scheme).

Zentrale progressive Retinaatrophie (CPRA) oder Pigmentepitheldystrophie (PED; Welsh Corgi Cardigan)

• Eine Rasseprädisposition besteht; ist vermutlich erblich.
• Wird vorwiegend in Großbritannien beschrieben.
• Eine Vererbung bei dieser Rasse wurde durch die British Veterinary Association in Zusammenarbeit mit dem Kennel Club und der International Sheep Dog Society nachgewiesen (Schema 1 des BVA/KC/ISDS Eye Scheme).

Physiologische Besonderheiten

Hypochondroplasie

• Wird im Rassenstandard akzeptiert.
• Kurze, krumme Beine und normale Schädel werden gesehen.

Harnwegserkrankungen

Renale Telangiektasie (Welsh Corgi Pembroke)

• Eine Rasseprädisposition ist möglich.
• Betrifft Hunde im Alter von 5–13 Jahren.
• Die abnorme Entwicklung der Blutgefäße führt zu massiver Hämaturie.

Ektopischer Ureter

• Kongenitale Fehlbildung, die bei dieser Rasse mit höherer Inzidenz vorkommen soll.
• Zeigt sich gewöhnlich mit < 1 Jahr.

Zystinsteine

• Eine Zystinurie resultiert aus einem erblichen Defekt im renalen tubulären Transport von Zystin und prädisponiert zur Bildung von Zystinsteinen.
• Einigen Untersuchungen zufolge besteht bei dieser Rasse eine erhöhte Inzidenz.
• Das Durchschnittsalter bei der Diagnosestellung beträgt 1–8 Jahre.
• Rüden scheinen prädisponiert zu sein.

Welsh Terrier

Augenerkrankungen

Primäres Glaukom/Goniodysgenese

* Vermutlich erblich.
* Alter bei Beginn: 5–6 Jahre.
* Eine Vererbung bei dieser Rasse wird derzeit noch durch die British Veterinary Association in Zusammenarbeit mit dem Kennel Club und der International Sheep Dog Society geprüft (Schema 3 des BVA/KC/ISDS Eye Scheme).

Linsenluxation

* Eine Rasseprädisposition besteht.
* Alter bei Beginn: 5–6 Jahre.

West Highland White Terrier

Herz-Kreislauf-Erkrankungen

Ventrikel-Septum-Defekt

* Kongenital.
* Verhältnismäßig selten.
* Das relative Risiko beträgt 13,4.

Fallot-Tetralogie

* Kongenital.
* Verhältnismäßig selten.
* Das relative Risiko beträgt 14,1.

Pulmonalstenose

* Stellt die dritthäufigste Ursache kongenitaler Herzerkrankungen beim Hund dar.
* Möglicherweise besteht ein polygener Erbgang.
* Das relative Risiko beträgt 4,2.

Hauterkrankungen

Malassezien-Dermatitis

* Betrifft vor allem adulte Tiere jeden Alters und Geschlechts.
* Tritt häufig saisonal auf.

Generalisierte Demodikose

Nach einer Untersuchung dieser Erkrankung an der Gesamtpopulation der Patienten der Cornell-Universität, USA, gehören West Highland White Terrier zu den zehn Rassen mit dem höchsten statistischen Risiko.

Atopische Dermatitis

* Hündinnen sind möglicherweise prädisponiert.
* Das Alter bei Beginn beträgt 6 Monate bis 7 Jahre, jedoch zeigen etwa 70% der Tiere erste Symptome im Alter zwischen 1 und 3 Jahren.
* Kann saisonal oder nichtsaisonal verlaufen.

Futtermittelallergie

Keine Alters- oder Geschlechtsprädisposition beschrieben.

Primäre Seborrhoe

* Möglicherweise besteht ein autosomal-rezessiver Erbgang.
* Die Symptome treten erstmals in einem frühem Alter auf und verschlimmern sich zunehmend.

Ichthyose

* Selten.
* Kongenital.
* Möglicherweise besteht ein autosomal-rezessiver Erbgang.

Epidermale Dysplasie des West Highland White Terriers (> Abb. 2.65)

* Auch als „Armadillo Westie syndrome" bekannt.
* Verhältnismäßig selten.
* Familiäres Auftreten.
* Möglicherweise besteht ein autosomal-rezessiver Erbgang.
* Gewöhnlich tritt die Erkrankung in einem Alter zwischen 6 und 12 Monaten auf.

Hauttumoren

Siehe unter „Neoplasien".

Abb. 2.65 Epidermale Dysplasie bei einem West Highland White Terrier. (Mit freundlicher Genehmigung von Dr. Stefanie Peters, Tierärztliche Klinik Birkenfeld.)

Gastrointestinale Erkrankungen

Chronische Hepatitis

* In den USA besteht eine Rasseprädisposition.
* Tritt bei jungen Tieren und Hunden mittleren Alters auf.
* Eine chronische Hepatitis kann mit oder ohne eine Kupferakkumulation beobachtet werden. Die Kupferspiegel scheinen nicht mit zunehmendem Alter anzusteigen, wie etwa beim Bedlington Terrier. Beim West Highland White Terrier ist die Verbindung zwischen der Kupferakkumulation und einer chronischer Hepatitis nicht klar.

Hämatologische Erkrankungen

Pyruvatkinase-Defizienz

* Betroffene Hunde haben abnorme Erythrozyten mit einer Lebensspanne von etwa 20 Tagen.
* Es gibt für diese Rasse einen DNA-Test.

Muskuloskelettale Erkrankungen

Aseptische Nekrose des Femurkopfs

* Auch als „Morbus Legg-Calvé-Perthes" bezeichnet.
* Das hauptsächliche Alter bei Beginn beträgt 7 Monate.
* Die Ätiologie ist nicht geklärt.

Kraniomandibuläre Osteopathie (➤ Abb. 2.66)

* Wird bei dieser Rasse autosomal-rezessiv vererbt.
* Betrifft gewöhnlich Hunde ab einem Alter von 3 – 8 Monaten.

Pyruvatkinase-Defizienz

* Führt zu intramedullärer Osteosklerose.
* Erbliche Erkrankung.

Hernia inguinalis

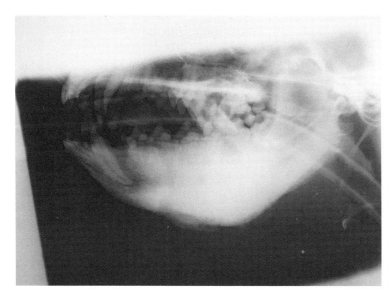

Abb. 2.66 Laterale Röntgenaufnahme vom Schädel eines 18-Monate-alten kastrierten West-Highland-White-Terrier-Rüden mit kraniomandibulärer Osteopathie. Man sieht eine extensive Bildung neuen Knochens entlang des ventralen Teils der Mandibula.

Neoplasien

Kutanes Histiozytom

* Möglicherweise besteht eine Rasseprädisposition.
* Tritt bei jungen Hunden (1 – 2 Jahre) gehäuft auf.

Neurologische Erkrankungen

Kongenitale Taubheit

Symptome bestehen ab der Geburt.

Lysosomale Speicherkrankheit – Globoidzell-Leukodystrophie (Morbus Krabbe)

* Ein autosomal-rezessiver Erbgang liegt vor.
* Selten.
* Symptome treten mit 3 – 6 Monaten auf.

„Shaker Dog Disease"

* Eine Rasseprädisposition besteht.
* Das Alter bei Beginn klinischer Symptome beträgt 9 Monate bis 2 Jahre.

Hemivertebrae

* Kongenital.
* Werden gelegentlich beobachtet.

Augenerkrankungen

Keratoconjunctivitis sicca

* Eine Rasseprädisposition besteht; bei dieser Rasse herrscht eine hohe Inzidenz.
* Das Alter bei Beginn beträgt 4 – 7 Jahre.
* Hündinnen sind prädisponiert (70%).

Refraktäres Ulcus corneae

* Eine Rasseprädisposition besteht.
* Gewöhnlich sind Hunde mittleren Alters betroffen.

Membrana pupillaris persistens

* Kongenitaler Defekt, dessen Erblichkeit bei dieser Rasse nicht nachgewiesen wurde.
* Eine Vererbung bei dieser Rasse wird derzeit noch durch die British Veterinary Association in Zusammenarbeit mit dem Kennel Club und der International Sheep Dog Society geprüft (Schema 3 des BVA/KC/ISDS Eye Scheme).

Linsenluxation

* Vermutet wird ein autosomal-dominanter Erbgang.
* Alter bei Beginn: 3 – 4 Jahre, in den USA später.
* Wird oft vom Glaukom gefolgt.

Kongenitale Katarakt

* Vermutlich erblich.
* Lokalisation: hintere Linsennähte.
* Eine Vererbung bei dieser Rasse wird derzeit noch durch die British Veterinary Association in Zusammenarbeit mit dem Kennel Club und der International Sheep Dog Society geprüft (Schema 3 des BVA/KC/ISDS Eye Scheme).

Multiple Augendefekte

* Vermutlich besteht ein autosomal-rezessiver Erbgang.
* Die Defekte bestehen aus kongenitaler Katarakt, Retinadysplasie, persistierenden Pupillarmembranen und Mikrophthalmus.
* Eine Vererbung bei dieser Rasse wird derzeit noch durch die British Veterinary Association in Zusammenarbeit mit dem Kennel Club und der International Sheep Dog Society geprüft (Schema 3 des BVA/KC/ISDS Eye Scheme).

Physiologische Besonderheiten

Gravidität

Die mittlere Trächtigkeitsdauer wird mit 62,8 Tagen angegeben.

Harnwegserkrankungen

Polyzystische Nierenerkrankung

* Vermutlich besteht ein autosomal-rezessiver Erbgang.
* Wurde bei jungen Hunden beschrieben (5 Wochen alt).

Ektopischer Ureter

- Kongenitale Anomalie, deren Inzidenz bei dieser Rasse erhöht sein soll.
- Gewöhnlich treten Symptome mit weniger als 1 Jahr auf.
- Wird häufiger bei Hündinnen diagnostiziert.

Atemwegserkrankungen

Pulmonale interstitielle Fibrose

- Die Ätiologie ist ungeklärt.
- Betroffen sind ältere Tiere.

Whippet

Hauterkrankungen

Alopezie der Pinnae

Alter bei Beginn: gewöhnlich > 1 Jahr.

Kongenitale Hypotrichose

- Besteht bereits bei der Geburt oder entwickelt sich in den ersten Lebensmonaten.
- Rüden sind prädisponiert.

Schablonenkahlheit („Pattern baldness") (➤ Abb. 2.67 und ➤ Abb. 2.68)

- Betrifft fast ausschließlich Hündinnen.
- Betroffen sind vor allem der ventrale Hals und der Bauch.

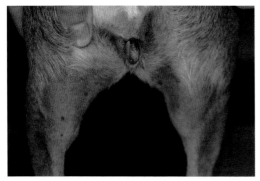

Abb. 2.67 „Pattern baldness" bei einem Mischling. (Mit freundlicher Genehmigung von Dr. Stefanie Peters, Tierärztliche Klinik Birkenfeld.)

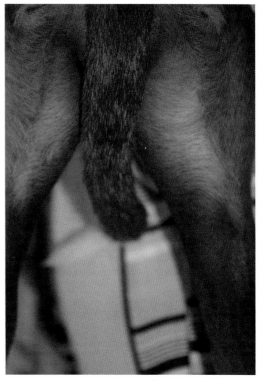

Abb. 2.68 „Pattern baldness" bei einem Mischling. (Mit freundlicher Genehmigung von Dr. Stefanie Peters, Tierärztliche Klinik Birkenfeld.)

Farbmutantenalopezie

Die für die Fellfarbe verantwortlichen Gene spielen eine wichtige Rolle in der Pathogenese.

Solardermatitis

Sonnige Klimazonen prädisponieren hierfür.

Idiopathische Onychomadese

Es besteht eine Rasseprädisposition.

Hauttumoren

Siehe unter „Neoplasien".

Arzneimittelunverträglichkeiten

Thiopental

- Diese Rasse reagiert extrem empfindlich auf Thiopental.
- Daher wird die Anwendung dieser Substanz bei Whippets nicht empfohlen.

Muskuloskelettale Erkrankungen

Fraktur des Os carpi accessorium

Eine „Nussknackerfraktur" entsteht durch die Hyperextension des Karpus während Belastungen.

Neoplasien

Kutanes Hämangiom

- Eine Rasseprädisposition ist beschrieben.
- In einer Untersuchung betrug das Durchschnittsalter 8,7 Jahre.

Augenerkrankungen

Korneadystrophie

- Eine Rasseprädisposition besteht.
- Es kommt zur Dystrophie der Stromalipide.
- Alter bei Beginn: 3 – 5 Jahre.

Katarakt

- Vermutlich erblich.
- Es gibt unterschiedliche Arten.

Linsenluxation

- Eine Rasseprädisposition ist möglich.
- Alter bei Beginn: 8 Jahre.

Syneresis des Vitreums

- Eine Rasseprädisposition besteht.
- Alter bei Beginn: 6 Jahre.

Generalisierte progressive Retinaatrophie (GPRA)

- Der Erbgang ist nicht geklärt, jedoch vermutlich rezessiv.
- Klinischer Beginn mit 5 Jahren.

Mikropapille

Kongenitale Veränderung, die bei dieser Rasse familiär auftritt.

Yorkshire Terrier

Herz-Kreislauf-Erkrankungen

Persistierender Ductus arteriosus

- Häufige kongenitale Fehlbildung.
- Das relative Risiko beträgt 4,2.
- Ein polygener Erbgang liegt vor.

Endokardiose

- Auch als „Chronische Klappenerkrankung" bezeichnet.
- Das relative Risiko beträgt 2,6.
- Die Prävalenz steigt mit zunehmendem Alter.
- Die Ätiologie ist nicht geklärt, jedoch ist eine genetische Grundlage wahrscheinlich.

Hauterkrankungen

Tollwutvakzine-assoziierte Vaskulitis und Alopezie

- Etwa 3 – 6 Monate nach der Impfung entwickeln sich die Veränderungen an der Injektionsstelle.
- Die Prävalenz für die in Deutschland zugelassenen Tollwutvakzinen ist deutlich geringer.

„Short-hair syndrome" der Seidenrassen

- Beginnt gewöhnlich mit 1 – 5 Jahren.
- Die Ursache ist nicht bekannt.

Zyklische Follikeldysplasie

Diese Erkrankung scheint ein spezielles Problem in Alaska zu sein, sodass wohl die Tageslichtlänge eine Rolle bei der Pathogenese spielt.

Ichthyose

- Selten.
- Kongenital.
- Möglicherweise besteht ein autosomal-rezessiver Erbgang.

Kongenitale Hypotrichose

- Besteht bereits bei der Geburt oder entwickelt sich in den ersten Lebensmonaten.
- Die Prädisposition für Rüden legt den Verdacht auf eine geschlechtsgebundene Vererbung nahe.

Farbmutantenalopezie

Die Gene für die Fellfarbe spielen eine wichtige Rolle in der Pathogenese.

Melanotrichie

Sie tritt häufig nach dem Abheilen einer tiefen Entzündung auf.

Melanoderma und Alopezie des Yorkshire Terriers

* Möglicherweise genetisch bedingt.
* Betrifft gewöhnlich Hunde zwischen 6 Monaten und 3 Jahren.

Hauttumoren

Siehe unter „Neoplasien".

Arzneimittelunverträglichkeiten

Glukokortikoide

Subkutane Injektionen können bei dieser Rasse zu einer lokalen Alopezie führen.

Endokrinopathien

Hypophysärer Hyperadrenokortizismus (PDH)

* Eine Rasseprädisposition ist möglich.
* Betroffen sind Hunde mittleren Alters und ältere Tiere.
* 55 – 60 % der betroffenen Tiere sind weiblich.

Gastrointestinale Erkrankungen

Lymphangiektasie und Proteinverlust-Enteropathie

Eine Rasseprädisposition ist möglich.

Hepatische Lipidose

* Eine Rasseprädisposition besteht.
* Tritt bei Welpen auf.

Kongenitaler portosystemischer Shunt

* Eine Rasseprädisposition besteht.
* Beginn klinischer Symptome: mit < 1 Jahr.

Hepatische mikrovaskuläre Dysplasie

Eine Rasseprädisposition besteht.

Muskuloskelettale Erkrankungen

Aseptische Nekrose des Femurkopfs

* Auch als „Morbus Legg-Calvé-Perthes" bezeichnet.
* Hauptsächliches Alter bei Beginn: 7 Monate.
* Die Ätiologie ist ungeklärt.

Knorpelige Exostosen

Es besteht eine Rasseprädisposition.

Kongenitale Ellbogenluxation

* Bei dieser Rasse kommen Typ I und Typ II der Erkrankung vor.
* Typ I (90°-Rotation der proximalen Ulna) führt zu einer schweren Behinderung bei dieser Rasse, entweder bereits bei der Geburt oder während der ersten 3 Lebensmonate.
* Typ II (kaudolateral dislozierter proximaler Radius) entwickelt sich gewöhnlich im Alter von 4 – 5 Monaten.

Patellaluxation nach medial

Hier wird eine signifikante hereditäre Komponente vermutet.

Dysplasie des Dens axis

Kongenital.

Verzögerter/fehlender Schluss von Frakturen im distalen Drittel von Radius und Ulna bei Zwerg- und Toy-Rassen

Kann auch mit einer ungenügenden Ruhigstellung des Patienten zusammenhängen.

Neoplasien

Keratoakanthom

* Verhältnismäßig selten.
* Möglicherweise erblich.
* Betrifft Hunde mit 5 Jahren oder weniger.

Hypophysentumor, der zu Hyperadrenokortizismus führt

Siehe unter „Endokrinopathien".

Testikuläre Neoplasie

Yorkshire Terrier sollen zu den „Risikorassen" gehören.

Neurologische Erkrankungen

Hydrozephalus

* Kongenital.
* Verhältnismäßig häufig.
* Beginn der Symptome: gewöhnlich mit 4 – 5 Monaten.

Atlantoaxiale Subluxation

* Kongenital.
* Verhältnismäßig häufig bei dieser Rasse.
* Alter bei klinischem Beginn: < 1 Jahr.

Hemivertebrae

* Kongenital.
* Treten gelegentlich bei dieser Rasse auf.

Augenerkrankungen

Distichiasis

Eine Rasseprädisposition besteht.

Keratoconjunctivitis sicca

Eine Rasseprädisposition besteht.

Kongenitale Keratoconjunctivitis sicca (Hypoplasie der Tränendrüsen)

Yorkshire Terrier gehören zu den betroffenen Rassen.

Kongenitale, subepitheliale, geographische Korneadystrophie

* Kongenitale Erkrankung, diese Rasse ist prädisponiert.
* Tritt vorübergehend bei jungen Welpen auf (< 10 Wochen).

Katarakt

* Vermutlich erblich.
* Progressiv verlaufende kortikale Katarakt, kann zur Blindheit mit etwa 5 Jahren führen.
* Eine Vererbung bei dieser Rasse wird derzeit noch durch die British Veterinary Association in Zusammenarbeit mit dem Kennel Club und der International Sheep Dog Society geprüft (Schema 3 des BVA/KC/ISDS Eye Scheme).

Generalisierte progressive Retinaatrophie (GPRA)

* Vermutet wird ein autosomal-rezessiver Erbgang.
* Es gibt zwei Typen dieser Erkrankung: der eine äußert sich durch Nachtblindheit mit etwa 4 – 8 Monaten, der andere mit 6 Jahren oder später.
* Eine Vererbung bei dieser Rasse wird derzeit noch durch die British Veterinary Association in Zusammenarbeit mit dem Kennel Club und der International Sheep Dog Society geprüft (Schema 3 des BVA/KC/ISDS Eye Scheme).

Harnwegserkrankungen

Uratsteine

* Einigen Untersuchungen zufolge besteht bei dieser Rasse eine erhöhte Inzidenz.
* Das Durchschnittsalter bei der Diagnosestellung liegt bei 3 – 6 Jahren.
* Rüden sind möglicherweise prädisponiert.

Kalziumoxalatsteine

* Einigen Untersuchungen zufolge besteht bei dieser Rasse eine erhöhte Inzidenz.
* Das Durchschnittsalter bei der Diagnosestellung liegt bei 5 – 12 Jahren.
* Rüden sind möglicherweise prädisponiert.

Struvitsteine (Magnesium-Ammonium-Phosphat)

* Einigen Untersuchungen zufolge besteht bei dieser Rasse eine erhöhte Inzidenz.
* Das Durchschnittsalter bei der Diagnosestellung liegt bei 2 – 8 Jahren.
* Hündinnen scheinen prädisponiert zu sein.

Kalziumphosphatsteine (Hydroxy- und Karbonatapatit)

* Einigen Untersuchungen zufolge besteht bei dieser Rasse eine erhöhte Inzidenz.
* Das Durchschnittsalter bei der Diagnosestellung liegt bei 7 – 11 Jahren.

Kalziumphosphatsteine (Brushit)

* Einigen Untersuchungen zufolge besteht bei dieser Rasse eine erhöhte Inzidenz.
* Das Durchschnittsalter bei der Diagnosestellung liegt bei 7 – 11 Jahren.
* Rüden sind möglicherweise prädisponiert.

Silikatsteine

* Einigen Untersuchungen zufolge besteht bei dieser Rasse eine erhöhte Inzidenz.
* Rüden sind möglicherweise prädisponiert.

Erkrankungen der Reproduktionsorgane

Kryptorchismus

* Ein Entwicklungsdefekt, der vermutlich geschlechtsgebunden autosomal-rezessiv vererbt wird.
* Bei dieser Rasse soll ein erhöhtes Risiko bestehen.

Testikuläre Neoplasie

Yorkshire Terrier sollen zu den „Risikorassen" gehören.

Atemwegserkrankungen

Trachealkollaps

* Die Ätiologie ist ungeklärt.
* Gewöhnlich sind Hunde mittleren Alters und ältere Tiere betroffen.

Zwergpinscher

Hauterkrankungen

Pattern baldness („Schablonenkahlheit")

Ist möglicherweise erblich.

Farbmutantenalopezie

* Wurde bei blauen oder rehfarbenen Dobermännern und Zwergpinschern beschrieben.
* Die Gene für die Fellfarbe spielen in der Pathogenese eine Rolle.

Endokrinopathien

Diabetes mellitus

* Eine Rasseprädisposition ist möglich.
* Die Altersverteilung reicht von 4 – 14 Jahren, mit einem gehäuften Auftreten in einem Alter von 7 – 9 Jahren.
* Alte unkastrierte Hündinnen sind prädisponiert.

Muskuloskeletale Erkrankungen

Luxation der Schulter

Tritt kongenital auf.

Augenerkrankungen

Chronische superfizielle Keratitis

* Eine Rasseprädisposition besteht.
* Das Alter bei Beginn klinischer Symptome beträgt 7 – 8 Jahre.

Korneadystrophie

* Der Erbgang ist ungeklärt.
* Es kommt zu einer subepithelialen Lipiddystrophie.
* Das Alter bei Beginn der Erkrankung beträgt 1 – 2 Jahre.

Glaukom

* Eine Rasseprädisposition ist möglich.
* Das Alter bei Beginn der Erkrankung beträgt 3 – 4 Jahre.

Katarakt

* Vermutlich erblich.
* Lokalisation: Kortex.
* Alter bei Beginn klinischer Symptome: 1,5 – 3 Jahre.

Generalisierte progressive Retinaatrophie (GPRA)

- Der Erbgang ist ungeklärt, aber vermutlich rezessiv.
- Die betroffenen Tiere sind mindestens 7 Jahre alt.

Harnwegserkrankungen

Zystinsteine

- Eine Zystinurie ist auf einen erblichen Defekt beim Transport von Zystin in den renalen Tubuli zurückzuführen und prädisponiert zur Zystinsteinbildung.
- Einigen amerikanischen Untersuchungen zufolge besteht bei dieser Rasse eine erhöhte Inzidenz.
- Das Durchschnittsalter bei der Diagnosestellung beträgt 1 – 8 Jahre.
- Rüden scheinen prädisponiert zu sein.

Zwergspitz

Siehe unter „Pomeranian".

KAPITEL

3 Katzen

Abessinier

Herz-Kreislauf-Erkrankungen

Dilatative Kardiomyopathie

- Wird zunehmend seltener.
- Genetische Faktoren beeinflussen möglicherweise die Empfänglichkeit für diese Erkrankung.
- Kater sind prädisponiert.

Hauterkrankungen

Deformation der Haarschäfte beim Abessinier

- Verhältnismäßig selten.
- Ist möglicherweise erblich bedingt.

Psychogene Alopezie

- Kann möglicherweise das Resultat gesteigerter Ängstlichkeit sein.
- Organische Ursachen (insbesondere für Pruritus) sind vor der Diagnose „psychogen" auszuschließen.

Blastomykose

Siehe unter „Infektionskrankheiten".

Kryptokokkose

Siehe unter „Infektionskrankheiten".

Arzneimittelunverträglichkeiten

Griseofulvin

Es gibt anekdotische Berichte über eine Prädisposition dieser Rasse für die Nebenwirkungen von Griseofulvin.

Endokrinopathien

Kongenitale Hypothyreose

- Es gibt einen Bericht über eine kongenitale Hypothyreose bei einer Abessinier-Familie, die durch einen Defekt des Jodstoffwechsels bedingt war.
- Ein autosomal-rezessiver Erbgang wurde vermutet.

Gastrointestinale Erkrankungen

Amyloidose

- Eine Rasseprädisposition besteht.
- Kann verschiedene Organsysteme einschließlich der Leber und der Nieren betreffen.

Hämatologische Erkrankungen

Gesteigerte osmotische Fragilität der Erythrozyten

- Die ersten klinischen Symptome treten während der ersten Lebensjahre auf.
- Der Erbgang ist nicht geklärt.

Pyruvatkinase-Defizienz

- Der Erbgang ist autosomal-rezessiv.
- Die Carrier sind asymptomatisch.
- Der Mangel führt zu einer hochgradigen Anämie.

Infektionskrankheiten

Blastomykose

- Sehr selten.
- Tritt in Regionen auf, in denen sandige Feuchtgebiete in Wassernähe vorkommen.

Kryptokokkose

Verhältnismäßig selten.

Muskuloskelettale Erkrankungen

Myasthenia gravis

Siehe unter „Neurologische Erkrankungen".

Neurologische Erkrankungen

Hyperästhesie-Syndrom

Eine Rasseprädisposition besteht.

Myasthenia gravis

* Seltene Erkrankung bei Katzen.
* Setzt im Erwachsenenalter ein.

Augenerkrankungen

Progressive Retinaatrophie; Stäbchen-Zapfen-Retinadysplasie

* Ein autosomal-dominanter Erbgang besteht.
* Retinaveränderungen zeigen sich mit 8 – 12 Wochen.
* Schnelles Fortschreiten der Erkrankung.

Progressive Retinaatrophie; Stäbchen-Zapfen Retinadegeneration

* Ein autosomal-rezessiver Erbgang liegt vor.
* Klinischer Beginn mit 1,5 – 2 Jahren.
* Progressiver Verlauf bis zur vollständigen Degeneration über einen Zeitraum von 2 – 4 Jahren.

Physiologische Besonderheiten

Blutgruppen

* In den USA haben 80% der Abessinier die Blutgruppe A und 20% die Blutgruppe B.
* Angehörige der Blutgruppe B sind in Großbritannien selten.

Harnwegserkrankungen

Renale Amyloidose (gewöhnlich Bestandteil einer reaktiven systemischen Amyloidose)

* Familiäres Auftreten.
* Alter bei Beginn der klinischen Symptome: < 5 Jahre.

* In einer Untersuchung mit 119 betroffenen Abessiniern waren 73 Katzen und 46 Kater.
* Amyloidablagerungen in der Niere werden prinzipiell in der Medulla gefunden, jedoch existiert auch eine variable (gewöhnlich aber nur leichte) glomeruläre Beteiligung. Auch in den Nebennieren, der Schilddrüse, der Milz, im Magen, im Dünndarm, im Herz, in der Leber, im Pankreas und im Kolon sind Amyloidablagerungen zu finden. Diese tragen oft nicht zu den klinischen Symptomen bei, die sich prinzipiell durch chronisches Nierenversagen äußern.

Atemwegserkrankungen

Nasopharyngeale Polypen

* Werden gewöhnlich bei jungen Katzen diagnostiziert.
* Keine Geschlechtsprädisposition.

American-Shorthair

Herz-Kreislauf-Erkrankungen

Hypertrophe Kardiomyopathie

* Häufige Erkrankung.
* Betroffen sind mittelalte Tiere und ältere Katzen.
* Kater sind prädisponiert.
* Bei dieser Rasse besteht möglicherweise ein autosomal-dominanter Erbgang.

Physiologische Besonderheiten

Blutgruppen

In den USA haben 100% der dokumentierten Tiere die Blutgruppe A.

Balinese

Hauterkrankungen

Akromelanismus

Ein temperaturabhängiges Enzym ist an der Pathogenese beteiligt.

Heilige Birma

Hauterkrankungen

Kongenitale Hypotrichose

Wird bei dieser Rasse autosomal-rezessiv vererbt.

Schwanzspitzennekrose

Siehe unter „Hämatologische/immunologische Erkrankungen".

Hämatologische/immunologische Erkrankungen

Hämophilie B

- Faktor-IX-Mangel.
- Auch als „Christmas disease" bekannt.
- Geschlechtsgebundener Erbgang.
- Seltener als Hämophilie A.

Schwanzspitzennekrose

Vermutlich eine Folge der neonatalen Isoerythrolyse.

Aplasie des Thymus

Symptome werden gewöhnlich mit 1–3 Monaten gesehen.

Augenerkrankungen

Korneadermoid

Seltene Erkrankung, die bei dieser Rasse beschrieben ist.

Korneasequester

Eine Rasseprädisposition besteht.

Kongenitale Katarakt

Bei dieser Rasse beschrieben.

Neurologische Erkrankungen

Spongiforme Degeneration

- Bei dieser Rasse beschrieben.
- Alter bei Beginn der klinischen Symptome: 7 Wochen.

Distale Polyneuropathie der Heiligen Birma

- Vermutet wird ein rezessiver Erbgang.
- Alter bei Beginn der klinischen Symptome: 8–10 Wochen.

Physiologische Besonderheiten

Blutgruppen

- In den USA gehören 82% zur Blutgruppe A und 18% zur Blutgruppe B.
- In Großbritannien gehören 71% zur Blutgruppe A und 29% zur Blutgruppe B.

Atypische Granulation der Neutrophilen

- Ein autosomal-rezessiver Erbgang besteht.
- Häufige Erkrankung, von der 46% der untersuchten Katzen betroffen sind.
- Die Neutrophilen zeigen prominente eosinophile Granula.
- Bislang wurden keine klinischen Auswirkungen eines Neutrophilen-Funktionsdefekts bemerkt.

Britisch Kurzhaar

Herz-Kreislauf-Erkrankungen

Hypertrophe Kardiomyopathie

- Häufige Erkrankung.
- Prädisponiert sind Katzen mittleren Alters und ältere Katzen.
- Kater sind prädisponiert.
- Bei dieser Rasse vermutlich erblich.

Hämophilie B

- Faktor-IX-Mangel.
- Auch als „Christmas disease" bekannt.
- Geschlechtsgebundener Erbgang.
- Seltener als Hämophilie A.

Physiologische Besonderheiten

Blutgruppen

In den USA und in Großbritannien gehören 41% der Blutgruppe A und 59% der Blutgruppe B an.

Burma

Herz-Kreislauf-Erkrankungen

Dilatative Kardiomyopathie

- Wird zunehmend seltener.
- Genetische Faktoren beeinflussen möglicherweise die Empfänglichkeit für diese Erkrankung.
- Kater sind prädisponiert.

Endokardiale Fibroelastose

- Alter bei Beginn der Symptome: < 6 Monate.
- Ist wahrscheinlich bei dieser Rasse erblich.

Hauterkrankungen

Generalisierte Demodikose

- Bei Katzen eine seltene Erkrankung.
- Verläuft in der Regel auch milder als bei Hunden.

Kongenitale Hypotrichose

Familiäres Auftreten.

Akromelanismus

Ein temperaturabhängiges Enzym ist an der Pathogenese beteiligt.

Psychogene Alopezie

- Soll bei dieser Rasse infolge von Ängstlichkeit auftreten.
- Organische Ursachen (insbesondere für Pruritus) sind vor der Diagnose „psychogen" auszuschließen.

Muskuloskelettale Erkrankungen

Hypokaliämische Polymyopathie

- Möglicherweise erblich.
- Die Symptome zeigen sich im Alter von 4 – 12 Monaten.

Kopfdefekt der Burma

- Wird autosomal-rezessiv vererbt.
- Tiere mit kurzen Gesichtern sind möglicherweise Carrier.

Neurologische Erkrankungen

Kongenitales Vestibularsyndrom

Die Symptome äußern sich im Alter von weniger als 3 Monaten.

Kongenitale Taubheit

Die Symptome bestehen ab der Geburt.

Hyperästhesie-Syndrom

Eine Rasseprädisposition besteht.

Meningoenzephalozele

- Es besteht ein autosomal-rezessiver Erbgang.
- Diese Missbildung ist letal.
- Berichten zufolge sind bei dieser Rasse viele der Katzen Carrier.

Augenerkrankungen

Korneales und laterales limbales Dermoid

Seltene Erkrankung, die bei dieser Rasse beschrieben wurde.

Prolaps der Nickhautdrüse

Wurde bei dieser Rasse beschrieben.

Eversion des Nickhautknorpels

Wurde bei dieser Rasse beschrieben.

Korneasequester

Eine Rasseprädisposition besteht.

Physiologische Besonderheiten

Blutgruppen

In den USA gehören 100% zur Blutgruppe A.

Harnwegserkrankungen

Kalziumoxalatsteine

Bei dieser Rasse wurde eine erhöhte Inzidenz beschrieben.

Atemwegserkrankungen

Agenese der Nasenöffnungen

Kongenitaler Defekt.

Cornish Rex und Devon Rex

Hauterkrankungen

Kongenitale Hypotrichose

Familiäres Auftreten.

Malassezien-Dermatitis

Keine Alters- oder Geschlechtsprädisposition.

Hämatologische Erkrankungen

Vitamin-K-abhängige Koagulopathie

* Die Prävalenz ist nicht bekannt, doch ist die Erkrankung wohl eher selten.
* Möglicherweise besteht ein autosomal-rezessiver Erbgang.

Muskuloskelettale Erkrankungen

Hereditäre Myopathie der Devon-Rex-Katzen

Es besteht ein autosomal-rezessiver Erbgang.

Patellaluxation

Manifestiert sich gewöhnlich in frühem Alter.

Hernia umbilicalis

Wahrscheinlich besteht ein polygener Erbgang.

Physiologische Besonderheiten

Fell

* Rex-Katzen haben kurze, gekräuselte oder fehlende Tasthaare.
* Sie können während des Östrus oder der Gravidität ihr Fell verlieren.

Blutgruppen

* In den USA gehören 67% der Cornish Rex und 59% der Devon Rex Blutgruppe A an.
* In Großbritannien ist die Verteilung ähnlich.

Domestic Longhair

Herz-Kreislauf-Erkrankungen

Hypertrophe Kardiomyopathie

* Häufige Erkrankung.
* Betroffen sind Katzen mittleren Alters und ältere Tiere.
* Kater sind prädisponiert.

Ehlers-Danlos-Syndrom

* Auch als „kutane Asthenie" bezeichnet.
* Das Syndrom umfasst eine erbliche Gruppe von Erkrankungen.
* Möglicherweise besteht ein autosomal-rezessiver Erbgang.
* Verläuft möglicherweise bei homozygoten Tieren letal.

Gastrointestinale Erkrankungen

Kongenitaler portosystemischer Shunt

Gewöhnlich handelt es sich um einen extrahepatischen Shunt.

Neoplasien

Basalzelltumor

* Rex-Katzen sollen zu den Rassen mit einem erhöhten Risiko gehören.
* Das Durchschnittsalter liegt bei 7 – 10 Jahren.

Neurologische Erkrankungen

Lysosomale Speicherkrankheit – Alpha-Mannosidose

* Vermutlich erblich.
* Selten.
* Symptome zeigen sich mit 6 – 12 Monaten.

Harnwegserkrankungen

Polyzystische Nierenerkrankung

Eine Rasseprädisposition besteht.

3

Domestic Shorthair

Herz-Kreislauf-Erkrankungen

Hypertrophe Kardiomyopathie

- Häufige Erkrankung.
- Betroffen sind Katzen mittleren Alters und ältere Tiere.
- Kater sind prädisponiert.

Hauterkrankungen

Ehlers-Danlos-Syndrom

- Auch als „kutane Asthenie" bezeichnet.
- Das Syndrom umfasst eine erbliche Gruppe von Erkrankungen.
- Möglicherweise besteht ein autosomal-rezessiver Erbgang.
- Verläuft möglicherweise bei homozygoten Tieren letal.

Lentigo simplex

- Die Ursache ist nicht bekannt.
- Gewöhnlich sind Katzen unter 1 Jahr betroffen.

Solardermatitis

Weiße Katzen mit blauen Augen sind prädisponiert.

Psychogene Alopezie

- Vermutlich ist die Ursache eine gesteigerte Ängstlichkeit.
- Organische Ursachen (insbesondere für Pruritus) sind vor der Diagnose „psychogen" auszuschließen.

Hauttumoren

Siehe unter „Neoplasien".

Gastrointestinale Erkrankungen

Kongenitaler portosystemischer Shunt

Gewöhnlich handelt es sich um extrahepatische Shunts.

Hämatologische Erkrankungen

Pelger-Huët Anomalie

- Ein autosomal-dominanter Erbgang besteht.
- Die homozygote Form ist letal.
- Heterozygote Tiere scheinen keine gesteigerte Infektionsbereitschaft zu entwickeln.

Methämoglobin-Reduktase-Mangel

- Es besteht ein autosomal-rezessiver Erbgang.
- Heterozygote Tiere sind asymptomatisch.

Pyruvatkinase-Defizienz

- Es besteht ein autosomal-rezessiver Erbgang.
- Carrier sind asymptomatisch.
- Führt zu hochgradiger Anämie.

Hämophilie A

Die Inzidenz spontaner Hämorrhagien ist bei Katzen niedriger als bei Hunden.

Muskuloskelettale Erkrankungen

Mukopolysaccharidose I

- Verhältnismäßig seltene Erkrankung.
- Veränderungen an Skelett, Herz und Augen werden beobachtet.
- Siehe unter „Lysosomale Speicherkrankheiten", unter „Augenerkrankungen" und unter „Neurologische Erkrankungen".

Kongenitale Myasthenia gravis

Siehe unter „Neurologische Erkrankungen".

Neoplasien

Talgdrüsentumoren

- Eine Rasseprädisposition ist möglich.
- Treten bei älteren Tieren auf (Durchschnittsalter 10 Jahre).

Neurologische Erkrankungen

Neuroaxonale Dystrophie (Domestic Tricolour Cat)

* Ein autosomal-rezessiver Erbgang wird vermutet.
* Selten.
* Alter bei Beginn der klinischen Symptome: 5 – 6 Wochen.

Lysosomale Speicherkrankheit – Sphingomyelinose (Morbus Niemann-Pick)

* Vermutlich erblich.
* Seltene Erkrankung.
* Symptome treten mit 3 – 6 Monaten auf.

Lysosomale Speicherkrankheit – Mukopolysaccharidose

* Vermutlich erblich.
* Seltene Erkrankung.
* Symptome treten mit 3 – 6 Monaten auf.

Lysosomale Speicherkrankheit – GM_1-Gangliosidose

* Vermutlich erblich.
* Seltene Erkrankung.
* Symptome treten mit 3 – 6 Monaten auf.

Lysosomale Speicherkrankheit – Globoidzell-Leukodystrophie (Morbus Krabbe)

* Vermutlich erblich.
* Seltene Erkrankung.
* Symptome treten mit 6 – 12 Monaten auf.

Lysosomale Speicherkrankheit – Alpha-Mannosidose

* Vermutlich erblich.
* Seltene Erkrankung.
* Symptome treten mit 6 – 12 Monaten auf.

Hyperoxalurie

* Vermutet wird ein autosomal-rezessiver Erbgang.
* Alter bei Beginn der klinischen Symptome: 5 – 9 Monate.
* Führt zu Nierenversagen und Nervenschäden.

Kongenitale Myasthenia gravis

* Wurde bei dieser Rasse beschrieben.
* Alter bei Beginn der klinischen Symptome: 4 Monate.

Augenerkrankungen

Kolobom

* Kongenitale Erkrankung, für die eine Rasseprädisposition besteht.
* Kann ein oder mehrere okuläre Gewebe betreffen, unter anderem das Augenlid, die Iris, den N. opticus und die Sklera.

Korneadermoid

Seltene Erkrankung bei dieser Rasse.

Kongenitale Katarakt

Seltene Erkrankung bei dieser Rasse.

Mikrophakie

Seltene Erkrankung bei dieser Rasse.

Lysosomale Speicherkrankheiten

* Seltene Erkrankungen, die vermutlich erblich sind.
* Die Erkrankungen, für die diese Rasse prädisponiert ist, und die okuläres Gewebe betreffen, sind: GM_1-Gangliosidose, GM_2-Gangliosidose, Alpha-Mannosidose und Mukopolysaccharidose I.

Physiologische Besonderheiten

Hereditäre Porphyrie

Ist bei dieser Rasse gewöhnlich nicht mit einer Anämie gekoppelt.

Harnwegserkrankungen

Hyperoxalurie

* Vermutet wird ein autosomal-rezessiver Erbgang.
* Alter bei Beginn der klinischen Symptome: 5 – 9 Monate.
* Führt zu Nierenversagen und Nervenschädigungen.

Egyptian Mau

Neurologische Erkrankungen

Spongiforme Degeneration

- Vermutlich erblich.
- Alter bei klinischem Beginn: 7 Wochen.

Havana Brown

Hauterkrankungen

Blastomykose

Siehe unter „Infektionskrankheiten".

Infektionskrankheiten

Blastomykose

- Äußerst seltene Erkrankung.
- Wird in Gebieten mit sandigem Boden in der Nähe von Wasser gesehen.

Himalaya-Katze

Hauterkrankungen

Dermatophytose

Häufige Erkrankung.

Multiple epitriche Zysten

Betreffen die Augenlider.

Systemischer Lupus erythematodes

- Selten bei Katzen.
- Keine Alters- oder Geschlechtsprädisposition.

Ehlers-Danlos-Syndrom

- Auch als „Kutane Asthenie" bezeichnet.
- Das Syndrom umfasst eine erbliche Gruppe von Erkrankungen.
- Möglicherweise besteht ein autosomal-rezessiver Erbgang.
- Verläuft möglicherweise bei homozygoten Tieren letal.

Akromelanismus

Ein temperaturabhängiges Enzym ist an der Pathogenese beteiligt.

Idiopathische Gesichtsdermatitis bei Persern und Himalaya-Katzen

- Verhältnismäßig seltene Erkrankung.
- Die Ursache ist nicht geklärt, möglicherweise besteht eine genetische Basis.

Hauttumoren

Siehe unter „Neoplasien".

Arzneimittelunverträglichkeiten

Griseofulvin

Anekdotischen Berichten zufolge besteht bei dieser Rasse eine Prädisposition für Nebenwirkungen dieser Substanz.

Gastrointestinale Erkrankungen

Kongenitaler portosystemischer Shunt

Gewöhnlich handelt es sich um extrahepatische Shunts.

Neoplasien

Basalzelltumor

- Bei Himalaya-Katzen soll ein erhöhtes Risiko bestehen.
- Das Durchschnittsalter beträgt 7 – 10 Jahre.

Neurologische Erkrankungen

Hyperästhesie-Syndrom

Eine Rasseprädisposition besteht.

Augenerkrankungen

Korneasequester

Eine Rasseprädisposition besteht.

Kongenitale Katarakt

Eine Rasseprädisposition besteht.

Physiologische Besonderheiten

Blutgruppen

Colourpoint-Himalaya-Katzen gehören in den USA zu 80% der Blutgruppe A, und zu 20% der Blutgruppe B an.

Harnwegserkrankungen

Kalziumoxalatsteine

* Bei dieser Rasse wurde eine erhöhte Inzidenz beschrieben.
* Einer Untersuchung zufolge waren Kater häufiger betroffen.

Korat

Neurologische Erkrankungen

Lysosomale Speicherkrankheit – GM$_1$-Gangliosidose

* Vermutlich erblich.
* Seltene Erkrankung.
* Symptome werden mit 3 – 6 Monaten gesehen.

Lysosomale Speicherkrankheit – GM$_2$-Gangliosidose

* Vermutlich erblich.
* Seltene Erkrankung.
* Symptome werden mit 3 – 6 Monaten gesehen.

Augenerkrankungen

Lysosomale Speicherkrankheiten

* Seltene Erkrankungen, die vermutlich erblich sind.
* Die Erkrankungen, für die diese Rasse prädisponiert ist und die okuläres Gewebe betreffen, sind: GM$_1$-Gangliosidose und GM$_2$-Gangliosidose.

Maine Coon

Herz-Kreislauf-Erkrankungen

Hypertrophe Kardiomyopathie

* Häufige Erkrankung.
* Betroffen sind Katzen mittleren Alters bis ältere Katzen.
* Kater sind prädisponiert.
* Wird bei dieser Rasse autosomal-dominant vererbt.

Muskuloskelettale Erkrankungen

Hüftgelenkdysplasie

* Einer Untersuchung zufolge hatten 51% der röntgenologisch untersuchten Maine-Coon-Katzen Zeichen einer Hüftgelenkdysplasie.
* Bei Katzen ist über die Erblichkeit nichts bekannt.

Manx

Hauterkrankungen

Intertrigo

Diese Rasse ist für eine Körperfaltendermatitis prädisponiert.

Gastrointestinale Erkrankungen

Megakolon und Obstipation

* Eine Rasseprädisposition besteht.
* Wird bei älteren Tieren gesehen.

Rektumprolaps

Eine Rasseprädisposition besteht.

Neurologische Erkrankungen

Spina bifida

Kongenitale Missbildung.

Sakrokaudale Dysgenese

* Kongenitale Erkrankung mit autosomal-dominantem Erbgang.
* Verhältnismäßig häufig bei dieser Rasse.

Augenerkrankungen

Korneadystrophie

- Eine Rasseprädisposition besteht, möglicherweise ist der Erbgang einfach autosomal-rezessiv.
- Eine progressiv verlaufende Erkrankung, bei der betroffene Tiere mit etwa 4 Monaten mit einem Korneaödem vorgestellt werden.

Harnwegserkrankungen

Sakrokaudale Dysgenese (die zur Incontinentia urinae führt)

- Kongenitale Erkrankung mit autosomal-dominantem Erbgang.
- Siehe auch unter „Neurologische Erkrankungen".

Norwegische Waldkatze

Neurologische Erkrankungen

Glykogenose (Glykogen-Speicherkrankheit Typ 4)

- Vermutet wird ein autosomal-rezessiver Erbgang.
- Selten.
- Alter bei Beginn klinischer Symptome: < 6 Monate.

Physiologische Besonderheiten

Blutgruppen

100% der Norwegischen Waldkatzen in den USA sollen die Blutgruppe A haben.

Orientalisch Kurzhaar und Orientalisch Semilanghaar

Hauterkrankungen

Psychogene Alopezie

- Ein häufiges Problem bei nervösen Tieren.
- Organische Ursachen (insbesondere für Pruritus) sind vor der Diagnose „psychogen" auszuschließen.

Perser

Herz-Kreislauf-Erkrankungen

Hypertrophe Kardiomyopathie

- Häufige Erkrankung.
- Prädisponiert sind mittelalte und ältere Tiere.
- Kater sind prädisponiert.
- Wird bei dieser Rasse autosomal-dominant vererbt.

Peritoneo-perikardiale Zwerchfellhernie

- Ist verantwortlich für 0,5% der kongenitalen Herzerkrankungen, die Inzidenz ist aber möglicherweise deutlich höher.
- Weibliche Tiere sind vermutlich prädisponiert.
- Möglicherweise besteht bei Katzen ein autosomal-rezessiver Erbgang.

Hauterkrankungen

Dermatophytose

- Häufiges Problem.
- Diese Rasse kann mykotische Pseudomyzetome entwickeln, die durch einen oder mehrere ulzerierte und fistelnde Knoten im Bereich des dorsalen Rumpfs oder der Schwanzbasis charakterisiert sind.

Systemischer Lupus erythematodes

- Selten bei Katzen.
- Keine Alters- oder Geschlechtsprädisposition.

Primäre Seborrhoe

- Selten bei Katzen.
- Es besteht ein autosomal-rezessiver Erbgang.

Chédiak-Higashi-Syndrom (nur bei Blue-Smoke-Perserkatzen)

- Es besteht ein autosomal-rezessiver Erbgang.
- Siehe unter „Hämatologische Erkrankungen".

Idiopathische periokuläre Krustenbildung

Kann zusammen mit Malassezien-Infektionen oder mit feliner Akne auftreten.

Gesichtsfaltenpyodermie

Es besteht eine Rasseprädisposition.

Idiopathische Gesichtsdermatitis bei Perser- und Himalaya-Katzen

- Verhältnismäßig seltene Erkrankung.
- Die Ursache ist nicht geklärt, möglicherweise besteht eine genetische Grundlage.

Multiple epitriche Zysten

Diese betreffen die Augenlider.

Hauttumoren

Siehe unter „Neoplasien".

Arzneimittelunverträglichkeiten

Griseofulvin

Anekdotischen Berichten zufolge besteht bei dieser Rasse eine Prädisposition für Nebenwirkungen dieser Substanz.

Gastrointestinale Erkrankungen

Kongenitaler portosystemischer Shunt

Gewöhnlich handelt es sich um extrahepatische Shunts.

Kongenitale polyzystische Lebererkrankung

- Eine Rasseprädisposition besteht.
- Kann mit einer polyzystischen Nierenerkrankung zusammen auftreten.

Hämatologische/immunologische Erkrankungen

Chédiak-Higashi-Syndrom (nur bei Blue Smoke-Perserkatzen)

- Es besteht ein autosomal-rezessiver Erbgang.
- Es bilden sich abnorme Lysosomen und Neutrophilen-Granula.

Empfänglichkeit für Dermatophyteninfektionen

Diese kann zu schweren und lang andauernden Infektionen führen.

Systemischer Lupus erythematodes

- Seltene Erkrankung bei Katzen.
- Keine Alters- oder Geschlechtsprädisposition.

Neoplasien

Basalzelltumor

- Bei Perserkatzen soll ein erhöhtes Risiko bestehen.
- Das Durchschnittsalter beträgt 7 – 10 Jahre.

Talgdrüsentumoren

- Eine Rasseprädisposition ist möglich.
- Treten bei älteren Katzen auf (Durchschnittsalter: 10 Jahre).

Neurologische Erkrankungen

Lysosomale Speicherkrankheit – Alpha-Mannosidose

- Vermutlich erblich.
- Selten.
- Symptome treten mit 2 – 4 Monaten auf.

Augenerkrankungen

Kolobom

- Kongenitale Erkrankung, für die eine Rasseprädisposition besteht.
- Kann sich in einem oder mehreren Geweben des Auges bilden, beispielsweise an den Lidern, der Iris, am N. opticus und an der Sklera.

Entropium

Eine Rasseprädisposition besteht.

Aplasie des Tränenpunkts

Kongenitales Problem, für das eine Rasseprädisposition besteht.

Idiopathische Epiphora

Eine Rasseprädisposition besteht, möglicherweise aufgrund der Kopf- und Lidform.

Korneasequester

Eine Rasseprädisposition besteht.

Kongenitale Katarakt

Seltene Erkrankung, die bei dieser Rasse beschrieben wurde.

Chédiak-Higashi-Syndrom (nur bei Blue-Smoke-Perserkatzen)

* Es besteht ein autosomal-rezessiver Erbgang.
* Siehe unter „Hämatologische Erkrankungen".

Degeneration der Retina

Vermutet wird ein autosomal-rezessiver Erbgang.

Lysosomale Speicherkrankheiten

* Vermutlich erblich.
* Selten.
* Die Alpha-Mannosidose betrifft okuläre Gewebe.

Physiologische Besonderheiten

Blutgruppen

* In den USA sollen 76% die Blutgruppe A und 24% die Blutgruppe B haben.
* In Großbritannien haben 12% die Blutgruppe B.

Prognathie

Ein im Vergleich zum Oberkiefer längerer Unterkiefer ist im Rassestandard akzeptiert.

Harnwegserkrankungen

Polyzystische Nierenerkrankung

* Es besteht ein autosomal-dominanter Erbgang.
* Die Zysten treten sowohl in der Medulla als auch in der Kortex auf und vergrößern sich im Laufe der Zeit. Sie können mittels Ultraschall bereits im Alter von 6 – 8 Wochen festgestellt werden. Die meisten Tiere entwickeln erst später Nierenversagen (Durchschnittsalter 7 Jahre).

Kalziumoxalatsteine

Bei dieser Rasse wurde eine erhöhte Inzidenz beschrieben.

Erkrankungen der Reproduktionsorgane

Kryptorchismus

* Vermutlich ein erblicher Defekt mit einem einfachen autosomalen, geschlechtsgebundenen Erbgang.
* Möglicherweise besteht eine Rasseprädisposition.

Ragdoll

Herz-Kreislauf-Erkrankungen

Hypertrophe Kardiomyopathie

* Häufige Erkrankung.
* Prädisponiert sind Katzen mittleren Alters und ältere Tiere.
* Kater sind prädisponiert.
* Ist bei dieser Rasse möglicherweise erblich.

Scottish Fold

Muskuloskelettale Erkrankungen

Arthropathie der Scottish-Fold-Katzen

* Homozygote Tiere entwickeln Veränderungen des Knorpelgewebes und eine progressive Arthropathie.
* Gelegentlich zeigen heterozygote Tiere eine mildere Form der Erkrankung.

Physiologische Besonderheiten

Blutgruppen

In den USA sollen 85% die Blutgruppe A und 15% die Blutgruppe B haben.

Siam

Herz-Kreislauf-Erkrankungen

Dilatative Kardiomyopathie

- Ist in der letzten Zeit seltener geworden.
- Genetische Faktoren beeinflussen möglicherweise die Empfänglichkeit für diese Erkrankung.
- Kater sind prädisponiert.

Endokardiale Fibroelastose

- Alter bei Beginn der Symptome: < 6 Monate.
- Möglicherweise besteht ein familiäres Auftreten bei dieser Rasse.

Persistierender Ductus arteriosus

- Möglicherweise besteht bei dieser Rasse eine leichte Prädisposition für diese Veränderung.
- Familiäres Auftreten.
- Bei Katzen gibt es keine Geschlechtsprädisposition.

Persistierender Vorhofstillstand

- Verhältnismäßig seltene Erkrankung.
- Bei dieser Rasse besteht eine deutliche Rasseprädisposition.

Hauterkrankungen

Kutane Tuberkulose

Seltene Erkrankung, es sei denn, es besteht ein hoher Expositionsdruck.

Blastomykose

Siehe unter „Infektionskrankheiten".

Kryptokokkose

Siehe unter „Infektionskrankheiten".

Histoplasmose

Seltene Erkrankung.

Generalisierte Demodikose

- Seltene Erkrankung bei Katzen.
- Verläuft gewöhnlich leichter als bei Hunden.

Futtermittelallergie

- In zwei Untersuchungen waren 30% der Fälle Siamkatzen oder Siam-Mischlinge.
- Die Odds ratio (= die Wahrscheinlichkeit, dass ein Ereignis eintrifft im Verhältnis zur Wahrscheinlichkeit, dass ein Ereignis nicht eintrifft) beträgt 5,0.

Systemischer Lupus erythematodes

- Seltene Erkrankung bei Katzen.
- Keine Alters- oder Geschlechtsprädisposition.

Alopezie der Pinnae

Die Ursache ist nicht bekannt.

Epidermolysis bullosa junctionalis

- Ein Symptom ist der Verlust von Krallen.
- Wahrscheinlich ist ein autosomal-rezessiver Erbgang.

Kongenitale Hypotrichose

Familiäres Auftreten.

Akromelanismus

Ein temperaturabhängiges Enzym ist an der Pathogenese beteiligt.

Vitiligo

Vermutlich erblich.

Periokuläre Leukotrichie

- Bilaterales Auftreten.
- Keine Altersprädisposition.

Aguirre-Syndrom

- Unilaterale periokuläre Depigmentierung.
- Kann mit einem Horner-Syndrom, einer Korneanekrose und Infektionen der oberen Atemwege zusammen auftreten.

Psychogene Alopezie

- Soll infolge von Ängstlichkeit auftreten.
- Organische Ursachen (insbesondere für Pruritus) sind vor der Diagnose „psychogen" auszuschließen.

3

Schwanzsaugen

Psychogene Erkrankung.

Sporotrichose

- Verhältnismäßig seltene Erkrankung.
- Unkastrierte Kater sind prädisponiert.
- Betroffen sind vorwiegend Tiere, die jünger als 4 Jahre sind.

Kolobome der Augenlider

Kongenital.

Hauttumoren

Siehe unter „Neoplasien".

Arzneimittelunverträglichkeiten

Griseofulvin

Anekdotischen Berichten zufolge besteht bei dieser Rasse eine Prädisposition für Nebenwirkungen dieser Substanz.

Endokrinopathien

Tumoren der Parathyroidea (die zu einem primären Hyperparathyreoidismus führen)

- Selten.
- Bei einer Untersuchung an sieben erkrankten Tieren waren fünf Siamkatzen.
- Betroffen sind ältere Tiere.

Insulinom

- Seltene Erkrankung.
- Bei drei beschriebenen Fällen, in denen auch das Signalement bekannt war, waren alle Tiere Siamkater und das Durchschnittsalter betrug 14 Jahre.

Gastrointestinale Erkrankungen

Gaumenspalte

Kongenitale Erkrankung, die bei dieser Rasse familiär gehäuft auftritt.

Kongenitaler idiopathischer Megaösophagus

Eine Rasseprädisposition besteht.

Pylorus-Dysfunktion

Eine Rasseprädisposition besteht.

Adenokarzinom des Dünndarms

- Eine Rasseprädisposition ist möglich.
- Tritt bei älteren Katzen auf.

Kongenitaler portosystemischer Shunt

Es handelt sich gewöhnlich um einen extrahepatischen Shunt.

Amyloidose

- Familiäres Auftreten.
- Alter bei Beginn: 1 – 4 Jahre.
- Amyloidablagerungen werden vorwiegend in der Leber und in der Schilddrüse gefunden, was zu den klinischen Symptomen Kachexie, Ikterus und gelegentlich zu einer Leberruptur führt. Dies ist möglicherweise ein weiteres Beispiel für eine systemische Amyloidose.

Hämatologische Erkrankungen

Hämophilie B

- Faktor-IX-Mangel.
- Auch als „Christmas disease" bekannt.
- Geschlechtsgebundener Erbgang.
- Seltener als Hämophilie A.

Hereditäre Porphyrie

Kann sich bei dieser Rasse durch eine Anämie mit Nierenversagen äußern.

Infektionskrankheiten

Infektionen mit *Mycobacterium avium*

- Seltene Erkrankung.
- Möglicherweise besteht eine Rasseprädisposition.

Blastomykose

- Seltene Erkrankung bei Katzen. Die meisten beschriebenen Fälle waren Siamkatzen.

- Geographische Verteilung: in der Umgebung des Mississippi, Ohio, Missouri, Tennessee und St.-Lorenz-Stroms, im Bereich der südlichen Großen Seen und der südlichen mittelatlantischen Staaten. In Deutschland nicht beschrieben.

Kryptokokkose
Verhältnismäßig seltene Erkrankung.

Histoplasmose
Seltene Erkrankung.

Infektiöse Hautkrankheiten
Siehe unter „Hauterkrankungen".

Muskuloskelettale Erkrankungen

Gaumen/Lippenspalte
Siehe unter „Gastrointestinale Erkrankungen".

Hüftgelenkdysplasie
- Fallberichten zufolge sind Siamkatzen unter den Tieren mit einer Hüftgelenkdysplasie überrepräsentiert.
- Über die Erblichkeit bei Katzen ist wenig bekannt.

Kongenitale Myasthenia gravis
Siehe unter „Neurologische Erkrankungen".

Mukopolysaccharidose VI
- Lysosomale Speicherkrankheit.
- Wird autosomal-rezessiv vererbt.
- Führt zu Zwergwuchs und multiplen Defiziten an Skelett, Nervensystem und Retina.

Neoplasien

Mastzelltumoren
- Möglicherweise besteht eine Rasseprädisposition.
- Gewöhnlich sind betroffene Katzen > 4 Jahre.
- Es gibt Berichte über zwei Würfe Siamkatzen, bei denen kutane Mastzelltumoren im Welpenalter auftraten – bei einem Wurf mit 6 Wochen und bei dem anderen mit 8 Wochen. Bei allen Welpen waren die Neoplasien im Alter von 4 Monaten wieder verschwunden.

Lipom
Tritt gewöhnlich bei Tieren in einem Alter über 8 Jahren auf.

Basalzelltumor
- Siamkatzen sollen zu den „Risikorassen" gehören.
- Das Durchschnittsalter beträgt 7 – 10 Jahre.

Schweißdrüsentumor
- Siamkatzen sollen zu den „Risikorassen" gehören.
- Das Durchschnittsalter beträgt 11,6 Jahre.

Tumoren der Nasenhöhle
- Siamkatzen sollen zu den „Risikorassen" gehören.
- Das Durchschnittsalter beträgt 8 – 10 Jahre.
- Vermutlich besteht eine Prädisposition für kastrierte Kater.

Tumoren der Parathyroidea (die zu primärem Hyperparathyreoidismus führen)
Siehe unter „Endokrinopathien".

Insulinom
Siehe unter „Endokrinopathien".

Adenokarzinom des Dünndarms
Siehe unter „Endokrinopathien".

Mammatumoren
- Möglicherweise besteht eine Rasseprädisposition.
- Treten bei älteren Katzen (hauptsächlich mit 10 – 12 Jahren) auf.

Neurologische Erkrankungen

Kongenitales Vestibularsyndrom
Symptome treten bereits mit weniger als 3 Monaten auf.

Kongenitale Taubheit
Symptome bestehen ab der Geburt.

Hydrozephalus
Kongenitale, autosomal-rezessiv vererbte Erkrankung.

Lysosomale Speicherkrankheit – GM$_1$-Gangliosidose

- Vermutlich erblich.
- Seltene Erkrankung.
- Symptome werden mit 3 – 6 Monaten gesehen.

Lysosomale Speicherkrankheit – Ceroid-Lipofuszinose

- Vermutlich erblich.
- Seltene Erkrankung.
- Symptome werden mit 6 – 12 Monaten gesehen.

Lysosomale Speicherkrankheit – Sphingomyelinose (Morbus Niemann-Pick)

- Vermutlich erblich.
- Seltene Erkrankung.
- Symptome werden mit 3 – 6 Monaten gesehen.

Lysosomale Speicherkrankheit – Mukopolysaccharidose Typ VI

- Es besteht ein autosomal-rezessiver Erbgang.
- Seltene Erkrankung.
- Symptome werden mit 2 – 3 Monaten gesehen.

Hyperästhesie-Syndrom

Eine Rasseprädisposition besteht.

Kongenitale Myasthenia gravis

- Wurde bei dieser Rasse beschrieben.
- Alter bei Beginn klinischer Symptome: 5 Monate.

Augenerkrankungen

Konvergierender Strabismus und Nystagmus

- Kongenitale Veränderungen, die bei dieser Rasse auftreten.
- Sie resultieren aus einer abnormen Entwicklung des visuellen Systems.

Korneasequester

Eine Rasseprädisposition besteht.

Glaukom

Eine Rasseprädisposition besteht.

Kongenitale Katarakt

Wurde bei dieser Rasse beschrieben.

Mikrophakie

Seltene Erkrankung, die bei dieser Rasse beschrieben wurde.

Retina-Degeneration

- Vermutlich erblich.
- Wurde bei älteren Katzen (10 Jahre und mehr) in Großbritannien beschrieben.

Lysosomale Speicherkrankheiten

- Es besteht ein autosomal-rezessiver Erbgang.
- Selten.
- Für die GM$_1$-Gangliosidose und die Mukopolysaccharidose Typ VI besteht eine Rasseprädisposition und diese Erkrankungen betreffen okuläre Gewebe.
- Siehe unter „Neurologische Erkrankungen".

Physiologische Besonderheiten

Blutgruppen

In den USA gehören 100% der Siamkatzen der Blutgruppe A an.

Atemwegserkrankungen

Felines Asthma

- Häufige Erkrankung.
- Betrifft alle Altersgruppen.

Chylothorax

- Keine Geschlechtsprädisposition.
- In einer Studie waren Siamkatzen überrepräsentiert.

Somali

Hämatologische Erkrankungen

Erhöhte osmotische Fragilität der Erythrozyten

* Erste Präsentation gewöhnlich innerhalb der ersten Lebensjahre.
* Der Erbgang ist ungeklärt.

Pyruvatkinase-Defizienz

* Es besteht ein autosomal-rezessiver Erbgang.
* Carrier sind asymptomatisch.
* Verursacht eine schwere Anämie.

Muskuloskelettale Erkrankungen

Myasthenia gravis

Siehe unter „Neurologische Erkrankungen".

Neurologische Erkrankungen

Myasthenia gravis

* Selten bei Katzen.
* Tritt gewöhnlich bei erwachsenen Tieren auf.

Physiologische Besonderheiten

Blutgruppen

In den USA gehören 78% der Blutgruppe A und 22% der Blutgruppe B an.

Tonkinese

Neurologische Erkrankungen

Kongenitales Vestibularsyndrom

Symptome treten bereits mit weniger als 3 Monaten auf.

Physiologische Besonderheiten

Blutgruppen

In den USA gehören 100% der Blutgruppe A an.

4 Kurzbeschreibungen der Krankheitsbilder

Augenkrankheiten

Aplasie des Tränenpunkts (Punctum lacrimale imperforatum)

Bei dieser kongenitalen Veränderung öffnet sich der untere und/oder obere Tränenpunkt des Tränen-Nasen-Kanals nicht. Die Erkrankung kann uni- oder bilateral auftreten. Am häufigsten ist der untere Tränenpunkt involviert, was zu Epiphora führt.

A. hyaloidea persistens (AHP)

Dieser kongenitale Defekt beruht auf einer fehlenden Rückbildung der A. hyaloidea. Das verbleibende Segment (das auch Blut enthalten kann) ist in der Glaskörperhöhle im Bereich zwischen Discus opticus und der Linse sichtbar. An der Ansatzstelle an der Linsenkapsel kann sich eine Katarakt bilden.

BVA/KC/ISDS Eye Scheme

Die British Veterinary Association hat in Zusammenarbeit mit dem Kennel Club und der International Sheep Dog Society das Eye Scheme (BVA/KC/ISDS Eye Scheme) entwickelt. Ziel ist die züchterische Reduktion erblicher Augenerkrankungen, indem die Tiere vor dem Zuchteinsatz auf diese Erkrankungen untersucht werden. Diese Untersuchungen werden ausschließlich von ausgewiesenen Spezialisten durchgeführt. Eine Liste kann beim Kennel Club oder der British Veterinary Association, bzw. in Deutschland durch die Zuchtverbände der jeweiligen Hunderassen angefordert werden.

Das Schema 1 dieser Liste erfasst die Augenerkrankungen, bei denen genügend Beweise für eine Vererbung bei der jeweiligen Rasse erbracht wurden. Das Schema 3 beinhaltet eine Liste von Erkrankungen, die derzeit auf eine mögliche Erblichkeit bei der jeweiligen Rasse überprüft werden.

Die Erkrankungen, die in diesen Schemata aufgeführt wurden, betreffen ausschließlich das Auge selbst, Erkrankungen der Augenlider und des Tränenapparats wurden nicht berücksichtigt.

Chédiak-Higashi-Syndrom

Diese Erkrankung tritt bei Perserkatzen auf. Die Symptome können Albinismus von Augen und Haut, sowie eine gesteigerte Infektionsbereitschaft und erhöhte Blutungsneigung sein. Siehe unter „Hämatologische/immunologische Erkrankungen".

„Collie eye anomaly" (CEA; ➤ Abb. 4.1)

Diese kongenitale Veränderung wird durch eine abnorme Entwicklung des Auges charakterisiert. Der Schweregrad und die Auswirkungen auf das Sehvermögen sind unterschiedlich. In leichten Fällen kann es bei einer Hypoplasie der Chorioidea bleiben. In

Abb. 4.1 Chorioid-Hypoplasie und verstärkte Schlängelung der Blutgefäße bei einer 2jährigen unkastrierten Kurzhaarcollie-Hündin mit „Collie eye anomaly". (Mit freundlicher Genehmigung von Mark Bossley.)

schweren Fällen treten Kolobome des N. opticus, Netzhautablösungen sowie intraokuläre Blutungen auf.

Chronische superfizielle Keratitis (Pannus)

Die chronische superfizielle Keratitis ist eine progressive entzündliche Erkrankung der Kornea. Eine fleischartige vaskuläre Veränderung bewegt sich vom temporalen Limbus in Richtung der zentralen Kornea. Eine Pigmentierung ist die Folge und kann in schweren Fällen zum Verlust des Sehvermögens führen. Vermutlich besteht eine immunvermittelte Basis, und wahrscheinlich wird die Erkrankung auch durch ultraviolette Strahlen beeinflusst. Die Krankheit ist bei Tieren, die in größerer Höhe leben, schwerwiegender. Sie kann mit einer Plasmazell-Infiltration der Nickhaut (Plasmom) vergesellschaftet sein (s. dort).

Dermoid

Bei diesem kongenitalen Defekt wird palpebrale Epidermis an einer abnormen Lokalisation gefunden, z. B. an der Konjunktiva oder Kornea, oftmals im Limbusbereich. Dies kann dann zu Irritationen aufgrund der an der Hautoberfläche wachsenden Haare führen.

„Diamond eye"

Siehe „makropalpebrale Fissur".

Distichiasis

Bei dieser Erkrankung wachsen Wimpern durch die Meibom-Drüsen oder unmittelbar neben ihnen. Häufig bleibt dies ohne klinische Bedeutung, es kann jedoch auch zu Irritationen des Auges kommen.

Ektopische Zilien

Sie wachsen direkt durch die Conjunctiva palpebrae und führen zur Irritation der Kornea, sowie zu Ulzerationen und Schmerzen.

Ektropium

Der Lidrand wölbt sich ganz oder teilweise nach außen, wodurch das konjunktivale Gewebe exponiert wird. Dies prädisponiert manche Tiere für eine Konjunktivitis, für Epiphora und Defizite bei der Bildung des präkornealen Tränenfilms.

Entropium

Der Lidrand wölbt sich ganz oder teilweise nach innen, was zu einer Irritation der Oberfläche der Konjunktiva und der Kornea führt.

Eversion des Nickhautknorpels

Der Knorpel des dritten Augenlids ist eingerollt, was zu einer chronischen Konjunktivitis führen kann und am häufigsten bei jungen Hunden großer Rassen auftritt.

Fibrosierende Esotropie

Eine Fibrose der extraokulären Muskulatur, speziell des M. rectus medialis, führt zu einer medialen Abweichung des Augapfels. Diese liegt meist bilateral, in Einzelfällen aber auch unilateral vor. Am häufigsten tritt die Erkrankung beim Shar Pei auf.

Generalisierte progressive Retinaatrophie (GPRA)

Eine Degeneration der Retinazellen, für die bei den meisten Rassen ein autosomal-rezessiver Erbgang vermutet wird. Verschiedene Rassen werden in unterschiedlichen Altersgruppen von verschiedenen Formen der GPRA betroffen. Allerdings tritt sie bei allen Tieren bilateral auf und schreitet bis zur Erblindung fort. Das erste klinische Symptom ist Nachtblindheit; das Sehvermögen bei Tag verschlechtert sich später unterschiedlich schnell.

Ophthalmoskopisch kann eine Attenuation der Retinagefäße und eine Hyperreflexie des Tapetum lucidum gesehen werden. In späteren Stadien tritt häufig eine Katarakt hinzu. Mehr als 100 Hunderassen können nachweislich von der GPRA betroffen sein, jedoch wurden lediglich diejenigen, bei denen sie verhältnismäßig häufig gesehen wird oder hervorragend dokumentiert ist, in Kapitel 2 aufgenommen.

Glaukom (Hund)

Das Hauptsymptom bei dieser Gruppe von Erkrankungen ist eine Degeneration der retinalen Ganglienzellen und des N. opticus, was zu einem progressiven Verlust des Sehvermögens führt. Die Erkrankung ist mit einer Erhöhung des Augeninnendrucks verbunden. Ein primäres Glaukom entsteht ohne andere gleichzeitig bestehende intraokuläre Erkrankungen und kann erblich sein; potenziell sind dann beide Seiten betroffen. Primäre Glaukome können in Erkrankungen mit offenem und Erkrankungen mit geschlossenem iridokornealen Winkel unterteilt werden. Ursachen für sekundäre Glaukome sind beispielsweise Linsenluxationen, Uveitiden, Neoplasien und Katarakte.

Goniodysgenese (Dysplasie des Ligamentum pectinatum)

Diese Erkrankung bezeichnet eine abnorme Entwicklung des iridokornealen Winkels, was in höherem Alter für ein Glaukom mit geschlossenem iridokornealen Winkel prädisponieren kann.

Hemeralopie

Tagblindheit ohne ophthalmoskopisch sichtbare Veränderungen. Die Erkrankung wird durch eine selektive Degeneration der Zapfen in der Retina verursacht. Im Dämmerlicht können betroffene Hunde noch sehen.

Hereditäre Retinadystrophie des Briards (kongenitale stationäre Nachtblindheit)

Diese Retinadystrophie verursacht eine kongenitale Nachtblindheit; die Auswirkungen auf das Sehen bei Tag können unterschiedlich sein. Meist ist das Sehvermögen am Tag nicht beeinträchtigt. Nystagmus kann zusätzlich auftreten.

Hypoplasie des N. opticus

Bei diesem kongenital bedingt kleinen Discus opticus ist auch die Zahl der Axone des N. opticus verringert und damit das Sehvermögen vermindert.

Idiopathische Epiphora

Wenn ein normaler Abfluss der Tränenflüssigkeit nicht möglich ist, tritt sie über den Rand des Unterlids, ohne dass Anzeichen einer verstärkten Tränenproduktion oder Obstruktion des Drainagesystems bestehen.

Iriszyste

Zysten der Iris und des Ziliarkörpers sind gewöhnlich benigne und können singulär oder multipel, uni- oder bilateral auftreten. Sie können kongenital bestehen, aber auch erworben sein, beispielsweise sekundär zu Entzündungen des Auges oder nach Traumata.

Karunkel-Trichiasis

Bei dieser Veränderung wachsen Haare im Bereich des medialen Kanthus auf der Konjunktiva und können Irritationen des betroffenen Auges verursachen.

Katarakt

Hier tritt eine Trübung auf, die einen Teil oder die gesamte Linse oder Linsenkapsel betreffen und ein- oder beidseitig ausgebildet sein kann. Katarakte können entweder primär sein (dabei wird eine hereditäre Grundlage vermutet) oder sekundär auftreten, beispielsweise nach Entzündungen des Auges, metabolischen Erkrankungen oder kongenitalen Veränderungen wie z. B. persistierenden Pupillarmembranen oder persistierenden Hyaloidarterien.

Katarakte können an den unterschiedlichsten Stellen der Linse auftreten und schreiten dann unterschiedlich schnell fort. Eine vollständige Katarakt erfasst die komplette Linse und verdeckt den Fundus, was zur Blindheit des betroffenen Auges führt.

Keratitis pigmentosa

Zusammen mit einer abnormen Pigmentablagerung tritt eine Entzündung der Iris und des Ziliarkörpers auf. Am häufigsten ist sie beim Golden Retriever, oft auch verbunden mit Iriszysten. Katarakte und Glaukome sind häufige Folgen.

4

Keratoconjunctivitis sicca (KCS, „trockenes Auge"; ➤ Abb. 4.2 und ➤ Abb 4.3)

Die KCS tritt häufig auf und ist durch eine reduzierte Produktion der wässrigen Tränenflüssigkeit charakterisiert, was zum Austrocknen und zur Entzündung der Konjunktiva und Kornea führt. Die KCS ist selten kongenital, häufiger wird sie durch Infektionen hervorgerufen, ist arzneimittelinduziert, neurologisch oder immunvermittelt. Da eine hohe Inzidenz bei zahlreichen Hunderassen besteht, wird ein genetischer Einfluss vermutet.

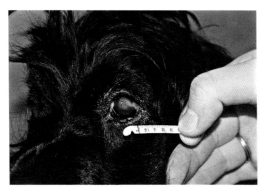

Abb. 4.2 Schirmer Tränentest von „0", was eine ungenügende Tränenproduktion nachweist.

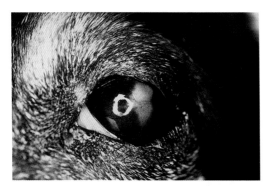

Abb. 4.3 Korneasequester mit sekundärem Entropium des Unterlids bei einem 5jährigen kastrierten Domestic Shorthair-Kater. (Mit freundlicher Genehmigung von Mark Bossley.)

Kolobom

Unter einem Kolobom versteht man das kongenitale Fehlen von Teilen einer Struktur des Auges; das Augenlid, die Iris, Chorioidea, Linse oder der Discus opticus können betroffen sein.

Kolobom des N. opticus

Dies ist ein kongenitaler Defekt des Kopfs des N. opticus. Der Discus opticus kann unregelmäßig aussehen und eine starke Vertiefung haben. Handelt es sich um einen großen Defekt, kann das Sehvermögen beeinträchtigt sein.

Kongenitale subepitheliale geographische Korneadystrophie

Diese transiente nichtentzündliche Hornhauttrübung wird bei Welpen unter 10 Wochen gesehen und verschwindet im Alter von 12 – 14 Wochen wieder.

Korneadystrophie

So wird eine primäre, bilaterale, nichtentzündliche Trübung der Kornea bezeichnet. Der Terminus „Dystrophie" impliziert einen erblichen Hintergrund. Allerdings fehlen in vielen Fällen unzweifelhafte Anhaltspunkte einer erblichen Erkrankung, auch wenn keine zugrunde liegende Erkrankung ermittelt werden kann.

Verschiedene Lagen der Kornea können betroffen sein, sodass „epitheliale", „endotheliale" und „stromale" Dystrophien auftreten können. Das Aussehen, das Alter bei Beginn und der Grad der Progression können je nach Rasse variieren. Sind die Veränderungen großflächig, kann es zu Beeinträchtigungen des Sehvermögens kommen.

Korneasequester (➤ Abb. 4.4)

Diese Erkrankung der Kornea tritt bei Katzen auf. Charakteristisch ist die Entwicklung einer pigmentierten Veränderung im Zentrum der Kornea.

Abb. 4.4 Korneasequester mit sekundärem Entropium des Unterlids bei einem 5jährigen kastrierten Domestic Shorthair-Kater. (Mit freundlicher Genehmigung von Mark Bossley.)

Lenticonus posterior

Bei dieser kongenitalen Fehlbildung tritt eine konikale Protrusion der hinteren Linsenkapsel und der Kortex in den Glaskörper auf. Sie kann mit anderen okulären Anomalien zusammen bestehen und uni- oder bilateral ausgebildet sein.

Limbales Melanom

Gewöhnlich sind Melanome pigmentiert und befinden sich im Limbusbereich, sie können aber auch im Bereich der Kornea vorkommen. Bei älteren Hunden bleiben sie eher statisch oder wachsen nur langsam, bei jüngeren Tieren wachsen sie jedoch schneller.

Linsenluxation

Es kommt zu einer Verlagerung der Linse. Die Erkrankung kann entweder primär (bei manchen Rassen auch erblich) auftreten, aber auch sekundär nach einem Trauma, einer Kataraktbildung, einem Glaukom, einer Neoplasie oder einer Uveitis entstehen. Eine Linsenluxation ist eine potentiell gefährliche Erkrankung, sie kann zu einem erhöhten Augeninnendruck und zu Glaukomen führen. Tritt eine Linsenluxation zusammen mit einem Glaukom auf, kann nicht immer mit Sicherheit festgestellt werden, welche die primäre Erkrankung ist. Gewöhnlich ist eine primäre Linsenluxation bilateral, allerdings luxieren nicht beide Linsen zeitgleich.

Lysosomale Speicherkrankheiten

Ein erblicher Mangel eines spezifischen Abbauenzyms führt zur Akkumulation des betroffenen Substrats innerhalb der Zellen, die eine progressive zelluläre Malfunktion bereits in einem frühen Alter nach sich zieht. Zahlreiche Enzyme können betroffen sein, und bei manchen Defekten können auch die Augen erkranken.

Makropalpebrale Fissur (Euryblepharon, überlange Lidspalte)

Eine abnorm lange Lidspalte kann bei manchen Tieren (beispielsweise bei brachyzephalen Rassen) als Resultat eines Exophthalmus, also einer Protrusion des Augapfels, auftreten. Bei anderen Tieren wird die Erkrankung durch überlange Lidränder hervorgerufen und kann dann zur Entwicklung eines Entropiums oder Ektropiums führen und in schweren Fällen sogar ein „Diamond eye" hervorrufen. Häufig ist der präkorneale Tränenfilm gestört, und sekundäre Erkrankungen der Konjunktiva oder Kornea kommen hinzu.

„Medial canthal pocket syndrome"

Die Kombination aus einem engen Schädel und tief liegenden Augen führt zur Bildung einer konjunktivalen Tasche im Bereich des medialen Augenwinkels. Diese ermöglicht die Ansammlung von Debris und dadurch die Entwicklung rekurrierender Konjunktivitiden.

Melanom der Uvea anterior

Melanozytäre Tumoren können an der Iris oder am Ziliarkörper auftreten. Die meisten sind unilateral und benigne, sie können allerdings ein sekundäres Glaukom verursachen.

Membrana pupillaris persistens (PPM)

Persistierende Pupillarmembranen sind Relikte der Uvea, die sich nicht innerhalb der ersten 6 Lebensmonate zurückbilden und in der vorderen Augenkammer persistieren (uni- oder bilateral). Stränge innerhalb der Iris sind im Allgemeinen nicht von klinischer Signifikanz. Verbindungsstränge zwischen der Iris und der Kornea oder der Iris und der Linse hingegen können fokale Trübung der Kornea bzw. der Linse hervorrufen. PPMs sind verhältnismäßig häufige Befunde, bewirken aber nur selten schwerere Einschränkungen des Visus.

Mikrokornea

Eine Mikrokornea ist eine kongenital abnorm kleine Kornea, die mit anderen Augendefekten zusammen auftreten kann.

Mikropalpebrale Fissur (Blepharophimose)

Dieser kongenitale Defekt führt zu einer abnorm kleinen oder engen Lidspalte.

Mikropapille

Eine Mikropapille ist ein kongenital auftretender kleiner Discus opticus, der aber zu keinerlei Beeinträchtigungen des Sehvermögens führt. Ophthalmoskopisch ist eine Mikropapille mitunter nur schwer von einer Hypoplasie des N. opticus zu unterscheiden.

Mikrophakie

Dieser kongenitale Defekt führt zu einer abnorm kleinen Linse und kann mit anderen intraokulären Defekten vergesellschaftet sein kann.

Mikrophthalmus

Ein kongenital kleines Auge, das oft zusammen mit anderen okulären Defekten gesehen wird, beispielsweise mit einer Mikrokornea, Defekten der vorderen Augenkammer, einer Katarakt, persistierenden Pupillarmembranen und Retinadefekten („Multiple okuläre Defekte").

Multiple okuläre Defekte

Verschiedene kongenitale Defekte, die gleichzeitig am selben Auge auftreten.

Nasenfalten-Trichiasis

Die stark ausgeprägten Nasenfalten mancher Rassen (vor allem von Pekinesen) gestatten es den Gesichtshaaren, mit dem Auge in Kontakt zu kommen und Irritationen hervorzurufen.

Neuronale Ceroid-Lipofuszinose

Diese erbliche Fettspeichererkrankung führt zur Degeneration der Retina und zur Enzephalopathie.

Noduläre Episklerokeratitis (fibröses Histiozytom, noduläre granulomatöse Episklerokeratitis, proliferative Keratoconjunctivitis)

Einzelne oder multiple, erhabene, fleischige Massen haben ihren Ursprung im Limbusbereich und invadieren die Kornea. Auch die Nickhaut kann betroffen sein. Gewöhnlich tritt das Problem bilateral auf.

Nystagmus

Nystagmus bedeutet unwillkürliche wiederholte Augenbewegungen.

Okuläre Melanose

Bei dieser Erkrankung infiltrieren zahlreiche Melanozyten den iridokornealen Winkel sowie die Episkleren, die Chorioidea und die Iris, was für die Entwicklung eines Glaukoms prädisponiert (pigmentiertes Glaukom). Die Erkrankung tritt vorwiegend bei Cairn Terriern mittleren Alters auf.

Pannus

Siehe „Chronische superfizielle Keratitis".

Persistierendes hyperplastisches primäres Vitreum (PHPV)

Bei dieser kongenitalen Erkrankung besteht eine abnorme Entwicklung und Regression des Hyaloidsystems und des primären Vitreums. Häufig ist sie verbunden mit einer persistierenden hyperplastischen Tunica vasculosa lentis, bei der das embryonale Gefäßsystem persistiert und mit der hinteren Linsenkapsel verwachsen ist. Die Erkrankung ist selten und wird vor allem beim Dobermann und beim Staffordshire Bull Terrier gesehen. Der Schweregrad der PHPV variiert. Die schwerste Form ist mit Mikrophthalmus und anderen okulären Defekten verbunden.

Plasmazellinfiltration der Nickhaut (Plasmom)

Eine bilaterale Plasmazellinfiltration der Nickhaut führt zur Follikelbildung und zur Depigmentierung. Oft ist sie mit einer chronischen superfiziellen Keratitis (Pannus) assoziiert.

Prolaps der Nickhautdrüse („Cherry eye")

Normalerweise ist die Tränendrüse hinter der Nickhaut lokalisiert. Prolabiert sie jedoch, wird sie exponiert und es kommt zu Irritationen. Gewöhnlich tritt der Prolaps bei jungen Hunden (unter 2 Jahren) auf.

Proptosis

Unter Proptosis wird eine Dislokation des Augapfels nach vorne verstanden, bei der die Augenlider den Augapfel im hinteren Bereich einschnüren. Gewöhnlich entsteht diese Erkrankung traumatisch und tritt am häufigsten bei brachyzephalen Rassen auf.

Pseudopapillenödem

Durch eine exzessive Myelinisierung der Axone entsteht ein vergrößerter Kopf des Nervus opticus. Das Sehvermögen ist unbeeinträchtigt.

Refraktäres Ulcus corneae (Ulcus indolens, Boxer-Ulkus, rekurrierendes korneales Erosionssyndrom)

Diese schlecht heilenden, oberflächlichen Korneaulzera können möglicherweise eine Form der Dystrophie des Korneaepithels repräsentieren. Ursprünglich wurden sie beim Boxer beschrieben, sie treten aber auch bei anderen Rassen auf. Meist werden sie bei Tieren mittleren Alters gesehen.

Retinaablösung

Bei dieser Erkrankung handelt es sich um eine Abtrennung der Retina von den darunterliegenden Geweben, die zu einem Verlust der Funktionsfähigkeit des abgelösten Teils führt. Sie kann partiell oder vollständig sein.

Retinadysplasie

Eine abnorme Differenzierung der Retina, die sich bereits bei der Geburt manifestiert. Bei manchen Rassen kann die Retinadysplasie erblich sein. Sie kann allein, aber auch gekoppelt mit anderen okulären Defekten oder bei manchen Tieren sogar mit skelettalen Defekten zusammen auftreten. Es gibt drei Hauptformen:
1. Multifokale Retinadysplasie: Eine Faltenbildung der Retina ist entweder fokal oder multifokal und kann als Punkte oder lineare Striche sichtbar sein. Gewöhnlich geht sie nicht mit Einschränkungen des Sehvermögens einher.
2. Geographische Retinadysplasie: Hier ist ein größeres unregelmäßiges Stück der Retina betroffen, und es kann zu einer leicht erhabenen Retina kommen. Sie kann mit Sehstörungen einhergehen.
3. Totale Retinadysplasie mit Ablösung der Retina: Sie betrifft die gesamte Retina und führt zu einer vollständigen Retinaablösung und zum Visusverlust.

Strabismus convergens (Esotropie)

Hier kommt es zu einem abnormen Kippen der Augäpfel nach medial (Schielen nach innen).

Syneresis des Vitreums

Eine Degeneration des Vitreums führt zu dessen Verflüssigung. Diese Veränderung ist häufig und altersbedingt und gewöhnlich ohne klinische Signifikanz. Allerdings kann sich in manchen Fällen auch eine Ausdehnung des veränderten Vitreums in die vordere Augenkammer entwickeln, die dann für Glaukome oder seltener auch für eine Retinaablösung prädisponiert.

Systemische Histiozytose (siehe „Histiozytose" unter „Neoplasien")

Sie stellt eine multisystemische Erkrankung dar, die durch die Infiltration sämtlicher betroffener Gewebe mit Histiozyten charakterisiert wird. Auch okuläres Gewebe kann betroffen sein, was dann zu einer Uveitis, Chemosis, Episkleritis und Konjunktivitis führen kann. Die Erkrankung tritt vorwiegend als familiäres Problem bei Berner Sennenhunden auf.

Tapetum-Degeneration

Diese erbliche Erkrankung kann bei Beagles beobachtet werden. Eine progressive Degeneration der Tapetum-Zellen ist charakteristisch. Das Sehvermögen ist dabei nicht beeinträchtigt.

Trichiasis

Bei dieser Erkrankung wachsen Haare, die ihren Ursprung in der periokulären oder fazialen Region haben, sodass sie in Kontakt zu Kornea und Konjunktiva kommen und diese irritieren.

Uveodermatologisches Syndrom

Vermutet wird eine immunvermittelte Erkrankung ähnlich dem Vogt-Koyanagi-Harada-Syndrom beim Menschen. Die Melanozyten sind das Ziel der Attacken des Immunsystems. Okuläre Symptome können eine Uveitis anterior, Depigmentierung der Uvea und Schädigungen der Retina sein. Dermatologische Symptome sind Vitiligo (Depigmentierung) der Augenlider, des Planum nasale und der Lefzen. Siehe auch unter „Hauterkrankungen".

Zentrale progressive Retinaatrophie (CPRA) oder Pigmentepitheldystrophie (PED)

Eine abnorme Akkumulation von Pigmenten innerhalb der Retina führt zu einer progressiven Retinadegeneration und zu vermindertem Sehvermögen. Diese Erkrankung wurde in der Vergangenheit in Großbritannien am häufigsten gesehen, ist aber mittlerweile deutlich seltener geworden.

Atemwegserkrankungen

Adult respiratory distress syndrome (ARDS)

Diese Erkrankung wurde bei verwandten Dalmatinern beschrieben. Es kam zum progressiven Lungenversagen und zum Tod innerhalb von 3 Wochen. Es konnten keine bekannten Risikofaktoren für ARDS identifiziert werden.

Agenesie der Nasenöffnungen

Diese kongenitale Erkrankung kann für die Entwicklung eines Larynxkollapses prädisponieren. Symptome wie Dyspnoe, Maulatmung und Schnarchen können auftreten.

Aspergillose

Diese Pilzinfektion führt zu chronischem Nasenausfluss. Siehe unter „Infektionskrankheiten".

Brachyzephalensyndrom

Dieser Terminus beschreibt eine ganze Gruppe anatomischer Deformationen, die zu respiratorischen Störungen bei brachyzephalen Rassen führen. Die Deformationen bestehen unter anderem aus stenotischen schlitzförmigen Nasenöffnungen, Deformationen des Larynx und einer hypoplastischen Trachea. Klinische Symptome äußern sich durch eine Obstruktion der oberen Atemwege mit sekundären Komplikationen. Bei hochgradig betroffenen Hunden können sekundär Veränderungen wie ein Larynxödem und eine Bronchopneumonie hinzukommen.

Bronchiektasie

Unter dieser Erkrankung wird eine Dilatation der Bronchien verstanden, die entweder als Komplikation einer chronischen Bronchitis oder einer Bronchopneumonie auftreten kann. Einmal aufgetretene Bronchiektasien sind irreversibel.

Chylothorax (➤ Abb. 4.5)

Eine verhältnismäßig häufige Erkrankung: Die klinischen Symptome ähneln Pleuraergüssen anderer Genese, speziell eine Dyspnoe ist häufig.

Felines Asthma

Felines Asthma wird auch als „feline Bronchitis" oder „allergische Bronchitis" bezeichnet. Es kann sich durch leichte, chronische oder akute schwere Symptome äußern. Husten und Dyspnoe treten auf.

Hypoplasie des Bronchialknorpels

Diese Erkrankung manifestiert sich bereits in jungem Alter, gewöhnlich verursacht sie schwere Atemwegserkrankungen.

Hypoplastische Trachea

Sie ist Teil des Brachyzephalensyndroms.

Kollabierende Trachea

Diese Erkrankung kann bei jungen Hunden in einer schweren Form auftreten, mit zunehmendem Alter verläuft sie weniger gravierend. Als klinische Symptome sind vor allem Husten und inspiratorischer Stridor zu nennen. Der charakteristische Husten soll dem Schnattern von Gänsen ähneln.

Larynxparalyse

Diese Erkrankung ist meist idiopathisch, kann aber auch in Zusammenhang mit generalisierten Myopathien und Neuropathien auftreten. Ein Stridor, der sich bei Aufregung und Belastung verstärkt, ist das wichtigste klinische Syndrom. Schwerer betroffene Tiere können aber auch zyanotisch werden und kollabieren.

Maligne Histiozytose

Siehe „Histiozytose" unter „Neoplasien"

Bei dieser Erkrankung wird von einer Proliferation histiozytärer Zellen ausgegangen. Respriatorische Symptome wie Husten oder Atembeschwerden treten auf, hinzu kommen Anämie, Gewichtsverlust und neurologische Probleme.

Nasale Dermoidsinuszyste

Diese Veränderung wurde erst vor kurzer Zeit beschrieben und führt zu chronischem Nasenausfluss. Nach einer vollständigen chirurgischen Exzision ist die Prognose gut.

Nasopharyngeale Polypen

Sie sind zwar selten, führen aber zu chronischen respiratorischen Erkrankungen.

Pneumonie durch *Pneumocystis carinii*

Pneumocystis carinii ist ein Protozoon, das bei Infektionen zu einer Pneumonie bei immunsupprimierten Tieren führt (siehe unter „Hämatologische/ immunologische Erkrankungen").

Primäre Dyskinesie der Zilien

Bei dieser Erkrankung besteht ein Defekt des Mechanismus, der Schleim von den Atemwegen abtransportiert, sodass Atemwegsinfektionen entstehen.

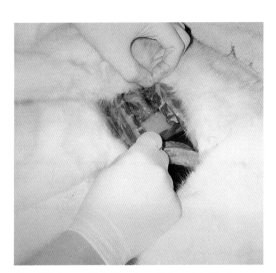

Abb. 4.5 Bei der Obduktion dieser Katze zeigt sich ein Chylothorax.

4

Andere Erkrankungen, die mit einer gestörten Funktion der Zilien in Zusammenhang stehen, sind ein Gehörverlust und ein Verlust der Spermienmotilität mit einer nachfolgenden Infertilität.

Pulmonale interstitielle Fibrose

Diese Erkrankung kann sekundär zu einer chronischen Atemwegserkrankung auftreten, die Alveolarwände und das Interstitium der Lunge werden hier durch fibröses Gewebe ersetzt. Dadurch entsteht eine reduzierte inspiratorische Kapazität. Die klinischen Symptome Husten und Leistungsschwäche entwickeln sich langsam progressiv.

Spontane Thymusblutung

Sie tritt bei jungen Hunden zum Zeitpunkt der Thymusinvolution auf, und kann tödlich enden.

Torsion eines Lungenlappens

Sie kommt nur selten und am chesten bei großen Hunden mit tiefem Brustkorb vor. Betroffene Tiere werden mit einem Pleuraerguss und mit Dyspnoe vorgestellt. Zusätzlich kann auch ein Chylothorax bestehen.

Endokrinopathien

Alopecia X (Wachstumshormon-mangel des erwachsenen Hundes)

Die Ursache dieser Erkrankung ist noch nicht eindeutig geklärt. Bei manchen Tieren sind die Basalwerte des Wachstumshormons erniedrigt und steigen nach einer Stimulation nicht genügend an. Die übrigen Funktionen der Hypophyse sind ungestört. Typisch für die Alopecia X ist eine bilateral symmetrische Alopezie und Hyperpigmentierung, die in den Bereichen verstärkter Friktion, wie beispielsweise am Hals, beginnt. Bei manchen Tieren sind die Hormonwerte verändert, die Tiere jedoch klinisch völlig unauffällig. Ein ursächlicher Zusammenhang zwischen erniedrigten Wachstumshormonspiegeln und der Alopecia X konnte nicht nachgewiesen werden.

Cushing-Syndrom

Siehe unter „Hyperadrenokortizismus".

Diabetes mellitus (➤ Abb. 4.6)

Diabetes mellitus tritt auf, wenn eine Hyperglykämie aufgrund eines absoluten oder relativen Insulinmangels entsteht. Übersteigt der Blutglukosespiegel die renale Schwelle, kommt es zur Glykosurie.

Hyperadrenokortizismus (Cushing-Syndrom)

Hyperadrenokortizismus gehört zu den am häufigsten diagnostizierten Endokrinopathien beim Hund, ist bei Katzen aber selten. Die Erkrankung tritt auf, wenn es zu einer unverhältnismäßig hohen Produktion von Kortisol durch die Nebennierenrinden kommt. Ein Hyperadrenokortizismus kann hypophysär bedingt sein, dann bewirkt die exzessive Sekretion des adrenokortikotropen Hormons (ACTH) eine bilaterale Hyperplasie der Nebennierenrinden und eine erhöhte Kortisolproduktion. Er kann aber auch adrenal bedingt sein, wenn ein uni- oder bilateraler funktionaler Nebennierenrindentumor vorliegt.

Hypoadrenokortizismus

Hypoadrenokortizismus ist eine Erkrankung, bei der eine inadäquate Produktion von adrenokortikotro-

Abb. 4.6 Zur Diagnostik und Verlaufskontrolle des Diabetes mellitus bei Hunden und Katzen werden häufig tragbare Glucometer zum „Heim-Monitoring" eingesetzt. (Mit freundlicher Genehmigung der Bayer Vital GmbH, Leverkusen.)

pen Hormonen zu einem Mangel an Mineral- und/oder Glukokortikoiden führt. Ein primärer Hypoadrenokortizismus (Morbus Addison) entsteht am häufigsten durch eine immunvermittelte Zerstörung der Nebennierenrinden, die zu einem Mangel aller adrenokortikaler Hormone führt. Es besteht zwar keine offensichtliche Rasseprädisposition, aber dennoch wird ein hereditärer Faktor bei manchen Rassen vermutet. Bei Katzen ist die Erkrankung äußerst selten.

Hypophysärer Zwergwuchs

Hypophysärer Zwergwuchs entsteht aufgrund einer unzureichenden Sekretion von Wachstumshormonen bei nichtausgewachsenen Tieren. Die auffälligste Auswirkung ist die Unfähigkeit, zu wachsen. Die Tiere bleiben klein, sind aber normal proportioniert (proportionierter Zwergwuchs). Es kann gleichzeitig zu einer verminderten Produktion anderer hypophysärer Hormone kommen. Die Erkrankung tritt am häufigsten beim Deutschen Schäferhund auf, doch wurde sie auch bei verschiedenen anderen Rassen diagnostiziert.

Hypothyreose

Eine Hypothyreose ist eine der beiden häufigsten Endokrinopathien beim Hund. Es kommt zu einer verminderten Sekretion von Schilddrüsenhormonen, entweder als Resultat einer Zerstörung von Schilddrüsengewebe (primäre Hypothyreose, häufigste Form bei Hunden), als Folge einer inadäquaten Produktion des Thyreoidea-stimulierenden Hormons (TSH; sekundäre Hypothyreose) oder infolge einer inadäquaten Sekretion des Thyreotropin Releasing Hormons (TRH; tertiäre Hypothyreose). Zahlreiche Rassen sind für eine Hypothyreose prädisponiert, vor allem Dobermänner, Golden Retriever, Labrador Retriever und andere große Rassen sowie Dachshunde.

Eine immunvermittelte Zerstörung der Schilddrüse (lymphozytäre Thyreoiditis) ist eine häufige Ursache einer primären Hypothyreose. Untersuchungen zufolge, die an Laborbeagles und einer Familie von Barsois durchgeführt wurden, ist sie erblich.

Kongenitale Hypothyreose

Bei der kongenitalen Hypothyreose besteht ein angeborener Defekt entweder bei der Produktion der Schilddrüsenhormone oder bei ihrem Transport. Das Resultat ist ein unproportionierter Zwergwuchs. Möglicherweise ist dies auch ein Grund für die Neugeborenensterblichkeit oder für das „Fading puppy syndrome".

Kongenitaler nephrogener Diabetes insipidus (kongenitaler NDI)

NDI ist ein polyurischer Zustand, der durch eine verminderte Reaktion der renalen Tubuli auf das antidiuretische Hormon hervorgerufen wird. Ein erworbener NDI tritt sekundär nach einer Vielzahl möglicher Ursachen auf. Ein kongenitaler NDI ist extrem selten und nur bei wenigen Hunden beschrieben.

Insulinom

Insulinome sind funktionelle Insulin-sezernierende Tumoren der Beta-Zellen des Pankreas. Die Insulinsekretion dieser Tumorzellen geschieht unabhängig von dem normalen Kontrollmechansimus und dem damit verbundenen negativen Feedback, was zur Hypoglykämie führt. Insulinome sind fast immer maligne und haben ein hohes Metastasierungspotenzial.

Lymphozytäre Thyreoiditis

Siehe unter „Hypothyreose".

Neoplasien der Thyreoidea beim Hund

Die meisten Schilddrüsentumoren beim Hund verhalten sich invasiv und maligne. Karzinome werden in der Regel leicht als Zubildungen am Hals bemerkt. Adenome hingegen sind eher klein und fallen bei lebenden Tieren selten auf. Schilddrüsentumoren beim Hund sind im Prinzip selten funktionell (lediglich in 5 – 20% der Fälle rufen funktionelle Tumoren klinische Symptome einer Hyperthyreose hervor). Bis zu 30% der betroffenen Hunde werden hingegen hypothyreot, weil der Tumor das normale Schilddrüsengewebe zerstört, die übrigen betroffenen Tiere bleiben euthyreot.

Phäochromozytom

Ein eher seltener Tumor beim Hund und selten bei der Katze. Phäochromozytome sind Katecholaminsezernierende Tumoren, die vom Nebennierenmark ausgehen. Die meisten dieser Neoplasien wachsen langsam, doch einige sind maligne, können lokal invasiv wachsen und/oder metastasieren. Der hohe Spiegel der durch den Tumor produzierten zirkulierenden Katecholamine führt zur Hypertension und Tachykardie.

Primärer Hyperparathyreoidismus (➤ Abb. 4.7)

Gewöhnlich entsteht ein primärer Hyperparathyreoidismus aus einem funktionellen Adenom der Parathyreoidea (siehe auch „Tumoren der Parathyreoidea" unter „Neoplasien"). Das exzessiv produzierte Parathormon bewirkt eine Hyperkalzämie. Speziell Keeshonds scheinen für diese Erkrankung empfänglich zu sein.

Primärer Hypoparathyreoidismus

Eine verhältnismäßig seltene Erkrankung, bei der die Parathyreoidea durch eine lymphozytär-plasmazelluläre Entzündung zerstört wird. Daraus resultiert

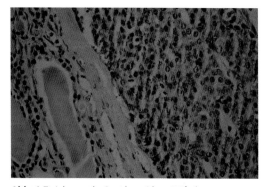

Abb. 4.7 Adenom der Parathyreoidea. 400fache Vergrößerung.

ein verringerter Parathormonspiegel mit nachfolgender Hypokalzämie.

Zentraler Diabetes mellitus (CDI)

Betroffene Tiere zeigen eine Polyurie, die durch einen vollständigen oder partiellen Mangel des antidiuretischen Hormons (ADH) hervorgerufen wird, das normalerweise in der Neurohypophyse produziert wird. Das spezifische Gewicht des Urins ist gewöhnlich hyposthenurisch. Beim Hund sind die meisten Fälle idiopathisch, doch kann die Erkrankung auch erworben sein, z. B. sekundär nach Traumata, Neoplasien oder Zystenbildungen der Neurohypophyse. Es gibt auch einige Berichte eines vermutlich hereditären CDI.

Gastrointestinale Erkrankungen

Alpha-1-Chymotrypsin-bedingte Hepatitis

Dabei handelt es sich um eine Form einer chronischen progressiven Hepatitis, die mit der Akkumulation des Akute-Phase-Proteins Alpha-1-Chymotrypsin assoziiert ist.

Amyloidose

Eine Amyloidose ist das Resultat einer Ablagerung des unlöslichen fibrillären Proteins Amyloid in verschiedenen Organen, was zu deren Dysfunktion führt. Möglicherweise tritt sie als abnorme Reaktion auf entzündliche oder lymphoproliferative Erkrankungen auf.

Anomalie des vaskulären Rings

Kongenitale Veränderungen der größeren Thoraxarterien führen zur Einschnürung des Ösophagus und zu Regurgitation. Die Symptome treten zum Zeitpunkt des Absetzens oder etwas später auf. Ein persistierender rechter Aortenbogen ist die häufigste Anomalie des vaskulären Rings.

„Antral pyloric hypertrophy syndrome" (Pylorusstenose)

Bei diesem Syndrom wird eine Obstruktion des Magenausgangs entweder durch eine Hypertrophie des Pylorusmuskels und/oder eine Hyperplasie der Mukosa im Antrumbereich verursacht, was zu persistierendem Vomitus führt. Eine kongenitale Hypertrophie des Pylorusmuskels wird bei jungen Boxern und Boston Terriern gesehen und als kongenitale Pylorusstenose bezeichnet.

Das im Erwachsenenalter beginnende „Antral pyloric hypertrophy syndrome" dagegen wird bei älteren Tieren (über 6 Jahren) orientalischer kleiner Hunderassen gesehen. Bei ihnen kann eine Hyperplasie der antropylorischen Mukosa alleine oder in Kombination als Mukosa- und Muskelhypertrophie auftreten.

Azinäre Pankreasatrophie

Bei dieser Erkrankung kommt es zum spontanen und progressiven Verlust von azinären Zellen des Pankreas, die für die Produktion von Verdauungsenzymen verantwortlich sind, und einer daraus entstehenden „Exokrinen Pankreasinsuffizienz" (s. dort).

Bakterielle Überbesiedlung des Dünndarms (SIBO)

Eine erhöhte Anzahl an Bakterien im oberen Dünndarm ist assoziiert mit einer chronischen Diarrhoe. Die SIBO ist häufig sekundär, kann aber in manchen Fällen auch primär auftreten, dann liegen keine weiteren gastrointestinalen Erkrankungen vor.

Cholelithiasis

Dabei handelt es sich um die Entwicklung von Gallensteinen. Diese werden beim Hund nur selten gesehen und sind, so vorhanden, meist asymptomatisch.

Chronische Hepatitis

Eine entzündliche Lebererkrankung, die gewöhnlich zur Zirrhose fortschreitet. Es gibt zahlreiche Typen der Hepatitis, deren Klassifikation teils kontrovers

ist. Manche Hunderassen sind wohl prädisponiert, und einzelne Rassen können spezielle Entzündungsmuster entwickeln.

Chronische idiopathische (lymphozytär-plasmazelluläre) Kolitis

Bei dieser Erkrankung besteht eine Entzündung des Kolons, die durch das Vorliegen zahlreicher Lymphozyten und Plasmazellen in der Mukosa charakterisiert wird. Betroffene Tiere zeigen eine chronische, intermittierende Dickdarm-Diarrhoe.

Diarrhoe-Syndrom des Lundehundes

Darunter versteht man eine für diese Rasse spezifische chronische progressive Form der lymphozytär-plasmazellulären Enteritis.

Dünndarmvolvulus

Diese Veränderung, bei der der Dünndarm um seine mesenteriale Achse rotiert, führt zur intestinalen Obstruktion und zu Ischämie. Betroffene Tiere sterben kurze Zeit nach Auftreten der Erkrankung.

Dysphagie

Dabei handelt es sich um Schwierigkeiten beim Schlucken.

Eosinophile Gastroenteritis, Enteritis und Enterokolitis

Betroffene Tiere haben eine chronische Entzündung des Magens und des Dünndarms, nur des Dünndarms oder des Dünndarms und des Kolons. Eine eosinophile Infiltration ist das vorherrschende Zeichen der Entzündung, und eine periphere Eosinophilie kann ebenfalls bestehen.

Exokrine Pankreasinsuffizienz

Die inadäquate Produktion von Verdauungsenzymen führt zu Malabsorption und zu chronischer Diarrhoe. Sie wird meist durch eine azinäre Pankreasatrophie (s. dort) oder gelegentlich auch durch eine chronische Pankreatitis oder Pankreasneoplasie hervorgerufen.

4

Gastrointestinales eosinophiles Granulom

Es bilden sich chronische entzündliche Massen, die überall im Gastrointestinaltrakt auftreten können. Bei der histologischen Auswertung der Präparate können eosinophile Granulozyten als vorherrschender Zelltyp gefunden werden.

Gastroösophageale Intussuszeption

Es kommt zu einer Invagination des Magens in den thorakalen Ösophagus. Die Erkrankung ist selten und hat eine hohe Mortalitätsrate.

Gaumenspalte

Dabei handelt es sich um einen kongenitalen Defekt des harten oder weichen Gaumens. Es besteht eine abnorme Verbindung zwischen der Mundhöhle und der Nasenhöhle bzw. dem Nasopharynx.

Gluten-empfindliche Enteropathie

Am häufigsten tritt diese Intoleranz gegenüber glutenhaltigen Futtermitteln bei Irish Settern auf. Die Symptome sind Gewichtsverlust und chronische Diarrhoe aufgrund der Malabsorption.

Hämangiosarkom

Siehe unter „Neoplasien".

Hämorrhagische Gastroenteritis

Ein hämorrhagisches Diarrhoesyndrom, dessen Ursache weitgehend unbekannt ist.

Hepatische Lipidose

Dabei handelt es sich um eine potenziell schwere Lebererkrankung, bei der die Funktion der Hepatozyten durch eine ausgedehnte Lipidakkumulation beeinträchtigt wird. Am häufigsten tritt die Erkrankung bei anorektischen, übergewichtigen weiblichen Katzen auf, gelegentlich aber auch bei Welpen von Toy-Rassen.

Hepatische mikrovaskuläre Dysplasie

Diese Erkrankung beschreibt eine kongenitale Fehlbildung innerhalb der intrahepatischen portalen Zirkulation, die zum vaskulären Shunting und hepatischer Dysfunktion führt.

Hiatushernie

Teile des Magens oder anderer Bauchhöhlenorgane werden durch den Ösophagushiatus im Diaphragma nach kranial verlagert. Die Erkrankung kann kongenital oder erworben sein.

Histiozytäre Kolitis

Eine chronische entzündliche Erkrankung des Kolons, die histologisch durch ein entzündliches Infiltrat mit zahlreichen Histiozyten charakterisiert wird. Eine Ulzeration der Mukosa kann ein hervorstechendes Symptom sein. Die Erkrankung tendiert zur Therapieresistenz.

Hypertrophe Gastritis

Eine chronische Erkrankung des Magens, die durch eine Hypertrophie der Mukosa charakterisiert wird. Basenjis sind von einer diffusen Form betroffen, kleine Hunderassen hingegen haben eine fokale, vorwiegend das Antrum betreffende Form (als Teil des „Antral pyloric hypertrophy syndrome", s. dort).

Idiopathische hepatische Fibrose

Die Ursache dieser Leberfibrose ist nicht geklärt, im Vorfeld besteht keine aktive Entzündung. Zahlreiche Muster dieser Fibrose sind beschrieben. Die Erkrankung wird vor allem bei jungen Hunden festgestellt. Die Fibrose führt zu portalem Hochdruck, vaskulärem Shunting, Aszites und hepatischer Enzephalopathie.

Immunproliferative Enteropathie der Basenjis

Eine spezifische Erkrankung dieser Rasse, deren Ursache nicht bekannt ist. Zahlreiche Veränderungen innerhalb des Gastrointestinaltrakts sind bekannt, beispielsweise eine hypertrophe Gastritis und eine lymphozytär-plasmazelluläre Enteritis, die zu einer chronischen Diarrhoe und einer „Protein-losing enteropathy" führen.

Intestinales Adenokarzinom

Ein maligner Tumor, der an häufigsten im Kolon beim Hund und im Jejunum und Ileum bei der Katze vorkommt. Die meisten intestinalen Adenokarzinome sind lokal invasiv und metastasieren früh in die Lymphknoten und die Leber.

Kongenitale bronchoösophageale Fistel

Damit wird eine abnorme Verbindung zwischen dem Ösophagus und einem Bronchus bezeichnet, der durch eine unvollständige Trennung der entsprechenden Strukturen beim Embryo entsteht. Die Symptome Regurgitation und Husten (speziell auch nach der Aufnahme von Futter und Wasser) treten auf.

Kongenitale polyzystische Lebererkrankung

Typisch sind multiple Leberzysten, die in der Regel vom Gallengangsepithel ausgehen und mit Zysten in anderen Organen verbunden sein können (vor allem in den Nieren). Auch erworbene Zysten können auftreten.

Kongenitale portosystemische Shunts

Schließen sich beim Fetus venöse Shunts nicht nach der Geburt, kommt es zu einer persistierenden Shunt-Verbindung zwischen dem Blut des Gastrointestinaltrakts und der systemischen Zirkulation unter Umgehung des hepatischen Stoffwechsels. Shunts können singulär oder multipel, intra- oder extrahepatisch auftreten. Große Hunderassen neigen eher zu intrahepatischen Shunts als kleine Rassen.

Krikopharyngeale Achalasie

Hierbei treten Schluckstörungen auf, die entstehen, da der krikopharyngeale Sphinkter sich nicht entspannen kann.

Kupferspeicherhepatopathie

Eine Kupferakkumulation in der Leber kann das Ergebnis eines primären Defekts der Kupferausscheidung sein. Dabei entsteht, wie beim Bedlington Terrier, eine hepatische Nekrose. Oder die Kupferakkumulation ist die Folge einer chronischen Hepatitis und verminderten Gallenexkretion.

„Lobular dissecting hepatitis"

Dies ist eine Form der progressiven Hepatitis, bei der ein zufällig verteiltes Muster an entzündlichen und fibrösen Gebieten zu Gewichtsverlust und Aszites führt. Diese Form wird vorwiegend bei jungen Hunden gesehen.

Lymphangiektasie

Eine Lymphangiektasie ist eine Erweiterung der Lymphgefäße in der intestinalen Mukosa. Sie kann primär kongenital auftreten, aber auch sekundär nach anderen Erkrankungen wie Rechtsherzversagen oder lipogranulomatösen Entzündungen entstehen.

Lymphozytär-plasmazelluläre Enteritis

Diese Erkrankung stellt eine Form der „Inflammatory bowel disease" (IBD) dar, bei der das zelluläre Infiltrat der intestinalen Mukosa vorwiegend aus Lymphozyten und Plasmazellen besteht.

Magendilatation/-volvulus

Eine Dehnung des Magens durch eine schnelle Akkumulation von Futter, Flüssigkeit oder Gas führt zur Torsion des Magens. Die Erkrankung ist normalerweise akut und schwerwiegend; Tiere, die nicht behandelt werden, sterben rasch. Große Hunde mit tiefem Brustkorb sind prädisponiert.

Magenkarzinom (➤ Abb. 4.8)

Ein primärer maligner Magentumor, ausgehend von den Epithelzellen.

Megakolon

Ein Megakolon bedeutet eine Dilatation des Kolons, die zur Konstipation führt.

Megaösophagus

Eine Dilatation und verminderte Motilität des Ösophagus, wie sie bei dieser Erkrankung vorliegt, führt zur Regurgitation. Der Megaösophagus kann klassifiziert werden als kongenitaler idiopathischer Megaösophagus, der sich kurz nach dem Absetzen bemerkbar macht, oder als ein im Erwachsenenalter beginnender idiopathischer Megaösophagus bzw. als sekundärer Megaösophagus, bei dem eine Primärursache identifiziert werden kann.

Neoplasien des Magens

Primäre Magentumoren sind Karzinome, Lymphosarkome, Leiomyome/Sarkome, adenomatöse Polypen, Fibrome/Fibrosarkome, Plasmozytome und Plattenepithelkarzinome.

Orales eosinophiles Granulom des Sibirean Husky

Gewöhnlich äußert sich diese Erkrankung durch erhabene, ulzerative Veränderungen lateral und ventral an der Zunge.

Oropharyngeale Neoplasie (➤ Abb. 4.9)

Die häufigsten oropharyngealen Tumoren beim Hund sind Plattenepithelkarzinome, maligne Melanome, Epulitiden und Fibrosarkome. Die häufigsten oropharyngealen Neoplasien bei der Katze sind Plattenepithelkarzinome und Fibrosarkome.

Pankreaskarzinom

Dieser Tumor betrifft die Zellen im Pankreasgang. Der Tumor ist selten, aber hochgradig maligne.

Pankreatitis

Eine Pankreatitis ist eine Entzündung des Pankreas.

Parvovirusenteritis

Bei dieser infektiösen Viruserkrankung kommt es am häufigsten zu einer hochgradigen Gastroenteritis, allerdings kann auch eine akute Myokarditis entstehen und die Erkrankung kann zum (neonatalen) Tod führen.

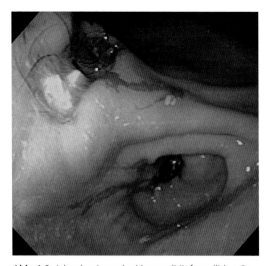

Abb. 4.8 Adenokarzinom des Magens. (Mit freundlicher Genehmigung von E. Hall, University of Bristol.)

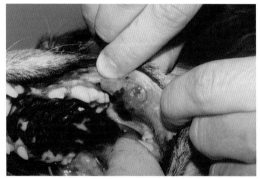

Abb. 4.9 Orales malignes Melanom bei einem 10-jährigen Mischling. (Mit freundlicher Genehmigung von E. Hall, University of Bristol.)

Perianalfisteln (anale Furunkulose)

Chronisch infizierte, häufig tiefe Fisteln im Weichteilgewebe um den Anus.

Portosystemische Shunts

Siehe unter „Kongenitale portosystemische Shunts".

„Protein-losing enteropathy"

Dabei handelt es sich um einen exzessiven Verlust von Plasmaproteinen über den Gastrointestinaltrakt. Dazu kommt es bei einer Vielzahl von gastrointestinalen und systemischen Erkrankungen, aber insbesondere bei entzündlichen Enteropathien oder bei einer Lymphangiektasie.

Pylorusdysfunktion

Es kommt zu einer verzögerten Magenentleerung ohne Anzeichen einer Pylorusstenose. Die Erkrankung tritt bei Siamkatzen auf.

Pylorusstenose

Siehe „Antral pyloric hypertrophy syndrome".

Rektumprolaps

Es kommt zu einer Eversion des Rektums durch den Anus. Der Prolaps wird im Allgemeinen bei jungen Tieren gesehen.

Selektive Malabsorption von Cobalamin (Vitamin B$_{12}$)

Die Malabsorption von Vitamin B$_{12}$ (Cobalamin) tritt auf, wenn entsprechende Rezeptoren im Ileum fehlen. Die Erkrankung ist beim Riesenschnauzer erblich. Symptome bestehen aus Inappetenz, Wachstumsstillstand und Anämie.

Speicheldrüsenmukozele

Sie führt zu einer Akkumulation von Speichel in den subkutanen Geweben.

Tuberkulose (siehe auch unter „Infektionen mit Mykobakterien" bei „Infektionskrankheiten")

Tuberkulose entsteht durch eine Infektion mit einer *Mycobacterium*-Spezies. Die Infektion kann oral, respiratorisch oder perkutan erfolgen und bewirkt gewöhnlich eine Granulombildung im betroffenen Organ. Infizierte Tiere können ein Risiko für die Volksgesundheit darstellen.

Vakuolige Hepatopathie

Diese Art der Lebererkrankung (vorwiegend beim Zwergschnauzer mit Hyperlipidämie beschrieben) zeigt eine starke Vakuolenbildung innerhalb der Hepatozyten bei der histologischen Untersuchung von Biopsaten.

Harnwegserkrankungen

Ektopischer Ureter

Diese kongenitale Fehlbildung kann entweder einen oder beide Ureteren betreffen. Dabei mündet der betroffene Ureter nicht im vorgesehenen Bereich der Blase, sondern in die Urethra, die Vagina oder den Uterus. Die Folge ist eine kontinuierliche oder intermittierende Urininkontinenz, vor allem bei juvenilen Hündinnen. Bei Rüden kommt eine Urininkontinenz aufgrund ektopischer Ureteren weniger häufig vor, weil die Urethra länger und der Urethrasphinkter kräftiger ist.

Familiäre Nierenerkrankung

Als familiäre Nierenerkrankungen werden Erkrankungen der Niere bezeichnet, die bei verwandten Tieren gehäuft auftreten. Familiäre Nierenerkrankungen sollten immer dann vermutet werden, wenn chronisches Nierenversagen bei einem noch nicht ausgewachsenen oder jungen Tier diagnostiziert wird. Wenn sich die chronische Niereninsuffizienz bereits im juvenilen Alter entwickelt, bleiben die betroffenen Tiere im Wachstum zurück. Die klinischen Symptome familiärer Nierenerkrankungen sind unterschiedlich, und die pathologischen Veränderungen sind je nach Rasse verschieden:

- Erkrankung der glomerulären Basalmembran: Die hauptsächliche Veränderung bei dieser Erkrankung besteht in der Verdickung und Spaltbildung der Basalmembran der Glomeruli, was zu einer in frühem Alter beginnenden Proteinurie und später zu Nierenversagen führt.
- Periglomeruläre Fibrose: Sie schreitet zur generalisierten interstitiellen Fibrose fort und führt letztlich zum Nierenversagen.
- Membranoproliferative Glomerulonephritis: Bei dieser Glomerulonephritis lagern sich Immunkomplexe in den Wänden der glomerulären Kapillaren ab, was zu einer Schädigung der Glomeruli führt. Die Glomerulonephritis wird histologisch eingeteilt in eine membranöse, proliferative oder membranoproliferative Glomerulonephritis. In den meisten Fällen besteht eine signifikante Proteinurie, die eine Hypoalbuminämie verursacht. Ist diese gravierend, kann sie sich durch periphere Ödeme oder durch Aszites äußern (nephrotisches Syndrom). Die Erkrankung kann zum Nierenversagen fortschreiten.
- Renale Amyloidose: s. dort
- Renale Dysplasie: Der Terminus „Renale Dysplasie" bezieht sich auf Erkrankungen, bei denen es aufgrund einer ungeordneten Entwicklung des renalen Parenchyms zur Persistenz von Strukturen kommt, die in dem entsprechenden Entwicklungsstadium nicht mehr vorliegen dürften, beispielsweise von immaturen Glomeruli.

Fanconi-Syndrom

Das Fanconi-Syndrom entsteht aufgrund einer Dysfunktion der renalen Tubuli, was eine veränderte Reabsorption von zahlreichen gelösten Sustanzen nach sich zieht, wie z. B. von Glukose, Aminosäuren und Phospor. Dadurch sind die Blutspiegel der betroffenen Substanzen erniedrigt. Alle betroffenen Tiere zeigen eine Polydipsie/Polyurie. Die Erkrankung kann weiter fortschreiten und zu akutem Nierenversagen oder zu einer Pyelonephritis führen.

Hyperoxalurie

Siehe unter „Neurologische Erkrankungen".

Hypospadie

Siehe unter „Erkrankungen der Reproduktionsorgane".

Inkompetenz des Urethrasphinkter-Mechanismus

Ein schwacher Urethrasphinkter gestattet das Abfließen von Urin, gewöhnlich dann, wenn das Tier entspannt ist und liegt. Diese Veränderung ist die häufigste Ursache einer Urininkontinenz bei erwachsenen Hunden und wird am häufigsten bei kastrierten Hündinnen mittelgroßer oder großer Rassen gesehen. Häufig spricht die Inkontinenz auf die Gabe von Östrogenen an, doch gibt es mittlerweile auch Alternativen mit weniger Nebenwirkungen.

Kalziumoxalatsteine (➢ Abb. 4.10)

Kalziumoxalatsteine werden bei Hunden und Katzen häufig nachgewiesen. Bei Hunden prädisponiert eine Hyperkalziuric für die Bildung von Kalziumoxalatsteinen. Die Ursache kann in einer gesteigerten intestinalen Resorption von Kalzium liegen (absorptive Kalziurie), aber auch in einer gestörten renalen Reabsorption von Kalzium (renale Verlust-Kalziurie) oder in einer Hyperkalzämie (resorptive Kalziurie). Kalziumoxalatsteine sind meist röntgendicht, oft mit rauer Oberfläche, rund bis oval geformt und nicht pH-abhängig.

Kalziumphosphatsteine

Sie sind bei Hunden und Katzen eher selten und treten am ehesten als Hydroxyapatit oder Brushit auf. Beide sind ausgesprochen röntgendicht, glatt und rund oder facettenförmig. Mit der Ausnahme von Brushiten sind sie in alkalischem Urin schlechter löslich. Alle Ursachen einer Hyperkalziurie prädisponieren für ihre Entstehung. Kalziumphosphat ist häufiger als kleinerer Bestandteil von Struvit- sowie von Kalziumoxalatsteinen anzutreffen.

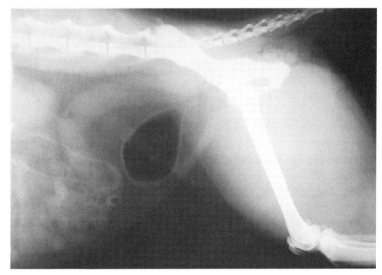

Abb. 4.10 Pneumozystogramm eines 4-jährigen kastrierten Domestic-Shorthair-Katers, mit dessen Hilfe röntgendichte Kalziumoxalatsteine nachgewiesen werden können.

Polyzystische Nierenerkrankung (> Abb. 4.11)

Bei dieser Erkrankung sind große Teile des Nierenparenchyms durch multiple Zysten ersetzt. Gewöhnlich sind beide Nieren betroffen, manche Tiere zeigen zusätzlich Zysten in der Leber. Die Nieren können bereits bei der Palpation vergrößert und unregelmäßig erscheinen. Die Sicherung der Verdachtsdiagnose erfolgt über eine Ultraschalluntersuchung. Diese Erkrankung schreitet bis zum Nierenversagen fort. Renale Zysten können weiterhin bei Tieren mit renaler Dysplasie oder bei Neoplasien auftreten.

Primäre renale Glukosurie

Siehe „renale Glukosurie".

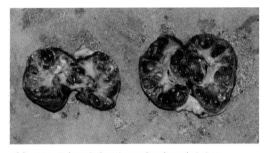

Abb. 4.11 Polyzystische Nierenerkrankung bei einer 7-jährigen Perserkatze, Obduktionsbefund.

Reaktive systemische Amyloidose

Siehe „renale Amyloidose".

Renale Amyloidose

Eine Amyloidose ist die Folge einer Ablagerung von Amyloid, einem unlöslichen fibrillären Protein, in zahlreichen Organen, was zu deren Dysfunktion führt. Als „Reaktive systemische Amyloidose" wird ein systemisches Syndrom bezeichnet, das familiär bei Abessinier-Katzen und Shar Peis auftritt und bei dem betroffene Tiere Amyloidablagerungen in zahlreichen Organen zeigen. Bei den meisten Tieren sind die Glomeruli ebenfalls verändert, sodass eine mittelgradige bis schwere Proteinurie und mitunter auch ein nephrotisches Syndrom folgen. Bei den meisten Rassen wird eine renale Amyloidose bei älteren Tieren gesehen, bei Shar Peis und Abessinier-Katzen sind aber auch jüngere Tiere betroffen.

Renale Glukosurie

Eine Glukosurie bei normalem Blutglukosespiegel kommt bei Hunden und Katzen selten vor. Sie ist ein Zeichen einer tubulären Dysfunktion und kann als Teil des Fanconi-Syndroms auftreten, sowie bei familiären Nierenerkrankungen oder als isolierter Defekt bei einer normalen Nierenfunktion (primäre renale Glukosurie).

Renale Teleangiektasie

Eine abnorme Entwicklung von Blutgefäßen bewirkt die Bildung kavernöser Hohlräume, die sich mit Blutgerinnseln füllen und makroskopisch als rote oder schwarze Nodula in der Niere, manchmal auch in anderen Geweben, sichtbar sind. Betroffene Tiere zeigen eine deutliche Hämaturie.

Renales Zystadenokarzinom

Bei dieser Erkrankung, die vorwiegend beim Deutschen Schäferhund gesehen wird, kommt es zu bilateralen und multifokalen primären Nierentumoren. Betroffene Tiere werden mit 5–11 Jahren vorgestellt und zeigen Gewichtsverlust, Anorexie und Polydipsie. Die Nierentumoren sind vergesellschaftet mit generalisiert auftretenden kutanen Nodula (noduläre Dermatofibrose) und bei Hündinnen auch mit multiplen uterinen Leiomyomen.

Sakrokaudale Dysgenese

Siehe unter „Neurologische Erkrankungen".

Silikatsteine (Siliciumdioxid)

Silikatsteine sind verhältnismäßig selten. Sie haben ein charakteristisches „jackstoneartiges Aussehen", das an Morgensterne erinnert, sind relativ röntgendicht und schlechter in saurem Urin löslich. Möglicherweise gibt es eine Verbindung zwischen Futterbestandteilen (vor allem Weizengluten und Sojabohnenhüllen) und der Bildung von Silikatsteinen. Große Hunderassen zeigen eine höhere Prävalenz, was möglicherweise dadurch zu erklären ist, dass diesen Tieren eher Trockenfutter verabreicht wird, das reich an pflanzlichen Inhaltsstoffen ist.

Struvitsteine (Magnesium-Ammonium-Phosphat)

Struvitsteine kommen bei Hunden und Katzen ziemlich häufig vor. Sie sind generell röntgendicht, glatt, rund oder facettenförmig. Alkalischer Urin und (beim Hund) auch Harnwegsinfekte mit Urease-produzierenden Bakterien begünstigen ihre Entstehung.

Unilaterale renale Agenesie

Darunter versteht man das kongenitale einseitige Fehlen einer Niere. Häufig ein Zufallsbefund, jedoch sind betroffene Tiere auch prädisponiert für Nierenversagen, wenn die verbliebende Niere geschädigt wird.

Uratsteine

Ammoniumurat-, Natriumurat-, Kalziumurat- und Harnsäuresteine sind verhältnismäßig röntgendurchlässig und werden gewöhnlich als multiple, kleine, glatte, runde oder ovale Steine braungelber Farbe gesehen. Sie bilden sich eher in saurem Urin und bei Tieren mit einer gleichzeitig vorhandenen Infektion mit Urease-produzierenden Bakterien. Dalmatiner sind für die Bildung von Uratsteinen prädisponiert, weil ihre Kapazität, Harnsäure in der Leber in Allantoin umzuwandeln, im Vergleich mit anderen Rassen reduziert ist. Dadurch kommt es zur Ausscheidung hoher Harnsäuremengen mit dem Urin. Tiere mit Anomalien der hepatischen Portalgefäße sind prädisponiert für Ammoniumuratsteine, weil die Fähigkeit der Leber, Ammonium in Harnstoff und Harnsäure in Allantoin umzuwandeln, reduziert ist. Dementsprechend werden größere Mengen dieser Stoffe mit dem Urin ausgeschieden.

Urethraprolaps

Bei jungen Rüden kann es zum Prolaps der Harnröhrenschleimhaut durch das Orificium externum urethrae kommen. Brachyzephale Rassen sind prädisponiert.

Urethrorektale Fistel

Eine ziemlich seltene Erkrankung, bei der eine Fistel das Lumen der Urethra mit dem Lumen des Dickdarms verbindet. Sie ist meist kongenital, kann aber auch erworben sein, z.B. nach Traumata oder bei Neoplasien. Bei betroffenen Tieren kann Urin sowohl über den Anus als auch über den Penis bzw. die Vulva abgesetzt werden, und sie sind prädisponiert für Harnwegsinfekte.

Urolithiasis

Urolithiasis bedeutet die Bildung von Steinen (Urolithen) im Bereich der Harnwege.

Zystinsteine

Eine Zystinurie entsteht als Resultat eines erblichen Defekts des Zystintransports in den renalen Tubuli. Sie prädisponiert für die Entwicklung von Zystinsteinen. Diese sind gewöhnlich recht röntgendurchlässig, glatt und oval und eher in saurem Urin zu finden. Die Inzidenz ist je nach geographischer Lokalisation unterschiedlich. Bei Katzen sind Zystinsteine verhältnismäßig selten.

Hämatologische/ immunologische Erkrankungen

Aplasie des Thymus

Eine kongenitale Erkrankung, die Symptome sind vermindertes Wachstum, Kümmern und suppurative Pneumonie.

Blutgruppen

Die Blutgruppen beim Hund werden anhand des Hunde-Erythrozyten-Antigens (dog erythrocyte antigen, DEA) eingeteilt. Es gibt sechs Hauptgruppen, nämlich DEA 1.1, 1.2, 3, 4, 5 und 7. DEA 1.1 und 1.2 sind Allele, sodass Hunde nicht auf beide Blutgruppen positiv reagieren können. Da es für diese beiden Blutgruppen keine natürlich vorkommenden Autoantikörper gibt, ruft die erste Bluttransfusion in der Regel keine akute Transfusionsreaktion hervor. Sind allerdings Spender und Empfänger nicht kompatibel, wird eine Immunreaktion nach der ersten Transfusion eingeleitet. Damit werden später inkompatible Transfusionen mit hoher Wahrscheinlichkeit zu einer Reaktion führen. DEA 1.1 wird autosomaldominant vererbt. Wird eine DEA-1.1-negative Hündin mit einem DEA-1.1-positiven Rüden gekreuzt, können die Welpen DEA-1.1-positiv sein und eine neonatale Isoerythrolyse kann entstehen.

Die Blutgruppen der Katze werden in A, B und AB unterteilt. A ist dominant über B, aber die Vererbung der seltenen Blutgruppe AB wird von einem anderen Gen bestimmt. Bei Katzen sind die Spiegel natürlich vorkommender Antikörper gegen die anderen Blutgruppen hoch, sodass Spender nicht universell einsetzbar sind und eine Kreuzprobe oder Blutgruppenbestimmung vor einer Transfusion unverzichtbar ist.

C3-Komplement-Mangel

Das Komplementsystem ist wichtig für die Neutrophilenfunktion und für die Bekämpfung bakterieller Infektionen. Es gibt zwei Aktivierungswege, sodass ein Defekt eines dieser Wege nicht zwangsläufig zur Immundefizienz führen muss.

Chediak-Higashi-Syndrom

Bei dieser Erkrankung bilden sich abnorme Lysosomen und abnorme Neutrophilengranula, die dann zur Dysfunktion neutrophiler Granulozyten führen. Auch die Thrombozytenfunktion ist gestört, sodass eine Blutungsneigung besteht. Siehe auch unter „Augenerkrankungen".

Faktor-VII-Mangel

Beim Mangel dieses Gerinnungsfaktors kommt es zu leichten Gerinnungsstörungen. Die Prothrombinzeit (PT) ist gewöhnlich verlängert, doch die aktivierte partielle Thromboplastinzeit (APTT) ist normalerweise physiologisch, wie es bei einer Erkrankung der extrinsischen Phase zu erwarten ist.

Faktor-X-Mangel

Der Faktor X gehört zum gemeinsamen Aktivierungsweg, also sind die PT und die APTT normal. Ein spezielles Testassay für den Faktor X ist für die Diagnose notwendig. Der Schweregrad der Blutungen ist unterschiedlich, und manche der betroffenen Tiere überleben bis ins adulte Alter.

Faktor-XI-Mangel

Bei heterozygoten Tieren mit diesem Mangel zeigen 25–50% eine normale Aktivität des Faktors XI und sind asymptomatisch. Homozygote Tiere zeigen eine 10%ige Aktivität und leiden häufig unter schweren, oft auch tödlichen Blutungen.

Gesteigerte osmotische Fragilität der Erythrozyten

Sind die Erythrozyten extrem fragil, kann dies zu einer rekurrierenden und schweren Anämie führen, die zusammen mit einer Splenomegalie und Gewichtsverlust auftritt. Prednisolon und Bluttransfusionen können den Zustand verbessern.

Glanzmann-Thrombasthenie

Bei dieser Erkrankung sind Thrombozyten betroffen, was zu ihrer verminderten Retention und einer fehlenden Thrombozytenaggregation führt. Dies bedeutet multiple Blutungen der Mukosa. Die Thrombozytenzahl ist gewöhnlich normal, eventuell auch leicht vermindert. Die Blutungszeit der bukkalen Mukosa ist verlängert und die Retraktion eines Gerinnsels abnorm. Der Erbgang ist autosomal-rezessiv.

Hämolytisches Urämie-Syndrom

Bei dieser Erkrankung entwickelt sich eine Hyper aggregation der Thrombozyten, die zur Thrombusformation und zur Gewebeischämie führt. Zu den klinischen Symptomen zählen auch neurologische Erscheinungen, Nierenversagen, eine mikroangiopathische hämolytische Anämie, Thrombozytopenie und Pyrexie.

Hämophilie A

Es handelt sich dabei um einen Faktor-VIII-Mangel, die Symptome sind eine mäßige bis schwere Blutungsneigung. Die APTT ist verlängert, die PT hingegen unauffällig. Viele der Fälle treten aufgrund von neuen Mutationen auf. Diese Erkrankung wird geschlechtsgebunden rezessiv vererbt.

Hämophilie B

Dieser auch als „Christmas disease" bekannte Gerinnungsdefekt beruht auf einem Faktor-IX-Mangel. Die Erkrankung ist geschlechtsgebunden, doch weil das Gen für den Faktor IX kleiner ist als das Gen für den Faktor VIII, sind spontane Mutationen bei Hämophilie B seltener als beispielsweise bei Hämophilie A. Die APTT ist verlängert, die PT dagegen unauffällig.

Hereditäre Porphyrie

Bei Siamkatzen führt diese Erkrankung zur Anämie, doch sie wird bei nichtanämischen Domestic-Shorthair-Katzen gleichfalls gesehen. Die betroffenen Tiere leiden an einem Defekt der Häm-Synthese. Auch eine Photosensibilisierung und eine Erythrolyse können hinzukommen.

Hereditäre Stomatozytose

Sie kann zu einer leichten Anämie führen, ist aber gewöhnlich klinisch nicht signifikant.

Immundefizienz-Syndrom des Irish Wolfhound

Atemwegserkrankungen bei miteinander verwandten Irish Wolfhounds konnten auf einen zugrunde liegenden Immundefekt zurückgeführt werden, der möglicherweise in der zellvermittelten Immunantwort oder im Bereich des IgA zu suchen ist.

Immunvermittelte hämolytische Anämie (➤ Abb. 4.12)

Bei dieser Erkrankung tritt eine leichte bis hochgradige Anämie auf, die chronisch oder akut verlaufen kann. Hämatologisch zeigen sich eine Anämie (mit einer regenerativen Reaktion, falls sie nicht zu akut verläuft) und eine Sphärozytose. Obwohl die meisten Tiere gut auf eine entsprechende Therapie ansprechen, ist die Prognose für diese Erkrankung

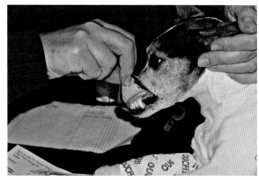

Abb. 4.12 Ikterische Schleimhäute sind ein Symptom bei akuter hämolytischer Anämie.

vorsichtig zu stellen, da potenziell schwerwiegende Komplikationen auftreten können.

Immunvermittelte Thrombozytopenie

Diese Erkrankung ist ziemlich häufig und wird durch eine immunvermittelte Zerstörung der Thrombozyten charakterisiert. Häufige Symptome sind Epistaxis, Hämatochezie und Schleimhautblutungen.

Kombinierter B- und T-Zell-Immundefekt

Bei dieser Erkrankung treten schwere bakterielle Infektionen auf, wenn der maternale Schutz bei jungen Tieren nachlässt, also im Alter zwischen 8 – 16 Wochen.

Letale Akrodermatitis

Die klinischen Symptome der letalen Akrodermatitis sind Wachstumsstillstand sowie dermatologische und respiratorische Probleme. Der Plasma-Zinkspiegel und die Zahl der T-Lymphozyten sind erniedrigt.

Leukozyten-Adhäsionsmangel beim Hund

Ein erblicher Defekt der Fähigkeit der Leukozyten, an Endothelzellen zu binden, der schwere und rekurrierende bakterielle Infektionen nach sich zieht. Ein molekulargenetischer Test ist für die Diagnose der Erkrankung erhältlich.

Mangel im Thrombozyten-Speicherpool

Diese Erkrankung bewirkt mäßige bis schwere Blutungen. Die Thrombozytenzahlen sind physiologisch, aber die bukkale Mukosa-Blutungszeit ist verlängert.

Methämoglobin-Reduktase-Mangel

Dieser Mangel führt zu dunkelbraun verfärbten Schleimhäuten und zyanotischen Blutgefäßen. Eine schwere Methämoglobinämie tritt auf, die lebens-

bedrohlich werden kann. Das Management der Erkrankung besteht in der Vermeidung von oxidativen Substanzen wie Zwiebeln, Medikamenten und bestimmten Futterinhaltsstoffen.

Neutrophilen-Funktionsdefekt

Defekte in der Funktion der neutrophilen Granulozyten führen zu rekurrierenden und/oder schwerwiegenden bakteriellen Infektionen. Eine Neutrophilie mit deutlicher Linksverschiebung kann vorliegen.

Nichtdefiniertes Immundefizienz-Syndrom (Gesteigerte Empfänglichkeit gegenüber *Pneumocystis carinii*)

Vermutlich wird eine gesteigerte Empfänglichkeit gegenüber einer durch diesen Erreger verursachten Atemwegserkrankung durch eine zugrunde liegende Immundefizienz verursacht. Die genaue Natur dieses Defekts ist allerdings nicht bekannt.

Nichtsphärozytäre hämolytische Anämie

Sie wird durch einen Defekt des Kalzium-Pumpen-Systems hervorgerufen. Die chronische Hämolyse führt eventuell zur Myelofibrose.

Pelger-Huët-Anomalie

Bei dieser Anomalie sind die Zellkerne der Granulozyten weniger segmentiert. Diese scheint aber nicht zu einer erhöhten Infektbereitschaft bei den betroffenen Tieren zu führen.

Phosphofruktokinase-Mangel

Die Symptome sind eine hämolytische Krise und Belastungsmyopathie. Der Enzymmangel kommt verhältnismäßig häufig vor und geht oft mit Leistungsschwäche einher. Ein PCR-basierender DNA-Test für betroffene Hunde und Carrier ist erhältlich.

Prädisposition für Tuberkulose

Eine Untersuchung beschrieb fünf Bassets mit systemischer Tuberkulose. Man vermutete, dass bei ihnen ein Immundefekt, möglicherweise in der zellvermittelten Immunität, für diese Entwicklung verantwortlich war.

Primäre idiopathische Hyperlipidämie

Diese familiäre Erkrankung wird nur lückenhaft verstanden und kann multisystemische Symptome wie abdominale Schmerzen, Krämpfe und eine Pankreatitis hervorrufen.

Pyruvatkinase-Defizienz

Bei dieser Erkrankung der Erythrozyten verlieren betroffene Zellen die Fähigkeit, ihre physiologische Form zu bewahren und zeigen eine verminderte Affinität für Sauerstoff sowie eine verkürzte Lebensspanne.

Schwanzspitzennekrose

Bei Birmakatzenwelpen wurde diese Veränderung beschrieben. Man vermutet, dass sie durch eine neonatale Isoerythrozytolyse, die Kälteagglutinine mit erfasst, hervorgerufen wird.

Selektive Malabsorption von Cobalamin (Vitamin B$_{12}$)

Siehe unter „Gastrointestinale Erkrankungen".

Selektiver IgA-Mangel

Bei den einzelnen Rassen ruft diese Erkrankung unterschiedliche klinische Erscheinungen hervor, die Hautsymptome, respiratorische Symptome einschließlich einer Rhinitis sowie gastrointestinale Symptome einschließlich einer bakteriellen Überbesiedlung des Dünndarms und einer analen Furunkulose umfassen.

Systemischer Lupus erythematodes (SLE)

Die Diagnose dieser seltenen Autoimmunerkrankung basiert auf dem Nachweis von mindestens zwei Symptomen einer Autoimmunerkrankung, zusammen mit einem hohen Spiegel antinukleärer Antikörper (ANA) – allerdings sind in etwa 10% der Fälle die ANA negativ. Klinische Symptome des SLE sind Polyarthritis, mukokutane Veränderungen, glomeruläre Erkrankungen, eine autoimmune hämolytische Anämie, autoimmune Thrombozytopenie und neurologische Symptome.

Thrombopathie des Bassets

Diese Thrombopathie wird ausschließlich bei Bassets gesehen. Klinisch äußert sie sich durch eine verlängerte Blutungszeit, speziell bei chirurgischen Eingriffen und im Östrus. Auch Othämatome und petechiale Blutungen können auftreten. Die Thrombozyten zeigen Defekte in der Aggregation und Retention. Die zugrunde liegende Erkrankung ist nicht bekannt.

Thrombopathie beim Spitz

Diese Erkrankung ähnelt der Thrombopathie des Bassets. Es treten intermittierende Schleimhautblutungen auf.

Transiente Hypogammaglobulinämie

Diese Veränderung kann eine Verzögerung der Entwicklung einer aktiven Immunität bewirken und führt zu rekurrierenden Atemwegsinfekten. Die meisten betroffenen Welpen sind allerdings ab einem Alter von etwa 8 Monaten unauffällig.

T-Zell-Dysfunktion

Sie tritt beim Weimaraner auf und ist mit einem Mangel an Wachstumshormon assoziiert, ferner mit einer Aplasie des Thymus und mit einer Dysfunktion der T-Lymphozyten.

Vakzine-assoziierte Vaskulitis

Gelegentlich rufen Routineimpfungen bei Weimaranern eine akute systemische Vaskulitis hervor, bei der gastrointestinale Symptome, eine hypertrophe Osteodystrophie und Lahmheit auftreten.

Vitamin-K-abhängige Koagulopathie

Klinisch äußert sich diese Erkrankung durch eine verlängerte Blutungszeit nach chirurgischen Eingriffen oder Traumata. Es wird vermutet, dass ein autosomal-rezessiver Defekt innerhalb des hepatischen Vitamin-K-Metabolismus zu verringerten Spiegeln der Faktoren II, VII, IX und X führt. Die betroffenen Tiere können anhand einer verlängerten PT und APTT erkannt werden.

Willebrand-Krankheit

Die häufigste erbliche Gerinnungsstörung beim Hund wird durch einen Mangel des Willebrand-Faktors (vWF) verursacht, der für eine normale Thrombozytenfunktion unerlässlich ist. Bislang sind drei Formen bekannt: Typ I der Erkrankung bedeutet eine quantitative Reduktion des vWFs, und die Schwere der Erkrankung hängt von der Rasse ab. Manche Tiere sprechen auf die Behandlung mit Desmopressin (DDAVP) an. Eine Erkrankung vom Typ II zeigt ebenfalls eine quantitative Reduktion des vWFs, ist aber deutlich schwerwiegender als eine Erkrankung vom Typ I und spricht nicht auf DDAVP an. Beim Typ III fehlt der vWF vollständig, was zu der schwersten klinischen Verlaufsform führt; auch sie spricht nicht auf DDAVP an. Es gibt genetische Tests, die die Carrier des entsprechenden Gens identifizieren und damit auch eine entsprechende züchterische Selektion gestatten.

Zyklische Hämatopoese

Die Neutrophilenzahlen sinken alle 12 Tage. Zyklische Verringerungen der Thrombozyten-, Monozyten- und Retikulozytenzahl können hinzukommen.

Hauterkrankungen

Acanthosis nigricans

Eine verhältnismäßig seltene Erkrankung, die primär oder sekundär bei Intertrigo, Endokrinopathien oder Allergien auftreten kann. Charakterisiert wird sie durch eine bilaterale Hyperpigmentierung der Axillen, die zur Alopezie und Seborrhoe fortschreiten kann.

Aguirre-Syndrom

Es kommt zu einer unilateralen periokulären Depigmentierung, die mit einem Horner-Syndrom sowie mit Augen- und Atemwegsproblemen zusammen auftreten kann.

Akrale Leckdermatitis

Auch als „Leckgranulom" bekannt. Die Erkrankung kann ursprünglich psychogen bedingt sein, jedoch sollten unbedingt auch zugrunde liegende organische Ursachen ausgeschlossen werden.

Akrales Mutilationssyndrom

Eine verhältnismäßig seltene neurologische Erkrankung, die zu einer Mutilation der distalen Extremitäten führt. Betroffene Welpen sind gewöhnlich zwischen 3 und 5 Monate alt. Die Temperatur- und Schmerzempfindung der Zehen fehlen. Die Prognose ist ungünstig.

Akrodermatitis

Eine erbliche Erkrankung bei Bullterriern, die Veränderungen an Fell, Haut und Ballen hervorruft. Auch respiratorische und gastrointestinale Symptome können hinzukommen. Die Prognose ist ungünstig. Ein Defekt des Zinkmetabolismus kann bei der Pathogenese eine Rolle spielen.

Alopecia areata

Eine eher seltene Erkrankung, die zu einer asymptomatischen, nichtentzündlichen Alopezie führt.

Alopezie der Pinnae

Bei dieser Erkrankung dünnen die Haare rund um die Ohren mit zunehmendem Alter aus. Gelegentlich kann auch eine vollständige Alopezie der Pinnae entstehen. Die Diagnose wird durch den Ausschluss anderer Erkrankungen gestellt. Eine effektive Therapie ist nicht bekannt.

4

Analbeutelerkrankungen

Infektionen und Impaktionen der Analbeutel sind häufig. Sie verursachen eine Automutilation der perinealen Region und anderer Körperteile.

Atopische Dermatitis (➤ Abb. 4.13)

Eine häufige Erkrankung, bei der es zu Allergien gegenüber Umweltallergenen kommt. Es wird vermutet, dass sie erblich ist, doch der genaue Erbgang ist ungeklärt. Die Symptome sind Pruritus, Erytheme und Automutilation mit sekundären Infektionen durch Bakterien und Malassezien.

Benigner familiärer chronischer Pemphigus

Bei dieser Pemphigusform entwickeln sich die Veränderungen als Reaktionen auf Traumata oder Infektionen. Die Ursache ist eine genetisch bedingte Schwäche der Desmosomen.

Blastomykose

Siehe unter „Infektionskrankheiten".

Bullöses Pemphigoid

Eine seltene Autoimmunerkrankung, die zur Ulzeration der mukokutanen Übergänge, der Haut und der Mundhöhle führt.

Abb. 4.13 Atopische Dermatitis bei einem West Highland White-Terrier. (Mit freundlicher Genehmigung von A. Forster, University of Bristol.)

Calcinosis circumscripta

Diese Erkrankung ist verhältnismäßig selten und ihre Ursache ist meist nicht bekannt, sie kann aber auch bei einem Hyperadrenokortizismus auftreten. Meist sind Hunde großer Rassen betroffen; vorwiegend befinden sich die Verkalkungen über Druckpunkten.

Chediak-Higashi-Syndrom

Siehe unter „Augenerkrankungen" und unter „Hämatologische/immunologische Veränderungen".

Demodikose, generalisierte (➤ Abb. 4.14)

Die generalisierte Demodikose ist eine schwere Hauterkrankung, die durch die Proliferation von Demodex-Milben hervorgerufen wird und zu Pyodermie und tiefer Follikulitis führen kann.

Dermatophytose

Die Erkrankung wird in der englischsprachigen Literatur auch als „Ringworm" bezeichnet. Diese häufige Pilzinfektion kommt vermehrt bei langhaarigen Katzen vor.

Dermoidsinus

Siehe unter „Neurologische Erkrankungen".

Dermoidzyste

Eine seltene Entwicklungsstörung, die solitär oder multipel auftreten kann und sich entlang der dorsalen Mittellinie manifestiert.

Diskoider Lupus erythematodes (DLE)

Eine der selteneren Hauterkrankungen beim Hund und sehr selten bei der Katze. Der DLE zählt zu den immunvermittelten Hauterkrankungen ohne systemische Beteiligung. Die klinischen Symptome sind eine Depigmentierung, Schuppenbildung, Erosionen und Ulzerationen. Primär ist die Nase betroffen, doch können auch Pinnae, Gliedmaßen und Genitalien beteiligt sein.

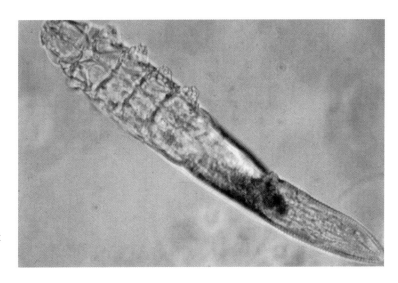

Abb. 4.14 *Demodex*-Milbe. (Mit freundlicher Genehmigung von A. Forster, University of Bristol.)

Ehlers-Danlos-Syndrom

Synonyme dieser Erkrankung sind auch „Kutane Asthenie" oder „Dermatosparaxis". Diese Gruppe von Erkrankungen ist durch fragile, übermäßig dehnbare und leicht einreißende Haut charakterisiert.

Eosinophile Dermatitis und Ödem

Eine seltene Erkrankung, die sich durch akut auftretende erythematöse Maculae äußert, die dann Plaques bilden. Ein variables Ödem tritt auf.

Eosinophiles Granulom

Diese Erkrankung ist bei Hunden selten und äußert sich durch Knoten, Plaques, Ulzera und vegetative Massen im Bereich der Haut oder – noch häufiger – der Mundhöhle. Siehe auch unter „Gastrointestinale Erkrankungen".

Epidermale Dysplasie des West Highland White Terriers

Diese Erkrankung wird auch als „Armadillo Westie syndrome" bezeichnet. *Malassezia* ist an der Pathogenese beteiligt. Die Haut der betroffenen Tiere entzündet sich, wird fettig, pruriginös und in fortgeschrittenen Fällen auch lichenifiziert.

Epidermolysis bullosa junctionalis et dystrophica

Dabei handelt es sich um eine Gruppe erblicher bullöser Erkrankungen, bei denen eine abnorme Keratinproduktion besteht. Die Epidermolysis bullosa junctionalis verursacht Bullae, Vesikel und Erosionen an unterschiedlichen Lokalisationen. Bei der Epidermolysis bullosa dystrophica bilden sich Erosionen im Bereich der mukokutanen Übergänge.

Erkrankung der Ballen beim Deutschen Schäferhund

Betroffene Tiere haben weiche, depigmentierte Ballen und Ulzerationen.

Erkrankungen mit Hypopigmentierung

Es gibt eine Vielzahl von Erkrankungen, die letztlich dazu führen, dass die Pigmente der Haare oder Haut reduziert werden. Möglicherweise besteht bei manchen Rassen eine erbliche Komponente.

Erworbene Aurotrichie

Silberne oder schwarze Haare werden golden, vor allem im Bereich des dorsalen Thorax und des Abdomens.

4

Erworbene Depigmentierung

Betroffen sind Hunde ab einem Alter von etwa 18 Monaten. Der Pigmentverlust ist im Gesicht lokalisiert, kann aber auch den übrigen Körper betreffen.

Familiäre Dermatomyositis

Eine erbliche Erkrankung, die Hautveränderungen im Bereich des Gesichts, an den Ohrspitzen und den Zehen verursacht.

Familiäre Vaskulopathie

Eine sehr seltene Gruppe von Erkrankungen, die sowohl dermatologische als auch systemische Symptome hervorrufen kann. Bei machen Rassen ist sie erblich.

Farbmutantenalopezie

In den farbverdünnten Fellbezirken kommt es zu einer Hypotrichose und rekurrierenden bakteriellen Follikulitis.

Feline Pinna-Alopezie

Bei manchen Siamkatzen tritt spontan eine bilaterale Alopezie der Pinnae auf. Normalerweise heilt sie spontan nach einigen Monaten wieder ab.

Feliner Akromelanismus

Eine Veränderung der Fellfarbe, die bei manchen orientalischen Katzenrassen mit umweltbedingten und physiologisch induzierten Temperaturveränderungen auftritt. Ändert sich die Temperatur dann wieder, kann auch das Fell wieder seine ursprüngliche Farbe annehmen.

Feline Solardermatitis

Dabei handelt es sich um eine chronische Dermatitis, die hellhäutige Bezirke am Ohr und gelegentlich auch die Augenlider, Nase und Lippen betrifft. Die UVB-Strahlen des Sonnenlichts sollen an der Pathogenese maßgeblich beteiligt sein.

Fibropruriginöse Nodula

Bei dieser Erkrankung treten multiple alopezische, derbe oder gestielte Veränderungen auf. Eine chronische Selbsttraumatisierung oder eine Flohallergie sind gewöhnlich an der Entstehung beteiligt.

Flankensaugen

Möglicherweise handelt es sich dabei um eine Form der psychomotorischen Epilepsie, doch sollten primäre Erkrankungen der Haut mittels einer Biopsie ausgeschlossen werden.

Flohallergie

Schwere entzündliche Veränderungen können durch eine Reaktion auf Allergene im Flohspeichel ausgelöst werden.

Follikeldysplasie

Eine Gruppe von Erkrankungen, denen Alopezie und Fellveränderungen gemeinsam sind. Bei vielen Rassen sind sie vermutlich erblich.

Follikeldysplasie der schwarzen Haare

Eine eher seltene Erkrankung, die an Körperstellen mit schwarzer Fellfarbe zur Alopezie führt.

Follikelzysten

Diese Zysten bilden sich in der Dermis oder im subkutanen Gewebe. Gewöhnlich sind sie solitär und gut umschrieben. Häufig bereiten sie gar keine Probleme, sie können aber rupturieren und dann Fremdkörperreaktionen auslösen.

Follikuläre Lipidose des Rottweilers

Diese Erkrankung wurde vor einiger Zeit beschrieben und betrifft junge Rottweiler beiderlei Geschlechts. Die unterschiedlich starke Alopezie wurde in den roten Fellbereichen gesehen. Die Erkrankung scheint größtenteils selbstlimitierend zu sein.

Follikuläre Parakeratose

Diese Verhornungsstörung ist kongenital und erblich. Alle bislang bekannten Fälle betrafen Hündinnen, sodass von einem X-Chromosom-gebundenen Erbgang ausgegangen werden kann. Die klinischen Symptome bestehen aus einer generalisierten Seborrhoe, die sich mit zunehmendem Alter verstärkt.

Follikulitis, Furunkulose und Zellulitis des Deutschen Schäferhundes („Schäferhund-Pyodermie")

Bei der Schäferhund-Pyodermie handelt es sich um eine idiopathische tiefe Pyodermie, die ausschließlich Deutsche Schäferhunde und ihre Mischlinge betrifft. Möglicherweise bewirkt eine erbliche Immundefizienz eine erhöhte Infektionsbereitschaft.

Follikulitis und Furunkulose von Kinn und Fang

Wird auch als kanine Akne bezeichnet. Bei dieser Erkrankung junger Hunde tritt eine chronische Entzündungsreaktion im Bereich von Kinn und Lefzen auf. Die eigentliche Ursache ist nicht bekannt und die auftretenden bakteriellen Infektionen sind sekundär. Therapeutisch werden Shampoos und in fortgeschrittenen, schweren Fällen auch längerfristig systemische Antibiotika engesetzt. Ein Abheilen unter Narbenbildung ist häufig.

Futtermittelallergie

Bei der Futtermittelallergie handelt es sich um eine pruriginöse Hauterkrankung, die mit der Aufnahme von einem oder mehreren Allergenen mit dem Futter verbunden ist. Häufig können Allergien vom Typ I beobachtet werden, jedoch werden auch Reaktionen vom Typ III und IV vermutet.

Gesichtsfaltenpyodermie/Intertrigo

Sie entsteht durch eine vermehrte Reibung der Gesichtsfalten. Bakterien der Hautoberfläche und Malassezien tragen zur Entzündung bei.

Granulomatöse Sebadenitis

Diese Erkrankung kommt nicht sehr häufig bei Hunden und selten bei Katzen vor. Bei den einzelnen Rassen können die Symptome unterschiedlich ausfallen und aus Schuppenbildung, Alopezie, Hyperkeratose und gelegentlich auch aus systemischen Symptomen bestehen. Prinzipiell tritt bei dieser Erkrankung der Pruritus erst bei sekundären bakteriellen Infektionen auf.

Haarschaftveränderungen des Abessiniers

Diese seltene Erkrankung befällt die Tasthaare und die Primärhaare. Das Fell selbst ist rau und glanzlos und die Haarschäfte brechen leicht.

Hauttumoren

Siehe unter „Neoplasien".

Hereditäre lupoide Dermatose

Die Ursache dieser familiär auftretenden Erkrankung ist bislang nicht geklärt. Die Schuppenbildung beginnt im Kopfbereich und schreitet bis zur Generalisierung fort. Systemische Symptome können auftreten. Bislang wurde keine wirklich erfolgversprechende Therapie beschrieben.

Histoplasmose

Siehe unter „Infektionskrankheiten".

Hyperkeratose der Ballen

Diese Erkrankung tritt bei manchen Rassen familiär gehäuft auf. In den meisten Fällen zeigt sich die hochgradige Hyperkeratose der Ballen im Alter von 6 Monaten.

Hyperöstrogenismus der Hündin

Von dieser Erkrankung sind gewöhnlich unkastrierte Hündinnen mittleren Alters betroffen, deren polyzystische Ovarien zu einer bilateralen endokrinen Alopezie führen.

Ichthyose

Diese Erkrankung wird auch als „Fischschuppenkrankheit" bezeichnet. Das Hauptsymptom ist eine extreme Hyperkeratose, die betroffenen Tiere zeigen Veränderungen bereits zum Zeitpunkt der Geburt. Schuppenbildung, Eryheme und eine hochgradige Seborrhoe kommen hinzu.

Idiopathische Gesichtsdermatitis bei Perser- und Himalaja-Katzen

Diese verhältnismäßig seltene Erkrankung ruft Krusten, Eryheme und Automutilationen im Bereich von Gesicht und Hals hervor. Sekundärinfektionen mit Bakterien und Hefen sind häufig.

Idiopathische kutane Muzinose

Die klinischen Symptome einer Muzinose sind eine verdickte Haut, Vesikel und Bullae. Die exzessive Bildung von Hautfalten beim Shar Pei wird durch große Mengen an Muzin in der Haut ermöglicht.

Idiopathische kutane und renale glomeruläre Vaskulopathie

Die bei dieser Erkrankung auftretenden Hautveränderungen bestehen aus Purpura und Ulzera, die nur langsam heilen. Manche Hunde entwickeln auch ein Nierenversagen mit entsprechenden klinischen Symptomen.

Idiopathische Onychomadese

Als Onychomadese wird der Verlust von Krallen bezeichnet, gewöhnlich sind mehrere Krallen betroffen. Eine abnorme Zusammensetzung der betroffenen Krallen wurde beschrieben, die Ursache hierfür ist allerdings nicht bekannt.

Idiopathische sterile Granulome und Pyogranulome

Die klinischen Symptome sind Papeln, Plaques und Nodula, die sich im Bereich des Kopfs, der Pinnae und der Pfoten manifestieren.

Idiopathische sterile noduläre Pannikulitis

Diese Erkrankung kann wie eine tiefe Pyodermie aussehen. Bei prädisponierten Rassen finden sich nicht selten multiple Hautveränderungen und auch systemische Symptome wie Lethargie und Pyrexie werden häufig gesehen.

Idiopathische ulzerative Dermatose beim Collie und Sheltie

Diese Erkrankung ist möglicherweise mit der Dermatomyositis verwandt. Es bilden sich Vesikel und Bullae, die weiter zu Ulzera fortschreiten und sich vorwiegend im Bereich des Inguinal- und Axillarbereichs sowie an den mukokutanen Übergängen finden.

Intertrigo

Durch das Reibungstrauma zwischen zwei aufeinanderliegenden Oberflächen entstehen Entzündungen und Sekundärinfektionen mit Bakterien und/oder Hefen.

Juvenile Zellulitis

Auch als „Juvenile Pyodermie", „Puppy strangle" oder „Juvenile sterile granulomatöse Dermatitis und Lymphadenitis" bekannt. Sie ist eine eher seltene Erkrankung, die Pusteln an Gesicht und Pinnae von Welpen hervorruft. Die Submandibularlymphknoten können stark vergrößert sein.

Kallusdermatitis/-pyodermie

Eine Kallusformation erfolgt als Reaktion auf Traumata. In chronischen Fällen kommt es zu Sekundärinfektionen, die zur Ulzeration führen können.

Kollagener Nävus

Ein „Nävus" ist ein Entwicklungsdefekt der Haut, der zu einer Hyperplasie führt. Kollagene Nävi können solitär oder multipel auftreten. Sie können auch mit bilateralen renalen Zystadenokarzinomen und mit multiplen uterinen Leiomyomen assoziiert sein.

Kolobom des Augenlids

Eine kongenitale Unterbrechung des Augenlids.

Kongenitale Hypotrichose

Tiere mit dieser Erkrankung werden entweder ohne ein normales Haarkleid geboren oder verlieren es binnen der ersten Lebensmonate.

Kontaktallergie

Ein Synonym für diese Erkrankung ist „Allergische Kontaktdermatitis". Es handelt sich im Gegensatz zu der verhältnismäßig häufigen Kontaktirritation um eine seltene Erkrankung. Gewöhnlich sind die Pfoten sowie spärlich behaarte Fellbezirke betroffen. Pflanzen, Medikamente und Möbelpolituren sind mögliche Allergene.

Kryptokokkose

Siehe unter „Infektionskrankheiten".

Kutane Histiozytose

Bei dieser benignen proliferativen Erkrankung geht man von einer reaktiven Histiozytose aus. Es kommt zu lokalisierten oder generalisierten Clustern aus Plaques oder Nodula.

Kutane Tuberkulose

Von dieser Erkrankung sind Hunde und Katzen nur selten betroffen. Die Hautsymptome können sich durch Ulzera, Plaques, Nodula und Abszesse äußern.

Lentigo simplex

Bei dieser Erkrankung beginnen die Veränderungen als kleine schwarze Verfärbungen, die sich allmählich vergrößern und vermehren. Sie jucken nicht und sind auch nicht prämaligne.

Lentiginosa profunda

Angeblich ist diese Erkrankung eine erbliche Form der Lentigo, aber möglicherweise handelt es sich in Wirklichkeit um einen pigmentierten epidermalen Nävus.

Lichenoid-psoriasiforme Dermatose des English Springer Spaniels

Diese seltene Erkrankung führt zu Plaques und Papeln im Bereich der Pinnae und des Inguinalbereichs. Im Laufe der Zeit können sich die Veränderungen auch weiter ausbreiten.

Lineare IgA-Dermatose

Eine äußerst seltene Erkrankung, die durch eine generalisierte pustulöse Dermatitis charakterisiert wird. Sie scheint ausschließlich erwachsene Dackel zu betreffen.

Malassezien-Dermatitis

Der Hefepilz *Malassezia* führt häufig zu Pruritus und einer öligen, schuppigen Hauterkrankung. In den meisten Fällen ist die Malassezien-Dermatitis sekundär, beispielsweise bei Allergien oder Keratinisierungsstörungen.

Melanoderma und Alopezie

Eine symmetrische Alopezie und Hyperpigmentierung tritt im Bereich des Planum nasale und der Pinnae auf.

Melanotrichie

Fokale dunkle Verfärbung der Haare, die in Bereichen auftreten kann, in denen eine tiefe Entzündung abheilt.

Mukokutane Hypopigmentierung

Die Ursache dieser Erkrankung ist nicht bekannt, doch stellt sie gewöhnlich lediglich ein kosmetisches Problem dar.

Multiple epitriche Zysten

Diese Veränderungen entstehen um die Augenlider. Die Zysten sind weich und mit Flüssigkeit gefüllt und können recht groß werden. Gewöhnlich sind beide Lider betroffen.

Nasale Depigmentierung

Zum Geburtszeitpunkt sind die betroffenen Tiere unauffällig, aber im Laufe der Zeit verliert der schwarze Nasenspiegel seine Farbe und wird immer heller. Die Ursache ist nicht bekannt.

Nasale Follikulitis/Furunkulose

Eine seltene, schmerzhafte Erkrankung der Nase, deren Ursache nicht bekannt ist. Als klinische Symptome treten Papeln und Pusteln auf, die sich weiter zur Follikulitis und Furunkulose entwickeln.

Nasale Hyperkeratose

Bei der nasalen Hyperkeratose wird das Planum nasale trocken, rau und braun. Vermutlich ist die Erkrankung erblich.

Nasale Solardermatitis

Diese Photodermatitis wird in sonnigen Klimata häufiger gesehen. Die Veränderungen bestehen aus Krusten und Ulzera und werden vorwiegend am Übergang der unbehaarten zur behaarten Haut im Nasenbereich gesehen.

Neurom an der Kupierstelle (Rute)

Diese Veränderung entsteht selten nach dem Kupieren von Ruten. Gelegentlich fangen die durchtrennten Nerven an, unorganisiert zu proliferieren. Eine Automutilation der veränderten Stelle kann zu einer schmerzhaften Dermatose führen. Seit Einführung des Kupierverbots ist die Erkrankung in Deutschland sehr selten geworden.

Ohrranddermatose

Diese Erkrankung beginnt als leichte Seborrhoe, die zu schwerer Krustenbildung und schmerzhaften Fissuren fortschreiten kann.

Onychodystrophie

Bei dieser Erkrankung sind multiple Krallen betroffen. Eine zugrunde liegende Ursache kann nicht gefunden werden.

Östrogen-reaktive Dermatose

Eine extrem seltene Erkrankung kastrierter Hündinnen, die zur bilateralen Alopezie im Flankenbereich führt. Juvenile Genitalien werden nicht selten ebenfalls gesehen.

Papillomavirus-assoziierte pigmentierte Hautveränderungen

Bei dieser Erkrankung entwickeln sich raue, pigmentierte Plaques im Bereich der Innenseiten der Schenkel, des Abdomens, ventralen Thorax und des Halses. Sie bilden sich nicht zurück und können zu Plattenepithelkarzinomen entarten.

Pemphigus erythematosus

Eine Autoimmunkrankheit, die als weniger aggressive Form des Pemphigus foliaceus angesehen wird. Es treten Pusteln und Erytheme im Bereich des Gesichts und der Ohren auf, die sich weiter zu Erosionen, Schuppen und Krusten entwickeln.

Pemphigus foliaceus

Der Pemphigus foliaceus wird als vermutlich häufigste Autoimmunerkrankung bei Hunden und Katzen angesehen. Die klinischen Symptome Pusteln und Krusten beginnen gewöhnlich im Bereich des Gesichts und der Ohrmuscheln, anschließend erfolgt eine multifokale oder generalisierte Ausbreitung. Bakterielle Sekundärinfektionen sind häufig.

Periokuläre Leukotrichie

Weiße Haare („Goggles") können rund um die Augen bei Siamkatzen auftreten, als prädisponierende Faktoren sind unter anderem Gravidität und systemische Erkrankungen bekannt.

Persistierendes Kratzen beim Cavalier King Charles Spaniel

Dieses Phänomen ist neurogenen Ursprungs und vermutlich familiär.

Pododemodikose

Bei dieser Erkrankung kommt es zur Proliferation der *Demodex*-Milben im Bereich der Pfoten.

Pododermatitis

Zahlreiche Faktoren, unter anderem Fremdkörper oder Traumata, können eine Follikulitis und Furunkulose im Bereich der Pfoten triggern. Auch Pilze, Parasiten und psychogene Faktoren können eine Pododermatitis hervorrufen.

„Post-clipping alopecia"

Bei dieser Erkrankung kann es bis zu 24 Monaten dauern, ehe die Haare nach dem Scheren nachwachsen. Dieses Phänomen tritt gemäß verschiedener Literaturquellen eher selten bis häufig auf. Möglicherweise liegt die Ursache in vaskulären Veränderungen im Bereich der Haut, die ihrerseits wieder durch die kutanen Temperaturunterschiede hervorgerufen werden können.

Primäres Lymphödem

Unter einem Lymphödem versteht man einen veränderten Lymphfluss, der eine Schwellung hervorruft. Primäre Lymphödeme haben ihre Ursache in einem Defekt des lymphatischen Systems. Am häufigsten sind die Hintergliedmaßen betroffen.

Primäre Seborrhoe

Eine primäre Seborrhoe bedeutet einen erblichen Defekt der Keratinisierung oder Verhornung, der bereits in frühem Alter beginnt. Klinisch äußert sich die Erkrankung durch die Bildung von Epidermisflocken, Schuppen und Krusten sowie einer öligen, übel riechenden Haut. Auch die Krallen können betroffen sein. Sekundärinfektionen mit Bakterien und/oder Hefepilzen sind häufig.

Protothekose

Prototheca, der Organismus, der diese Erkrankung hervorruft, gehört zu den ubiquitär vorkommenden Algen. Infektionen sind nur selten. Häufiger als dermatologische Erscheinungen sind gastrointestinale, okuläre oder das Nervensystem betreffende Symptome.

Psychogene Alopezie

Ängstlichkeit und Stress können zu gesteigertem Putzverhalten führen und letztlich eine Alopezie hervorrufen. Der Ausschluss anderer auslösender Faktoren und die mikroskopische Untersuchung ausgezupfter Haare helfen bei der Diagnose. Vor der Diagnose einer „psychogenen Alopezie" sollten unbedingt andere organische Ursachen für Pruritus, insbesondere Ektoparasitosen und Allergien, ausgeschlossen werden.

Pyotraumatische Follikulitis

Sie kann als Komplikation einer pyotraumatischen Dermatitis („oberflächlicher Hot spot", „nässendes Ekzem") auftreten. Es kommt zu einer tieferen bakteriellen Infektion, die zu einer Furunkulose werden kann.

Pythiose

Pythium ist der Organismus, der diese Erkrankung hervorruft. Der aquatische Pilz greift geschädigtes tierisches Gewebe an. Die Veränderungen können solitär oder multipel auftreten und manifestieren sich als ulzerative Nodula, die sich zu Fistelgängen weiterentwickeln können.

Schablonenkahlheit („Pattern baldness")

Möglicherweise ist diese erworbene Kahlheit genetisch bedingt. Die einzelnen betroffenen Rassen zeigen unterschiedlichen Typen der Erkrankung.

Schnauzer-Komedonen-Syndrom

Multiple Komedonen werden entlang der Rückenlinie von Zwergschnauzern gesehen.

Saisonale Flankenalopezie

Diese Erkrankung stellt eine lokalisierte zyklisch verlaufende Follikeldysplasie dar, die eine symmetrische Alopezie hervorruft. Manche Hunde verlieren im Frühjahr ihre Haare, die dann im Herbst spontan nachwachsen, die meisten betroffenen Tiere verlieren die Haare jedoch im Herbst. Diese wachsen dann im Frühjahr wieder nach.

Saisonale nasale Hypopigmentierung

Diese Veränderung wird auch als „Snow nose" bezeichnet. Bei dieser Erkrankung tritt ein Verlust des nasalen Pigments in den Wintermonaten auf.

„Short-hair syndrome" der Seidenrassen

Manche Yorkshire und Silky Terrier verlieren ihre langen Haare, die dann durch sehr viel kürzere ersetzt werden. Sämtliche weiteren Hautveränderungen fehlen, und es handelt sich um einen rein kosmetischen Defekt.

Solardermatitis des Rumpfs

Dünnes Fell und schwach pigmentierte Haut prädisponieren für solarbedingte Schädigungen der Haut in sonnigen Klimata. Die betroffenen Bereiche können variieren, je nachdem, welche Position das Tier zum „Sonnenbaden" bevorzugt einnimmt.

Spikulose

Bei dieser Erkrankung finden sich multiple knöcherne Spikulae speziell im Bereich über dem lateralen Sprunggelenk.

Sporotrichose

Diese seltene Pilzinfektion kann kutane Symptome wie ulzerierte Nodula, Hautnekrosen, eine regionale Lymphadenopathie sowie systemische Symptome wie Depression, Anorexie und Pyrexie hervorrufen.

Subkorneale pustulöse Dermatose

Diese extrem seltene idiopathische Erkrankung führt zu einer generalisierten pustulösen öder seborrhoeartigen Dermatitis. Speziell der Kopf und Rumpfbereich sind betroffen, der Pruritus ist variabel.

Superfizielle bakterielle Follikulitis

Bei Collies und Shelties kann eine superfizielle bakterielle Follikulitis bilateral symmetrisch auftreten und so eine Endokrinopathie imitieren.

Superfizielle suppurative nekrolytische Dermatitis des Zwergschnauzers

Bei dieser Erkrankung handelt es sich um eine Unverträglichkeit gegenüber bestimmten Inhaltsstoffen von Shampoos. Gewöhnlich entwickeln sich die kutanen und systemischen Symptome innerhalb von 3 Tagen. Die Hautsymptome sind Papeln, Plaques und Pusteln. Systemische Symptome sind Pyrexie und Depression.

Symmetrische lupoide Onychodystrophie

Dabei handelt es sich um den Verlust multipler Krallen an allen Gliedmaßen, die nachwachsenden Krallen sind missgebildet und spröde.

Systemischer Lupus erythematodes (SLE)

Der SLE ist eine seltene Autoimmunerkrankung, bei der zahlreiche Organsysteme betroffen sind. Die kutanen Symptome sind vielfältig, einschließlich einer Seborrhoe, vesikulobullösen Veränderungen und einer Alopezie. Die systemischen Manifestationen können kardiorespiratorisch, neurologisch und muskuloskelettal sein. Siehe auch unter „Hämatologische/immunologische Erkrankungen".

Testosteron-reaktive Dermatose

Hierbei handelt es sich um eine äußerst seltene Dermatose kastrierter Rüden, die zu einer bilateral symmetrischen Alopezie führt.

Tollwutvakzine-induzierte Vaskulitis

Gelegentlich werden eine Alopezie und Hyperpigmentierung im Bereich der Injektionsstelle von Tollwutimpfungen beschrieben. Diese Veränderung tritt scheinbar nur als Reaktion auf einige Impfstofftypen auf und ist bislang in Deutschland noch nicht beschrieben worden.

Tyrosinasemangel

Diese extrem seltene Erkrankung von Chow-Chows bewirkt Farbveränderungen der Zunge und der Haarschäfte.

Uveodermatologisches Syndrom

Siehe unter „Augenerkrankungen".

Vaskulärer Nävus, skrotal

Hierbei treten multiple Plaques auf, gewöhnlich im Bereich des Skrotums. Sie können gelegentlich auch bluten.

Vaskulitis

Diese eher seltene Erkrankung kann unterschiedliche Hautveränderungen hervorrufen, unter anderem Quaddeln, Papeln, Ödeme, Ulzera und Narbenbildung. Histologisch können zahlreiche Zelltypen involviert sein, doch handelt es sich gewöhnlich um eine Allergie vom Typ III. Zahlreiche Faktoren können als Trigger fungieren, beispielsweise Vakzinen, Arthropodenbisse und Mastzelltumoren.

Ventrales Komedonen-Syndrom

Bei dieser Erkrankung bilden sich Komedonen an Druck- und Reibungsstellen am Sternum. Sekundäre Infektionen mit Bakterien, die auf topische Antibiotikaanwendungen ansprechen, sind häufig.

Verdünnte Fellfarbe und zerebelläre Degeneration des Rhodesian Ridgebacks

Diese Erkrankung wurde bei einer Familie von Rhodesian Ridgebacks beschrieben. Die Welpen wurden mit bläulicher Fellfarbe geboren und entwickelten eine Ataxie im Alter von etwa 2 Wochen. Die meisten wurden im Alter von 4 – 6 Wochen euthanasiert.

Vitamin-A-reaktive Dermatose

Diese Erkrankung wird durch eine relativ hartnäckige Seborrhoe charakterisiert, die oft zusammen mit einer zeruminösen Otitis externa auftritt. Die Vitamin-A-Supplementierung führt zu einer vollständigen Heilung, muss allerdings in den meisten Fällen lebenslang erfolgen.

Vitiligo

Vermutlich handelt es sich dabei um eine Autoimmunerkrankung, die zu einer Depigmentierung im Gesichtsbereich führt. Meist sind jungadulte Tiere betroffen.

Waardenburg-Klein-Syndrom

Diese Erkrankung entsteht aufgrund einer zu geringen Anzahl von Melanozyten in den entsprechenden Hautbereichen. Die betroffenen Tiere sind taub.

Wandernde Grannen

Grannen stellen Untersuchungen zufolge 61% der diagnostizierten Fremdkörper dar. Ihre Prädilektionsstellen sind die Ohren, Augen, interdigitalen Räume und die Nase.

Waterline Disease des schwarzen Labradors

Hochgradiger Pruritus, Seborrhoe und Alopezie von Gliedmaßen und Ventrum werden bei dieser Erkrankung gesehen.

Zink-reaktive Dermatose

Bei dieser Erkrankung sind zwei Syndrome beschrieben: Das Syndrom I tritt auf, obwohl im Futter genügend Zink enthalten ist; es kommt zur Bildung von Erythemen, Alopezie, Krusten, Schuppen und Suppuration um den Fang, am Kinn, um die Augen und Ohren. Beim Syndrom II führt eine zinkarme

4

Fütterung zu hyperkeratotischen Plaques an den Ballen und am Nasenspiegel.

Zyklische Follikeldysplasie

Eine vorübergehend auftretende, lokal begrenzte Alopezie, die den Rumpf und speziell die Flanken betrifft. Sie stellt vor allem in Alaska ein Problem dar, was darauf hindeuten könnte, dass die Tageslichtlänge eine wichtige Rolle spielt.

Herz-Kreislauf-Erkrankungen

Aortenstenose (> Abb. 4.15)

Diese wichtige Erkrankung macht bis zu einem Drittel der beschriebenen kongenitalen Herzerkrankungen bei Hunden aus. Sie scheint erblich zu sein, aber nicht durch einen einfachen Erbgang, anschei-

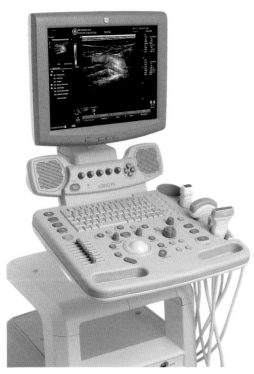

Abb. 4.15 Ein Ultraschallgerät mit der Möglichkeit zur Doppler-Echokardiographie ist wichtig zur Diagnostik von kongenitalen Herzerkrankungen. (Mit freundlicher Genehmigung der GE Ultrasound/Scil animal care company GmbH, Viernheim.)

nend ist mehr als ein Gen beteiligt. Die Veränderung entwickelt sich binnen der ersten 3 – 8 Lebenswochen und wird mitunter in dieser Altersgruppe als Herzgeräusch bemerkt. Ist der Defekt nur leicht, sind die klinischen Symptome minimal, doch stärker betroffene Tiere können Schwäche, Kollaps und plötzlichen Tod zeigen. Hunde mit einer Aortenstenose sollten von der Zucht ausgeschlossen werden.

Atrium-Septum-Defekt

Diese kongenitale Missbildung, bei der es zu einem Defekt im Septum zwischen den Vorhöfen kommt, ist verhältnismäßig selten – in einer Untersuchung wurde sie lediglich bei 14 von 1000 Tieren mit kongenitalen Herzerkrankungen festgestellt. Kleine Defekte können asymptomatisch bleiben, größere aber zu kongestivem Herzversagen führen.

Boxer-Kardiomyopathie

Bei dieser Rasse kommt eine arrhythmogene Kardiomyopathie vor. Betroffene Tiere können mit Synkopen, Schwäche oder kongestivem Herzversagen (CHF) vorgestellt werden.

„Bypass tract macrore-entrant tachycardia" des Labrador Retrievers

Eine seltene Erkrankung, bei der eine Tachykardie aufgrund einer abnormen Reizleitung innerhalb des Herzens entsteht. Die hohe Herzfrequenz kann zum akuten Lungenödem führen.

Dilatative Kardiomyopathie (DCM, > Abb. 4.16)

Diese Erkrankung bedeutet eine Dilatation des Herzens mit zunehmender Kammergröße, dünneren Wänden und einer reduzierten Schlagleistung. Reinrassige Hunde zeigen eine Prävalenz von etwa 0,65%, Mischlinge von 0,16%. In der Mehrzahl der Fälle liegt ein genetischer oder familiärer Hintergrund vor, doch ist nicht sicher, ob wirklich alle Fälle einen genetischen Hintergrund haben. Auch ernährungsbedingte Veränderungen können zu der Erkrankung beitragen, bei einigen Fällen ist auch eine virale oder immunvermittelte Ursache möglich.

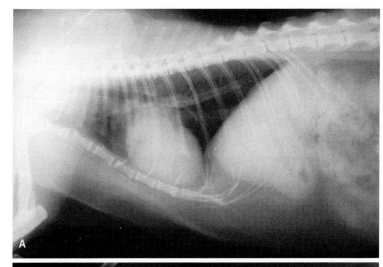

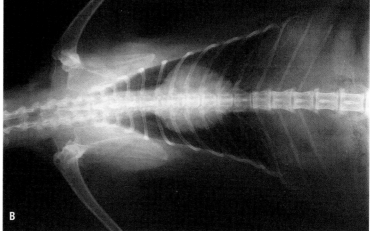

Abb. 4.16 **(A)** Laterale Thorax-Röntgenaufnahme einer 10-jährigen Domestic-Shorthair-Katze mit idiopathischer dilatativer Kardiomyopathie. **(B)** Dorsoventrale Thorax-Röntgenaufnahme einer 10-jährigen Domestic-Shorthair-Katze mit idiopathischer dilatativer Kardiomyopathie.

Ektopischer Ventrikel

Ventrikuläre ektopische Schläge sind abnorme Herzschläge, die von den Ventrikeln anstatt von den Schrittmachern im Vorhof ausgehen. Es gibt hierfür zahlreiche mögliche Ursachen, beispielsweise Herzerkrankungen, Nierenerkrankungen und Sepsis. Auch eine erbliche Form existiert beim Deutschen Schäferhund. Wenn ektopische Schläge häufig auftreten, können sie Symptome wie Kollaps hervorrufen, und der Rhythmus kann in ein tödlich endendes Kammerflimmern abgleiten.

Endokardiale Fibroelastose

Bei dieser Erkrankung tritt eine hochgradige Verdickung des Endokards auf, die auch auf die Mitralklappenblätter übergreifen kann. Die Symptome sind Herzgeräusche, Kümmern und kongestives Herzversagen.

Endokardiose

Die Endokardiose wird auch als „Chronische degenerative Klappenerkrankung" bezeichnet. Sie ist die häufigste Herzerkrankung des Hundes, an der bis zu 75% der Tiere mit kongestivem Herzversagen leiden. Durch eine myxomatöse Degeneration werden die

Herzklappen deformiert, was zu Regurgitation und kongestivem Herzversagen führt. Wahrscheinlich ist diese Erkrankung erblich, doch werden als begünstigende Faktoren auch Stress, Hypertension, Hypoxie, Infektionen und Endokrinopathien genannt.

Essenzielle Hypertension

Eine Erhöhung des Blutdrucks kann sekundär oder primär sein. Bei Greyhounds ist ein im Vergleich mit anderen Rassen höherer Blutdruck physiologisch, bei Sibirean Huskys möglicherweise auch. Bei Husky-Mischlingen wurde eine hereditäre essenzielle Hypertension beschrieben.

Familiäre Kardiomyopathie

Die Familiäre Kardiomyopathie ist eine Form der DCM, die beim English Cocker Spaniel und anderen Rassen auftritt.

Fallot-Tetralogie

Diese Erkrankung macht etwa 4% der kongenitalen Herzkrankheiten aus. Die Fallot-Tetralogie ist durch folgende vier Fehlbildungen gekennzeichnet: Pulmonalstenose, Ventrikel-Septum-Defekt, rechtsverlagerte oder reitende Aorta und sekundäre Hypertrophie des rechten Ventrikels.

Hereditäre Stenose der His-Bündel

Diese Erkrankung führt zu einem atrioventrikulären Block der Reizleitung.

Hypertrophe Kardiomyopathie (HCM, ➤ Abb. 4.17)

Bei der HCM bedingt ein hypertropher Ventrikel kongestives Herzversagen und Dysrhythmien. Die Inzidenz soll bei 1,6 – 5,2% liegen. Wahrscheinlich ist die HCM erblich, obgleich modifizierende Faktoren möglicherweise eine variable Expression der Erkrankung bewirken.

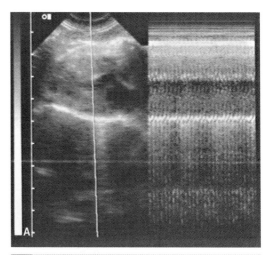
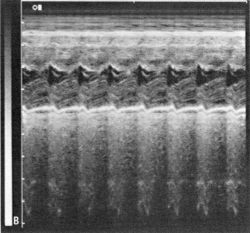

Abb. 4.17 (A) Ein B- und M-Mode-Echokardiogramm (linke ventrikuläre kurze Achse) eines 14-jährigen kastrierten Domestic-Shorthair-Katers mit hypertropher Kardiomyopathie. **(B)** M-Mode-Echokardiogramm (linke ventrikuläre kurze Achse) eines 14-jährigen kastrierten Domestic Shorthair-Katers mit hypertropher Kardiomyopathie.

Juveniles Polyarteriitis-Syndrom

Bei jungen Beagles aus verschiedenen Labors wurde ein Schmerzsyndrom als Folge einer systemischen Vaskulitis beschrieben.

Mitralklappendysplasie

Bei Katzen ist die Mitralklappendysplasie die häufigste kongenitale Herzerkrankung. Obwohl der Nachweis noch aussteht, ist diese Erkrankung bei manchen Hunderassen wahrscheinlich erblich. Die Mitralklappe, deren normale Funktion darin besteht, den Rückfluss von Blut aus der rechten Herzkammer in den rechten Vorhof zu verhindern, ist bei den betroffenen Tieren fehlgebildet. Viele Tiere mit dieser Deformation sind symptomfrei. Die übrigen zeigen gewöhnlich Leistungsintoleranz und kongestives Herzversagen.

Muskeldystrophie/Kardiomyopathie Typ Duchenne

Dabei handelt es sich um eine Erkrankung, die auch als „Muskeldystrophie des Golden Retrievers" bezeichnet wird. Bei dieser seltenen, erblichen Erkrankung dominieren Symptome der Skelettmuskulatur, die im Alter von etwa 8 Wochen beginnen und später zu massiver kardialer Beteiligung führen. Nur wenige Tiere mit dieser Erkrankung werden älter als 5 Jahre. Siehe auch unter „Muskuloskelettale Erkrankungen".

Perikarderguss

Hierbei kommt es zur Ansammlung von Flüssigkeit zwischen der Herzwand und dem Perikard. Diese kann durch Tumoren des Herzens verursacht sein. Nicht selten ist aber auch kein offensichtlicher Grund zu diagnostizieren („benigner" oder „idiopathischer" Perikarderguss).

Über die idiopathische Form ist nur wenig bekannt, es ist auch ungewiss, ob sie erblich ist. Sie scheint aber vorwiegend bei großen Rassen und Riesenrassen aufzutreten. Die Symptome entstehen durch das Unvermögen des Herzens, sich adäquat zu füllen, weil der flüssigkeitsgefüllte Perikardbeutel einen Widerstand bildet. Bei chronischen Fällen werden Gewichtsverlust, Aszites und Dyspnoe aufgrund eines Pleuraergusses beobachtet. Bei akuten Fällen können schnell fortschreitende Schwäche, Kollaps und Tod auftreten.

Peritoneoperikardiale Hernie

Diese ungewöhnliche kongenitale Erkrankung macht nur etwa 0,5% der kongenitalen Herzkrankheiten aus. Es handelt sich hierbei um eine Fortsetzung des Perikards in das Peritoneum, und häufig sind abdominale Organe im Herzbeutel zu finden. Die Erkrankung kann asymptomatisch verlaufen oder Symptome wie erschwerte Atmung, Erbrechen und Koliken verursachen.

Persistierende linke Vena cava cranialis

Die linke Vena cava cranialis ist normalerweise nur beim Fetus vorhanden, kann aber als Missbildung auch nach der Geburt persistieren. Dies geschieht verhältnismäßig häufig, hat aber für das betroffene Tier gewöhnlich keine Signifikanz – es sei denn, es wird ein chirurgischer Eingriff im Thoraxbereich durchgeführt.

Persistierender Ductus arteriosus

Beim Fetus führt der Ductus arteriosus Botalli Blut von der Pulmonalarterie zur Aorta und umgeht dabei die nicht in Funktion befindliche Lunge. Normalerweise schließt sich diese Verbindung binnen der ersten Wochen nach der Geburt. Vermutlich ist ein persistierender Ductus arteriosus die häufigste kongenitale Herzerkrankung bei Hunden, aber deutlich seltener bei Katzen. Die betroffenen Tiere können asymptomatisch sein, oder es können Symptome auftreten, wie z.B. kongestives Herzversagen und schlechter Allgemeinzustand, Schwäche, Kollaps und Anfälle.

Persistierender rechter Aortenbogen

Dabei handelt es sich um eine Fehlbildung der fetalen Entwicklung des Gefäßsystems, die dazu führt, dass der Ösophagus partiell verschlossen wird. Die Folge ist Regurgitation, die auftritt, sobald der Welpe abgesetzt wird. Siehe auch unter „Anomalien des vaskulären Rings" unter „Gastrointestinale Erkrankungen".

Persistierender Vorhofstillstand

Diese Erkrankung ist selten und wird durch eine Vergrößerung und Verdünnung der Vorhöfe hervorgerufen. Häufig ist sie assoziiert mit der skapulohumeralen Schwäche beim English Springer Spaniel.

Pulmonalstenose

Sie stellt eine häufige kongenitale Erkrankung dar, die bei etwa 20% der Hunde mit diagnostizierten kongenitalen Herzerkrankungen festgestellt wird. Eine Pulmonalstenose kann asymptomatisch verlaufen, aber auch Symptome wie Synkopen oder Rechtsherzversagen verursachen.

„Sick sinus syndrome"

Diese Dysrhythmie ruft häufig periodisch auftretende Bradykardien und Tachykardien hervor, die zu Synkopen führen.

Trikuspidaldysplasie

Dabei handelt es sich um eine Missbildung der Trikuspidalklappe. Als Folge kann Blut von der rechten Herzkammer in den rechten Vorhof zurückfließen. Betroffene Hunde können auch weitere kardiale Missbildungen zeigen. Mitunter sind sie über Jahre symptomfrei, die Dysplasie kann aber auch zu einem progressiven, tödlich endenden Herzversagen führen.

Vaskulitis der Koronararterien

Eine spontan auftretende, asymptomatische Vaskulitis der Koronararterie wurde bei bis zu 34% der untersuchten Beagles nachgewiesen.

Ventrikel-Septum-Defekt

Der Anteil dieser Erkrankung an den kongenitalen Herzkrankheiten beim Hund liegt bei etwa 7%. Die Defekte variieren in der Größe und können auch sehr groß werden. Kleine Defekte können asymptomatisch bleiben, größere hingegen können kongestives Herzversagen, pulmonale Gefäßerkrankungen sowie eine pulmonale Hypertension verursachen.

„Vertebral heart score"

Zur Ermittlung des VHS wird die Länge des Herzens ausgehend von der Bifurcatio tracheae bis zur Herzspitze (Länge A), sowie senkrecht dazu die maximale Breite des Herzens (Breite B) gemessen. A und B entsprechen jeweils einer bestimmten Anzahl an Wirbelkörpern, die immer ausgehend von Th 4 bestimmt wird. Die Summe dieser Wirbelkörper entspricht dann dem VHS; der Normalwert liegt für Hunde zwischen 8,0 und 10,5 Wirbelkörpern.

Vorhofflimmern

Diese Arrhythmie wird gewöhnlich zusammen mit schweren Herzerkrankungen wie einer dilatativen Kardiomyopathie gesehen. Allerdings können manche Hunde von Riesenrassen auch asymptomatisches Vorhofflimmern haben.

Infektionskrankheiten

Aspergillose (> Abb. 4.18)

Die Aspergillose ist eine Infektion mit einem opportunistischen Pilz. Beim Hund sind prinzipiell der nasale und frontale Sinus betroffen. Dolichozephale Rassen scheinen prädisponiert zu sein. Bei Katzen ist diese Erkrankung sehr viel seltener, bei ihnen kommt es zu einer systemischen Erkrankung, bei der verschiedene Organsysteme betroffen sind.

Blastomykose

Bei der Blastomykose handelt es sich um eine systemische Pilzinfektion, hervorgerufen durch *Blastomyces dermatitidis*. Sie wird vorwiegend in Nordamerika gesehen. Die Infektion beginnt in den Lungen, von dort kann sie sich in Lymphgefäße, Haut, Augen und Knochen ausbreiten. Hunde sind deutlich häufiger betroffen als Katzen. Bei jungen Rüden großwüchsiger, im „Sporttyp" stehender Rassen, die in Wassernähe leben, ist das Risiko am größten.

Histoplasmose

Histoplasma capsulatum, der Erreger der Histoplasmose, ist ein saprophytär lebender, in der Erde vorkommender Pilz. Er ist relativ selten und kommt vorwiegend in den zentralen USA vor. Die klinischen Symptome sind Fieber, Anorexie, Gewichtsverlust, Husten, Dyspnoe sowie Augen- und Hautläsionen.

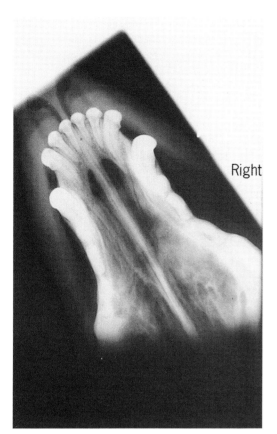

Right

Abb. 4.18 Nasale Aspergillose bei einer 2-jährigen Jack-Russell-Terrier-Hündin. Die rechte Seite der Nase zeigt einen Verlust der Turbinalstrukturen, ferner eine erhöhte Röntgendichte durch das Exsudat sowie einige punktförmige Aufhellungen im kaudalen Bereich.

Infektionen mit Mykobakterien

Mykobakterien sind aerobe, säurefeste Bakterien, von denen jede Spezies eine unterschiedliche Affinität zu ihren Wirten und unterschiedliches Krankheitspotenzial zeigt. Die Tuberkulose wird durch *M. tuberculosis, M. bovis, M. microti* oder *M. avium* hervorgerufen. Diese Organismen verursachen Granulome, deren Lokalisation die klinischen Symptome bestimmt. Bei Hunden sind respiratorische Symptome am häufigsten, bei Katzen kutane oder alimentäre. Da die Krankheit zoonotisches Potenzial besitzt, ist eine Therapie nicht grundsätzlich indiziert.

Infektiöse Hauterkrankungen

Siehe unter „Hauterkrankungen".

Kokzidioidomykose

Eine Kokzidioidomykose ist gleichfalls eine systemische Pilzinfektion, deren Erreger *Coccidioides immitis* primär in den Wüstengebieten Nordamerikas zu finden ist. Die Infektion beginnt in der Lunge und kann sich von dort weiter ausbreiten. Auch hier sind junge, große, männliche Tiere, die sich viel draußen aufhalten, prädisponiert, möglicherweise, weil sie die größten Chancen haben, in Kontakt mit dem Erreger zu gelangen.

Kryptokokkose

Die Kryptokokkose ist eine systemische Pilzinfektion, die von *Cryptococcus neoformans* verursacht wird. Der Erreger kommt weltweit vor und wird möglicherweise über Tauben verbreitet. Er infiziert zahlreiche Säugetierarten, wird jedoch am häufigsten bei Katzen nachgewiesen. Klinische Symptome können nasal, respiratorisch, zentralnervös, okulär oder kutan sein.

Parvovirusenteritis

Siehe unter „Gastrointestinale Erkrankungen".

Pneumocystis-carinii-Infektion

Die Infektion mit diesem Protozoon kann bei einer gleichzeitig bestehenden Immunsuppression zur Pneumonie führen (siehe unter „Hämatologische/immunologische Erkrankungen").

Muskuloskelettale Erkrankungen

Achondroplasie

Achondroplastische Rassen werden speziell auf diese Veränderung hin gezüchtet. Sie haben verkürzte Oberkiefer, ausgeprägte Metaphysen sowie kurze, gebogene Gliedmaßen. Diese Veränderungen werden als Teil des Rassestandards akzeptiert.

4

Anguläre Deformation der Tibia (Achsenabweichung)

Sie tritt infolge einer Verletzung oder eines vorzeitigen Schlusses im lateralen Bereich der distalen Wachstumsfuge der Tibia auf und führt zum Tarsus valgus.

Arthropathie der Scottish-Fold-Katze

Diese Erkrankung wurde kürzlich als Osteochondrodysplasie in Verbindung mit einer unzureichenden Knorpelreifung charakterisiert. Röntgenuntersuchungen wiesen nach, dass alle untersuchten Scottish-Fold-Katzen betroffen waren, unabhängig davon, ob sie klinische Symptome zeigten oder nicht.

Scottish-Fold-Katzen haben aufgrund einer Veränderung des Ohrknorpels, die einfach autosomal-dominant vererbt wird, abnorm geformte Ohren. Homozygote Tiere können auch generalisierte Knorpeldefekte entwickeln, die zu einer Verkürzung und Verdickung der Gliedmaßenknochen, des Schwanzes und der Wirbelsäule führen, und diese Tiere können auch unter einer progressiven Arthropathie leiden.

Avulsion der Sehne des M. gastrocnemius

Wenn es zu einer Avulsion der Sehne des M. gastrocnemius vom Kalkaneus kommt, tritt eine akute Lahmheit auf, oder eventuell auch eine chronische Lahmheit mit verdickten Sehnen.

Avulsion der Tuberositas tibiae (➤ Abb. 4.19)

Dabei handelt es sich um eine Fraktur der Wachstumsfuge, die am häufigsten bei Hunden mit einem kräftigen M. quadriceps beobachtet werden kann.

Belastungsmyopathie

Vermutlich wird diese Erkrankung durch eine Überlastung untrainierter Hunde in heißen und feuchten Klimata hervorgerufen. Die Erkrankung selbst verläuft unterschiedlich schwer. Perakute Fälle zeigen hochgradige Schmerzen und Veränderungen bis hin zu Myoglobinurie, akutem Nierenversagen und Tod, während bei akuten Fällen die Mortalitätsrate niedriger liegt. Auch eine nicht tödlich endende subakute Form kann auftreten.

Bilaterale Agenesie des Radius

Bei dieser erblichen Erkrankung fehlt der Radius entweder komplett oder teilweise, die Ulna hingegen ist verkürzt und verdickt.

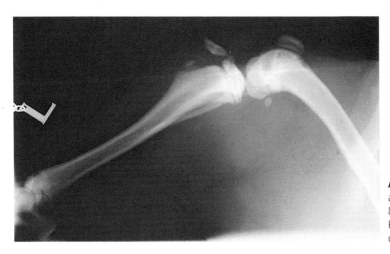

Abb. 4.19 Laterale Röntgenaufnahme eines Kniegelenks eines 8-Monate-alten Staffordshire-Bullterrier-Rüden mit einer Avulsion der Crista tibiae.

Brachyurie

Unter diesem Begriff wird die gelegentliche Entwicklung kurzer Ruten bei Hunden bestimmter Rassen verstanden, die eigentlich lange Ruten haben sollten.

„Central core myopathy"

Eine äußerst seltene Erkrankung, die Symptome einer Muskelschwäche hervorruft und progressiv schlimmer wird. Die beschriebenen Fälle wurden euthanasiert, bevor sie ein Alter von 2 Jahren erreichten.

Chondrodysplasie des Alaskan Malamutes

Bei dieser Erkrankung werden kurze Beine mit gebogenen Vorderbeinen und nach lateral stehenden Pfoten gesehen. Auch eine hämolytische Anämie wird häufig diagnostiziert.

Chronische Veränderungen der Sesambeine

Eine chronische Sesamoiditis kann ein radiologischer Zufallsbefund sein, aber auch eine Lahmheitsursache. Klinisch äußert sie sich durch eine allmählich auftretenden Lahmheit einer oder beider Vordergliedmaßen.

Dysplasie des Dens axis

Diese Erkrankung führt zur atlantoaxialen Subluxation, die klinische Symptome von Nackenschmerzen bis hin zu einer Tetraplegie hervorrufen kann. Siehe auch „Atlantoaxiale Subluxation" unter „Neurologische Erkrankungen".

Dysplasie des Foramen magnum

Bei dieser Erkrankung ist das Os occipitale missgebildet und das Foramen magnum vergrößert. Es können auch ein Hydrozephalus und eine Exposition von Hirnstamm und Zerebellum auftreten. Siehe auch „Hydrozephalus" unter „Neurologische Erkrankungen".

Ellbogendysplasie

Genetische Faktoren sowie ein schnelles Wachstum prädisponieren zu diesem Komplex an Erkrankungen, die einen isolierten Processus anconaeus, Veränderungen am Processus coronoideus medialis und eine Osteochondrosis dissecans des Epicondylus medialis umfassen. Möglicherweise wird die Ellbogendysplasie durch eine Osteochondrose hervorgerufen, eventuell im Zusammenhang mit einer Inkongruenz der Trochleaoberflächen. In Großbritannien und in den USA wird an Schemata zum Screening einer Ellbogendysplasie gearbeitet, in Deutschland werden gleichfalls intensive Forschungen betrieben.

Enchondrodystrophie des English Pointers

Diese Erkrankung führt zu verkürzten Gliedmaßen und krummen Vorderbeinen und zu einem abnormen Bewegungsablauf.

Enostose

Diese Erkrankung wird auch als „Panostitis" oder „eosinophile Panostitis" bezeichnet und kommt vergleichsweise häufig vor. Betroffen sind junge Hunde im Alter von 6 – 18 Monaten. Typisch ist eine akute intermittierende Lahmheit einer oder mehrerer Gliedmaßen, häufig in Verbindung mit Fieber. Eine virale Ätiologie wird vermutet. Gewöhnlich ist die Erkrankung selbstlimitierend.

Erkrankung des Processus coronoideus medialis

Sie stellt ein häufiges Problem dar und ist Teil des Osteochondrose-Komplexes, der den Ellbogen betrifft. Es kommt zur Fragmentierung des Processus coronoideus medialis, bei der die Fragmente gewöhnlich mit dem Ligamentum anulare verbunden bleiben. Eine degenerative Gelenkerkrankung ist gewöhnlich die Folge. Erste Lahmheitssymptome zeigen sich gewöhnlich bereits mit 4 – 5 Monaten.

4

Familiäres mediterranes Fieber (siehe auch „Renale Amyloidose" unter „Nierenerkrankungen")

Nierenversagen zusammen mit einer Amyloidose und geschwollenen Gelenken sind die Symptome dieser Erkrankung. Auch eine Hypergammaglobulinämie und erhöhte Serumspiegel an Interleukin 6 treten auf.

Fibrotische Myopathie des Musculus semitendinosus

Sie tritt bei jungen Hunden und Tieren mittleren Alters auf. Innerhalb des M. semitendinosus bildet sich ein fibröses Gewebeband, das eine vollständige Extension der betroffenen Gliedmaße verhindert. Möglicherweise handelt es sich bei dieser Erkrankung um einen Teil des sogenannten M.-gracilis-Kontraktur-Komplexes (s. dort).

Fraktur des Kalkaneus

Eine extreme Streckung der plantaren Seite des Kalkaneus oder eine Fraktur des Os tarsi centrale können zu Frakturen des Kalkaneus führen, speziell bei Hunden, die an Rennen teilnehmen. Gewöhnlich ist das rechte Hinterbein betroffen, da die Hunde während der Rennen gegen den Uhrzeigersinn (Kurven nach links) laufen, und dadurch am rechten Hinterbein eine höhere Belastung erfahren.

Fraktur des Os carpi accessorium

Diese Frakturen sind meist „Nussknackerfrakturen", die durch eine Hyperextension des Karpus während des Rennens hervorgerufen werden. Der Karpalbereich kann schmerzhaft sein.

Fraktur des Os tarsi centrale

Sie tritt bei Greyhounds häufig auf, die an Hunderennen teilnehmen; bei nichtathletischen Hunden ist diese Erkrankung ausgesprochen selten. Gewöhnlich ist bei dieser Fraktur eine Avulsion des plantaren Fortsatzes beteiligt. Zumeist treten gleichzeitig auch Frakturen anderer Tarsalknochen auf.

Gaumenspalte/Lippenspalte

Diese Veränderungen sind kongenital und können eine Vielzahl möglicher Erscheinungsformen haben, beispielsweise eine unilaterale Lippenspalte, eine unvollständige Fusion des weichen Gaumens oder eine oronasale Fistel.

Glykogenspeicherkrankheit vom Typ II und Typ III

Die Typ-II-Glykogenspeicherkrankheit (Pompe-Krankheit) ruft Schwäche und Leistungsintoleranz hervor. Erbrechen und kardiovaskuläre Veränderungen treten gleichfalls auf. Die Prognose ist ungünstig. Die Glykogenspeicherkrankheit vom Typ III (Cori-Krankheit) führt zu verlangsamtem Wachstum, Schwäche und einer Erkrankung der Leber. Die Krankheit ist selten und hat ebenfalls eine ungünstige Prognose.

Hemivertebrae

Diese abnormen Wirbel sind keilförmig und oft verbunden mit einer verkanteten Wirbelsäule. Siehe unter „Neurologische Erkrankungen".

Hereditäre Atrophie der Spinalmuskeln beim Hund

Diese Erkrankung zählt zu den „Motor neuron diseases". Homozygote Tiere zeigen eine beschleunigte Form der Erkrankung, heterozygote eher eine Zwischenform oder eine chronische Form. Zumeist sind Tiere unter 1 Jahr betroffen.

Hereditäre Myopathie der Devon-Rex-Katzen

Die klinischen Symptome dieser hereditären Erkrankung bestehen aus einer generalisierten Muskelschwäche, Kollaps bei Belastung, Ventroflexion des Halses sowie möglicherweise aus Tod durch Laryngospasmus, vermutlich hervorgerufen durch eine oropharyngeale Schwäche.

Hernia inguinalis/scrotalis

Hündinnen sind bei Inguinalhernien überrepräsentiert. Die Erkrankung kommt verhältnismäßig häufig vor. Gewöhnlich wird eine Zubildung oder Schwellung gefunden, obwohl gelegentlich auch gastrointestinale Symptome auftreten.

Hernia perinealis

Diese verhältnismäßig häufige Erkrankung zeigt sich als Schwellung in der Perinealgegend oder als ein Defekt, der bei der digitalen rektalen Untersuchung palpiert werden kann. In etwa 20% der Fälle kommt es zu einer Retroflexion der Harnblase mit entsprechenden metabolischen Komplikationen.

Hernia umbilicalis

Bei dieser Veränderung schließt sich der Nabelring nicht bei der Geburt, und wenn der abdominale Druck mit zunehmendem Alter wächst, fallen abdominales Fett und möglicherweise sogar Darmteile vor. Zahlreiche betroffene Tiere benötigen eine chirurgische Therapie.

Heterotope Willebrand-Osteochondrofibrose

Bei dieser Erkrankung entwickelt sich eine Zubildung aus knöchernem, fibrösem oder knorpeligem Gewebe nahe der Hüftmuskulatur. Daraus kann eine hochgradige Lahmheit entstehen, die vorwiegend mechanischen Ursprungs ist.

Hüftgelenkdysplasie (HD)

Diese sehr weit verbreitete Erkrankung betrifft zahlreiche Hunderassen. Unterschiedliche Deformationen der Hüfte verursachen eine Instabilität des Gelenks, die später zur Entwicklung einer degenerativen Gelenkerkrankung führt. Zweifellos spielen genetische Faktoren eine Rolle, doch auch Umweltfaktoren wie Ernährung und Belastung sind wichtig. Zahlreiche Screeningprogramme werden weltweit verwendet, deren Ziel es ist, die Inzidenz dieser Erkrankung zu verringern. Schätzungen der Erblichkeit reichen von 20 – 60% je nach Rasse, untersuchter

Population und Untersuchungsmethode. Für die Erfordernisse dieses Buchs wurden lediglich die 20 häufigsten Rassen, die im Scoring der „British Veterinary Association/Kennel Club Hip Dysplasia Scheme" auftreten, aufgeführt. Das soll nicht zu Fehlschlüssen führen, da unterschiedliche Tierzahlen in diesem Scoring auftreten. Es gibt bereits systeminherente Fehlschlüsse dadurch, dass manche Tierärzte die Röntgenbilder der schlechtesten Hüften gar nicht erst zur Bewertung einschicken.

Für die Statistik der „British Veterinary Association/Kennel Club Hip Dysplasia Scheme" werden die Röntgenaufnahmen beider Hüftgelenke ausgewertet. Jedem Hüftgelenk werden für neun bestimmte Merkmale in Abhängigkeit von ihrer Ausprägung Punkte vergeben. Je geringer die Anzahl der Punkte pro Gelenk auf einer Skala von 0 – 53 ist, desto geringer ist das Tier von einer Hüftgelenkdysplasie betroffen. Die durchschnittliche Punktezahl einer Rasse wird aus allen ausgewerteten Röntgenbildern dieser Rasse ermittelt.

Hypochondroplasie des Irish Setters

Die Gliedmaßen sind bei dieser Erkrankung leicht verkürzt. Ulna und Radius können gebogen sein und eine karpale Valgusstellung kann vorliegen.

Hypokalämische Myopathie

Die klinischen Symptome dieser Erkrankung bestehen aus einer Ventroflexion des Halses und transienter Schwäche. Auch Tremor kann hinzukommen. Die Serum-Kaliumspiegel liegen unter 3 mmol/l.

Kalkaneoquartale Subluxation aufgrund einer Ruptur im Bandapparat der Ligamenta tarsi plantaria

Ein häufiger Befund bei athletischen Hunden: Gewöhnlich entsteht die Subluxation während des Rennens, sie kann allerdings auch bei Begleithunden mittleren Alters ohne anamnestisches Trauma auftreten. Mitunter kommt die Erkrankung auch bilateral vor.

Idiopathische Polyarthritis

Schmerzen in mehr als einem Gelenk lassen häufig an eine immunvermittelte Polyarthritis denken. Die kanine idiopathische Polyarthritis ist die häufigste Form einer immunvermittelten Arthropathie. Etwa 25% der Fälle sind verbunden mit chronischen Entzündungen außerhalb des Gelenks, 15% mit gastrointestinalen Erkrankungen, und bei manchen Tieren kommen auch Neoplasien außerhalb der Gelenke in Zusammenhang mit einer idiopathischen Polyarthritis vor. Bei den übrigen Fällen, etwa 50%, kann keine andere pathologische Veränderung oder zugrunde liegende Ursache entdeckt werden.

Isolierter Processus anconaeus

Bei Deutschen Schäferhunden hat der Processus anconaeus einen eigenen Ossifikationskern und sollte dann mit der Ulna im Alter von etwa 20 Wochen verwachsen sein. Kommt es nicht zu dieser Verwachsung, bleibt der Processus anconaeus isoliert. Diese Erscheinung zählt zum Ellbogen-Osteochondrose-Komplex. Häufig kommt es zu degenerativen Gelenkveränderungen und einer daraus resultierenden Lahmheit ab einem Alter von etwa 4 – 5 Monaten.

Juvenile distale Myopathie

Diese kürzlich beschriebene Erkrankung wurde bei verschiedenen Welpen beobachtet und stellt vermutlich eine Form der Muskeldystrophie dar. Die klinischen Symptome beinhalten eine verringerte Aktivität der betroffenen Tiere und unterschiedliche Haltungsanomalien.

Knochenzysten

Knochenzysten treten in der Regel selten auf und sind benigne. Möglicherweise ist eine intramedulläre metaphysäre Blutung an ihrer Entstehung beteiligt. Häufig rufen sie keine Symptome hervor, sie können sich jedoch vergrößern und schmerzhaft werden oder sogar zu pathologischen Frakturen führen.

Knorpelige Exostose

Osteochondromatöse Wucherungen an den langen Röhrenknochen, der Skapula, dem Darmbein, den Wirbeln und den Phalangen können bei dieser Erkrankung röntgenologisch dargestellt werden.

Kongenitale Ellbogenluxation

Diese Erkrankung ist eher selten. Es gibt zwei Arten: Die Ellbogenluxation vom Typ I ist gravierender und besteht aus einer Rotation der Ulna um 90° nach außen. Sie macht sich als laterale Abweichung des Unterarms mit einer deutlich verringerten Streckfähigkeit des Ellbogens bemerkbar. Die Ursache ist nicht bekannt. Die Diagnose wird radiologisch gestellt, die Therapie der Wahl besteht aus einer geschlossenen Reposition. Ist diese nicht möglich, wird eine offene Reposition erforderlich. Bei der Ellbogenluxation vom Typ II ist der proximale Radius nach kaudolateral disloziert. Erkrankungen vom Typ II verlaufen weniger gravierend als Erkrankungen vom Typ I. Manche Tiere benötigen keine Therapie, bei anderen ist eine chirurgische Korrektur erforderlich, beispielsweise mittels einer Osteotomie des Radius oder der Ulna.

Kongenitale skapulohumerale Luxation

Diese seltene Erkrankung tritt gewöhnlich in frühem Alter auf, kann aber auch als Folge eines verhältnismäßig kleinen Traumas bei erwachsenen Tieren entstehen. Gewöhnlich erfolgt die Luxation nach medial, was sich durch kraniokaudale Röntgenbilder nachweisen lässt.

Kopfdefekt der Burma-Katze

Dieser kongenitale Defekt ist erblich und wurde als autosomal-rezessiv oder autosomal-dominant mit inkompletter Penetranz beschrieben. Heterozygote Tiere können unterschiedlich geformte Gesichter haben, für homozygote Tiere ist der Defekt letal. Er tritt bei dem östlichen, „neuen Aussehen" oder bei dem „modernen Typ" der Burma-Katzen auf. Bei diesem Typ ist der obere Bereich der Maxilla doppelt angelegt.

Kraniomandibuläre Osteopathie

Bei manchen Rassen ist diese Erkrankung erblich, bei anderen sind möglicherweise andere Faktoren wichtig. Klinisch äußert sich die Erkrankung durch eine Schwellung der Mandibula sowie durch Speicheln und Schmerzen beim Öffnen des Fangs. Auf den Röntgenbildern ist eine unregelmäßige knöcherne Proliferation sichtbar. Gewöhnlich ist diese Erkrankung selbstlimitierend, in manchen Fällen kann aber auch eine Hemimandibulektomie erforderlich werden.

Laterale Torsion und Tarsus-valgus-Deformation

Diese Erkrankung ist nicht therapierbar, verursacht aber nur selten klinische Probleme und stellt vorwiegend ein kosmetisches Problem dar.

Lumbosakrale Erkrankung

Eine ineffiziente Geometrie im Bereich des lumbosakralen Übergangs bewirkt eine vermehrte Bildung von Osteophyten, durch die das Risiko einer lumbosakralen Stenose erhöht sein kann.

Lumbosakraler Übergangswirbel

Diese Anomalie wird durch die Separation des ersten sakralen Segments charakterisiert und kann auf lateralen Röntgenaufnahmen durch das Vorliegen eines röntgendurchlässigen Spalts an jener Stelle, die normalerweise das erste und zweite Segment des Sakrums trennen würde, diagnostiziert werden. Auf ventrodorsalen Aufnahmen ist eine Trennung der Processus spinosi an der Stelle, die normalerweise das erste und zweite Segment des Sakrums teilen würde, zu sehen. Die Verbindung zwischen dem Ileum und dem Sakrum ist häufig geschwächt, was zu einer vorzeitigen Degeneration der Bandscheibe führt. Zusammen mit einer Stenose des Spinalkanals kann dies zum Cauda-equina-Syndrom führen.

Luxation der Sehne des M. flexor digitalis superficialis

Diese eher seltene Veränderung verursacht eine akute, aber nur mäßige Lahmheit. Ein Erguss des Kalkaneus-Schleimbeutels tritt auf. Gewöhnlich handelt es sich um eine Luxation nach lateral.

Lymphozytär-plasmazelluläre Gonitis

Die Ätiologie dieser Erkrankung ist nicht bekannt, sie verursacht eine vermehrte Beweglichkeit und eine Instabilität des betroffenen Gelenks. Bei etwa 10% der Hunde, die wegen eines Kreuzbandrisses operiert werden, wird diese Entzündung festgestellt.

Mediale Verlagerung der Sehne des M. biceps brachii

Eine graduell einsetzende Lahmheit, die sich bei Belastung verstärkt, ist das typische Zeichen dieser seltenen Erkrankung. Bei der Palpation und Manipulation der Schulter können Schmerzen, Krepitation und mitunter auch ein palpierbares „Springen" der Sehne außerhalb der intertuberkulären Vertiefung festgestellt werden.

Mitochondriale Myopathie

Ein Defekt der Mitochondrienfunktion führt hier zu einer verminderten Leistungsfähigkeit mit Tachykardie und Tachypnoe, die auf eine schwere Azidose zurückzuführen ist. Gelegentlich können bei dieser Erkrankung auch plötzliche Todesfälle auftreten.

Morbus Legg-Calvé-Perthes (> Abb. 4.20)

Bei dieser Erkrankung tritt eine aseptische, avaskuläre Nekrose des Femurkopfs auf. Klinische Symptome äußern sich gewöhnlich bei etwa 5 Monaten. Die Ischämie des Femurkopfs führt zu einer Degeneration des Knochens. Sie äußert sich durch eine progressiv verlaufende uni- oder bilaterale Hinterhandlahmheit.

Mukopolysaccharidose

Diese Gruppe von Erkrankungen entsteht aufgrund von erblichen Veränderungen an den Chromosomen und führt zu einer metabolischen Knochenerkrankung. Typ I der Erkrankung verursacht einen großen, breiten Kopf, der mit Veränderungen der Augen und des Herzens einhergehen kann. Ein Pectus excavatum, eine Fusion von Halswirbeln und Hüftgelenksubluxationen treten ebenfalls auf. Der Typ VI be-

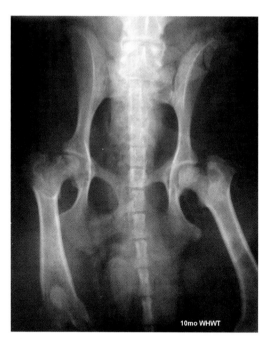

10mo WHWT

Abb. 4.20 Ventrodorsale Röntgenaufnahme eines 10 Monate alten West Highland White Terriers mit aseptischer Nekrose des Femurkopfs und -halses (Morbus Legg-Calvé-Perthes). (Mit freundlicher Genehmigung von Andy Moores.)

wirkt Zwergwuchs und Veränderungen des Skeletts, Nervensystems und der Retina. Eine Therapie ist nicht bekannt, jedoch haben mache betroffenen Tiere dennoch eine akzeptable Lebensqualität.

Multiple Enchondromatose

Diese erbliche Erkrankung führt zu kurzen, gebogenen Gliedmaßen und zu gedrehten Diaphysen. Femurhalsfrakturen können auftreten, außerdem ist der sternale Knochen nicht ausgebildet.

Multiple Epiphysendysplasie

Eine erbliche Erkrankung, die zu kurzen Gliedmaßen, vergrößerten Gelenken, Hüftgelenkdysplasie und Osteoarthropathie bei erwachsenen Tieren führen kann.

Musculus-gracilis-Kontraktur

Sie tritt gewöhnlich bei athletischen Hunden auf und führt zu einer Veränderung des Bewegungsablaufs.

Diese Veränderung kann Teil eines Komplexes sein, zu der auch die „Fibrotische Myopathie des M. semitendinosus" gehört. Die chirurgische Korrektur kann helfen, doch sind Rezidive möglich.

Muskeldystrophie

Bei Golden Retrievern in den USA wurde eine geschlechtsgebundene Muskeldystrophie festgestellt, die der Muskeldystrophie Typ Duchenne beim Menschen ähnelt. Die klinischen Symptome sind Leistungsschwäche, abnormer Gang, Trismus und gelegentlich auch kardiale Symptome. Die Kreatinkinasespiegel (CK) betroffener Tiere sind massiv erhöht. Andere Muskeldystrophien beim Hund sind die fazioskapulohumerale Muskeldystrophie bei Springer Spaniels, die mit einem persistierenden Vorhofstillstand gekoppelt ist. Eine Erkrankung, die der okulopharyngealen Muskeldystrophie beim Menschen entspricht, wurde bei Bouviers beschrieben.

Myasthenia gravis

Siehe unter „Neurologische Erkrankungen".

Myopathie assoziiert mit Schwäche beim Cavalier King Charles Spaniel

Bei betroffenen Tieren kommt es zum episodischen Kollabieren, das häufig bei Belastung oder Aufregung auftritt und vermutlich durch ultrastrukturelle Veränderungen der Myozyten bei diesen Hunden zu erklären ist. Die genaue Ursache ist allerdings derzeit nicht bekannt. Siehe auch „Episodische Schwäche" unter „Neurologische Erkrankungen".

Myopathie der Kaumuskulatur

Diese Erkrankung wird auch als „Eosinophile Myositis" oder „Kaumuskel-Myositis" bezeichnet und stellt eine häufige Erkrankung dar, die akut oder chronisch verlaufen kann. Die akute Form äußert sich durch eine Schwellung der Kaumuskulatur und durch Trismus. Die chronische Form geht mit einer Atrophie der Kaumuskulatur mit einer histologisch nachweisbaren deutlichen Muskelfibrose einher. Die Erkrankung ist immunvermittelt.

Myopathie des Labrador Retrievers

Sie kommt verhältnismäßig selten vor, ist allerdings in Großbritannien weit verbreitet. Die klinischen Symptome bestehen aus einer generalisierten Muskelschwäche, Leistungsintoleranz und Muskelabbau. Schwarze und gelbe Labrador Retriever sind betroffen. Die Erkrankung ist bei Arbeitslinien häufiger.

Myotonie

Die klinischen Symptome dieser Erkrankung äußern sich durch eine exzessive Muskelmasse, einen steifen Gang nach Ruhephasen und durch Kollaps. Wenn die Atemmuskulatur auch betroffen ist, tritt Dyspnoe auf.

Okuloskelettale Dysplasie

Diese Erkrankung wird autosomal-rezessiv vererbt. Die klinischen Symptome sind verkürzte Gliedmaßen und nach außen zeigende Gelenke. Als Augensymptome treten gleichzeitig eine Katarakt und eine Netzhautablösung auf. Siehe auch „Retinadysplasie" unter „Augenerkrankungen".

Osteochondrodysplasie des Bullterriers

Diese Veränderung bewirkt eine abnorme Haltung und als mögliche Folge Frakturen des Femurhalses. Manche der langen Knochen sind verdreht.

Osteochondrose

Bei der Osteochondrose kommt es zu einer abnormen Entwicklung des Knorpels im Bereich der Wachstumsfugen und Epiphysen. Häufige von einer Osteochondrose betroffene Bereiche sind der kaudale Humeruskopf, der Epicondylus medialis des Humerus, der Processus coronoideus medialis der Ulna, der Processus anconaeus des Ellbogens, die lateralen und medialen Kondylen des Kniegelenks sowie die mediale Knochenleiste des Talus.

Osteogenesis imperfecta

Diese Gruppe erblicher Erkrankungen führt zu einer Osteopenie und gesteigerten Fragilität von Knochen.

Möglicherweise liegt ein Defekt der Kollagenbildung zugrunde. Die Erkrankung ist selten, der genaue Erbgang ist nicht geklärt. Die Tiere werden oft mit dem Vorbericht multipler Frakturen vorgestellt, denen kein oder nur ein leichtes Trauma vorangegangen ist.

Osteosarkom

Ein maligner Tumor, der bevorzugt die Metaphysen langer Röhrenknochen betrifft, aber auch im axialen Skelett auftreten kann. Möglicherweise ist das schnelle Knochenwachstum während der frühen Entwicklungsphase speziell bei Hunden großer Rassen oder bei Riesenrassen an der Ätiologie beteiligt, doch wird bei manchen Rassen auch eine genetische Prädisposition vermutet. Siehe unter „Neoplasien".

Patellaluxation

Eine Patellaluxation entsteht entweder durch Veränderungen an der Oberfläche der Patella oder durch eine abweichende Position der Tuberositas tibiae. Sie kann zu einer chronischen oder intermittierenden Lahmheit führen.

Patellaluxation nach lateral

Diese Erkrankung wird auch als Genu valgum bezeichnet. Sie wird häufig bei denselben Rassen gesehen, die auch von einer Hüftgelenkdysplasie betroffen sind. Möglicherweise existiert ein genetisches Muster. Meist sind beide Kniegelenke betroffen, was in einem Alter von 5 – 6 Monaten zu einem „staksigen Gang" führen kann.

Patellaluxation nach medial

Gewöhnlich präsentiert sich das Hauptsymptom als intermittierende Lahmheit, bei bilateralem Auftreten auch als abnormer Gang der Hintergliedmaßen. Meist werden Symptome ab einem Alter von etwa 6 Monaten gesehen. Bei manchen Tieren treten die klinischen Symptome auch erst auf, wenn das Tier älter wird.

4

Patellarschmerz

Möglicherweise ist dieses Schmerzsymptom mit einer Patellaluxation verbunden, die sogar nach einer erfolgten Operation auftreten kann, oder der Schmerz tritt ohne eine zugrunde liegende Luxation auf. Die Schmerzen werden ausgelöst, wenn die Patella in die Furche der Trochlea ossis femoris gedrückt wird.

Pes varus

Ein Pes varus tritt mit etwa 5–6 Monaten auf und wird möglicherweise durch eine zugrunde liegende Tibiadysplasie hervorgerufen.

Polyarthritis/Meningitis

Die Ursache dieser Veränderungen ist eine idiopathische Polyarteriitis, deren Inzidenz möglicherweise zunimmt. Die hauptsächlichen klinischen Symptome kommen durch die Meningitis zustande und äußern sich beispielsweise durch Nackenschmerzen und Fieber, doch auch Gelenksentzündungen sind nicht ungewöhnlich. Die Schwere der Erkrankung hängt auch von der Rasse ab. Leichtere Formen sind häufig selbstlimitierend, schwerwiegendere Erkrankungen jedoch oftmals nicht.

Polydaktylie/Syndaktylie

Verschiedene Rassen neigen zu einer Polydaktylie (Ausbildung einer erhöhten Anzahl von Zehen) oder einer Syndaktylie (miteinander verwachsene Zehen). Häufig führen diese Fehlbildungen aber zu keinerlei klinischen Einschränkungen.

Prognathie

Dabei handelt es sich um einen verlängerten Kiefer.

Pseudoachondrodysplasie

Diese Erkrankung führt zu einer Ausbildung kurzer, krummer Knochen der Gliedmaßen und kurzer Wirbel. Auch eine Osteopenie kann auftreten.

Pyruvatkinase-Defizienz

Diese erbliche Erkrankung kann zu hämatologischen Veränderungen und zu einer intramedullären Osteosklerose führen.

Retrognathie

Dabei handelt es sich um einen verkürzten Kiefer.

Ruptur des Ligamentum cruciatum craniale (> Abb. 4.21)

Ein Kreuzbandriss tritt häufig auf und manifestiert sich als hochgradige, akut einsetzende Lahmheit. Die Diagnose wird mittels positivem „Schubladenphänomen" bestätigt, eventuell auch radiologisch oder durch eine Arthroskopie oder Arthrotomie.

Sakrokaudale Dysgenese

Siehe unter „Neurologische Erkrankungen".

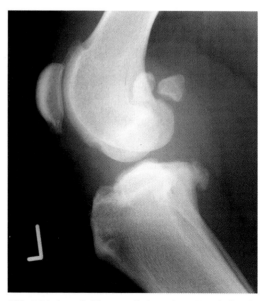

Abb. 4.21 Laterale Röntgenaufnahme eines Kniegelenks mit Ruptur des Ligamentum cruciatum craniale. (Mit freundlicher Genehmigung von Andy Moores.)

Schulterluxation

Gewöhnlich tritt diese Erkrankung mit 3 – 4 Monaten auf. Mittels gebeugter und rotierter Spezialaufnahmen der Schulter kann diese Veränderung radiologisch dargestellt werden.

Schwächung des Ligamentum carpale

Eine zunehmende Degeneration und daraus resultierende Schwächung des Ligamentum carpale bewirken eine Subluxation und Luxation des Karpus. Auch der Tarsus kann betroffen sein. Übergewicht prädisponiert für diese Erkrankung, sodass bei entsprechenden Tieren eine Gewichtsreduktion anzuraten ist.

Spondylosis deformans

Diese Erkrankung wird auch als „ankylosierende Spondylitis" bezeichnet. Knochenauswüchse (Osteophyten) bilden sich um die Ränder der Wirbel. Mit höherem Alter nehmen sie zu und können häufig bei Röntgenuntersuchungen dargestellt werden; sie sind aber nur selten von klinischer Signifikanz.

Spontane Tibiafraktur

Spontanfrakturen im Bereich der Kaudalfläche des distalen Gelenks der Tibia wurden bei Greyhounds, die an Rennen teilnehmen, beschrieben, und sind häufig mit Frakturen des Malleolus assoziiert. Degenerative Gelenkerkrankungen sind eine häufige Folge, sodass die Prognose nach einer geschlossenen Fixation vorsichtig zu stellen ist.

Temporomandibuläre Dysplasie/Luxation

Eine abnorme Entwicklung der Gelenkflächen bewirkt eine temporomandibuläre Dysplasie mit einer übermäßigen Beweglichkeit des Gelenks. Die Erkrankung kann ab einem Alter von etwa 6 Monaten gesehen werden. Klinische Symptome sind eine Kiefersperre, die oft beim Gähnen auftritt, und eine eventuell chronische Luxation des Kiefergelenks. Degenerative Gelenkerkrankungen und Abbau der Kiefermuskulatur können bei chronischen Fällen auftreten.

Unvollständige Ossifikation des Condylus humeri

Bei dieser Erkrankung kann anamnestisch eine leichte intermittierende Lahmheit festgestellt werden, die nicht auf Antiphlogistika anspricht. Eine akute hochgradige Lahmheit kann nach einer Belastung oder einem leichten Trauma auftreten, wenn es zu einer Fraktur des Condylus humeri kommt.

Vakzine-assoziierte Vaskulitis mit hypertropher Osteopathie

Diese Form der Vaskulitis tritt im Zusammenhang mit Routineimpfungen auf und führt zuerst zu gastrointestinalen Symptomen, später dann zu einer Lahmheit und hypertrophen Osteodystrophie.

Verstärkte Anteversion von Kopf und Hals des Femurs

Sie tritt zusammen mit Fehlbelastungen, zu „weichen" Gelenken und Schmerzen auf und stellt eine Komponente der Hüftgelenkdysplasie dar.

Verzögerter/fehlender Schluss von Frakturen im distalen Drittel von Radius und Ulna bei Zwerg- und Toy-Rassen

Bei den betroffenen Tieren heilen chirurgisch versorgte Frakturen im Bereich des distalen Drittels der Diaphysen von Radius und Ulna im Vergleich mit gesunden Tieren schlecht aus. Möglicherweise ist dies auf eine inadäquate Ruhigstellung, auf Infektionen und eine leicht zu unterbrechende Blutversorgung der Knochen zurückzuführen. Eine starre Fixation mit Platten oder einem Fixateur externe hilft dabei, dieses Risiko zu vermindern.

Weichteilverletzungen im Karpalbereich

Bei Arbeitshunden sind Weichteilverletzungen des Karpus keine Seltenheit. Schädigungen der Kollateralbänder, sowie Verletzungen durch Hyperextension und Luxationen können auftreten.

4

Neoplasien

Adenokarzinom der Analbeutel

Adenokarzinome der Analbeutel sind maligne Tumoren, die als diskrete oder infiltrative Massen im Analbeutel palpiert werden können. Diese Tumoren sind oft mit einer Hyperkalzämie verbunden und metastasieren früh in die sublumbalen Lymphknoten, Milz sowie in die Lunge. Bei Katzen kommen sie selten vor.

Adenome der perianalen (hepatoiden) Drüsen

Diese benignen Tumoren gehen von den modifizierten Talgdrüsen aus, die sich im Perianalbereich befinden. Sie präsentieren sich als gut abgegrenzte erhabene Veränderungen, die ulzerieren können. Auch Adenokarzinome der Perianaldrüsen können vorkommen, diese sind aber seltener.

Adrenokortikaler Tumor

Unter den Patienten, die an Hyperadrenokortizismus leiden, sind 15 – 20 % der Fälle bei Hunden und 20 % bei Katzen auf adrenokortikale Tumoren zurückzuführen. Gewöhnlich treten die Tumoren unilateral auf, allerdings zeigen etwa 10 % der Tiere bilaterale Tumoren. Es handelt sich entweder um Adenome oder um Adenokarzinome. Letztere können invasiv wachsen und metastasieren.

Aktinische Keratose

Diese Veränderungen entwickeln sich gewöhnlich bei chronischer Sonneneinwirkung, werden also prinzipiell an schwach pigmentierten Hautstellen von Tieren beobachtet, die sich draußen aufhalten. Die Veränderungen können einzeln vorkommen oder multifokal, sowie plaqueartig oder papillomatös und hyperkeratotisch sein. Sie können sich zu Plattenepithelkarzinomen weiterentwickeln, die ein Potenzial für eine lokale Invasion und für Fernmetastasen haben.

Anaplastisches Sarkom

Ein niedrig differenzierter maligner Weichteiltumor, der vom mesenchymalen Bindegewebe des Körpers ausgeht.

Basalzelltumor

Diese Tumoren sind ausgesprochen häufig und haben ihren Ursprung in den epidermalen Basalzellen, von denen auch die Erneuerung der Epidermis ausgeht. Gewöhnlich sind sie gut abgegrenzt, derb, frei beweglich und im Bereich der Dermis und Subkutis zu palpieren. Die Neoplasien sind vorwiegend am Hals und Kopf der betroffenen Tiere zu finden. Basalzelltumoren wachsen prinzipiell langsam und verhalten sich benigne, sie metastasieren nur selten.

Benignes fibröses Histiozytom (> Abb. 4.22)

Diese verhältnismäßig seltenen Hauttumoren stellen eher reaktive Proliferationen als echte Neoplasien dar. Sie können solitär oder multipel auftreten. Prädilektionsstellen sind das Gesicht, die Gliedmaßen und das Skrotum.

Chemodektom

Chemodektome gehen von den Chemorezeptorzellen der Aorta und der A. carotis aus. Diese Zellen sind dafür verantwortlich, Veränderungen im Blut-pH, dem Sauerstoffgehalt und den Kohlendioxidspiegeln

Abb. 4.22 Skrotales Histiozytom bei einem 2-jährigen Mischlingshund.

wahrzunehmen. Chemodektome der Aorta bilden sich an der Herzbasis und werden häufiger beschrieben als solche der A. carotis, die im Bereich der Bifurkation der A. carotis wachsen und sich als zervikale Zubildung manifestieren. Beide Lokalisationen sind beim Hund und bei der Katze verhältnismäßig selten, doch scheinen brachyzephale Rassen prädisponiert zu sein. Chemodektome können lokal invasiv wachsen und haben Metastasierungspotenzial.

Chondrosarkom

Chondrosarkome sind die zweithäufigsten primären Knochentumoren und stellen etwa 5 – 10% der Fälle. Sie wachsen prinzipiell langsamer und metastasieren seltener als Osteosarkome.

Fibrom

Fibrome sind eher seltene Neoplasien, die benigne sind und gewöhnlich solitär und gut abgegrenzt vorkommen.

Fibromatöse Epulis

Dieser beim Hund häufige Tumor der Mundhöhle stellt sich als derbe Zubildung der Gingiva dar. Fibromatöse Epuliden sind gewöhnlich benigne, sie wachsen nicht lokal invasiv und metastasieren nicht.

Fibrosarkom

Ein Fibrosarkom ist ein maligner Tumor, der vom fibrösen Gewebe ausgeht und an zahlreichen Lokalisationen gefunden werden kann, beispielsweise an den Knochen, der Haut, Milz und Mundhöhle. Je nach Lokalisation und histologischem Grad verhält sich der Tumor unterschiedlich, prinzipiell ist er jedoch lokal invasiv, zeigt aber nur eine relativ niedrige Metastasierungsrate (etwa 25% bei oralen Fibrosarkomen).

Hämangiom

Hämangiome sind benigne, vom Gefäßendothel der Dermis und Subkutis ausgehende Tumoren. Bei Hunden sind sie häufig, bei Katzen selten. Hämangiome sind gut abgegrenzte bläulich-violette Neubildungen.

Hämangioperizytom

Diese häufige Tumorart hat ihren Ursprung in den vaskulären Perizyten. Gewöhnlich sind Hämangioperizytome gut abgegrenzt und befinden sich häufig an den Gliedmaßen. Sie metastasieren nur selten, Lokalrezidive kommen jedoch häufig vor. Eine chirurgische Entfernung mit weiten Rändern, notfalls auch eine Amputation, ist die Therapiemethode der Wahl.

Hämangiosarkom

Hier handelt es sich um einen hochmalignen Tumor, der von den Gefäßendothelzellen ausgeht. Primäre Lokalisationen sind der rechte Vorhof, die Milz, Leber, Haut, Knochen, das Nervensystem, die Niere, Blase und die Mundhöhle. Metastasen an zahlreichen Körperstellen sind häufig, bei vielen Tieren bestehen bereits zum Zeitpunkt der Diagnosestellung Mikrometastasen.

Histiozytose

Bei dieser Erkrankung der Histiozyten gibt es zwei Formen, die beide verhältnismäßig selten vorkommen. Bei der malignen Histiozytose führt die Proliferation der Histiozyten zu einer Bildung solider Tumoren in zahlreichen Organen, wie beispielsweise der Milz, Leber, der Lymphknoten und der Lunge. Die Krankheit verläuft schnell progressiv und endet tödlich. Sie wird am häufigsten bei Berner Sennenhunden gesehen, gelegentlich aber auch bei anderen Rassen. Die systemische Histiozytose zeigt einen eher chronischen, fluktuierenden Verlauf und betrifft die Haut, Augen und peripheren Lymphknoten. Sie ist bislang ausschließlich bei Berner Sennenhunden beschrieben worden. Bei jungen Hunden wird die systemische Histiozytose häufiger gesehen als die maligne Form.

Hypophysentumoren

Die häufigsten hypophysären Tumoren bei Hunden sind Adenome der kortikotropen Zellen des Hypophysenvorderlappens. Diese Tumoren sind prinzipiell funktionell, sodass die Folgen eine Überproduktion des adrenokortikotropen Hormons (ACTH) und ein Hyperadrenokortizismus sind (siehe unter „Endokrinopathien"). Auch Karzinome sind möglich, sie sind aber im Regelfall nicht funktionell, wachsen jedoch eher invasiv und neigen zur Metastasierung. Bei Katzen können Hypophysentumoren wie beim Hund auch zu Hyperadrenokortizismus führen, jedoch gibt es auch Tumoren im Bereich der somatotropen Zellen des Hypophysenvorderlappens, die dann zu einer Überproduktion von Wachstumshormon und zu Akromegalie führen.

Insulinom

Siehe unter „Endokrinopathien".

Intestinales Adenokarzinom

Siehe unter „Gastrointestinale Erkrankungen".

Karzinom der Thyreoidea

Siehe unter „Neoplasien der Thyreoidea beim Hund" unter „Endokrinopathien".

Keratoakanthom

Diese Neoplasien werden auch als „Intrakutanes verhornendes Epitheliom" bezeichnet. Es handelt sich um eine gutartige kutane Neoplasie, die solitär oder multipel auftreten kann.

Kolorektale Neoplasien

Intestinale Neoplasien sind bei Hunden und Katzen selten. Beim Hund sind Tumoren im Dickdarmbereich häufiger als im Dünndarm, und Adenokarzinome/Karzinome stellen die häufigste maligne Tumorart dar. Bei Katzen entstehen die meisten Tumoren im Dünndarm.

Kutanes Papillom

Kutane Papillome sind gestielte oder vegetative Hautwucherungen, die bei älteren Hunden vorkommen und es soll sich dabei um eine Spielart der virusinduzierten Papillome handeln, die an den Schleimhäuten junger Hunde zu finden sind. Sie werden als benigne eingestuft.

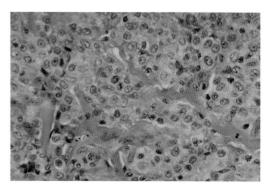

Abb. 4.23 Kutanes Histiozytom bei einem 8 Monate alten Rottweiler-Rüden (H.E.-Färbung, 132fache Vergrößerung).

Kutanes Histiozytom („Knopfgeschwulst") (➤ Abb. 4.23)

Diese Hauttumoren treten häufig bei jungen Hunden auf und präsentieren sich als einzelne, derbe, gut abgegrenzte intradermale Knoten im Bereich des Kopfs, der Gliedmaßen oder des Rumpfs. Gelegentlich ulzeriert ihre Oberfläche auch. Sie verhalten sich benigne, und die meisten dieser Tumoren bilden sich spontan über einen Zeitraum von mehreren Monaten zurück.

Kutanes Plasmozytom

Diese Neoplasien gehen von den Plasmazellen aus und manifestieren sich häufig an den Zehen, Lefzen, sowie am Kinn und dem Gehörgang.

Limbales Melanom

Siehe unter „Augenerkrankungen".

Lipom (➤ Abb. 4.24)

Lipome sind benigne Tumoren der Fettzellen, die prinzipiell im subkutanen Gewebe auftreten. Sie sind häufig und betreffen etwa 16% der Hunde. Infiltrative Lipome wachsen lokal invasiv und lassen sich dadurch chirurgisch nur schwer entfernen. Lipome metastasieren jedoch nicht.

Abb. 4.24 Lipom bei einer 11jährigen kastrierten Boxerhündin (H.E.-Färbung, 132fache Vergrößerung).

Liposarkom

Diese seltenen malignen Tumoren gehen von den subkutanen Lipoblasten aus. Sie wachsen infiltrativ, metastasieren aber nur selten.

Lymphosarkom

Lymphosarkome, oft auch als maligne Lymphome bezeichnet, sind maligne lymphoproliferative Erkrankungen. Sie sind die häufigsten Tumoren des hämatopoetischen Systems bei Hunden und Katzen. Lymphosarkome können anatomisch anhand ihrer Lokalisation (multizentrisch, mediastinal, alimentär, kutan oder extranodulär), aber auch histologisch oder immunphänotypisch (B- oder T-Zell-Lymphosarkom) klassifiziert werden.

Maligne Histiozytose

Siehe unter „Histiozytose".

Mammatumoren

Mammatumoren treten häufig bei Hunden und auch bei Katzen auf. Sie haben ihren Ursprung im epithelialen, manchmal auch im myoepithelialen Gewebe der Milchdrüsen. Bei Hunden sind etwa 50% dieser Tumoren benigne, bei Katzen sind mehr als 80% maligne. Unkastrierte Tiere oder solche, die erst nach einigen Läufigkeiten kastriert wurden, sind prädisponiert. Das Verhalten der Mammatumoren variiert mit dem histologischen Grad, doch maligne Mammatumoren können hochgradig aggressiv sein und

in die lokalen Lymphknoten, die Lunge sowie gelegentlich auch in die Bauchhöhlenorgane und Knochen metastasieren.

Mastzelltumoren (➤ Abb. 4.25 und ➤ Abb 4.26)

Diese Neoplasien treten verhältnismäßig häufig bei Hunden auf und machen etwa 20% der Hauttumoren aus. Sie können unterschiedliche Formen annehmen, sind also differenzialdiagnostisch bei sämtlichen Neubildungen der Haut zu berücksichtigen. Das Verhalten von Mastzelltumoren ist unterschiedlich und reicht von benigne bis zu hochmaligne und aggressiv. Diese Tumoren können auch Metastasierungspotenzial haben (gewöhnlich in Leber, Milz oder Nieren).

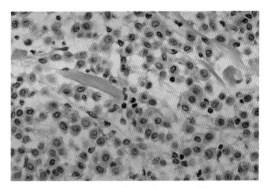

Abb. 4.25 Kutaner Mastzelltumor bei einer 6-jährigen Staffordshire Bullterrier-Hündin. Mastzellen haben runde Kerne und granuliertes Zytoplasma. Auch einige Eosinophile sind zu sehen (H.E.-Färbung, 132fache Vergrößerung).

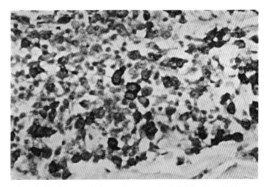

Abb. 4.26 Kutaner Mastzelltumor: die Toluidin Blau-Färbung zeigt die metachromatische Granula im Zytoplasma (Toluidin Blau-Färbung, 132fache Vergrößerung).

Kutane Mastzelltumoren sind bei Katzen weniger verbreitet, doch werden bei ihnen auch intestinale und systemische Mastzelltumoren gesehen.

Melanom

Melanome haben einen Anteil von 4–6% an den Hauttumoren von Hunden und 1–2% der Hauttumoren von Katzen. Es handelt sich um derbe, pigmentierte dermale Zubildungen, die häufiger bei dunkelhäutigen Hunden vorkommen. Die Melanome im Bereich der Zehen und nahe an den mukokutanen Übergängen neigen zu einer höheren Malignität und können in die örtlichen Lymphknoten, in die Lunge und in andere entferntere Lokalisationen metastasieren.

Melanom der vorderen Uvea beim Hund

Siehe unter „Augenerkrankungen".

Myxom/Myxosarkom

Beide sind eher selten und gehen von Fibroblasten aus. Sie finden sich am häufigsten an den Gliedmaßen, am Rücken und im Inguinalbereich. Als Myxom wird die benigne, als Myxosarkom die maligne Form dieses Tumors bezeichnet.

Nichtepitheliotropes Lymphom

Ein eher seltener Tumor, der eine Form des kutanen Lymphosarkoms darstellt. Prinzipiell tritt er generalisiert oder multifokal auf. In der Dermis bilden sich Nodula und eine Streuung in die Lymphknoten und inneren Organe ist möglich.

Osteosarkom

Osteosarkome sind die häufigsten malignen primären Knochentumoren beim Hund. Sie wachsen schnell und verhalten sich hochgradig invasiv und destruktiv. Osteosarkome des appendikulären Skeletts sind bei Hunden hochmaligne und metastasieren früh, häufig in die Lunge. Wie auch bei den anderen appendikulären Knochentumoren, sind am häufigsten große Hunde oder Riesenrassen betroffen.

Osteosarkome des axialen Skeletts einschließlich des Schädels werden generell als weniger maligne angesehen, ebenso wie Osteosarkome bei Katzen. Siehe auch unter „Muskuloskelettale Erkrankungen".

Pankreaskarzinom

Ein eher seltener Tumor, der von den Zellen der Pankreasgänge ausgeht und hochmaligne ist.

Phäochromozytom

Siehe unter „Endokrinopathien".

Pilomatrixom

Pilomatrixome sind seltene benigne Tumoren, die von den Haarfollikeln ausgehen. Sie bilden solitäre, derbe Massen im Bereich der Dermis oder Subkutis, ohne dass die darüberliegende Epidermis ulzeriert. Gewöhnlich sind sie bei Hunden am Rücken oder an den Gliedmaßen zu finden. Bei Katzen treten sie nur selten auf.

Plattenepithelkarzinom der Haut

Dieser maligne Tumor geht von den Keratinozyten aus und ist verhältnismäßig häufig. Zahlreiche prädisponierende Faktoren wurden bislang nachgewiesen, beispielsweise die Exposition gegenüber ultraviolettem Licht, Umweltverschmutzung und eine bereits vorher bestehende chronische Dermatitis.

Plattenepithelkarzinom der Zehe

Plattenepithelkarzinome sind die häufigsten Hauttumoren an der Zehe von Hunden. Sie wachsen lokal invasiv und führen zu lytischen Veränderungen der Knochen. Sie metastasieren häufiger als Plattenepithelkarzinome an anderen Lokalisationen der Haut.

Primäre Gehirntumoren

Siehe unter „Neurologische Erkrankungen".

Primäre Knochentumoren

Sie sind verhältnismäßig selten beim Hund, ihr Anteil liegt bei unter 5% aller Tumoren bei dieser Tierart. Die häufigsten Tumoren sind Osteosarkome und Chondrosarkome, die übrigen wie beispielsweise Fibrosarkome und Hämangiosarkome sind deutlich seltener. Bei Hunden erhöht sich das Risiko eines primären Knochentumors des appendikulären Skeletts mit zunehmender Körpergröße und steigendem Gewicht. Prinzipiell treten sie eher bei älteren Hunden auf, jedoch können sie gerade bei Riesenrassen deutlich früher gesehen werden. Bei Katzen sind primäre Knochentumoren selten. Siehe auch unter „Osteosarkom" und „Fibrosarkom".

Renales Zystadenokarzinom

Siehe unter „Harnwegserkrankungen".

Schwannom

Ein seltener Tumor, der von den Schwann-Zellen der Nervenscheiden ausgeht und dermal oder subkutan auftreten kann. Bei Hunden kommen diese Neoplasien am ehesten an den Gliedmaßen, am Kopf und an der Rute vor. Häufig sind die Tumoren unbehaart, gelegentlich auch pruriginös oder schmerzhaft.

Schweißdrüsentumoren

Diese Tumoren können entweder Adenome oder Adenokarzinome sein. Bei Hunden sind sie ungewöhnlich, bei Katzen selten. Sie können sich als kleine solitäre Knoten in der Dermis und Subkutis präsentieren, die mit oder ohne eine Ulzeration einhergehen. Die entzündliche Form bei Adenokarzinomen ist nur schlecht abgegrenzt und wächst stärker infiltrativ. Adenokarzinome wachsen hochgradig invasiv und können in die tributären und regionalen Lymphknoten metastasieren, gelegentlich kommen auch Fernmetastasen, beispielsweise in die Lunge, vor.

Systemische Histiozytose

Siehe unter „Histiozytose".

Talgdrüsentumoren

Bei Hunden gehören sie zu den häufigsten Hauttumoren, bei Katzen kommen sie eher selten vor. Talgdrüsentumoren können solitär oder multipel auftreten. Man unterscheidet unterschiedliche histologische Typen: zum einen die Talgdrüsenhyperplasie, die sich als kleine, gelappte, warzenähnliche Neubildung darstellt, und zum anderen das Talgdrüsenepitheliom, das sich als derbe dermale Masse präsentiert, bei der die Haut an der betroffenen Stelle unbehaart ist. Weitere Typen sind Adenome und Adenokarzinome der Talgdrüsen. Mit Ausnahme der Adenokarzinome verhalten sich Talgdrüsentumoren prinzipiell benigne.

Testikuläre Neoplasie

Hodentumoren treten beim Hund häufig auf. Es gibt drei hauptsächliche Arten: Sertolizelltumoren, Seminome und Zwischenzelltumoren. Bestimmte Rassen haben ein erhöhtes Risiko. Bei kryptorchiden Hoden ist die Inzidenz von Sertolizelltumoren und Seminomen deutlich höher als bei Hoden in der normalanatomischen Position.

Thymom

Thymome sind Tumoren, die von den Epithelzellen der Thymusdrüse ausgehen, die sich im kranialen Mediastinum befindet. Sowohl bei Hunden als auch bei Katzen kommen Thymome verhältnismäßig selten vor. Sie sind prinzipiell benigne und wachsen nur langsam. Die Symptome entsprechen denen einer Zubildung im kranialen Mediastinum und können variieren: Husten, Dyspnoe, Regurgitation, gelegentlich auch eine Obstruktion der V. cava cranialis und dadurch bedingte Ödeme an Gesicht und Vordergliedmaßen („präcavales Syndrom"). Auch Autoimmunerkrankungen wie eine Myasthenia gravis (s. dort) können mit einem Thymom assoziiert sein.

Trichoblastom

Trichblastome sind häufige benigne Hauttumoren, die sich als solitäre, kuppelförmige Neubildungen präsentieren. Sie können sich dunkler verfärben und ulzerieren.

Trichoepitheliom

Ein gutartiger Tumor, der von den Haarfollikeln ausgeht. Er zeigt sich als solitäre, derbe Masse in der Dermis oder Subkutis, häufig verbunden mit Ulzeration der Epidermis. Trichoepitheliome treten vorwiegend auf dem Rücken und an den Gliedmaßen bei Hunden auf, sind aber selten bei Katzen.

Tricholemmon

Am häufigsten befindet sich dieser selten vorkommende benigne Tumor am Kopf und Hals betroffener Tiere.

Tumoren der Nasenhöhle

Die häufigsten Tumoren, die in der Nasenhöhle von Hunden diagnostiziert werden, sind Karzinome, speziell Adenokarzinome. Andere Tumorarten sind Sarkome (Fibro-, Chondro- oder Osteosarkome), Lymphome und Melanome. Die meisten dieser Tumoren sind maligne, verhalten sich lokal invasiv und verursachen eine Gewebezerstörung, metastasieren aber nur langsam. Dolichozephale Hunde, vor allem mittelgroßer und großer Rassen, sollen ein erhöhtes Risiko aufweisen. Bei Katzen stellen Adenokarzinome die häufigste Tumorart dar, gefolgt von Lymphomen.

Tumoren der Parathyreoidea

Tumoren der Parathyreoidea sind bei Hunden und Katzen eher selten. Die häufigste Tumorart der Parathyreoidea ist ein funktionelles Adenom, das dann zu einem primären Hyperparathyreoidismus und zu einer Hyperkalzämie führt (siehe „Primärer Hyperparathyreoidismus" unter „Endokrinopathien"). Adenome sind benigne und gut abgekapselt. Adenokarzinome hingegen können lokal invasiv wachsen und metastasieren.

Neurologische Erkrankungen

Amblyopie und Quadriplegie

Diese Erkrankung ist erblich, verläuft letal und tritt beim Irish Setter auf. Betroffene Welpen sind nicht in der Lage, zu laufen. Mit Fortschreiten der Erkrankung kommen Sehstörungen, Nystagmus und Krämpfe hinzu.

Arachnoidzysten

Sie treten selten auf und sind die Folge einer fokalen Rückenmarkkompression bei jungen Hunden. Die neurologischen Ausfälle richten sich nach der Lokalisation der Zyste.

Atlantoaxiale Subluxation

Sie wird vorwiegend bei jungen Tieren von Toy-Rassen beobachtet, die mit Nackenschmerzen sowie mit neurologischen Defiziten aller Gliedmaßen vorgestellt werden, die auf eine Kompression der Halswirbelsäule zurückzuführen sind. Zahlreiche kongenitale Fehlbildungen, beispielsweise ein Fehlen oder eine Hypoplasie des Dens axis oder eine Verkürzung des Axis führen zur Instabilität des atlantoaxialen Gelenks. Bei allen Rassen ist auch eine erworbene Form möglich, die bei Frakturen des Dens axis oder Schädigungen des Bandapparats vorkommt (siehe auch „Dysplasie des Dens axis" unter „Muskuloskelettale Erkrankungen").

Atrophie der Spinalmuskeln

Bei dieser Erkrankung degenerieren unterschiedliche neuronale Zellpopulationen im Hirnstamm und im Ventralhorn des Rückenmarks vorzeitig. Dies führt zu einer generalisierten Schwäche, die weiter zu einer Muskelatrophie und Tetraparese/Tetraplegie fortschreiten kann.

„Dancing Dobermann disease"

Diese Erkrankung hat vermutlich eine neuromuskuläre Grundlage, die den M. gastrocnemius betrifft und deren zugrunde liegende Ursache nicht bekannt ist. Sie wurde bislang nur bei Dobermännern beschrieben. Betroffene Tiere zeigen als erstes klinisches Symptom während des Stehens eine Flexion einer Hintergliedmaße. Schreitet die Erkrankung weiter fort und wird auch die zweite Hintergliedmaße erfasst, beugt und streckt der Hund abwechselnd die beiden Hinterbeine, wodurch der Eindruck vermittelt wird, das betroffene Tier würde tanzen.

Degenerative Myelopathie

Diese degenerative Erkrankung wird vorwiegend bei Deutschen Schäferhunden gesehen, die älter als 5 Jahre sind. Eine diffuse Degeneration der weißen Substanz im Bereich des thorakolumbalen Rückenmarks führt zu einer progressiven Ataxie der Hintergliedmaßen, zu einer Parese sowie zum Verlust der tiefen Propriozeption. Die Ursache ist nicht bekannt.

Demyelinisierende Myelopathie des Zwergpudels

Bei dieser seltenen, möglicherweise erblichen Erkrankung ist eine diffuse Demyelinisierung des Rückenmarks charakteristisch. Die Parese der Hintergliedmaßen schreitet weiter fort und führt zur Para- und Tetraplegie. Die spinalen Reflexe sind gesteigert.

Dermoidsinus

Ein Dermoidsinus ist ein Entwicklungsdefekt, der seinen Ursprung in der unvollständigen Trennung der Haut vom Neuralrohr hat. Er ist im Bereich der dorsalen Mittellinie in der zervikalen, kranialen thorakalen oder sakrokokzygealen Region zu finden. Falls dieser Sinus in Verbindung mit der Dura mater steht, treten neurologische Symptome auf. Die Erkrankung kommt vorwiegend beim Rhodesian Ridgeback vor und ist bei dieser Rasse vermutlich erblich.

Diskopathien (➤ Abb. 4.27)

Eine Degeneration der Disci intervertebrales bewirkt entweder eine Extrusion oder Protrusion des Nucleus pulposus an den betroffenen Wirbeln, was zur Rückenmarkkompression und zu Schmerzen verbunden mit einer Parese führt. Eine Extrusion des Kerns kommt eher bei chondrodystrophen Rassen wie Pekinesen, Dachshunden, Beagles, Welsh Corgis, Französischen Bulldoggen, einigen Spanielarten und bei Bassets vor; bei ihnen können die Symptome bereits in verhältnismäßig jungem Alter auftreten.

Diskospondylitis (➤ Abb. 4.28)

Diese Erkrankung hat ihre Grundlage in einer Infektion der Bandscheibe(n), die zu einer Osteomyelitis der angrenzenden Wirbelkörper führt. Die Infektion kann sekundär nach chirurgischen Eingriffen an der Wirbelsäule, durch wandernde Fremdkörper oder durch septische Emboli aus der Haut, dem Urogenitalbereich oder durch eine gleichzeitig bestehende Endokarditis ausgelöst werden. Die klinischen Symptome können Fieber, Anorexie, Schmerzen im Wirbelsäulenbereich und eine Parese sein.

Distale Polyneuropathie der Heiligen Birma

Dabei handelt es sich um eine vermutlich erbliche degenerative Polyneuropathie. Betroffene Tiere zeigen eine Hypermetrie sämtlicher Gliedmaßen, eine progressive Ataxie der Hintergliedmaßen und eine Tendenz hinzufallen.

Distale sensorimotorische Polyneuropathie des Rottweilers

Bei dieser Polyneuropathie zeigen betroffene Rottweiler eine Paraparese, die zur Tetraparese fortschreitet, verminderte Spinalreflexe, eine Hypotonie sowie eine neurogene Atrophie der Gliedmaßenmuskulatur. Die Erkrankung verläuft über einen Zeitraum von etwa 12 Monaten progressiv.

Distale symmetrische Polyneuropathie

Diese Form der distalen Polyneuropathie wurde bei jungadulten Deutschen Doggen und anderen großen Hunderassen beschrieben. Die klinischen Symptome sind eine Parese der Hintergliedmaßen, die zur Tetraparese fortschreitet, sowie eine Atrophie der Muskulatur an den Gliedmaßen und am Kopf. Eine Therapie ist nicht bekannt.

Eosinophile Meningoenzephalitis

Diese Erkrankung wurde bei insgesamt sechs Rüden beschrieben, von denen drei Golden Retriever waren. Die Untersuchung des Liquor cerebrospinalis wies

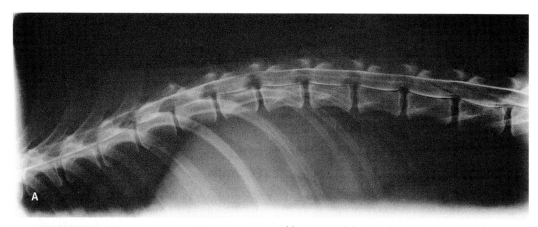

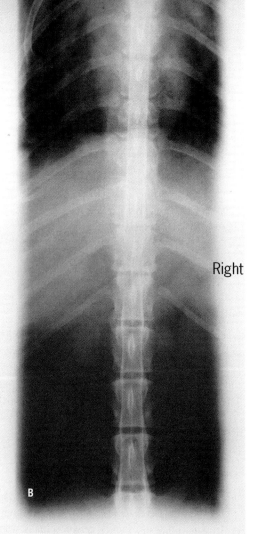

Right

Abb. 4.27 (A) (oben) Myelographie eines 11-jährigen kastrierten Bichon-Frisé-Rüden mit Stopp der Kontrastmittel-säule im Bereich von Th 12/Th 13, was für eine Diskushernie an dieser Lokalisation spricht. **(B)** (links): dorsoventrale Aufnahme, die eine extradurale Kompression auf der rechten Seite auf Höhe Th 12/Th 13 zeigt.

eine Pleozytose mit einem eosinophilen Granulozytenanteil von 21 – 98% nach. Bei vier der betroffenen Hunde bestand auch gleichzeitig eine Blut-Eosinophilie. Die Tiere zeigten Verhaltensauffälligkeiten und Krämpfe.

Episodische Schwäche

Diese Erkrankung tritt bei Cavalier King Charles Spaniels in Großbritannien auf. Unter Belastung zeigen die Tiere einen „staksenden Gang" der Hinterbeine, der sich zu einem hasenartigen Hoppeln mit aufgewölbtem Rücken steigert und mit einem Kollaps endet, bei dem häufig die Hinterbeine über dem Hinterkopf gekreuzt werden. Die Tiere sind bei Bewusstsein und erholen sich schnell. Eine leichte Besserung kann nach einer Behandlung mit Diazepam auftreten. Die Ursache dieser Erkrankung ist nicht geklärt.

„Giant axonal neuropathy"

Diese seltene erbliche Neuropathie wird beim Deutschen Schäferhund gesehen, ihre Ursache ist nicht geklärt. Als Erstes sind die distalen Nerven der Hintergliedmaßen sowie die langen Nervenleitungen des Zentralen Nervensystems betroffen, sodass eine

Abb. 4.28 Laterale Röntgenaufnahme der thorakolumbalen Wirbelsäule eines Hundes mit Diskospondylitis. (Mit freundlicher Genehmigung von Andy Moores.)

Parese, der Verlust der spinalen Reflexe sowie der Schmerzempfindung in den Hinterbeinen auftreten. Später kommen ein Megaösophagus und die Unfähigkeit, zu bellen, hinzu. Eine Therapie ist nicht bekannt.

Glykogenose (Glykogenspeicherkrankheit)

Dabei handelt es sich um eine Gruppe seltener Erkrankungen, die auf das Fehlen eines oder mehrerer Enzyme des Glykogenabbaus oder der Glykogensynthese zurückzuführen sind. Glykogen sammelt sich in einer Vielzahl von Organen an, unter anderem im Zentralnervensystem, den Muskeln und der Leber. Die klinischen Symptome sind Krämpfe und Muskelschwäche.

Granulomatöse Meningoenzephalitis

Dabei handelt es sich um eine entzündliche Erkrankung unbekannter Genese. Die Erkrankung kann fokal oder diffus auftreten und prinzipiell jeden Teil des Zentralnervensystems betreffen, was zu einer Vielzahl möglicher klinischer Symptome führt, wie z. B. zu Krämpfen, Ataxie, Nystagmus und Sehstörungen. Gewöhnlich verläuft die Erkrankung chronisch und progressiv. Am häufigsten sind kleine Hunderassen betroffen. Pudel machen etwa 30% der beschriebenen diagnostizierten Fälle aus.

Hemivertebrae

Hemivertebrae sind kongenital fehlgebildete Wirbel, die sich vorwiegend im Bereich des 7.–9. Brustwirbels befinden. Neurologische Symptome wie eine Ataxie der Hintergliedmaßen, Parese, Kot- und Urininkontinenz können infolge einer Kompression des Rückenmarks auftreten.

Hereditäre Ataxie

Eine progressive Ataxie, die durch eine Degeneration der weißen Substanz im Bereich des Zervikal- und Thorakalmarks hervorgerufen wird, tritt bei jungen Glatthaar-Foxterriern und Jack Russell Terriern auf.

Hydrozephalus

Ein Hydrozephalus entsteht, wenn alle oder einige ventrikuläre Systeme im Gehirn dilatieren. Die Erkrankung kann kongenital auftreten oder erworben sein (gewöhnlich als Folge einer Neoplasie oder einer entzündlichen Erkrankung). Die Symptome bestehen aus einem kuppelförmigem Schädel, Krämpfen und einem veränderten mentalen Status des betroffenen Tiers.

Hyperästhesiesyndrom

Eine gesteigerte Empfindlichkeit gegenüber taktilen und schmerzhaften Reizen kann zur Automutilation führen, deren Schweregrad vom Zerreißen der Haut bei Berührung bis hin zu exzessivem Lecken oder

Autoamputation reichen kann. Manche Fälle werden durch eine Neuropathie hervorgerufen oder sind Teil einer Anfallserkrankung, bei anderen kann keine zugrunde liegende Ursache gefunden werden. Therapieversuche mit Phenobarbital, Megöstrolacetat und Prednisolon wurden beschrieben, ihr Erfolg war unterschiedlich.

Hyperlipidämie

Eine Hyperlipidämie ist eine familiäre Erkrankung von Zwergschnauzern und Katzen und führt zu einem erhöhten Blutfettspiegel. Vermutlich ist diese Erkrankung mit einer verringerten Aktivität des Enzyms Lipoprotein-Lipase verbunden und führt so zu einem fehlerhaften Fettstoffwechsel. Betroffene Tiere können Krämpfe entwickeln, aber auch ein gespanntes Abdomen und eine Pankreatitis können auftreten.

Hyperoxalurie

Diese Erkrankung tritt bei Domestic-Shorthair-Katzen auf. Bereits junge Tiere zeigen ein akutes Nierenversagen und neurologische Erscheinungen. Mögliche Symptome sind eine Anorexie, Depression, vergrößerte schmerzhafte Nieren, Schwäche, verringerte Spinalreflexe und eine schwache Schmerzwahrnehmung. In den Nierentubuli sind Oxalatkristalle abgelagert, und bei der Obduktion werden Schwellungen der proximalen Axone der Zellen im Ventralhorn des Rückenmarks gefunden. Eine Therapie ist nicht bekannt, und die Prognose ist infaust.

Hypertrophe Neuropathie

Eine erbliche Neuropathie wurde beim Tibetmastiff beschrieben. Sie führt zu generalisierter Schwäche, Hyporeflexie und Dysphonie im Alter von 7–10 Wochen. Eine Therapie ist nicht bekannt, und die Prognose ist ungünstig.

Hypoglykämie

Sie stellt eine häufige metabolische Ursache für Krämpfe dar und kann zahlreiche Ursachen haben. Zu ihnen zählen Insulinome, Hypoadrenokortizismus, schwere Lebererkrankungen und Sepsis. Junge Hunde von Toy-Rassen können sehr leicht eine Hypoglykämie entwickeln, wenn sie gestresst werden, eine inadäquate Fütterung erhalten oder an gastrointestinalen Erkrankungen leiden. Jagdhunde, die am Morgen der Jagd nicht gefüttert werden, sind gleichfalls für eine Hypoglykämie prädisponiert, die sich in diesem Fall durch die physische Verausgabung entwickelt.

Hypomyelinisierung

Eine „Hypomyelinisierung des Zentralnervensystems" wurde bei verschiedenen Hunderassen beschrieben und ist bei einigen Rassen erblich. Gewöhnlich beginnen die Symptome im Alter von wenigen Wochen mit generalisiertem Körpertremor, der sich bei Aufregung verschlimmert. Eine „Hypomyelinisierung des peripheren Nervensystems" wurde bei zwei Golden-Retriever-Geschwistern beschrieben, die eine Schwäche der Hintergliedmaßen und reduzierte spinale Reflexe zeigten.

Idiopathische Fazialis-Paralyse

Eine Paralyse des N. facialis führt zu einer hängenden Lefze, einer Paralyse der Augenlider und zu einer Störung der Ohrbewegungen auf der betroffenen Seite. Eine akut einsetzende Form kann bei adulten Tieren auftreten, ohne dass eine Ursache gefunden werden kann.

Jagdhund-Ataxie

Bei Foxhounds und Beagles in Großbritannien wird eine degenerative Myelopathie gesehen. Bei ihr kommt es zu degenerativen Veränderungen im Bereich der mittleren Brustwirbelsäule, die sich aber auch weiter ausbreiten und den Hirnstamm, die kaudalen zerebellären Pedunkel und den N. ischiadicus betreffen können. Klinische Symptome bestehen unter anderem aus einer Schwäche und Ataxie der Hintergliedmaßen. Eine Muskelatrophie und der Verlust der spinalen Reflexe treten hingegen nicht auf. Die Ursache ist nicht geklärt, doch könnte möglicherweise ein Zusammenhang mit einer falschen Futterzusammensetzung bestehen.

Kongenitales Vestibularsyndrom

Junge Tiere können mit den Symptomen einer peripheren vestibulären Dysfunktion vorgestellt werden, also mit Kopfschiefhaltung, Kreisbewegungen und Fallen. Nystagmus tritt bei dieser kongenitalen Erkrankung nicht regelmäßig auf. Eine Therapie ist nicht bekannt, jedoch können sich die Symptome im Laufe der Zeit bessern, wenn das betroffene Tier lernt, zu kompensieren.

Ein Vestibularsyndrom kann auch erworben sein und sekundär zu einer Vielzahl von Ursachen auftreten, beispielsweise nach Infektionen des Mittelohrs bei Tieren, deren Rasse für Ohrerkrankungen prädisponiert ist. Bei älteren Tieren existiert zudem eine idiopathische Form.

Kongenitale Taubheit

Eine kongenitale Taubheit wurde bereits bei zahlreichen Rassen beschrieben, vor allem bei Dalmatinern und weißen Katzen mit blauen Augen. Die Ursache ist für gewöhnlich ein vollständiger oder partieller Entwicklungsdefekt des Corti-Organs.

Leukodystrophie des Dalmatiners

Diese neurologische Erkrankung wurde nur selten beschrieben. Sie verläuft progressiv und führt zu Sehstörungen und zu progressiver Schwäche. Bereits bei der pathologischen Übersichtsuntersuchung kann eine Atrophie des Gehirns gesehen werden, zudem eine Dilatation des lateralen Ventrikels und Löcher im Bereich der weißen Substanz der zerebralen Hemisphäre.

Leukoenzephalomyelopathie des Rottweilers

Dabei handelt es sich vermutlich um eine erbliche Erkrankung. Es kommt zur Degeneration des Myelins im Rückenmark, Hirnstamm, Zerebellum und in einigen Fällen auch im Tractus opticus, was zu den Symptomen Ataxie, Tetraparese, Verlust der bewussten Propriozeption zusammen mit gesteigerten spinalen Reflexen und einem erhöhten Muskeltonus führt. Das Sehvermögen ist gewöhnlich unverändert. Die Veränderungen verlaufen über 6–12 Monate progressiv.

Lissenzephalie

Hierbei handelt es sich um eine Entwicklungsanomalie der Großhirnrinde, die zu einer reduzierten oder fehlenden Bildung von Gyri und Sulci führt, was ihr ein glattes Aussehen verleiht. Klinische Symptome treten gewöhnlich ab einem Alter von einigen Monaten auf und bestehen aus Verhaltensauffälligkeiten, einer mangelnden Trainingsfähigkeit, aggressivem Verhalten, einem eingeschränkten Sehvermögen und Krämpfen.

Lumbosakrale Stenose

Eine Stenose (Verengung) des lumbosakralen Wirbelkanals und/oder der Foramina intervertebralia führt zu Kompressionen der lumbosakralen Nervenwurzeln. Klinische Symptome können Schmerzen bei Palpation des betroffenen Gebiets, eine Parese oder Lahmheit der Hintergliedmaßen, Paralyse der Rute, Hypotonie des Analsphinkters und eine atonische Blase sein („lumbosakrales Syndrom"). Am häufigsten findet sich diese Erkrankung bei adulten Deutschen Schäferhunden.

Lysosomale Speicherkrankheiten

Diese Gruppe von Erkrankungen kommt selten vor und beruht auf einem Enzymmangel innerhalb der Lysosomen im Nervengewebe, was zu Veränderungen der normalen metabolischen Prozesse führt. Besteht ein bestimmter Enzymdefekt, akkumuliert das Substrat, das durch dieses Enzym verstoffwechselt werden sollte, was zur zellulären Dysfunktion und letztlich zum Zelltod führt. Eine Vielzahl lysosomaler Enzyme kann betroffen sein. Klinische Symptome treten gewöhnlich bereits vor Vollendung des ersten Lebensjahrs auf und bestehen aus Ataxie, Tremor, Krämpfen, Demenz und Blindheit. Die meisten lysosomalen Speicherkrankheiten werden wahrscheinlich autosomal-rezessiv vererbt.

Malformation von Halswirbeln (Wobbler-Syndrom)

Das Wobbler-Syndrom stellt eine entwicklungsbedingte Malformation und Malartikulation der kaudalen Halswirbel dar und wird bei großen Hunden und Riesenrassen gesehen, insbesondere bei Dober-

4

männern und Deutschen Doggen. Die klinischen Symptome lassen sich durch eine Kompression des Halsmarks erklären und schließen auch Nackenschmerzen und Gangstörungen wie Ataxie und Parese mit ein, welche die Hintergliedmaßen stärker betreffen.

Meningitis und Polyarteriitis

Bei dieser Erkrankung besteht eine Vaskulitis der meningealen Arterien, die zu den klinischen Symptomen rekurrierendes Fieber, Anorexie und Nackensteifigkeit führt. Bei manchen Tieren wird auch eine Parese oder Tetraparese gesehen. Eine immunvermittelte Ätiologie wird vermutet. Manche Tiere sprechen auf die hochdosierte Gabe von Prednisolon als Langzeitbehandlung an.

Meningoenzephalozele

Dabei handelt es sich um eine letale Missbildung, bei der Teile des Gehirns und der Meningen durch einen Knochendefekt im Schädel vorfallen.

Multisystemische neuronale Degeneration

Diese langsam fortschreitende degenerative Erkrankung betrifft junge Cocker Spaniels. Es kommt zum diffusen neuronalen Verlust von Kernen im Bereich von Subkortex, Hirnstamm und Zerebellum. Klinisch äußert sich die Erkrankung durch Symptome wie Nichterkennen des Besitzers, Apathie, Hyperaktivität, Hypersexualität und Aggression.

Muskelkrämpfe

Diese erbliche Erkrankung tritt beim Scottish Terrier auf. Betroffene Tiere sind in Ruhe unauffällig, doch durch Belastung werden Muskelspasmen hervorgerufen. Die leichteste Form der Erkrankung äußert sich durch steife Hinterbeine, in schweren Fällen sind bei Krampfattacken alle Muskeln inklusive der Gesichtsmuskeln starr. Betroffene Tiere nehmen eine eng eingerollte Haltung ein. Die Tiere sind bei vollem Bewusstsein, und sie erholen sich spontan. Die Ursache der Erkrankung ist nicht geklärt, es wird jedoch davon ausgegangen, dass es sich um ein Problem im

Bereich der Neurotransmitter im Zentralnervensystem handelt. Eine ähnliche Erkrankung wurde bei Dalmatinern und Norwich Terriern beschrieben.

Myasthenia gravis

Eine verringerte Zahl von Acetylcholin-Rezeptoren im Bereich der postsynaptischen Muskelmembran führt zu einem Defekt in der neuromuskulären Übertragung. Diese Erkrankung kann kongenital oder erworben auftreten. Die klinischen Symptome betroffener Hunde sind Muskelschwäche bei Belastung, die sich durch Ruhe wieder bessert, sowie ein Megaösophagus. Die Krankheit kann akut oder chronisch einsetzen und generalisiert oder fokal verlaufen. Die Symptome bei Katzen sind Speichelfluss, Ventroflexion des Halses, Regurgitation, Schwäche und Lahmheit.

Myelopathie des Afghanischen Windhundes

Dabei handelt es sich um eine progressive Erkrankung der weißen Substanz des Rückenmarks. Die Symptome sind Ataxie der Hintergliedmaßen, die auch auf die Vordergliedmaßen übergreifen kann, Tetraplegie und eventuell Tod aufgrund einer Atemlähmung.

Narkolepsie/Kataplexie

Eine Narkolepsie ist gekennzeichnet durch exzessive Schläfrigkeit zu unpassenden Zeiten. Kataplexie bedeutet eine akute schlaffe Paralyse, von der das Tier sich nach einigen Sekunden bis mehreren Minuten vollständig erholt. Bei Hunden scheint die Kataplexie bedeutender zu sein, sie tritt häufig im Zusammenhang mit Aufregung auf, beispielsweise beim Fressen oder Spielen.

Nekrotisierende Enzephalitis des Mopses

Eine seltene und nekrotisierende Meningitis, deren Ätiologie nicht bekannt ist, wird bei Möpsen gefunden. Die Symptome setzen häufig akut ein und können Krämpfe, Depression, Anlehnen des Kopfs an Gegenstände, Kreisbewegungen, Blindheit mit normalen Pupillarreflexen und Opisthotonus sein. Die Erkrankung verläuft progressiv, eine Therapie ist nicht bekannt. Die meisten Tiere werden euthanasiert.

Neuroaxonale Dystrophie

Diese degenerative Erkrankung des Zentralnervensystems wird vorwiegend bei Rottweilern gesehen. Die Ursache ist nicht bekannt. Pathologische Befunde sind Schwellungen der distalen Axone innerhalb des Zentralnervensystems und eine zerebelläre Atrophie. Klinische Symptome sind Ataxie, Hypermetrie und Intentionstremor. Die Krankheit verläuft über mehrere Jahre langsam progressiv.

Partielle Krämpfe

Partielle Krämpfe gehen von einer fokalen Veränderung im Gehirn aus. Je nach Lokalisation variieren die Krämpfe – sie können sich beispielsweise durch Fliegenschnappen, Sterngucken, Schwanzjagen und Selbstmutilation äußern.

Polyradikuloneuritis

Dabei handelt es sich um eine entzündliche Erkrankung, die multiple Nervenwurzeln betrifft und zu einer Schwäche der Hintergliedmaßen führt. Diese steigert sich schnell zur Tetraplegie. Eine idiopathische Form kann bei jeder Rasse auftreten, allerdings kommt eine Polyradikuloneuritis auch bei Jagdhunden wie dem Coonhound nach Bissen von Waschbären vor. Eine immunologische Reaktion auf den Speichel von Waschbären ist möglicherweise die zugrunde liegende Ursache bei dieser Form.

Primäre Epilepsie

Rekurrierende Anfälle treten auf, die auf funktionelle Störungen im Gehirn zurückzuführen sind. Die hohe Inzidenz bei bestimmten Rassen legt den Verdacht auf eine erbliche Grundlage nahe.

Primäre Gehirntumoren

Primäre Gehirntumoren gehen von Geweben des Zentralnervensystems aus, beispielsweise von Nervenzellen, Gliazellen, Meningen und neuroepithelialen Zellen. Prinzipiell handelt es sich um solitäre Tumoren, die in den meisten Fällen die Symptome raumfordernder Prozesse innerhalb des Gehirns hervorrufen. Die spezifischen Symptome werden von ihrer Lokalisation bestimmt. Meningiome sind die häufigsten primären Gehirntumoren bei Katzen und können solitär oder multipel auftreten.

Progressive Axonopathie

Siehe unter „Sensorische Neuropathie".

Pyogranulomatöse Meningoenzephalomyelitis

Diese akute, schnell progressiv verlaufende Erkrankung unbekannter Ursache wird bei erwachsenen Pointern gesehen. Mononukleäre und polymorphkernige entzündliche Infiltrate kommen im gesamten Zentralnervensystem vor, speziell im Bereich des Halsmarks und des hinteren Hirnstamms. Betroffene Tiere zeigen einen steifen Hals, Ataxie und mitunter auch Krämpfe. Die Prognose ist vorsichtig zu stellen. Eine vorübergehende Remission auf die Gabe von Antibiotika ist möglich.

Sakrokaudale Dysgenese

Eine kongenitale Malformation des sakrokokzygealen Rückenmarks und der Wirbelsäule, die zu lokomotorischen Problemen der Hintergliedmaßen sowie zu Kot- und Urininkontinenz führt.

Sensorische Neuropathie

Sensorische Neuropathien treten bei zahlreichen Rassen auf. Bei Pointern sind die Symptome der Automutilation aufgrund des Verlusts der Schmerzempfindung vorherrschend, während es bei Dachshunden zum Verlust der Propriozeption und zur Ataxie kommt. Bei Boxern kommt eine besondere Erkrankung, die „Progressive Axonopathie", vor, die durch eine Hyporeflexie der Hintergliedmaßen, Hypotonie und durch den Verlust der Propriozeption charakterisiert wird.

„Shaker dog disease" („White shaker syndrome", idiopathische Zerebellitis)

Diese Erkrankung wurde am häufigsten bei Hunden mit weißer Fellfarbe, speziell bei Maltesern und West Highland White Terriern, gesehen. Betroffene Tiere entwickeln einen feinschlägigen Tremor am ganzen Körper, der sich bei Aufregung und Stress verstärken kann. Andere mögliche Symptome sind Nystagmus, verringerter Drohreflex, Propriozeptionsdefizite und Krämpfe. Mitunter besteht eine zugrunde liegende leichte lymphozytäre Enzephalitis. Betroffene Tiere sprechen in der Regel auf Kortikosteroide in immunsuppressiven Dosen und auf Benzodiazepine an.

Spina bifida

Dabei handelt es sich um einen Entwicklungsdefekt, bei dem die beiden Hälften der dorsalen Processus spinosi nicht verbunden sind, am häufigsten tritt der Defekt im Bereich der Lendenwirbelsäule auf. Die dadurch ermöglichte Protrusion des Rückenmarks oder der Meningen kann zu Symptomen wie Ataxie der Hintergliedmaßen, Parese sowie Urin- und Kotinkontinenz führen. Fehlt eine Protrusion, spricht man von einer „spina bifida occulta".

Spinaler Dysraphismus

Dabei handelt es sich um eine kongenitale Malformation des Rückenmarks, bei dem die Tiere breitbeinig stehen und einen hasenartig hoppelnden Gang der Hinterbeine zeigen. Diese Malformation kann auch mit Hemivertebrae oder einer Spina bifida zusammen auftreten und ist nicht progressiv.

Spongiforme Degeneration

Spongiforme Degenerationen sind seltene Erkrankungen, bei denen es zu einer Vakuolenbildung im Bereich von Gehirn und Rückenmark kommt. Als Folgen treten eine Vielzahl möglicher neurologischer Symptome auf.

„Springer Spaniel rage syndrome" („Cocker-Wut")

Bei dieser Erkrankung zeigen jungadulte Springer Spaniels aggressives Verhalten gegenüber ihren Besitzern und anderen Menschen. Bislang konnten keine intrakraniellen Veränderungen gefunden werden, auf die diese Verhaltensmuster zurückzuführen sein könnten.

Zerebelläre Degeneration

Die zerebellären Zellen können vorzeitig altern, degenerieren und absterben („Abiotrophie"). Klinisch äußert sich dies durch Symptome einer zerebellären Dysfunktion (Intentionstremor, Ataxie, Hypermetrie und verminderter Drohreflex). In den meisten Fällen handelt es sich vermutlich um einen erblichen Defekt.

Zerebelläre Malformation

Kongenitale Missbildungen des Zerebellums können aus einer Hypoplasie oder Aplasie des gesamten Zerebellums oder von Teilen des Zerebellums bestehen. Manche der Missbildungen haben einen genetischen Hintergrund, andere entwickeln sich aufgrund von Teratogenen. Klinische Anzeichen treten auf, sobald die Tiere mobil werden. Die Erkrankung ist nicht progressiv. Die Symptome sind Hypermetrie, Kopftremor und ein breitbeiniger Stand. Eine wirksame Therapie ist nicht bekannt, doch können betroffene Tiere durchaus als Haustiere gehalten werden, wenn die Symptome nicht zu stark ausgeprägt sind.

Erkrankungen der Reproduktionsorgane

Azoospermie mit spermatogenem Arrest

Bei einer Azoospermie erscheint das Ejakulat normal, es enthält aber keine Spermatozoen. Eine Azoospermie mit spermatogenem Arrest tritt bei Hunden auf, die zuvor fertil waren, jedoch azoospermisch geworden sind. Als Ursache wird eine autoimmune Orchitis vermutet.

Dystokie

Eine Dystokie kann als Schwierigkeit oder Unfähigkeit zur Vollendung des Geburtsvorgangs definiert werden. Sie kann die Folge verschiedenster Faktoren sein, die von der Mutter oder vom Fetus ausgehen. Brachyzephale Rassen sind aufgrund der Kombination eines engen mütterlichen Beckens und eines großen Kopfs und breiter Schultern beim Fetus prädisponiert. Kleine nervöse Hunderassen können prädisponiert sein, weil sie zur psychologischen Inhibition und zur primären uterinen Inertie neigen.

Hypospadie

Bei einer Hypospadie kommt es zu einer unvollständigen Fusion der Urethrafalten während der Bildung der männlichen Urethra, sodass sich die Urethra abnorm an der Unterseite des Penis öffnet, proximal der Glans penis. Eine Hypospadie kann zusammen mit anderen kongenitalen Defekten bei Intersex-Individuen auftreten.

Kongenitale Präputium-Stenose

Dieser kongenitale Defekt führt zu einer abnorm kleinen Präputialöffnung, die ungestörten Urinabsatz erschweren kann und eine Fortpflanzung verhindert, weil der Penis nicht ausgeschachtet werden kann.

Kryptorchismus

Kryptorchismus ist das Unvermögen eines oder beider Hoden, in das Skrotum abzusteigen. Der nicht abgestiegene Hoden kann sich entweder im Bereich des Leistenkanals oder im Abdomen befinden. Nichtgenetische Faktoren sind möglicherweise ebenfalls beteiligt, jedoch weist die hohe Inzidenz bei manchen Hunderassen und in manchen Familien dieser Rassen auf einen genetischen Einfluss hin. Ein geschlechtsgebundener autosomaler Erbgang wird vermutet.

Pseudohermaphroditismus-Syndrom des Rüden

Ein Hermaphrodit ist ein Individuum, bei dem das chromosomale und gonadale Geschlecht übereinstimmen, bei dem aber das phänotypische Geschlecht entgegengesetzt ist. Daher verfügt der männliche Hermaphrodit über ein Y-Chromosom, hat (meist kryptorchide) Hoden und weibliche Genitalien.

Penishypoplasie

Diese seltene kongenitale Fehlbildung wurde bei Cocker Spaniels beschrieben, ferner bei Collies, Dobermännern und Deutschen Doggen. Sie kann als Teil eines Intersex-Status auftreten.

Testikuläre Neoplasien

Siehe unter „Neoplasien".

Triple-X-Syndrom

Ein Triple-X-Syndrom entsteht, wenn während der Entwicklung der Gameten (Oozyten oder Spermien) die X-Chromosomen nicht getrennt werden. Eine korrekte Verteilung auf die Tochterzellen ist dann nicht möglich. Als Folge entsteht ein Gamet, der zwei Geschlechtschromosomen trägt, also beispielsweise eine Oozyte mir zwei X-Chromosomen oder ein Spermium mit einem X- und einem Y-Chromosom. Dagegen besitzt ein anderer Gamet gar kein Geschlechtschromosom. Wird die XX-Eizelle von einem Spermium befruchtet, das ein X-Chromosom trägt, entsteht eine Triple-X-Zygote. Das entstehende Individuum ist dem Phänotyp nach weiblich, kann aber unterentwickelte Genitalien haben, und der Zyklus kann fehlen.

Urethra-Prolaps

Siehe unter „Harnwegserkrankungen".

Vaginale Hyperplasie (➤ Abb. 4.29)

Eine vaginale Hyperplasie ist eine gesteigerte Reaktion der Vaginalschleimhaut auf das normale zirkulierende Östrogen während des Proöstrus oder Östrus. Es kommt zum vaginalen Ödem und zur Verdickung und in manchen Fällen auch zu einem unterschiedlich starken Vaginalprolaps. Boxer und Mastiff-Rassen scheinen am häufigsten betroffen zu sein.

4

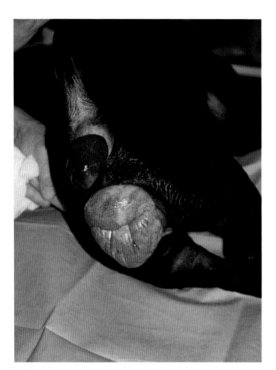

Abb. 4.29 Vaginale Hyperplasie. Beachten Sie den gleichzeitig bestehenden Rektumprolaps. (Mit freundlicher Genehmigung von Mark Bossley.)

XO-Syndrom

Ein XO-Syndrom tritt auf, wenn während der Entwicklung der Gameten (Oozyten oder Spermien) die X-Chromosomen nicht getrennt werden. Eine korrekte Verteilung auf die Tochterzellen ist dann nicht möglich. Als Folge entsteht ein Gamet, der zwei Geschlechtschromosomen trägt, also beispielsweise eine Oozyte mit zwei X-Chromosomen oder ein Spermium mit einem X- und einem Y-Chromosom. Dagegen besitzt ein anderer Gamet gar kein Geschlechtschromosom. Wird eine Eizelle, die ein X-Chromsom enthält, von einem Spermium befruchtet, das kein Geschlechtschromosom trägt, entsteht eine XO-Zygote. Das entstehende Individuum ist dem Phänotyp nach weiblich, aber unfruchtbar oder zeigt einen verlängerten Proöstrus.

XX-sex-reversal-Syndrom

Sex reversal bedeutet, dass das chromosomale und das phänotypische Geschlecht nicht übereinstimmen. Ein Tier mit einem XX-sex-reversal-Syndrom ist dem Phänotyp nach männlich und den Chromosomen gemäß weiblich.

Anhang

Quellen

Bücher

American College of Veterinary Ophthalmologists (1992) *Ocular Disorders Proven or Suspected to be Hereditary in Dogs*. Canine Eye Registration Foundation, West Lafayette.

August, J.R. (1994) *Consultations in Feline Internal Medicine 2*. WB Saunders Co., Philadelphia.

August, J.R. (1997) *Consultations in Feline Internal Medicine 3*. WB Saunders Co., Philadelphia.

August, J.R. (2001) *Consultations in Feline Internal Medicine 4*. WB Saunders Co., Philadelphia.

Bainbridge, J. & Elliott, J. (1996) *Manual of Canine and Feline Nephrology and Urology*. BSAVA Publications, Cheltenham.

Barlough, J.E. (1988) *Manual of Small Animal Infectious Diseases*. Churchill Livingstone, London.

Bonagura, J.D. (2000) *Kirk's Current Veterinary Therapy XIII, Small Animal Practice*. WB Saunders Co., Philadelphia.

Braund, K.G. (1994) *Clinical Syndromes in Veterinary Neurology*, 2nd edn. Mosby Publishers, St Louis.

Brinker, W.O., Piermattei, D.L. & Flo, G.L. (1997) *Handbook of Small Animal Orthopaedics and Fracture Repair*, 3rd edn. WB Saunders Co., Philadelphia.

Chrisman, C.L. (1991) *Problems in Small Animal Neurology*, 2nd edn. Lea and Febiger, Philadelphia.

Coughlan, A. & Miller, A. (1998) *Manual of Small Animal Fracture Repair and Management*. BSAVA Publications, Cheltenham.

Davidson, M., Else, R. & Lumsden, J. (1998) *Manual of Small Animal Clinical Pathology*. BSAVA Publications, Cheltenham.

Day, M.J. (1999) *Clinical Immunology of the Dog and Cat*. Manson Publishing, London.

Day, M., Mackin, A. & Littlewood, J. (2000) *Manual of Canine and Feline Haematology and Transfusion Medicine*. BSAVA Publications, Cheltenham.

Dunn, J. (1999) *Textbook of Small Animal Medicine*. WB Saunders Co., Philadelphia.

Ettinger, S.J. & Feldman, E.C. (2000) *Textbook of Veterinary Internal Medicine*, 5th edn. WB Saunders Co., Philadelphia.

Feldman, E.C. & Nelson, R.W. (1986) *Canine and Feline Endocrinology and Reproduction*, 2nd edn. WB Saunders Co., Philadelphia.

Gelatt, K.N. (1998) *Veterinary Ophthalmology*, 3rd edn. Lippincott, Williams & Wilkins, Philadelphia.

Gershwin, L.J., Krakowa, S. & Olsen, R.G. (1995) *Immunology and Immunopathology of Domestic Animals*, 2nd edn. Mosby Publishers, St Louis.

Guilford, W.G., Center, S.A., Strombeck, D.R., Williams, D.A. & Meyer D.J. (1996) Strombeck's Gastroenterology, 3rd edn. WB Saunders Co., Philadelphia.

Houlton, J.E. (1994) Manual of Small Animal Arthrology. BSAVA Publications, Cheltenham.

Martin, M. & Corcoran, B. (1997) Cardiorespiratory Diseases of the Dog and Cat. Blackwell Science, Oxford.

Morris, J. & Dobson, J. (2001) Small Animal Oncology. Blackwell Science, Oxford.

Morrison, W.B. (1998) Cancer in Dogs and Cats. Williams & Wilkins, Baltimore.

Osborne, C.A. & Finco, D.R. (1995) Canine and Feline Nephrology and Urology. Williams & Wilkins, Baltimore.

Osborne, C.A., Lulich, J.P. & Barteges, J.W. (1999) The Veterinary Clinics of North America – The ROCKet Science of Canine Urolithiasis. WB Saunders Co., Philadelphia.

Paterson, S. (2000) Skin Diseases of the Cat. Blackwell Science, Oxford.

Petersen-Jones, S. & Crispin, S. (1993) Manual of Small Animal Ophthalmology. BSAVA Publications, Cheltenham.

Petersen-Jones, S. & Crispin, S. (2002) *Manual of Small Animal Ophthalmology*, 2nd edn. BSAVA Publications, Cheltenham.

Ramsey, I. & Tennant, B. (2001) *Manual of Canine and Feline Infectious Diseases*. BSAVA Publications, Cheltenham.

Rubin, L.F. (1989) *Inherited Eye Diseases in Purebred Dogs*. Williams & Wilkins, Baltimore.

Scott, D.W., Miller, W.H. & Griffin, C.E. (2001) *Muller & Kirk's Small Animal Dermatology*, 6th edn. WB Saunders Co., Philadelphia.

Seymour, C. & Gleed, R. (1999) *Manual of Small Animal Anaesthesia and Analgesia.* BSAVA Publications, Cheltenham.

Thomas, D.A., Simpson, J.W. & Hall, E.J. (1996) *Manual of Canine and Feline Gastroenterology.* BSAVA Publications, Cheltenham.

Torrance, A.G. & Mooney, C.T. (1998) *Manual of Canine and Feline Endocrinology,* 2nd edn. BSAVA Publications, Cheltenham.

Wheeler, S.J. (1995) *Manual of Small Animal Neurology.* BSAVA Publications, Cheltenham.

Artikel

Kardiovaskuläre Erkrankungen

Moise, N.S., Gilmour, R.F., Riccio, M.L. & Flahive, W.F. Jr. (1997) Diagnosis of inherited ventricular tachycardia in German Shepherd Dogs. *Journal of the American Veterinary Medical Association,* **210**: 3, 403 – 10.

Patterson, D.F. (1989) Hereditary congenital heart defects in dogs. *Journal of Small Animal Practice,* **30**: 3, 153 –65.

Rozengurt, N. (1994) Endocardial fibroelastosis in common domestic cats in the UK. *Journal of Comparative Pathology,* **110**: 3, 295 – 301.

Sleeper, M.M., Henthorn, P.S., Vijayasarathy, C., et al. (2002) Dilated cardiomyopathy in juvenile Portuguese Water Dogs. *Journal of Veterinary Internal Medicine,* **16**: 1, 52 – 62.

Tidholm, A. & Jonsson, L. (1997) A retrospective study of canine dilated cardiomyopathy (189 cases). *Journal of the American Animal Hospital Association,* **33**: 6, 544 – 50.

Dermatologische Erkrankungen

Brennan, K.E. & Ihrke, P.J. (1983) Grass awn migration in dogs and cats: a retrospective study of 182 cases. *Journal of the American Veterinary Medical Association,* **182**: 11, 1201 – 4.

Lewis, C.J. (1995) Black hair follicular dysplasia in UK bred Salukis. *Veterinary Record,* **137**: 12, 294 – 5.

Miller, D.M. (1995) The occurrence of mast cell tumours in young Shar-Peis. *Journal of Veterinary Diagnostic Investigation,* **7**: 3, 360 – 63.

Miller, W.H. & Scott, D.W. (1995) Follicular dysplasia of the Portuguese Water Dog. *Veterinary Dermatology,* **6**: 2, 67 – 74.

Scarff, D.H. (1994) Sebaceous adenitis in the standard poodle. *Veterinary Record,* **135**: 11, 264.

Scott, D.W. & Paradis, M. (1990) A survey of canine and feline skin disorders seen in a university practice: Small Animal Clinic, University of Montreal, Saint-Hyacinthe, Quebec (1987–1988). *Canadian Veterinary Journal,* **31**, 830 – 35.

Arzneimittelunverträglichkeiten

Cribb, A.E. & Spielberg, S.P. (1990) An in vitro investigation of predisposition to sulphonamide idiosyncratic toxicity in dogs. *Veterinary Research Communications,* **14**: 3, 241 – 52.

Genetische Grundlagen

Patterson, D.F., Aguirre, G.A., Fyfe, J.C., et al. (1989) Is this a genetic disease? *Journal of Small Animal Practice,* **30**: 3, 127 – 39.

Willis, M.B. (1989) Control of inherited defects in dogs. *Journal of Small Animal Practice,* **30**: 3, 188 – 92.

Hämatologische/immunologische Erkrankungen

Bridle, K.H. & Littlewood, J.D. (1998) Tail tip necrosis in two litters of Birman kittens. *Journal of Small Animal Practice,* **39**: 2, 88 – 9.

Day, M.J. (1999) Possible immunodeficiency in Rottweiler dogs. *Journal of Small Animal Practice,* **41**: 12, 561 – 8.

Debenham, S.L., Millington, A., Kijast, J., Andersson, L. & Binns, M. (2002) Canine leucocyte adhesion deficiency in Irish Red and White Setters. *Journal of Small Animal Practice,* **43**: 2, 74 – 5.

Feldman, D.G., Brooks, M.B. & Dodds, W.J. (1995) Haemophilia B (Factor IX deficiency) in a family of German Shepherd Dogs. *Journal of the American Veterinary Medical Association,* **206**: 12, 1901 – 5.

Littlewood, J.D. (1989) Inherited bleeding disorders of dogs and cats. *Journal of Small Animal Practice,* **30**: 3, 140 – 43.

Lobetti, R.G., Leisewitz, A.L. & Spencer, J.A. (1996) *Pneumocystis carinii* in the Miniature Dachshund: case report and literature review. *Journal of Small Animal Practice,* **37**: 6, 280 – 5.

Maggio-Price, L. & Dodds, W.J. (1993) Factor IX deficiency (Haemophilia B) in a family of British shorthair cats. *Journal of the American Veterinary Medical Association,* **203**: 12, 1702 – 4.

Muskuloskelettale Erkrankungen

Beale, B.S., Goeing, R.L., Herrington, J., Dee, J. & Conrad, K. (1991) A prospective evaluation of four surgical approaches to the talus of the dog in the treatment of osteochondritis dissecans. *Journal of the American Animal Hospital Association,* **26**: 2, 221 – 9.

Bellenger, C.R. (1996) Inguinal and scrotal herniation in 61 dogs. *Australian Veterinary Practitioner,* **26**: 2, 58 – 9.

Brass, W. (1989) Hip dysplasia in dogs. *Journal of Small Animal Practice,* **30**: 3, 166 – 70.

Breit, S. & Kunzel, W. (2001) Breed specific osteological features of the canine lumbosacral junction. *Annals of Anatomy,* **183**: 2, 151 – 7.

Duval, J.M., Budsberg, S.C., Flo, G.L. & Sammarco, J.L. (1999) Breed, sex, and body weight as risk factors for rupture of the cranial cruciate ligament in young dogs. *Journal of the American Veterinary Medical Association*, **215** :6, 811 – 14.

Franch, J., Cesari, J.R. & Font, J. (1998) Craniomandibular osteopathy in two Pyrenean Mountain Dogs. *Veterinary Record*, **142**: 17, 455 – 9.

Hanson, S.M., Smith, M.O., Walker, T.L. & Shelton, G.D. (1998) Juvenile-onset distal myopathy in Rottweiler dogs. *Journal of Veterinary Internal Medicine*, **12**: 2, 103 – 8.

Hosgood, G., Hedlund, C.S., Pechman, R.D. & Dean, P.W. (1995) Perineal herniorrhaphy: perioperative data from 100 dogs. *Journal of the American Animal Hospital Association*, **31**: 4, 331 – 42.

Jones, B.R. & Alley, M.R. (1988) Hypokalaemic myopathy in Burmese kittens. *New Zealand Veterinary Journal*, **36**: 3, 150 – 51.

Keller, G.G. & Corley, E.A. (1989) Canine hip dysplasia: investigating the sex predilection and the frequency of unilateral CHD. *Veterinary Medicine*, **84**: 12, 1164 – 6.

Malik, R., Allan, G.S., Howlett, C.R., *et al.* (1999) Osteochondrodysplasia in Scottish Fold cats. *Australian Veterinary Journal*, **77**: 2, 85 – 92.

Morgan, J.P. (1999) Transitional lumbosacral vertebral anomaly in the dog: a radiographic study. *Journal of Small Animal Practice*, **40**: 4, 167 – 72.

Morgan, J.P., Wind, A. & Davidson, A.P. (1999) Bone dysplasias in the Labrador Retriever: a radiographic study. *Journal of the American Animal Hospital Association*, **35**: 4, 332 – 40.

Necas, A., Zatloukal, J., Kecova, H. & Dvorak, M. (2000) Predisposition of dog breeds to rupture of the cranial cruciate ligament. *Acta Veterinaria Brno*, **69**: 4, 305 – 10.

Padgett, G.A., Mostosky, U.V., Probst, C.W., Thomas, M.W. & Krecke, C.F. (1995) The inheritance of osteochondritis dissecans and fragmented coronoid process of the elbow joint in Labdrador Retrievers. *Journal of the American Animal Hospital Association*, **31**: 4, 327 – 30.

Robinson, R. (1977) Genetic aspects of umbilical hernia incidence in dogs and cats. *Veterinary Record*, **100**: 1, 9 – 10.

Vite, C.H., Melniczek, J., Patterson, D. & Giger, U. (1999) Congenital myotonic myopathy in the Miniature Schnauzer: an autosomal recessive trait. *Journal of Heredity*, **90**: 5, 578 – 80.

Physiologische Besonderheiten

Dole, R.S. & Spurgeon, T.L. (1998) Frequency of supernumerary teeth in a dolicocephalic breed: the grey hounds. *American Journal of Veterinary Research*, **59**: 1, 16 – 17.

Gaughan, K.R. & Bruyette, D.S. (2001) Thyroid function testing in greyhounds. *American Journal of Veterinary Research*, **62**: 7, 1130 – 33.

Pedersen, H.D., Haggstrom, J., Olsen, L.H., *et al.* (2002) Idiopathic asymptomatic thrombocytopenia in Cavalier King Charles Spaniels is an autosomal recessive trait. *Journal of Veterinary Internal Medicine*, **16**:2, 169 – 73.

Sullivan, P.S., Evans, H.L. & McDonald, T.P. (1994) Platelet concentration and hemoglobin function in greyhounds. *Journal of the American Veterinary Medical Association*, **205**: 6, 838 – 41.

Atemwegserkrankungen

Anderson, D.A. & White, R.A.S. (2002) Nasal dermoid sinus cysts in the dog. *Veterinary Surgery*, **31**: 4, 303 – 8.

Braund, K.G., Shores, A., Cochrane, S., Forrester, D., Kwiecien, J.M. & Steiss, J.E. (1994) Laryngeal paralysis-polyneuropathy complex in young Dalmatians. *American Journal of Veterinary Research*, **55**: 4, 534 – 42.

Carpenter, J.L., Myers, A.M., Conner, M.W., Schelling, S.H., Kennedy, F.A. & Reimann, K.A. (1988) Tuberculosis in 5 Basset hounds. *Journal of the American Veterinary Medical Association*, **192**: 11, 1563 – 8.

Fossum, T.W., Birchard, S.J. & Jacobs, R.M. (1986) Chylothorax in 34 dogs. *Journal of the American Veterinary Medical Association*, **188**: 11, 1315 – 18.

Greenfield, C.L., Messick, J.B., Solter, P.F. & Schaeffer, D.J. (1999) Leukopenia in 6 healthy Belgian Tervuren. *Journal of the American Veterinary Medical Association*, **215**: 8, 1121 – 2.

Harvey, C.E. (1989) Inherited and congenital airway conditions. *Journal of Small Animal Practice*, **30**: 3, 184 – 7.

Jarvinen, A.K., Saario, E., Andresen, E., Happonen, I., Saari, S. & Rajamaki, M. (1995) Lung injury leading to adult respiratory distress syndrome in young Dalmatian dogs. *Journal of Veterinary Internal Medicine*, **9**: 3, 162 – 8.

Neath, P.J., Brockman, D.J. & King, L.G. (2000) Lung lobe torsion in dogs: 22 cases (1981 – 1999). *Journal of the American Veterinary Medical Association*, **217**: 7, 1041 – 4.

Watson, P.J., Herrtage, M.E., Peacock, M.A. & Sargan, D.R. (1999) Primary ciliary dyskinesia in Newfoundland dogs. *Veterinary Record*, **144**: 26, 718 – 25.

White, R.A.S. & Williams, J.M. (1994) Tracheal collapse of the dog – is there really a role for surgery? A survey of 100 cases. *Journal of Small Animal Practice*, **35**: 4, 191 – 6.

Weitere Veröffentlichungen

Egenvall, A., Bonnett, B.N., Shoukri, M., Olson, P., Hedhammar, A. & Dohoo, I. (2000) Age pattern of mortality in eight breeds of insured dogs in Sweden. *Preventive Veterinary Medicine*, **46**: 1, 1–14.

Organisationen, die die erwähnten Untersuchungen über erbliche Erkrankungen durchführen

British Veterinary Association/Kennel Club
Schemes run: Hip dysplasia, elbow dysplasia, eye disease such as PRA and cataracts
Contact details: British Veterinary Association
(Canine Health Schemes)
7 Mansfield Street
London W1M 0AT
www.bva.co.uk

Orthopaedic Foundation for Animals
Schemes run: Hip dysplasia, elbow dysplasia, patellar luxation, cardiac disease, autoimmune thyroiditis
Contact details: OFA
2300 E. Nifong Boulevard
Columbia
Missouri 65201-3856
USA
www.offa.org

Feline Advisory Bureau
Schemes run: Polycystic kidney disease
Contact details: FAB PKD Screening Scheme
Taeselbury
High St.
Tisbury
Wilts SP3 6LD
UK
www.fabcats.org

University of Pennsylvania
Schemes run: Hip dysplasia
Contact details: www.vet.upenn.edu/research/centers/pennhip//

Canine Eye Registration Foundation (CERF)
Schemes run: Canine hereditary eye disease certification in the USA
Contact Details: www.vmdb.org/cerf.html

Derzeit in Deutschland routinemäßig angebotene Tests auf Erbkrankheiten bei Hunden und Katzen

Hunde

Erkrankung	Rasse
Collie Eye Anomaly (CEA)	Collie
CLAD	Irish Setter
kongenitale stationäre Nachtblindheit (CNSB)	Briard
Cord-PRA	Dachshund, English Springer Spaniel
Cystinurie	Neufundländer, Landseer
Familiäre Nephropathie (FN)	English Cocker Spaniel
Fukosidose	English Springer Spaniel
Globoidzelldystrophie/M. Krabbe	West Highland White Terrier, Cairn Terrier
GM1-Gangliosidose	Sibirean Husky
Grey Collie Syndrome (Zyklische Neutropenie)	Collie
Kupferspeicherkrankheit	Bedlington Terrier
L2-Hydroxyglutarazidurie	Staffordshire Bull Terrier
Maligne Hyperthermie	Alle Rassen
MDR1-Gendefekt	Amerikanisch-Kanadischer Schäferhund, Collie, Shetland Sheepdog, Australian Shepherd, Longhaired Whippet, Silken Windhound, Wäller, Bobtail
Mukopolysaccharidose (MPS) Typ VII	DSH, Beagle, Welsh Corgi und deren Mischlinge
Muskeldystrophie (GMRD)	Golden Retriever
Myopathie (HMLR)	Labrador Retriever
Myotonia congenita	Zwergschnauzer, Chow Chow, Staffordshire Bull Terrier, Deutsche Dogge
Narkolepsie	Dobermann, Labrador Retriever
Neuronale Ceroid Lipofuscidose (NCL)	Border Collie
Phosphofruktokinase(PFK)-Defizienz	English Springer Spaniel, American Cocker Spaniel und deren Mischlinge
PRA	Irish Setter, Welsh Corgi, Sloughi, English und Bull Mastiff
prcd-PRA	Australian Cattle Dog, American Cocker Spaniel, American Eskimo Dog, Chesapeake Bay, Nova Scotia Duck Tolling, Labrador und Golden Retriever, English Cocker Spaniel, Chinesischer Schopfhund, Entlebucher Sennenhund, Kuvasz, Portugiesischer Wasserhund, Schwedischer und Finnischer Lapphund, Silky Terrier, Toy-, Zwerg- und Kleinpudel
pcd1-PRA	Irish Setter, Welsh Corgi Cardigan
Pyruvat-Dehydrogenase-Phosphatase 1 (PDP 1)-Defizienz	Clumber und Sussex Spaniel
Pyruvatkinase(PK)-Defizienz	Basenji, Cairn Terrier, Westhighland White Terrier
Von-Willebrand-Erkrankung Typ 1	Dobermann, Pudel, Manchester Terrier, Berner Sennenhund, Welsh Corgi Pembroke, Deutscher Pinscher
Von-Willebrand-Erkrankung Typ 2	Deutscher Drahthaariger Vorstehhund
Von-Willebrand-Erkrankung Typ 3	Scottish Terrier, Shetland Sheepdog
X-SCID	Basset, Welsh Corgi

Katzen

Erkrankung	Rasse*
Glykogenspeicherkrankheit (GSD) Typ IV	Norwegische Waldkatze
GM1- und GM2-Gangliosidose	Korat-, Siamkatze
Hypertrophe Kardiomyopathie (HCM) HCM-R	Maine Coon Ragdoll und deren Mischlinge
Polyzystische Nierenerkrankung (PKD)	Perser und deren Mischlinge, Himalaya-, Siamkatze, European, American, British und Exotic Shorthair, Scottish Fold
Pyruvatkinase(PK)-Defizienz	Abessinier, Somali
PRA	Abessinier, Somali
rdAC-PRA	Abessinier, Somali
Spinale Muskelatrophie (SMA)	Maine Coon

* Blutgruppenbestimmung wird bei allen Rassen durchgeführt.

Register